# München und Umgebung mit dem Gravelbike

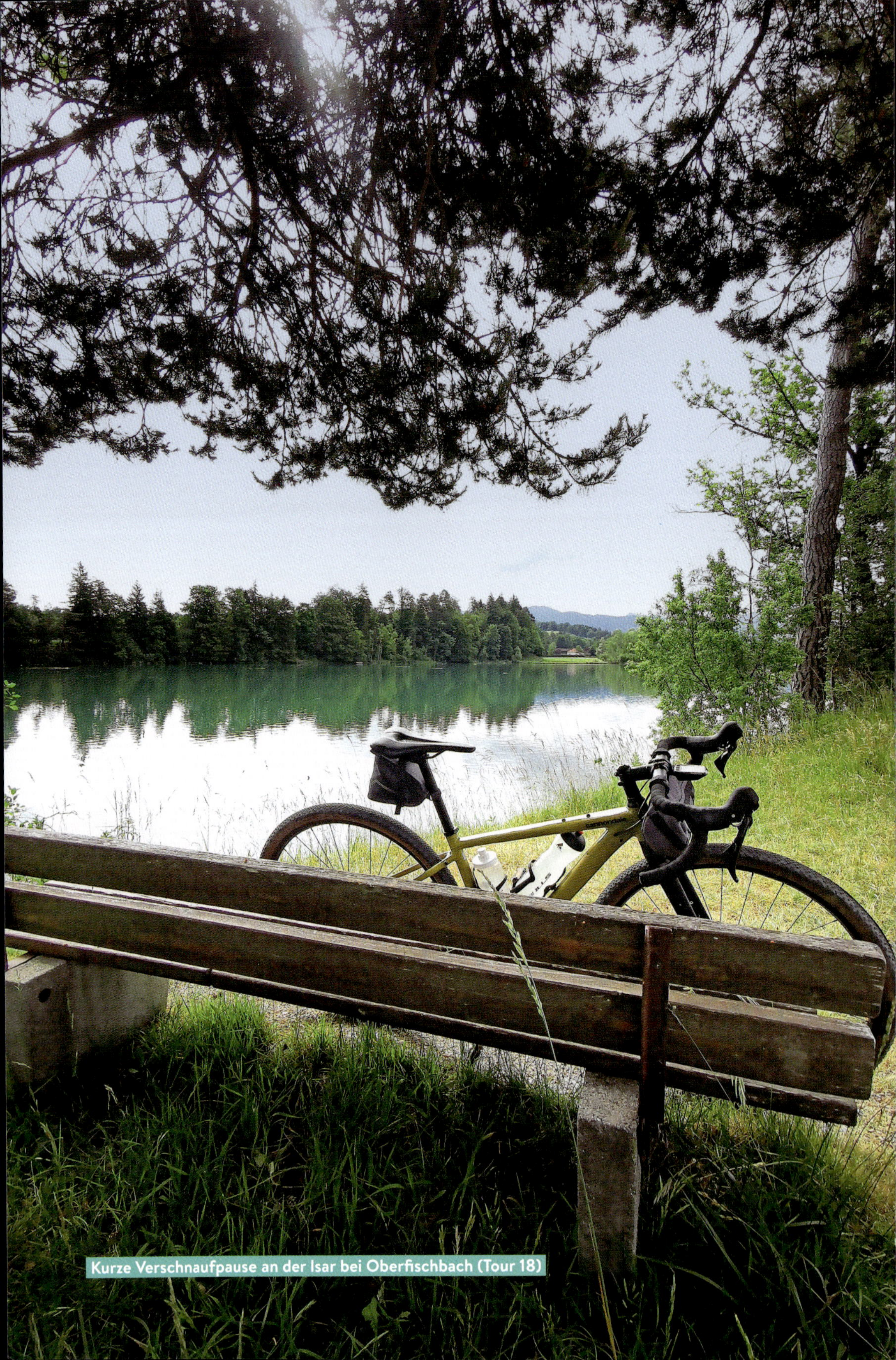

Kurze Verschnaufpause an der Isar bei Oberfischbach (Tour 18)

Jessica Holst · Yvonne Streit

# MÜNCHEN UND UMGEBUNG MIT DEM GRAVELBIKE

20 ultimative
Touren von leicht bis
abenteuerlich

BRUCKMANN

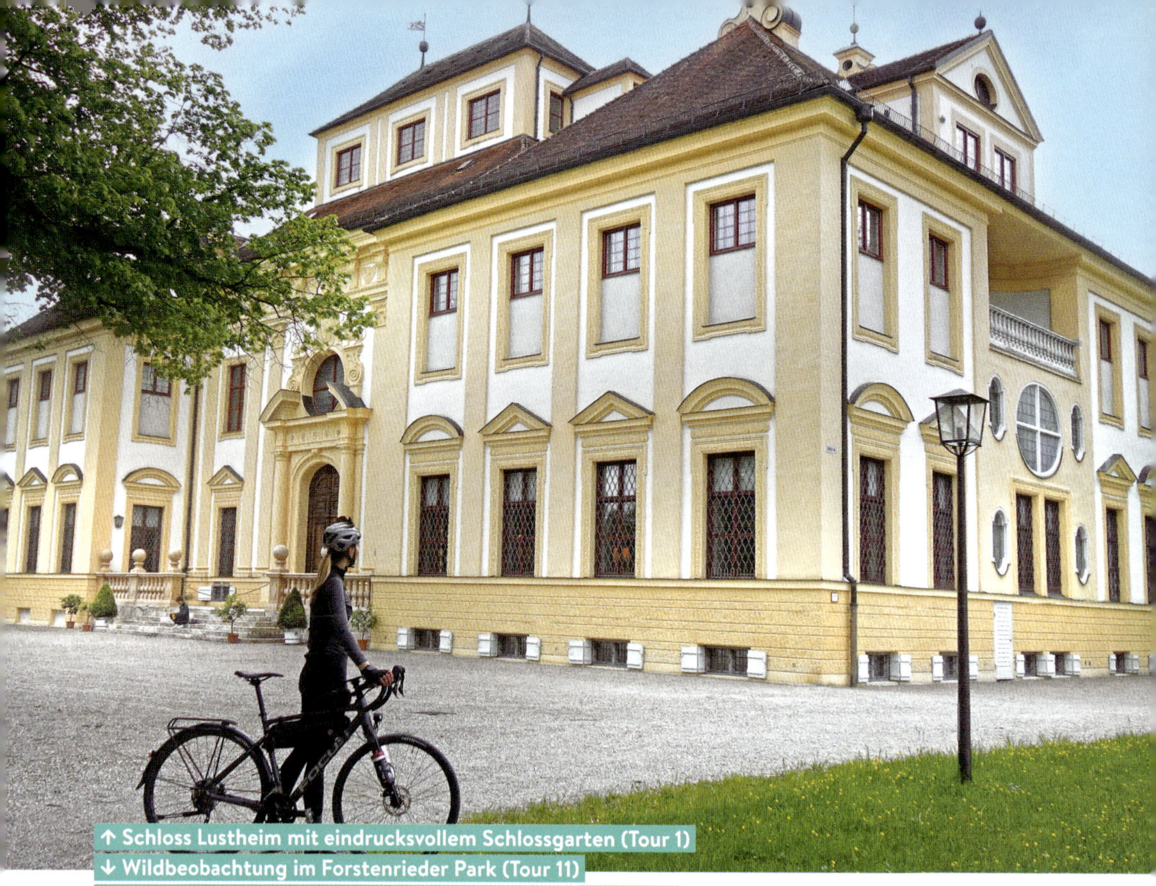

↑ Schloss Lustheim mit eindrucksvollem Schlossgarten (Tour 1)
↓ Wildbeobachtung im Forstenrieder Park (Tour 11)
↘ Den Monopteros findet man im Englischen Garten (Tour 1).

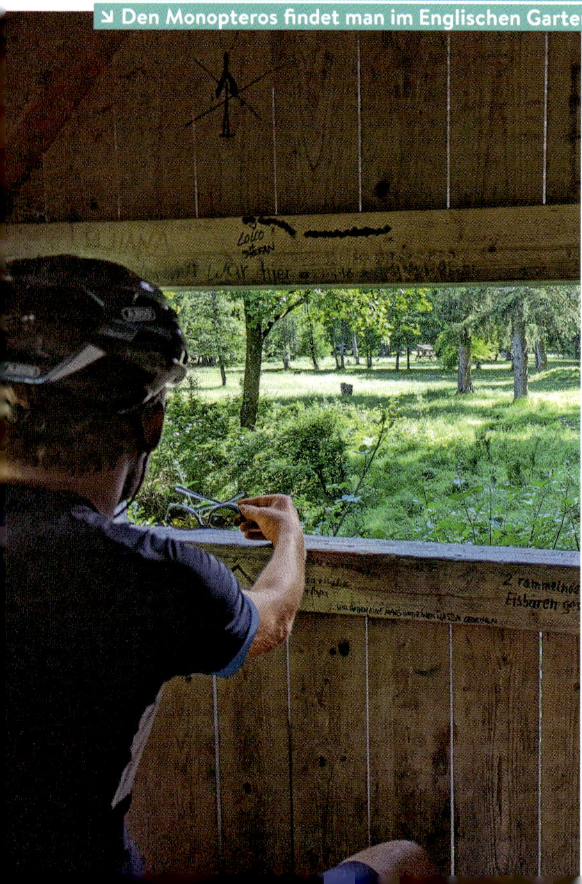

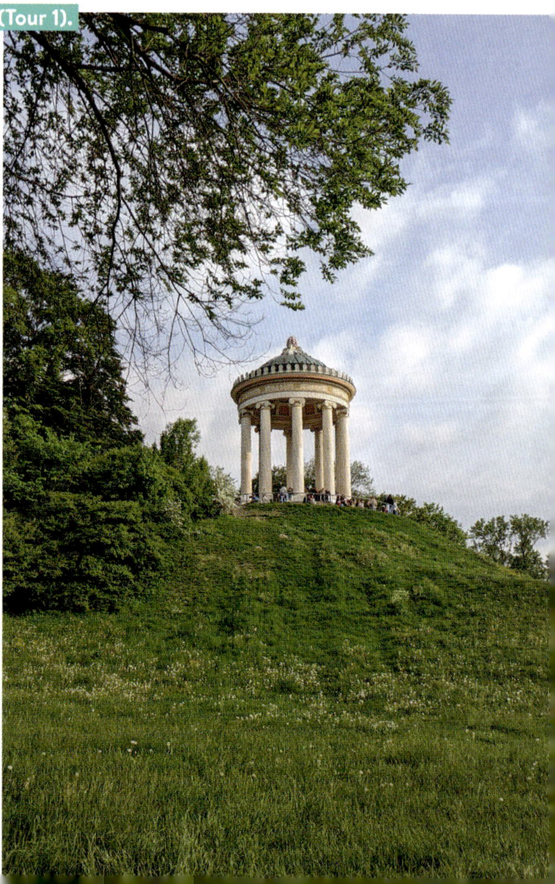

# INHALT



## DIE TOUREN

### Münchens Norden, Westen und Osten

## Münchner Süden und Voralpenland



↓ Pause mit Ausblick am Isarufer (Tour 5)

↘ Versteckte Naturjuwele wie die sogenannte Teufelsküche warten auf dich (Tour 13).

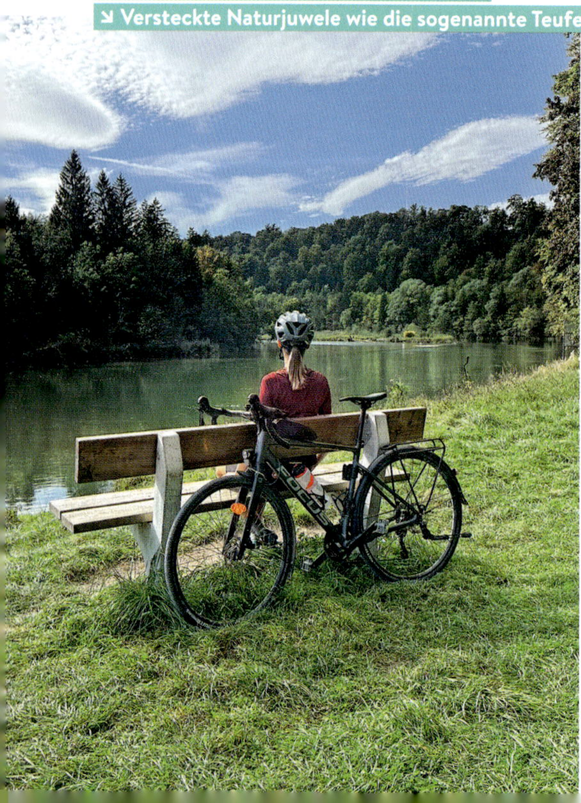

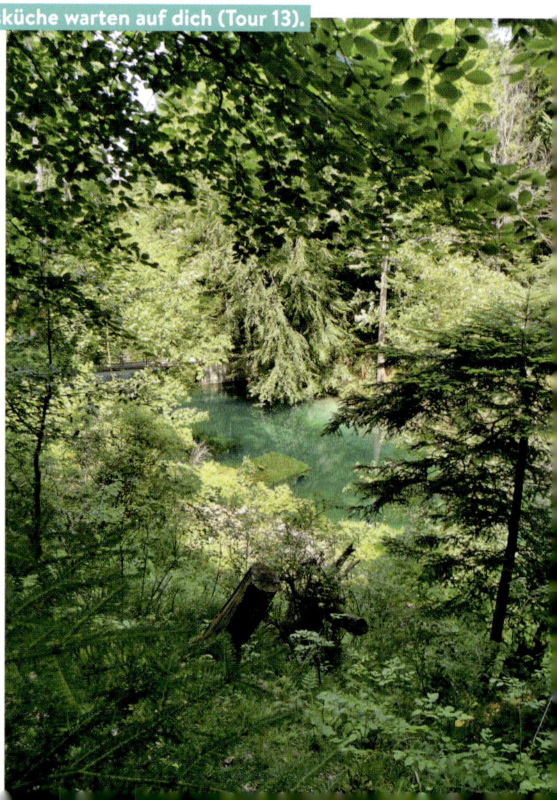

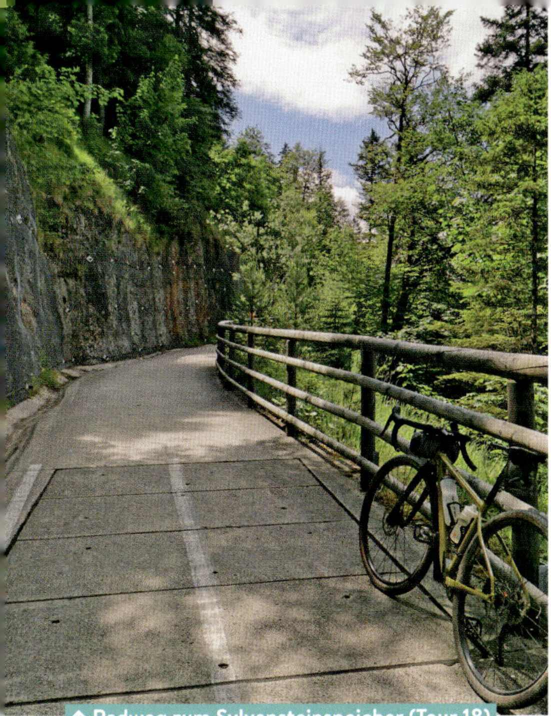

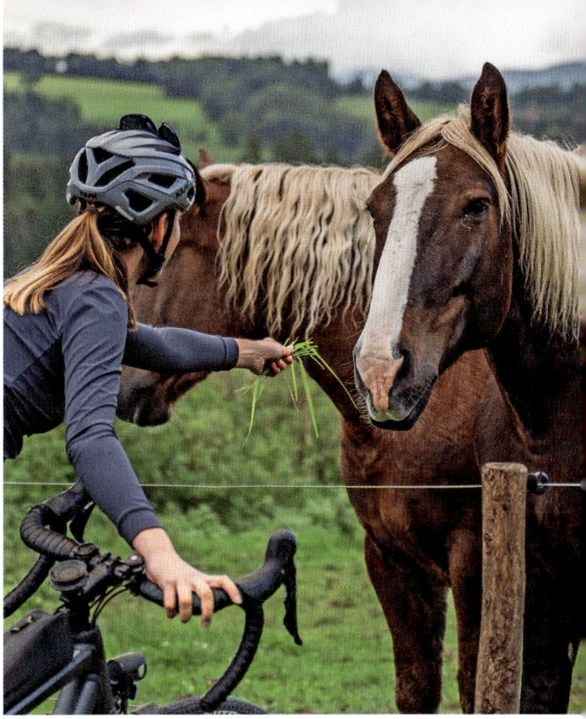

↑ Radweg zum Sylvensteinspeicher (Tour 18)
↗ Tiere lassen das Herz von Jessica immer höherschlagen (Tour 12).

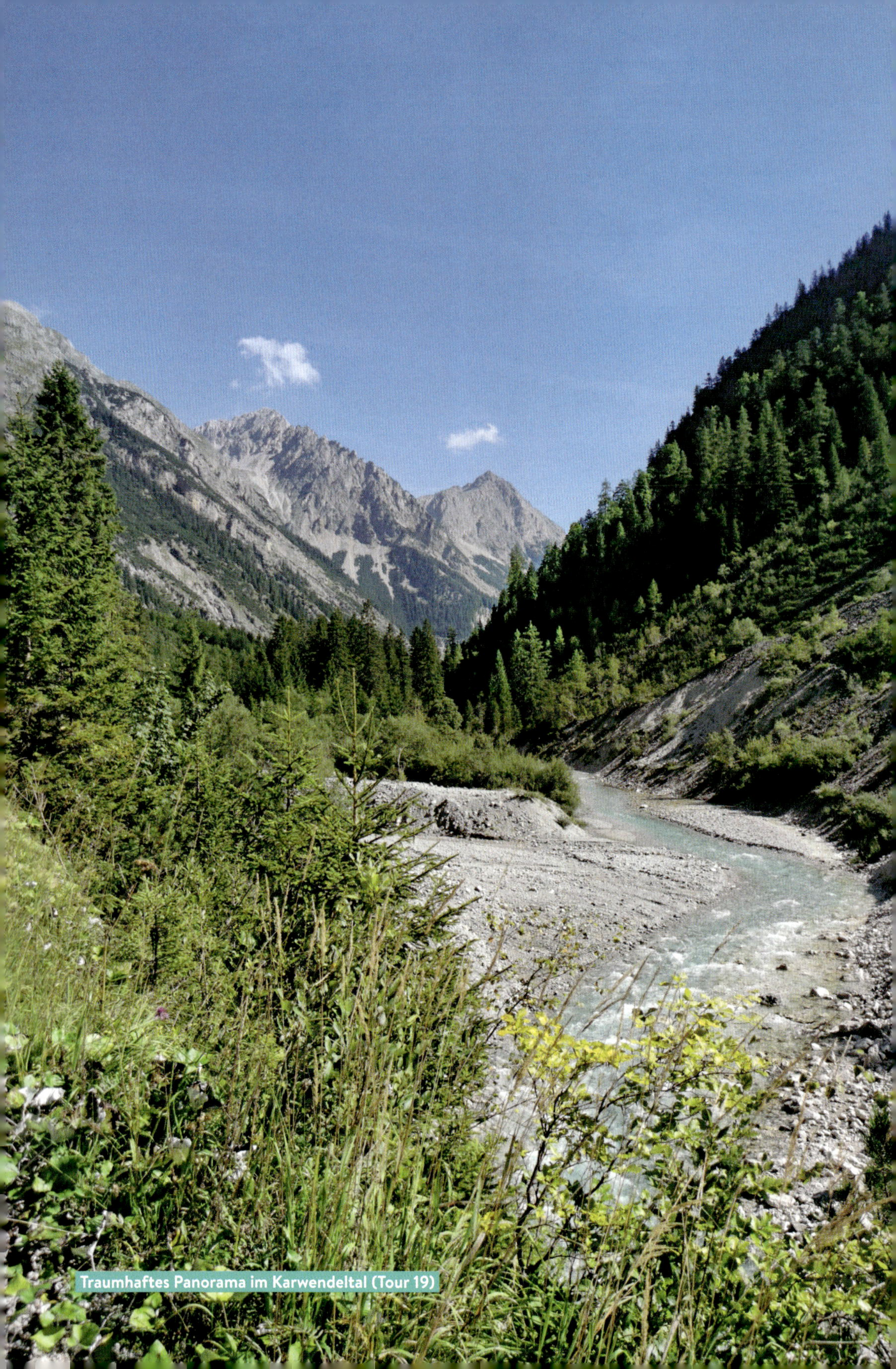

Traumhaftes Panorama im Karwendeltal (Tour 19)

# Vorwort

**ISAR, ALPEN, ENGLISCHER GARTEN, PERLACHER FORST** – es ist oft die Landschaft, die einem als Erstes in den Kopf kommt, wenn man an München denkt. Die einmalige Lage Münchens im Voralpenland macht die Stadt zu einem attraktiven Ort für Outdoor-Sportler verschiedenster Disziplinen.

Das Gravelbike bietet eine hervorragende Möglichkeit, die Gegend zu erkunden – dank seiner Kombination aus sportlichem Radeln und gleichzeitiger Geländetauglichkeit.

Diese Vielfältigkeit lässt sich besonders in und um die bayerische Hauptstadt auskosten – die Stadt und ihr Umland bieten optimale Voraussetzungen für abwechslungsreiche Touren mit dem Gravelbike.

In diesem Buch warten 20 einmalige Touren auf dich, die diese Vielfalt abbilden und gleichzeitig auch verschiedene Anforderungen an Technik und Kondition abdecken.

Die grünen Inseln innerhalb und in der näheren Umgebung der Stadt laden zu idyllischen Einsteiger- und Feierabendrunden ein. Zahlreiche grüne Wege und Schotterpisten weisen den Weg heraus aus der Stadt, um für ausgiebige Tagestouren in die Natur einzutauchen.

Entdecke das Oberland mit seiner idyllischen Alpenkulisse und erlebe die bayerische Kultur in den Almlandschaften vor Bergpanorama. Oder genieße die Alpen auf Schotterpisten hautnah vom Sattel aus, etwa im Chiemgau oder Karwendel. Oder soll es durch Wälder gehen? Hier gibt es spannende Touren durch die Forste im Osten Münchens. Routen entlang der zahlreichen Seen und Flüsse in allen Himmelsrichtungen dürfen natürlich auch nicht fehlen.

Wir freuen uns sehr, dass du dich für diesen Tourenguide entschieden hast. Wir wünschen dir viel Vergnügen beim Radeln der Routen und hoffen, dass du viele neue Ecken im wunderschönen Münchner Umland vom Gravelbike-Sattel aus entdecken kannst.

*Jessica Holst*
*und Yvonne Streit*

## Bruckmann-Tourenfinder

# Für jeden Tag die richtige Tour

| | | | km | Hm | Std. | | | | | | |
|---|---|---|---|---|---|---|---|---|---|---|---|
| 1 | Rund um die Fröttmaninger Heide | 🔵 | 48 | 150 | 3.15 | ✓ | ✓ | | | | ✓ |
| 2 | Im Naturpark Augsburg – Westliche Wälder | ⚫ | 70 | 770 | 5.00 | ✓ | | | ✓ | | ✓ |
| 3 | An der Amper nach Freising | 🔴 | 68 | 250 | 4.30 | | ✓ | ✓ | | | ✓ |
| 4 | Wörthsee und Aubinger Forst | 🔴 | 69 | 410 | 4.30 | ✓ | | | ✓ | ✓ | ✓ |
| 5 | Rund um den Ismaninger Speichersee | 🔵 | 55 | 120 | 3.30 | ✓ | | ✓ | | ✓ | ✓ |
| 6 | Durch den Ebersberger Forst | 🔴 | 70 | 580 | 5.00 | ✓ | | | | | ✓ |
| 7 | Runde über Maxlrain | 🔴 | 69 | 700 | 4.30 | ✓ | ✓ | | ✓ | | ✓ |
| 8 | Radklassiker Ludwigshöhe | 🔵 | 43 | 250 | 3.15 | ✓ | | | | | ✓ |
| 9 | Kloster Schäftlarn und Grünwalder Forst | 🔵 | 45 | 410 | 4.00 | ✓ | ✓ | | ✓ | | ✓ |
| 10 | Durch das Leutstettener Moos | 🔵 | 58 | 430 | 4.00 | | ✓ | | ✓ | ✓ | ✓ |
| 11 | Auf wilden Pfaden nach Wolfratshausen | ⚫ | 78 | 690 | 5.45 | ✓ | ✓ | | | | ✓ |
| 12 | Geretsried, Eurasburg und Wolfratshausen | 🔴 | 56 | 450 | 4.00 | ✓ | | | | ✓ | ✓ |
| 13 | Zwischen Ammersee und Lech | ⚫ | 98 | 900 | 6.00 | ✓ | | ✓ | | ✓ | ✓ |

| | | | km | Hm | Std. | | | | | | |
|---|---|---|---|---|---|---|---|---|---|---|---|
| 14 | Auf den Hohen Peißenberg | 🔴 | 75 | 630 | 5.45 | ✓ | | ✓ | | | ✓ |
| 15 | Staffelsee und Osterseen | 🔴 | 85 | 730 | 6.30 | ✓ | ✓ | ✓ | | ✓ | ✓ |
| 16 | Tegernsee und Schliersee | ⚫ | 85 | 960 | 6.00 | ✓ | | ✓ | | ✓ | ✓ |
| 17 | Über den Irschenberg und die Mangfall entlang | ⚫ | 117 | 870 | 7.30 | ✓ | | ✓ | | | ✓ |
| 18 | Zum Isarursprung | ⚫ | 118 | 1050 | 8.00 | ✓ | ✓ | ✓ | | | ✓ |
| 19 | Karwendelrunde | ⚫ | 69 | 1710 | 7.30 | ✓ | ✓ | ✓ | | | ✓ |
| 20 | Panoramarunde im Chiemgau | ⚫ | 92 | 1400 | 7.00 | ✓ | ✓ | ✓ | | ✓ | ✓ |

Es darf auch mal übers Wasser gehen.

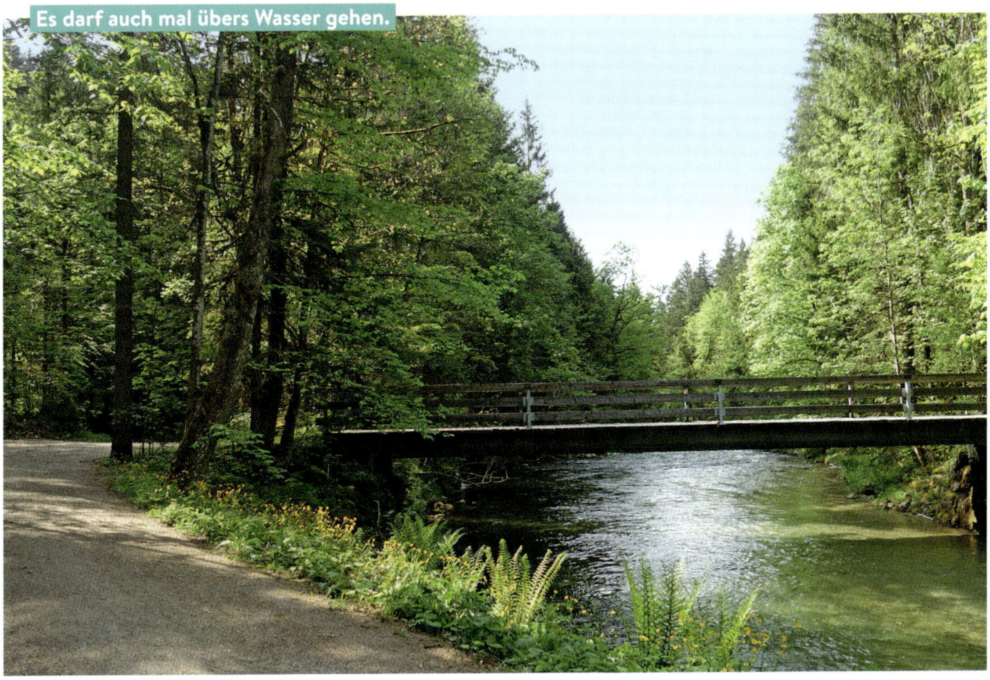

# Unser Nachhaltigkeitskodex

**Die Welt birgt viele Wunder, Abenteuer und spektakuläre Aussichten, die wir gerne erkunden möchten. Doch sie ist auch leicht aus dem Gleichgewicht zu bringen. Hier ein paar Tipps, wie wir unsere Welt nachhaltig entdecken können:**

- **Die Hauptsaison meiden:** Wenn wir nicht gerade auf die Ferienzeiten angewiesen sind, können wir der Umwelt einen großen Gefallen tun, indem wir in der Nebensaison verreisen. Damit tragen wir zu einer gleichmäßigeren Auslastung der Umwelt und der Infrastruktur bei und der Urlaub wird dazu auch noch wesentlich entspannter.
- **Auf umweltschonende Verkehrsmittel setzen:** Wo es möglich ist, reisen wir mit öffentlichen Verkehrsmitteln an. Das reduziert nicht nur die Luftverschmutzung, sondern schont auch unsere Nerven. Falls das nicht geht, helfen verschiedenste Plattformen dabei, den $CO_2$-Austoß auszugleichen, vor allem, wenn das gewünschte Reiseziel nur mit dem Flugzeug zu erreichen ist.
- **Nur dort parken und campen, wo es erlaubt ist:** Selbst, wenn wir uns noch so vorbildlich verhalten und unseren Aufenthaltsort so hinterlassen, wie wir ihn vorgefunden haben, stören wir den Lebensraum von Wildtieren und hinterlassen Spuren und Gerüche. Auch Lagerfeuer entzünden wir ausschließlich an den dafür vorgesehenen Stellen und achten dabei auf Waldbrandstufen und Naturschutzgebiete.
- **Ressourcen gewissenhaft nutzen:** Manche Umweltressourcen sind bereits knapp, endlich sind auf jeden Fall alle. Um sie zu schonen, sollten wir sparsam mit ihnen umgehen, gerade in Gegenden, in denen zum Beispiel Wasser oder Strom nicht im Überfluss vorhanden sind.
- **Ein guter Gast sein:** Nachhaltig unsere Umgebung zu erkunden bedeutet auch, der hiesigen Flora und Fauna mit Respekt zu begegnen. Pflanzen sollten auf keinen Fall gepflückt werden, aber sie stehen uns bestimmt gerne Modell für das eine oder andere Foto. Das Gleiche gilt für wilde Tiere: Wir füttern sie nicht, halten Abstand und beobachten sie aus der Ferne.
- **Auf den Wegen bleiben:** Wer die vorgegebenen Wege verlässt, dringt nicht nur in die Rückzugsräume heimischer Arten ein, sondern trägt auch dazu bei, dass sich neue Wege bilden, was zur Erosion des Bodens führt.
- **Abfall wieder mitnehmen:** Plastikverpackungen jeglicher Art, Dosen, Flaschen und Papiertaschentücher (es dauert Jahre, bis sich ein einzelnes Taschentuch vollständig abgebaut hat!) gehören nicht in die Natur, sondern artgerecht entsorgt. Am besten gleich eine wiederverwendbare Brotdose oder Trinkflasche mitnehmen.
- **Lokal kaufen:** Dadurch lernen wir Land und Leute besser kennen und unterstützen die regionale Wirtschaft, außerdem sind regionale Produkte meist auch preisgünstiger und qualitativ hochwertiger.

Nachhaltig draußen unterwegs zu sein, bedeutet auch ein **respektvolles Miteinander** – das sollte stets ein Motto in der Natur sein. Es tut nicht weh, sich gegenseitig zu grüßen und sich entgegenkommend zu verhalten. So haben Wanderer auf schmalen Wegen stets Vorrang, bei Gegenverkehr gilt in steilem Gelände immer: Wer absteigt, hält an. So lassen sich die Schönheit und Vielfalt der Natur gemeinsam genießen.

INFO

## PIKTOGRAMME ERLEICHTERN DEN ÜBERBLICK

Länge | Höhenunterschied | Fahrzeit

Einkehr | viel Sonne | Baden

Sehenswürdigkeit | schattiger Weg | ÖPNV

## ANFORDERUNGEN

### ● LEICHT

Touren, die keinen großen Anspruch an die Fahrtechnik sowie an die Kondition voraussetzen.
Touren, die als leicht gekennzeichnet sind, nutzen einen hohen Anteil an asphaltierten Wegen, haben weniger Kilometer und weisen nicht mehr als maximal 500 Höhenmeter auf der Tour auf. Trainierte Radler können diese Touren im Sommer als Feierabendrunde fahren.

### ● MITTEL

Touren, die durch einzelne Abschnitte oder Begebenheiten nicht mehr als leicht eingestuft werden können, aber dennoch nicht schwer sind. Oft handelt es sich um kurze Bereiche (z. B. kurze Trail-Abschnitte), in denen ein nicht unerheblicher Anspruch an die Fahrtechnik gestellt wird.
Die meisten Touren landeten jedoch in dieser Kategorie, weil sie mehr Kilometer umfassen und dadurch konditionell anstrengender sind oder einige Steigungen und Höhenmeter aufweisen.

### ● SCHWER

Anspruchsvollere Strecken, die eine gute Fahrtechnik voraussetzen.
Bei den schweren Touren handelt es sich ausnahmslos um Ganztagestouren, die man nur mit entsprechender Kondition angehen sollte. Schwere Touren zeichnen sich durch ihre Länge und Höhenmeter aus. Außerdem verlaufen schwere Touren oftmals vermehrt auf Schotter- und Waldwegen und beinhalten weniger asphaltierte Abschnitte.

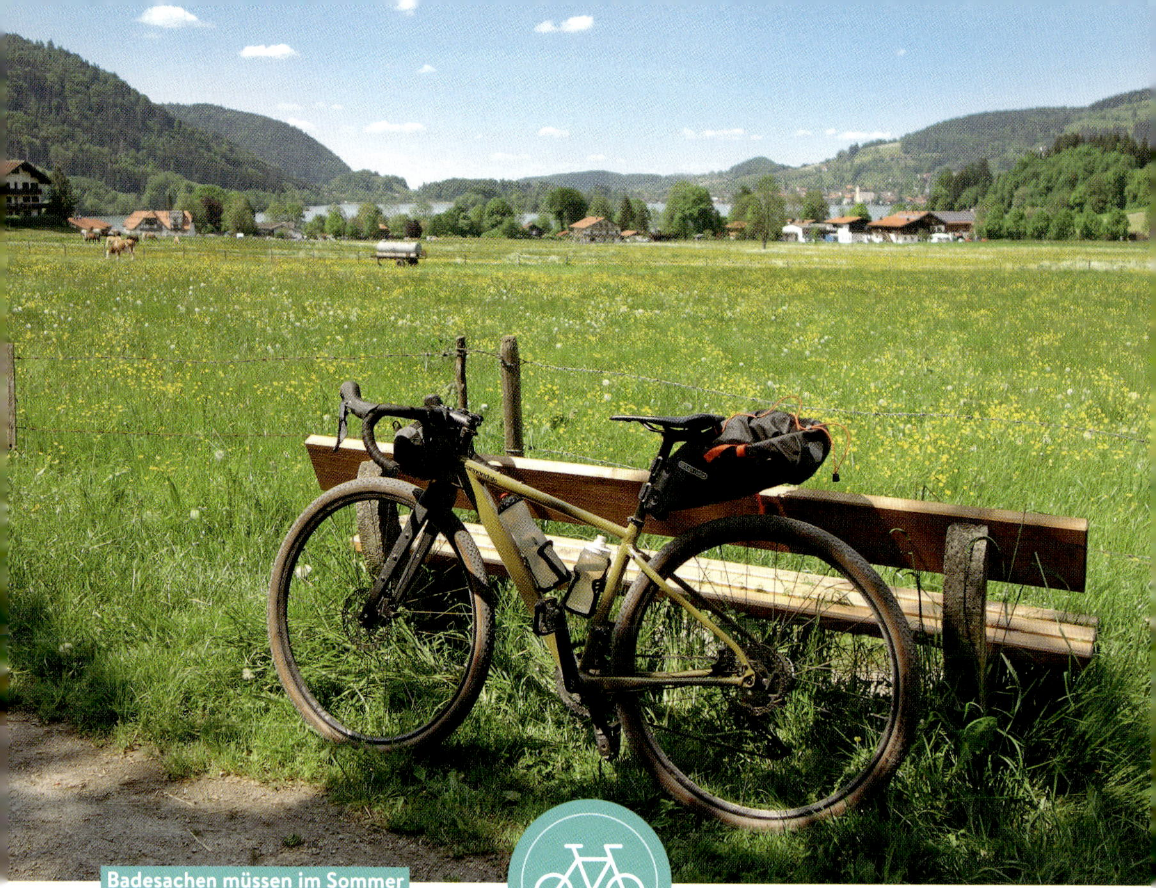

Badesachen müssen im Sommer unbedingt ins Gepäck (Tour 16).

# IN NULLKOMMANICHTS RAUS IN DIE NATUR

**»Gravelbiken in und um München« – um diesem Thema gerecht zu werden, haben wir versucht, alle Himmelsrichtungen rund um München abzudecken.**

Ohne Zweifel sind der Münchner Süden und das Voralpenland bei Gravelbikern am beliebtesten. Trotzdem konnten wir auch echte Graveldiamanten entdecken, die uns in neue Regionen geführt haben. Wir freuen uns darauf, diese Touren mit dir zu teilen.

Insgesamt haben wir einen Mix aus neuen Touren und echten Klassikern, aus Feierabendrunden und tagesfüllenden Langstrecken zusammengestellt. Jede Tour ist auf ihre eigene Art und Weise herausfordernd und spannend, z. B. durch anspruchsvolle Trails, viele Höhenmeter oder die zurückgelegten

Kilometer. Außerdem stellen wir auch entspannte Alltagstouren vor, die den Genuss über die sportliche Herausforderung stellen.

## RADWEGE UND SICHERHEIT

Auch wenn ein Großteil der Routen auf Waldautobahnen und Feldwegen verlaufen, führen die meisten Touren zunächst durch den Stadtverkehr stadtauswärts.

Wir möchten hier dazu aufrufen, innerhalb der Stadtgrenze das Tempo ein wenig zu bremsen und vermehrt Rücksicht auf Fußgänger zu nehmen, die die Radwege regelmäßig kreuzen.

Da wir viel im Gelände unterwegs sind und sich Gravelbiken durch eine sportliche Geschwindigkeit auszeichnet, empfehlen wir ausdrücklich, einen Helm zu tragen.

## WANN WELCHE TOUR?

Grundsätzlich wurden unsere Touren so gewählt, dass sie fast ganzjährig gefahren werden können (ausgenommen bei Schnee und nach starken Regenfällen). Gravelbiken ist ein ausgezeichneter Sport für die Herbstmonate.

Zu beachten ist, dass auf den Wegen entlang der Isar in Stadtnähe an den Wochenenden, in den Ferien und an sonnigen Sommertagen Hochbetrieb mit Spaziergängern herrscht. Hier ist dann ein wenig Geduld gefragt bzw. haben wir teilweise in den Touren Alternativen angegeben.

## VERHALTEN AUF WALD- UND FELDWEGEN

Wenn wir im Wald unterwegs sind, sind wir immer nur zu Gast im Lebensraum wilder Tier- und Pflanzenarten. Hier gilt wie immer, dass man keinen Müll zurücklässt, sich leise verhält und auf den gekennzeichneten Wegen bleibt. Sollten Wege zeitweise aufgrund einer Wildruhezone gesperrt sein, müssen diese umfahren werden. Dies kann insbesondere im Ebersberger Forst der Fall sein.

↓ Schotterpisten an der Wertach führen aus Augsburg heraus (Tour 2).
↘ Rastplatz am Ufer der Ammer (Tour 3)

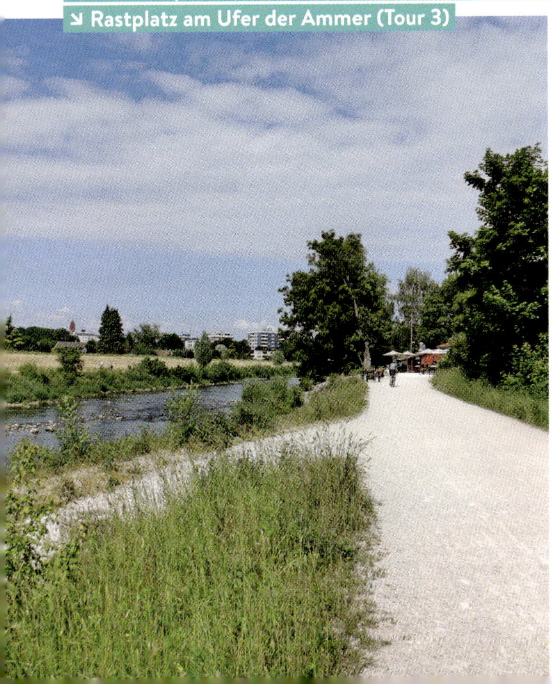

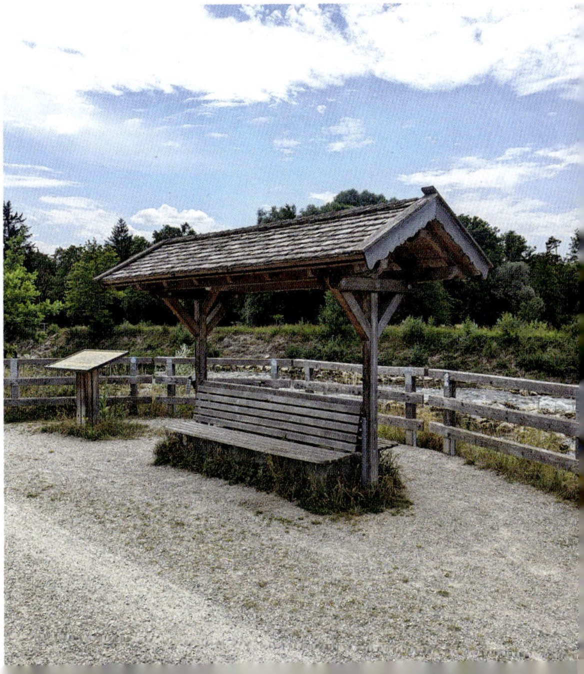

Auf unseren Touren sind wir häufig auf Reiter und Hundebesitzer getroffen, auf die spezielle Rücksicht genommen werden sollte.

## WELCHE AUSSTATTUNG

Die aufgezeigten Touren sind für das Befahren mit einem Gravelbike gedacht. Natürlich kann auch auf ein Mountainbike oder Trekkingrad zurückgegriffen werden; wir empfehlen, dabei auf eine Reifenbreite von mindestens 34 Millimetern zu achten.

Zu unserer generellen Ausstattung am Rad gehört immer eine kleine Tasche mit Pannenset bestehend aus einem Ersatzschlauch, Flickenset, Reifenhebern und Miniluftpumpe. Um unterwegs bei Kräften zu bleiben, nehmen wir immer ausreichend Wasser und kleine Snacks, wie z. B. Müsliriegel mit.

## BENUTZUNG DES NAHVERKEHRS

Um unser Hobby so nachhaltig wie möglich zu gestalten, versuchen wir, grundsätzlich mit dem ÖPNV anzureisen. Leider wird dies oft durch Sperrzeiten unter der Woche und überlastete Strecken am Wochenende erschwert. Wir möchten ehrlich sein: Strecken ins Voralpenland am Wochenende mit einer Fahrradmitnahme zu bestreiten, ist eine Geduldsprobe. Da es aber sehr günstig und ohne weitere Umstiege sehr einfach ist, sind gerade diese Strecken überaus beliebt. Das Tagesticket für die Fahrradmitnahme kostet aktuell 6,50 € und gilt bayernweit. Zurzeit arbeitet die bayerische Landesregierung an einem Entwurf für ein 1-€-Fahrradticket (Stand 2024).

## ORIENTIERUNG

Am einfachsten ist es, die mitgelieferten GPX-Dateien der Touren auf einem Fahrradcomputer zu verwenden. Wir haben das Programm »Komoot« für die Routenplanung und Synchronisation der Karten verwendet. Die Anmeldung ist kostenlos und es kann zu Beginn auch eine Region kostenlos freigeschaltet werden.

↓ Ein Pannenset darf bei der Ausfahrt nie fehlen.
↘ Der Radcomputer hilft, die Route im Blick zu behalten.

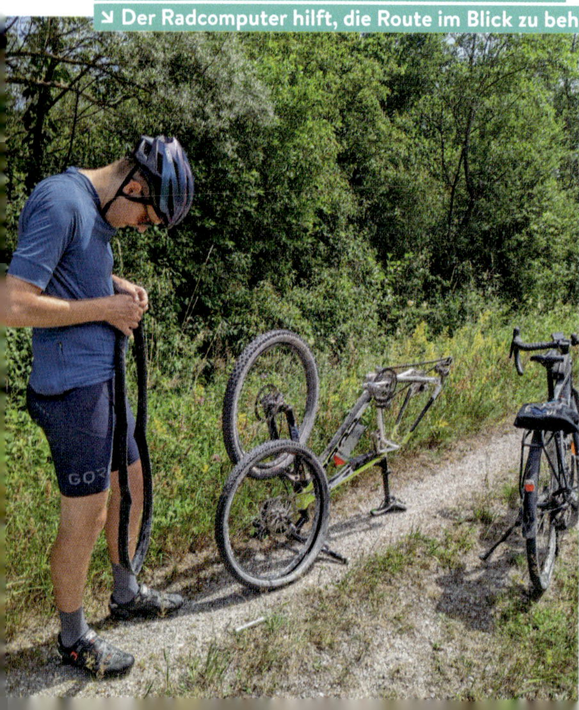

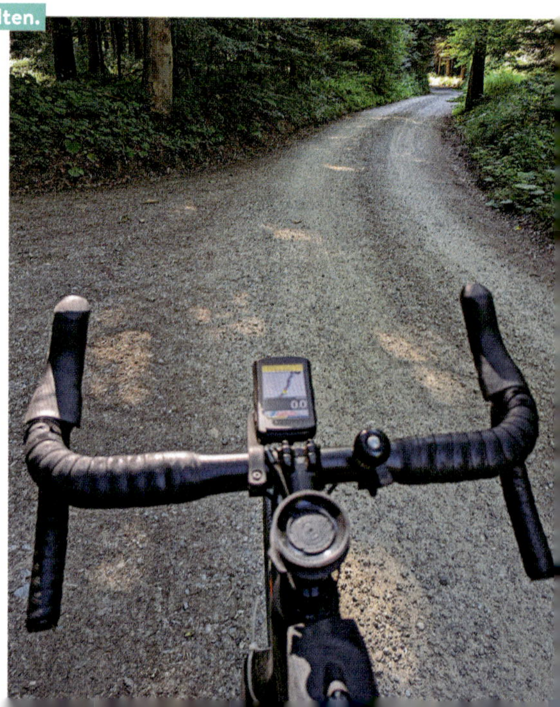

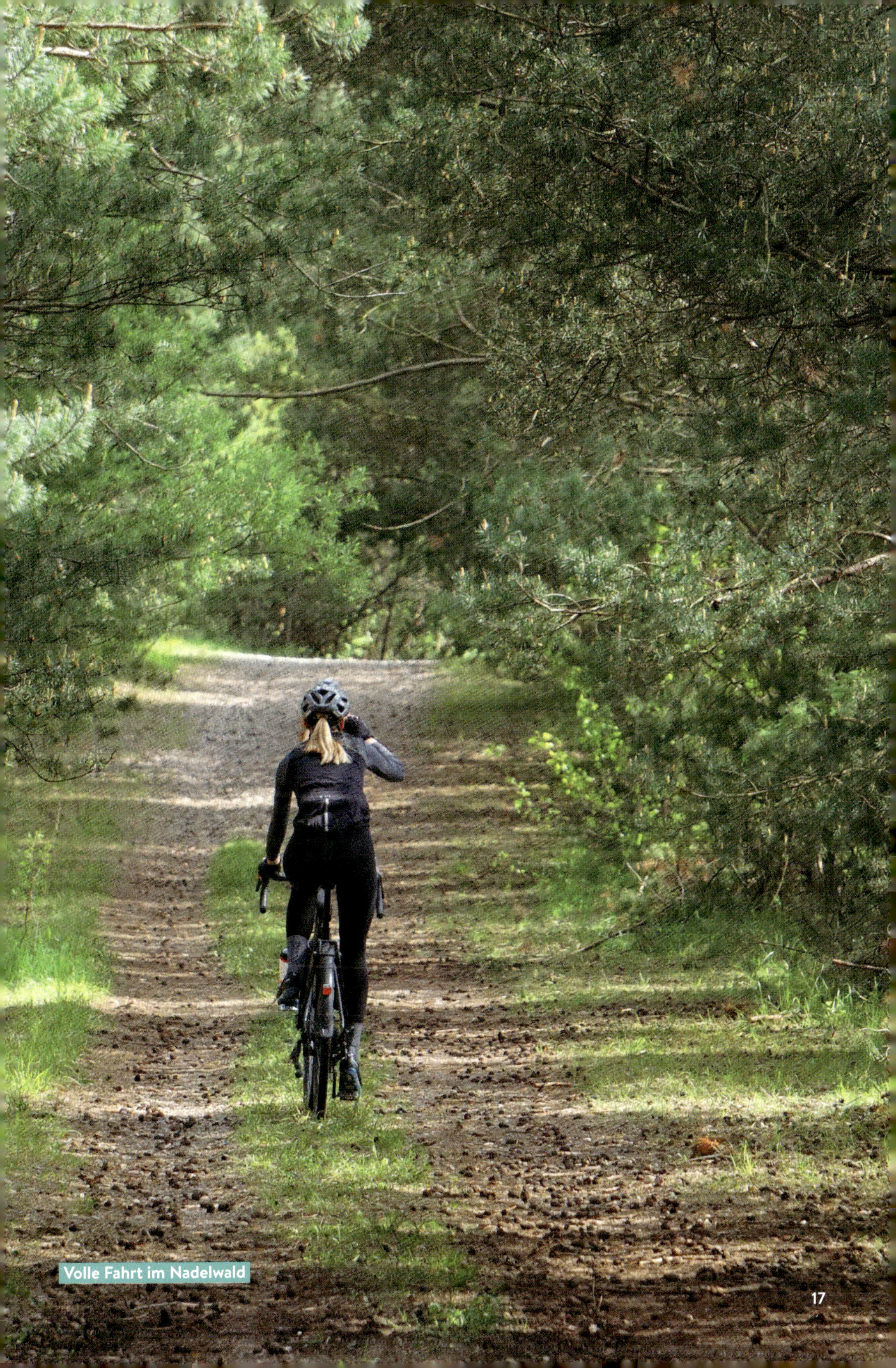

Volle Fahrt im Nadelwald

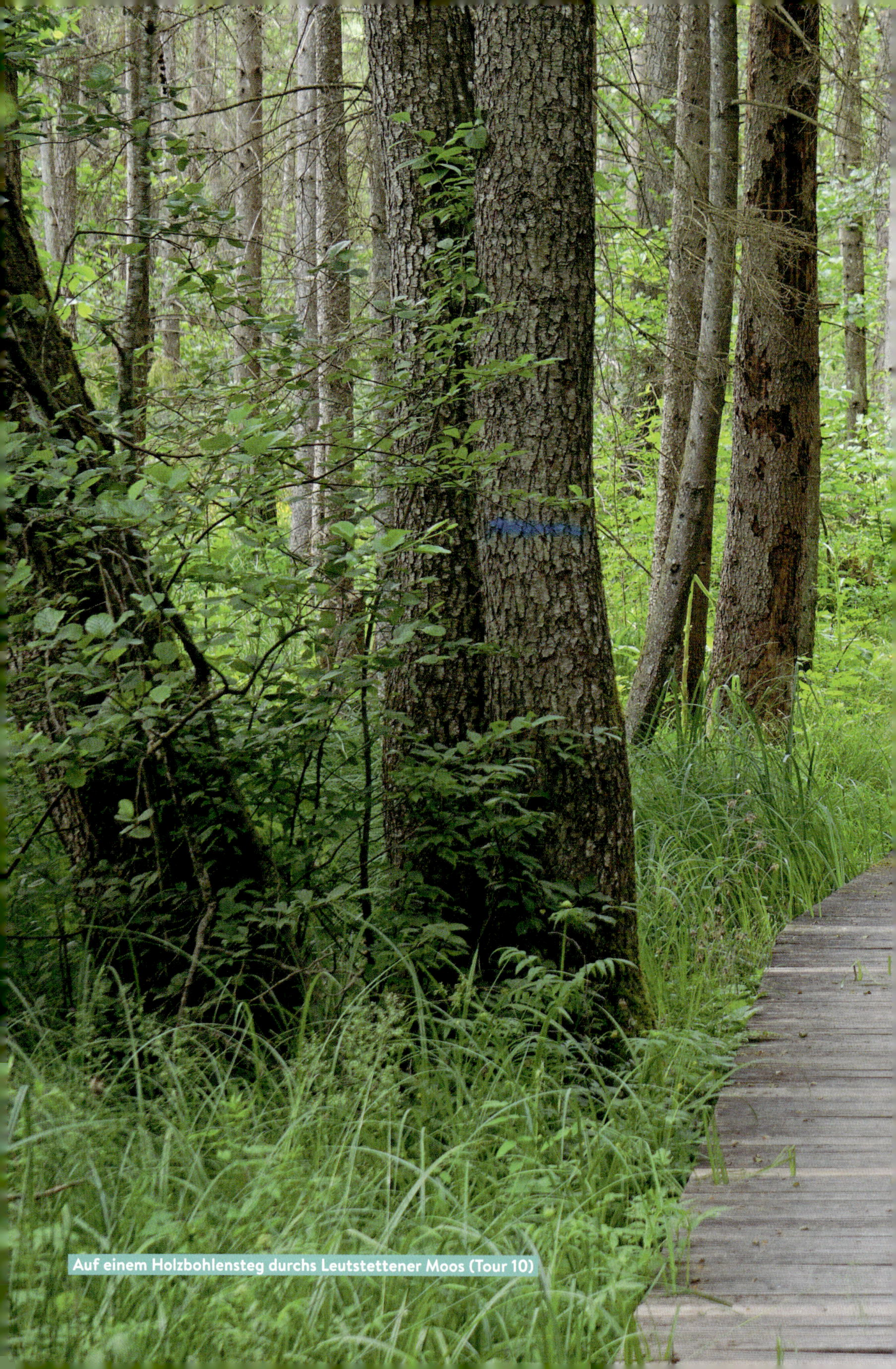

Auf einem Holzbohlensteg durchs Leutstettener Moos (Tour 10)

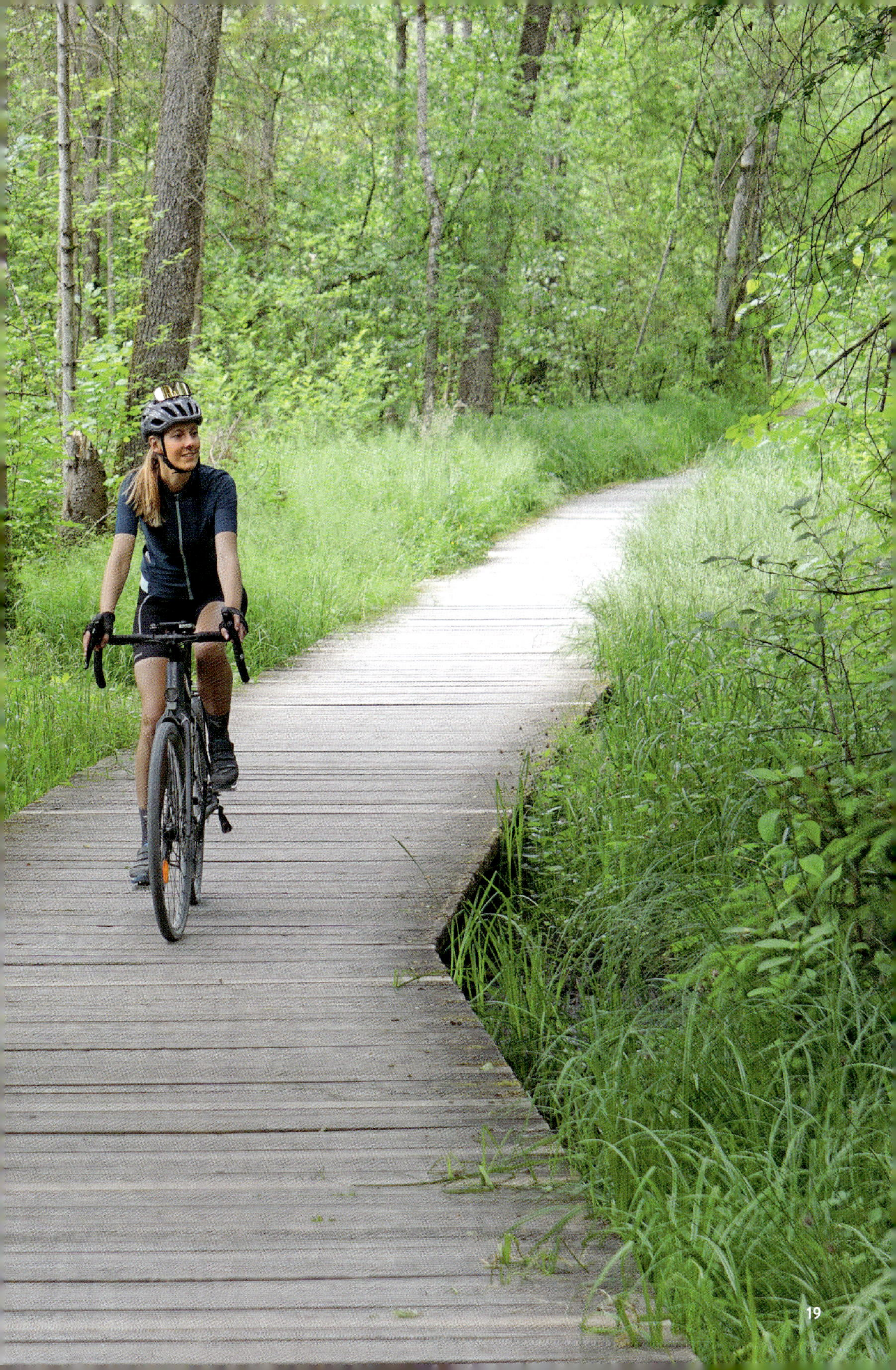

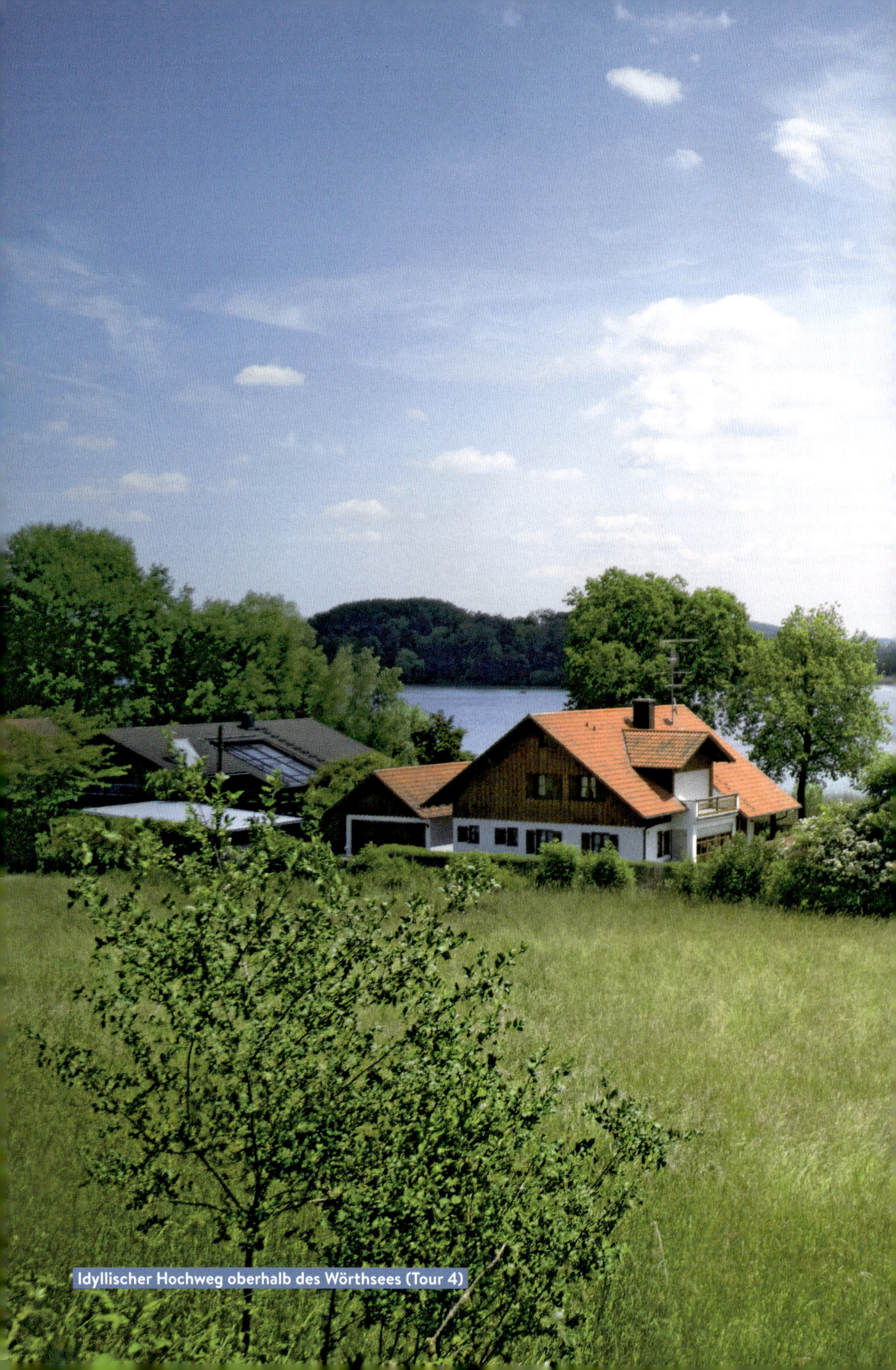

Idyllischer Hochweg oberhalb des Wörthsees (Tour 4)

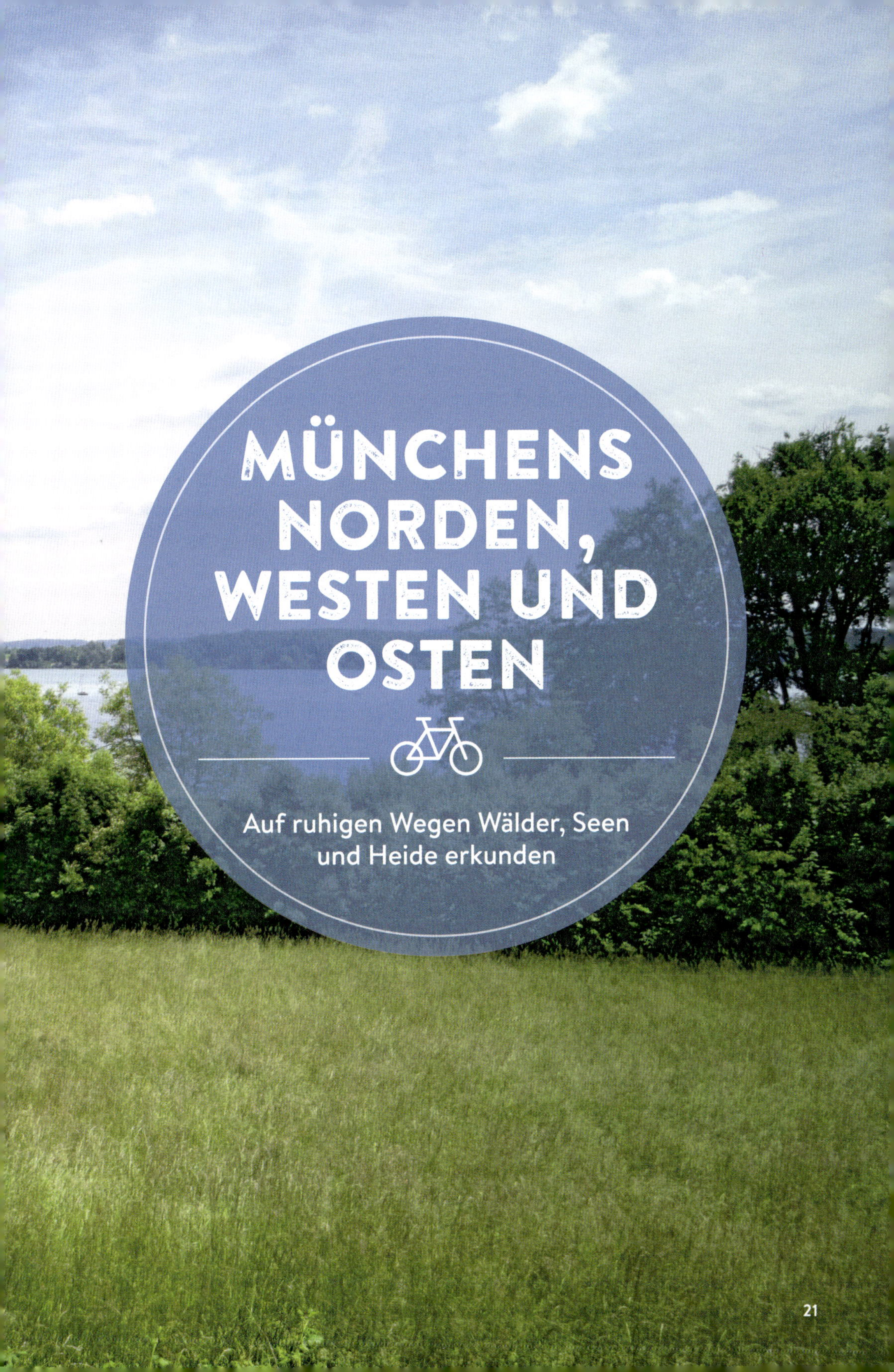

# MÜNCHENS NORDEN, WESTEN UND OSTEN

Auf ruhigen Wegen Wälder, Seen und Heide erkunden

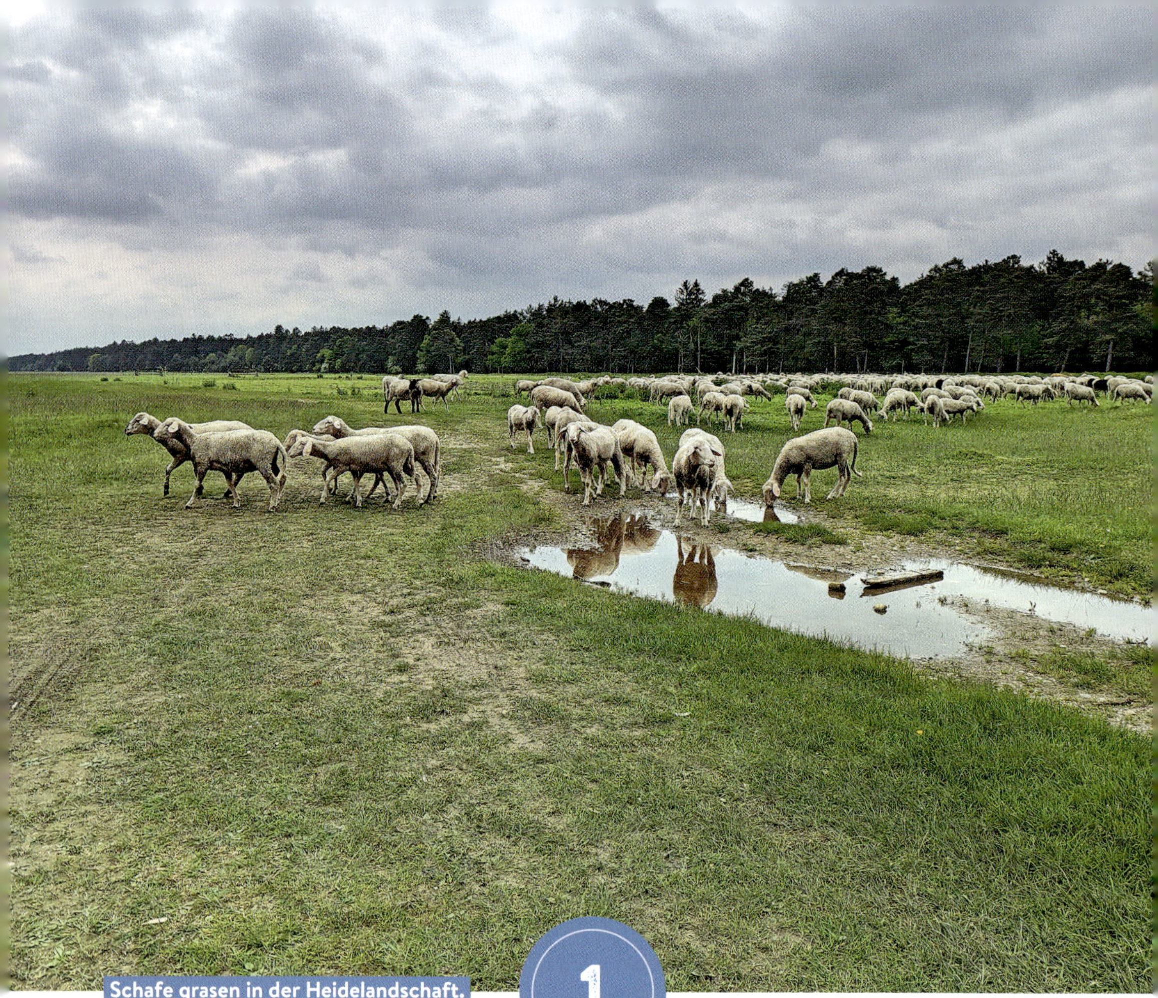

Schafe grasen in der Heidelandschaft.

1

# RUND UM DIE FRÖTTMANINGER HEIDE

## Oberschleißheim – Panzerwiese – Englischer Garten

Die Tour in der Fröttmaninger Heide zählt zu den Klassikern im Münchner Norden und kann das ganze Jahr gefahren werden. Die im süddeutschen Raum eher unübliche Heidelandschaft, inmitten eines der schönsten Landschaftsschutzgebiete in Stadtnähe, macht den besonderen Reiz der Route aus. Unterwegs ziehen Schlösser und ein Segelflugplatz die Blicke an.

## START AM STAUWEHR OBERFÖHRING

Wir steigen an der Wehranlage in Oberföhring auf die Räder und folgen dem Weg etwa 1,3 Kilometer, bis wir die Isar nach links auf einer großen Holzbrücke überqueren. Der Weg führt nach rechts und durch die imposanten Torbögen der Straßen- und Bahnunterführung. Nach der Unterführung folgen wir dem Weg in einer Linkskurve. Nach 200 Metern verlassen wir den Hauptweg nach rechts und gelangen so auf einen weniger befahrenen kleinen Waldweg, der aber rasch in eine Straße mündet. Nach etwa 250 Metern verlassen wir diese Straße und fahren geradeaus in einen Waldweg. Die lichten Auwälder entlang der Isar geben immer wieder den Blick auf das Wasser frei.

**AUF TUCHFÜHLUNG MIT DEN ERSTEN KLEINEN TRAILS** Vom Waldweg gelangen wir nach rechts auf einen kleinen Trail. Dieser kann auch umfahren werden, indem man dem Waldweg ca. 100 Meter bis zur nächsten

*Tipp*

### NATURSCHUTZGEBIET MALLERTSHOFER HOLZ MIT HEIDEN

Das Mallertshofer Holz mit Heiden war früher ein Truppenübungsplatz der Bundeswehr und ein Panzerübungsgelände. Bis heute sind die tiefen Furchen sichtbar, welche die Panzer einst in den Boden gegraben haben. Heute ist das Gelände ein Naturschutzgebiet und bietet ein geschütztes Areal für allerlei Vogelarten. Während der Sommermonate sieht man meist auch Schäfer, die ihre Herden in der Heide grasen lassen. Die Schafe sind fester Bestandteil in der Pflege der Heidelandschaft. Daher gilt es auch bei unserem Aufenthalt, Rücksicht zu nehmen, um den Lebensraum der zahlreichen Tier- und Pflanzenarten nicht zu stören. Bitte die Wege nicht verlassen und die einzigartige Vegetation nur aus der Ferne bewundern.

↓ Blick über die St.-Emmeram-Brücke

↘ Auf kleinen Pfaden entlang der Strommasten

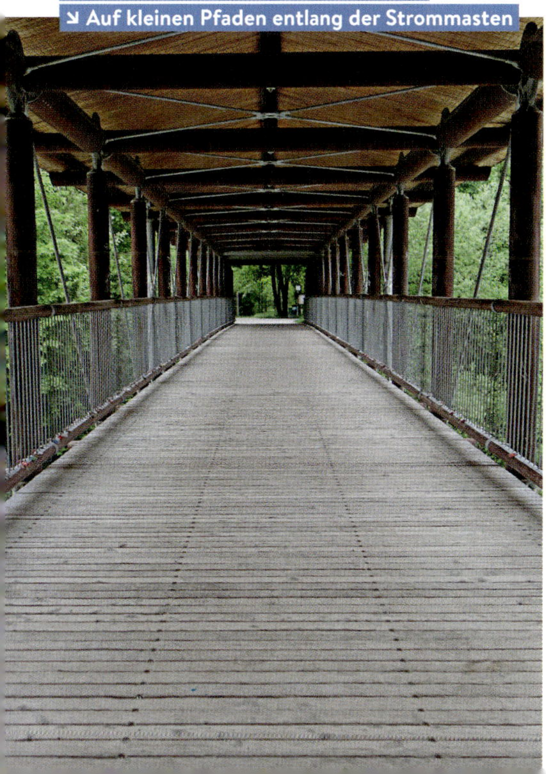

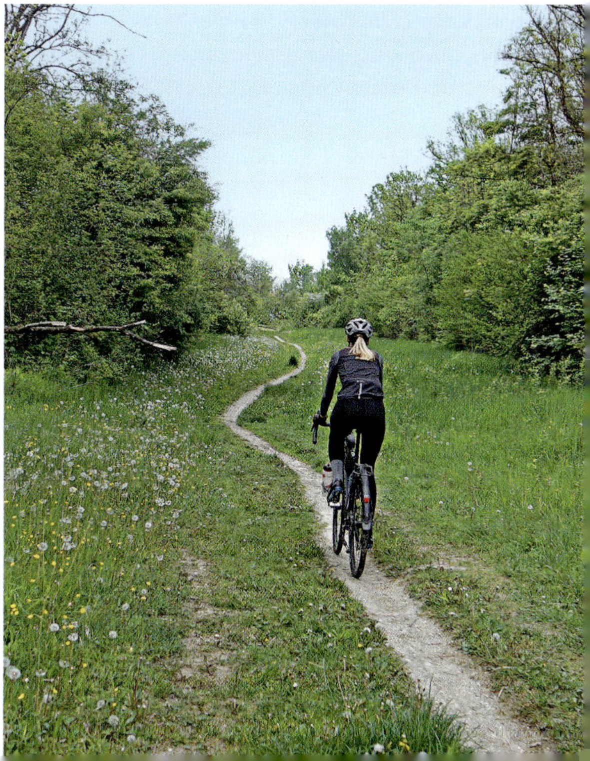

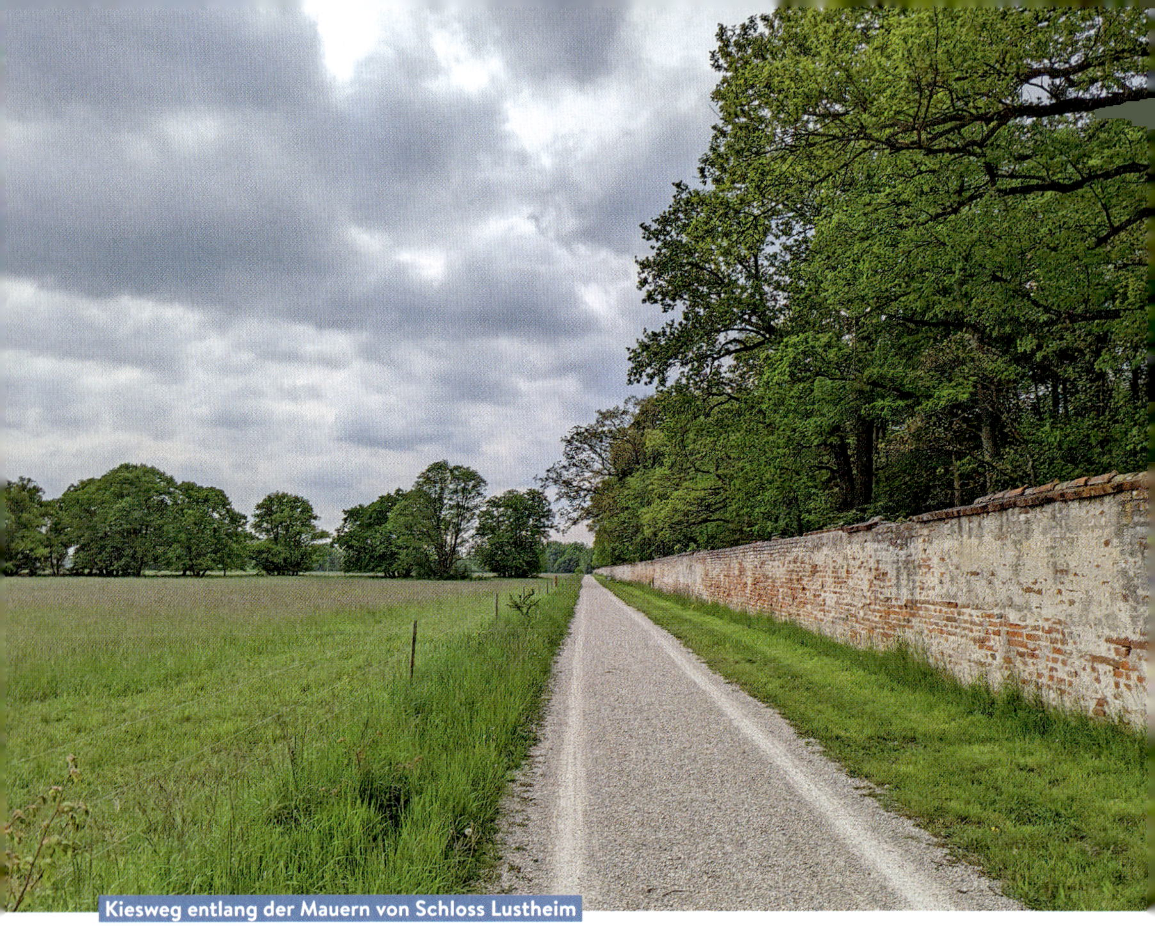

Kiesweg entlang der Mauern von Schloss Lustheim

größeren Abzweigung nach rechts folgt. Der kleine Trail mündet in einer breiten Schneise, die uns auf einem Trail unter Strommasten entlangführt. Die Lichtung gibt einen kleinen Vorgeschmack auf das, was uns in der Heidelandschaft erwartet. Wir enden an einem Weg und biegen auf diesen nach links ein, um anschließend direkt nach rechts einen kleineren Kanal zu überqueren. Die Strecke führt uns direkt an der Isar entlang und nach etwa 1,7 Kilometern biegen wir nach links ab.

**AUF DEM WEG NACH GARCHING** Kurz vor einem Bauernhof folgen wir dem Weg weiter nach rechts bis zu einem großen Reiterhof. Nach ungefähr 300 Metern auf der Hauptstraße biegen wir nach rechts ab und folgen einem Sandweg, der uns Richtung Garching führt. In Garching überqueren wir die Hauptstraße über eine Verkehrsinsel ein Stück weiter rechts. Danach verlassen wir den Ort entlang einer großen Sportanlage wieder und biegen kurze Zeit später nach links in einen Waldweg ab. Dieser Weg führt uns zu unserem ersten großen Highlight: das Naturschutzgebiet Mallertshofer Holz mit Heiden.

Nach einer Gravelpartie verlassen wir das Mallertshofer Holz in Richtung Kreuzstraße und kommen dabei am Mallertshofer See vorbei. Das flache Ufer des Baggersees eignet sich gut für eine kleine Verschnaufpause.

**HERRSCHAFTLICHE SCHLOSSGÄRTEN IN OBERSCHLEISSHEIM ERKUNDEN** Nachdem wir die Kreuzstraße nach rechts verlassen haben, schlängeln wir uns kurz durch

ein Wohngebiet, um wieder auf einen fabelhaften Waldweg zu gelangen.
Die Waldautobahn führt uns nach Lustheim und zum Schloss Lustheim am Ostrand des Schleißheimer Parks. Ein Weg führt durch die Schlossgärten von Schloss Lustheim zum Neuen und Alten Schloss Schleißheim. Das Radfahren ist in der Parkanlage nicht gestattet. Wer sich jedoch die wunderschönen Schlossgärten anschauen möchte, kann das Rad auf einem etwa 1,3 Kilometer langen Weg durch die Anlage schieben.
Alternativ kann man einem Schotterweg außen an der Schlossmauer entlang nach Oberschleißheim folgen. Über diesen Weg gelangt man auch zum Neuen und Alten Schloss Schleißheim.
Das Schloss ist auf jeden Fall einen kurzen Abstecher wert und die Parkanlagen laden zum Fotografieren und Pausemachen ein.

*Tipp*

### SCHLOSS SCHLEISSHEIM

Die Schlossanlage Schleißheim zählt zu den größten und eindrucksvollsten Residenzen der Wittelsbacher in Bayern. Das Alte Schloss entstand als herzoglicher Landsitz im frühen 17. Jahrhundert. Die barocken Schlossbauten, das monumentale Neue Schloss und das Jagdschloss Lustheim ließ Kurfürst Max Emanuel während seiner Regentschaft zwischen 1680 und 1726 errichten. Sie umschließen einen der bedeutendsten Barockgärten Europas, den der Kurfürst von französischen Gartenarchitekten realisieren ließ. Die Broderien, Wasserflächen, Fontänen und die Kaskade sind bis heute fast unverändert erhalten (www.schloesser-schleissheim.de).

**Blick auf das neue Schloss Schleißheim mit Schlossgarten**

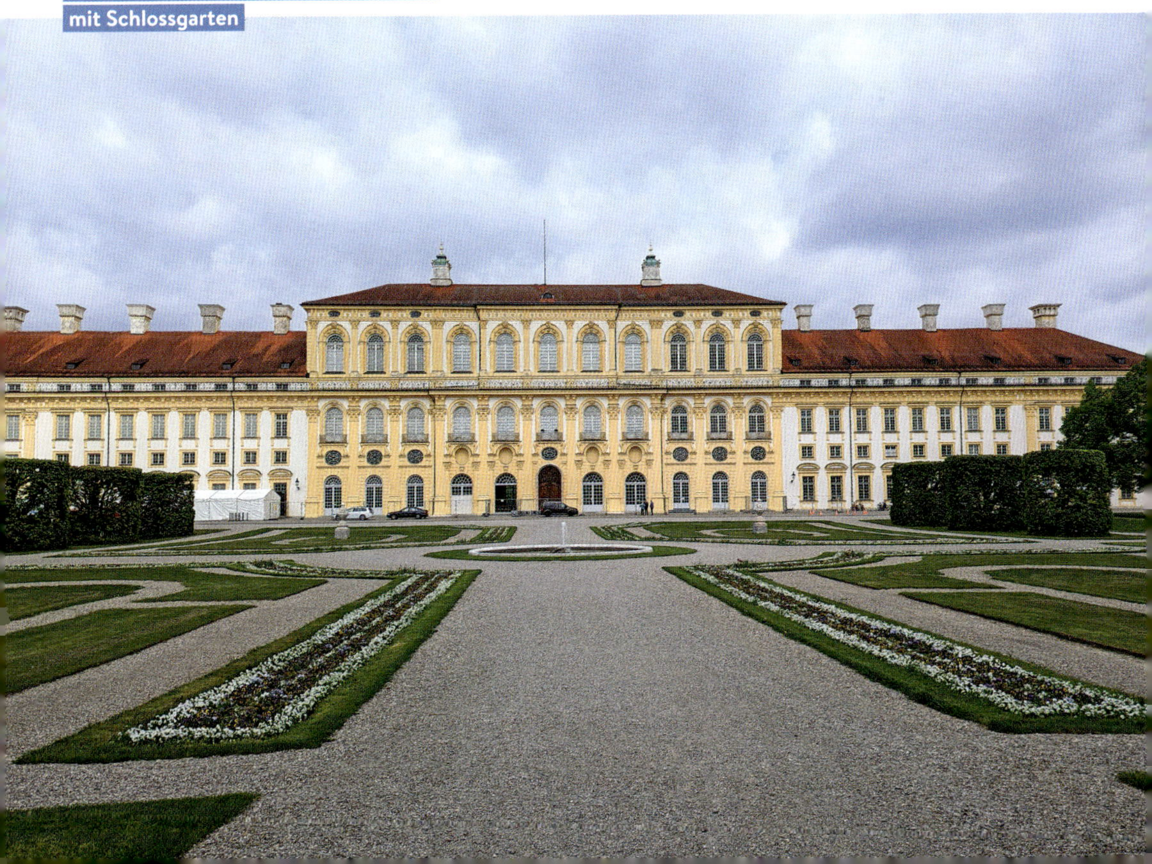

Tipp

## ENGLISCHER GARTEN

Der Englische Garten erstreckt sich als einer der weltweit größten Stadtparks von der Münchner Innenstadt bis zur Fröttmaninger Heide. Auf unserer Tour durch die Parkanlage passieren wir den berühmten Biergarten am Chinesischen Turm. Gelegentlich spielt hier am Nachmittag eine Blaskapelle auf dem Turm. Da der Biergarten ein beliebter Anlaufpunkt für Touristen ist, kann es an manchen Tagen sehr voll sein, und längere Wartezeiten an den Essensständen sind möglich. Vom Chinesischen Turm aus ist der Monopteros nur einen Katzensprung entfernt. Dieser 16 Meter hohe Ziertempel im griechischen Stil bietet einen herrlichen Ausblick über den Englischen Garten. Am Ausgang der Parkanlage erwartet Besucher ein weiteres Münchner Wahrzeichen: die berühmte Eisbachwelle. Es ist faszinierend, die geschickten Surfer auf der Stadtwelle zu beobachten.

**BAYERISCHE SCHMANKERL UND SEGELFLUGZEUGE ENTDECKEN** Wir verlassen die Parkanlage wieder und folgen einer geteerten Straße zum Flugplatz Schleißheim. Hier bietet sich der Imbiss direkt am Eingang zum Areal für eine Rast an. Es ist ein besonderes Erlebnis, wenn gerade ein Segelflugzeug mithilfe einer Seilwinde in die Lüfte befördert wird. Der Imbiss hat von Kaffee und Kuchen bis zu bayerischen Schmankerln viel zu bieten.

**ABENTEUERSPIELPLATZ PANZERWIESE**
Unser nächstes Ziel auf dieser Tour ist das Naturschutzgebiet Panzerwiese und Hartelholz. Dieser Abschnitt des Tracks eröffnet einen wahren Abenteuerspielplatz für all jene, die ihre technischen Fähigkeiten und die ihres Bikes herausfordern möchten.
Bis heute sind die tiefen Spurrinnen sichtbar, die von den Panzern auf diesem ehemals militärischen Übungsgelände hinterlassen wurden. Das gesamte Areal ist von gewundenen Pfaden und Trails durchzogen,

Blick auf das Heidehaus in der Fröttmaninger Heide

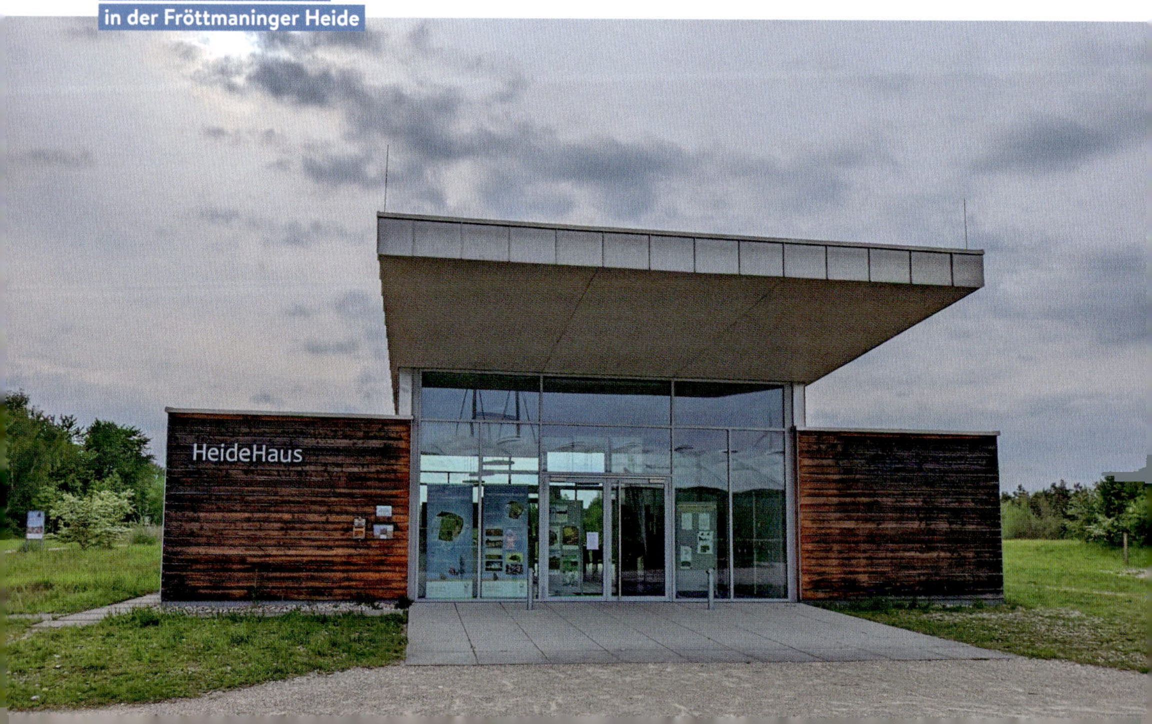

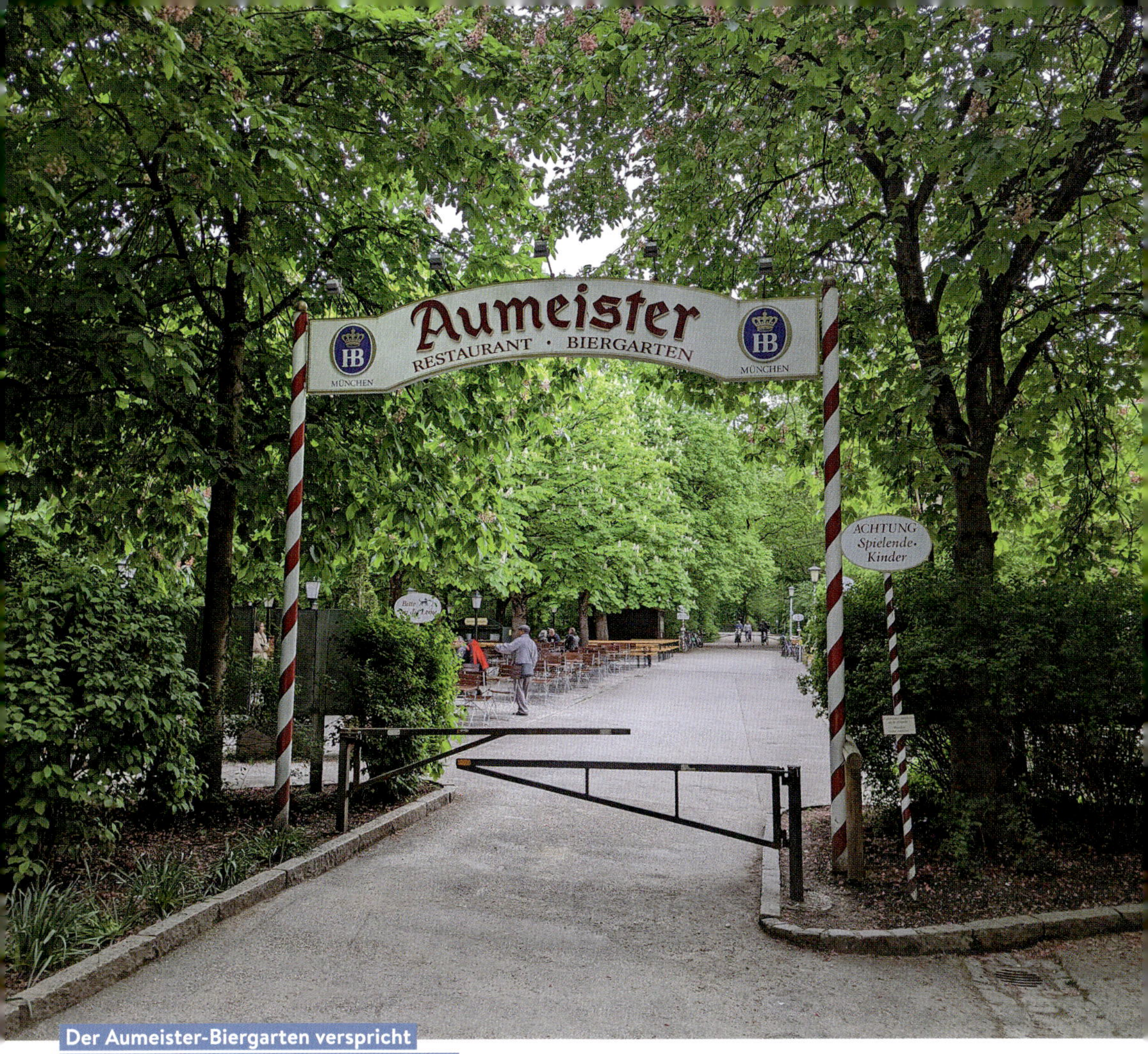


Der Aumeister-Biergarten verspricht Gemütlichkeit an lauen Sommerabenden.

die über sanfte Hügel und tiefe Senken führen. Wir möchten alle Bikefreunde dazu ermutigen, auch mal abseits der vorgegebenen Route – die Pfade aber bitte nicht verlassen – dieses faszinierende Terrain zu entdecken. Geschicklichkeit und Gleichgewichtssinn sind hier gleichermaßen gefragt.

Nach einer ausgiebigen Erkundungstour führt uns der Weg durch die Südliche Fröttmaninger Heide zur S-Bahn-Station Fröttmaning und zum Heide-Haus. Hier kann man sich ausführlich über die Heide und ihre Artenvielfalt sowie wichtige Naturschutzthemen informieren.

**RÜCKWEG DURCH DEN ENGLISCHEN GARTEN** Die Tour führt uns nun zum nordöstlichen Ende des Englischen Gartens. Im Restaurant und Biergarten Aumeister am Eingang zur Parkanlage können wir uns einen schönen Platz für ein Abschlussgetränk suchen. Anschließend folgen wir im Englischen Garten der Beschilderung in Richtung Marienplatz. Viele sehenswerte Abstecher (siehe Tippkasten links) liegen dabei an unserem Weg. Die letzten Meter nach dem Verlassen der Parkanlage fahren wir über die Radwege zum Hofgarten und zur Residenz.

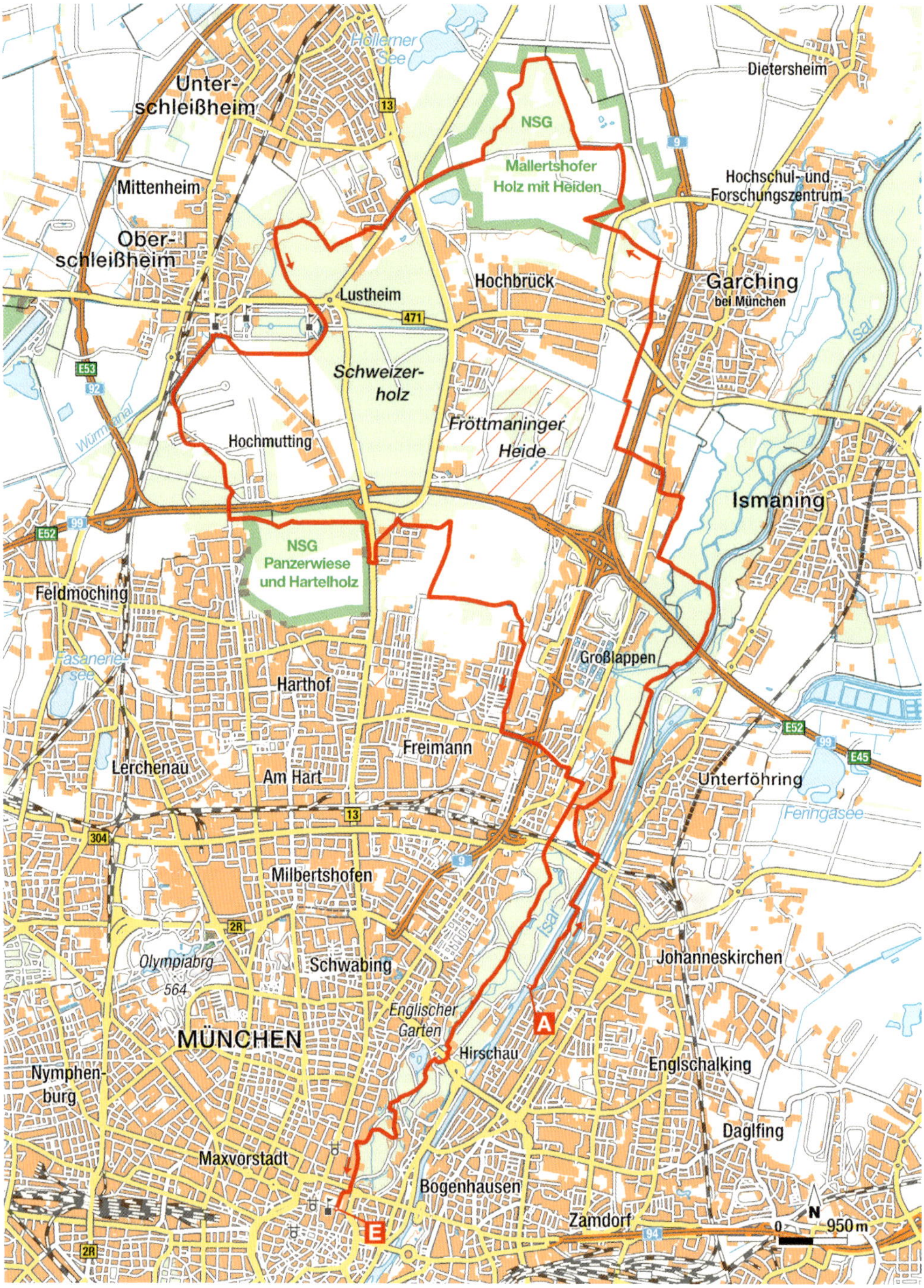
Unter-
schleißheim
Mittenheim
Ober-
schleißheim
Lustheim
NSG
Mallertshofer
Holz mit Heiden
Dietersheim
Hochschul- und
Forschungszentrum
Garching
bei München
Hochbrück
Schweizer-
holz
Fröttmaninger
Heide
Hochmutting
Ismaning
NSG
Panzerwiese
und Hartelholz
Feldmoching
Großlappen
Harthof
Freimann
Lerchenau
Am Hart
Unterföhring
Feringasee
Milbertshofen
Isar
Olympiabrg
564
Schwabing
Johanneskirchen
Englischer
Garten
MÜNCHEN
Hirschau
Englschalking
Nymphen-
burg
Daglfing
Maxvorstadt
Bogenhausen
Zamdorf
950 m
A
E

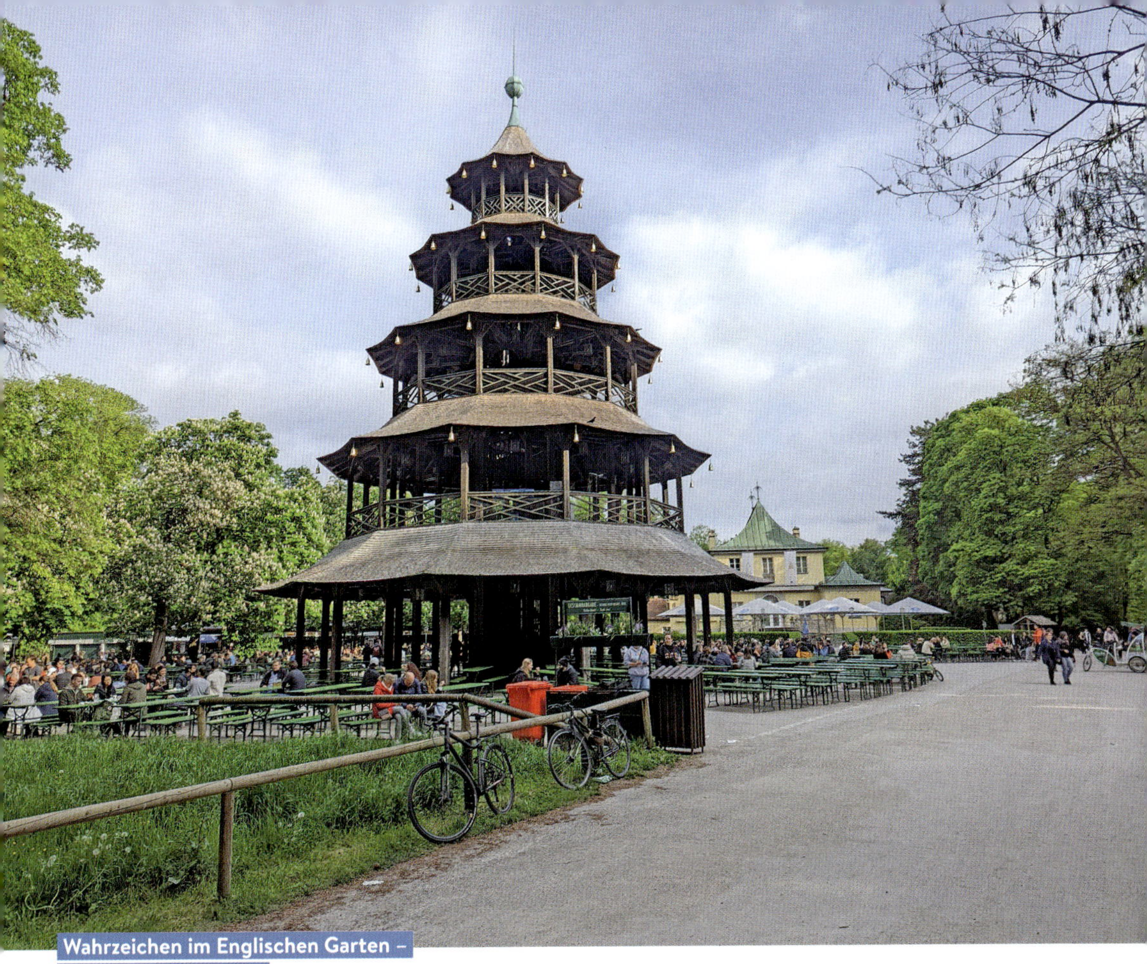

Wahrzeichen im Englischen Garten – der Chinesische Turm

## INFO

Leicht | 48 km | 150 Hm | 3.15 Std.

### HIGHLIGHT
Naturerlebnis, Sehenswürdigkeiten

### TOURENCHARAKTER
Die einfache Tour, die auch von Anfängern mit wenig Kondition und Fahrtechnik gefahren werden kann, startet im Stadtgebiet von München und führt entlang einiger Attraktionen aus der Stadt hinaus in den Norden. Hier erwartet uns ein Mix aus Gravel und schönen Schlössern. Unsere Tour kann ganzjährig und in beide Richtungen gefahren werden.

### AUSGANGSPUNKT
Stauwehr Oberföhring

### ENDPUNKT
Residenz München

### GPS-DATEN
48.168999, 11.616827

### ANFAHRT
Auto: Über Richard-Strauss-Straße, Oberföhringer Straße und Mauerkircher Straße zur Rümelinstraße
ÖPNV: Mit der S-Bahn-Linie S8, der U-Bahn-Linie U6 und dem Bus 187

### INFORMATION
www.heideflaechenverein.de; www.schloesser.bayern.de

# IM NATURPARK AUGSBURG – WESTLICHE WÄLDER

## Augsburg – Münster – Willmatshofen

Auf dieser Tour erkunden wir die Westlichen Wälder vor den Toren Augsburgs. Es geht zunächst aus der Stadt hinaus und an der idyllischen Wertach entlang, bis wir auf die Westlichen Wälder treffen. Nun geht es im stetigen Auf und Ab auf einsamen Wald- und Forstwegen durch den naturbelassenen und weitläufigen Forst. Schotter- und Naturliebhaber kommen auf dieser Rundtour voll auf ihre Kosten.

**Endloser Forst mit sagenhaften Schotterpisten**

2

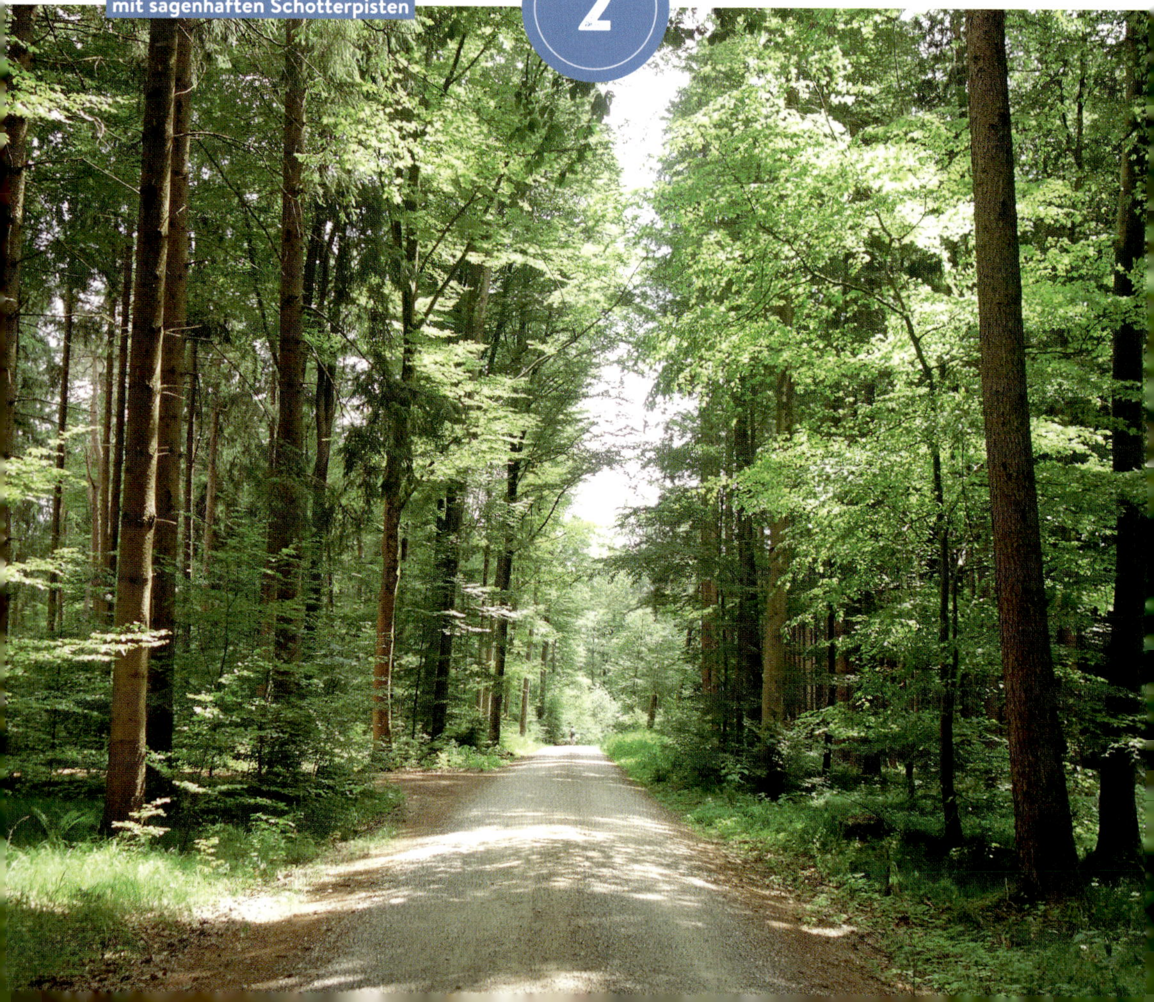

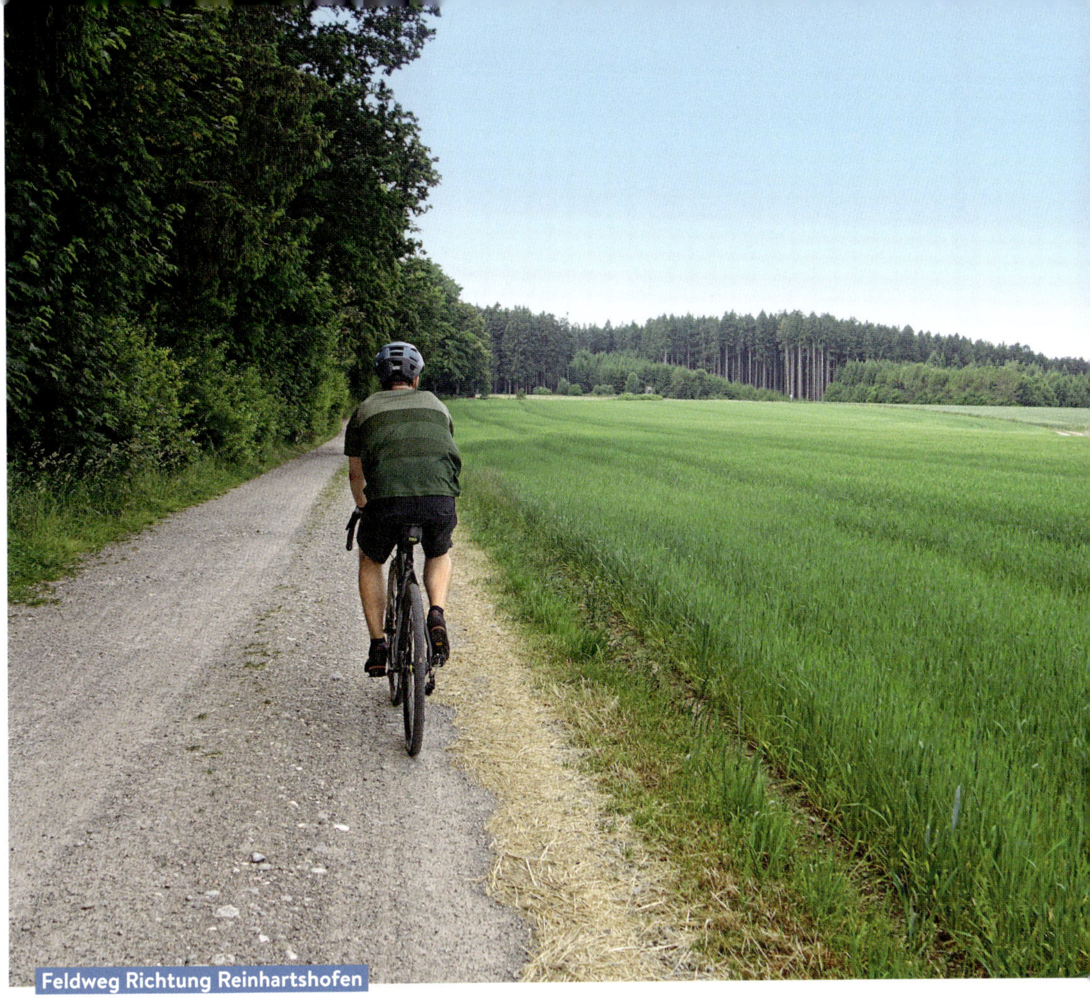

Feldweg Richtung Reinhartshofen

**RAUS AUS DER STADT** Nach etwa 45 Minuten Anreise startet die Tour am Augsburger Hauptbahnhof. Wir halten uns am Bahnhof nach links, durchqueren eine Unterführung und fahren anschließend über die Luitpoldbrücke. Gleich nach der Brücke biegen wir nach links ab und folgen der Wertach südwestlich in Richtung Bobingen/Inningen.
Auf dem grünen Fahrradweg entlang des Flusses gelangen wir schon bald vor die Tore der Stadt. Nun biegen wir nach rechts ab und fahren entlang eines geschotterten Radwegs vorbei an Feldern bis zur Gaststätte Wellenburg, die am Fuß von Schloss Wellenburg, dem sogenannten Fuggerschloss, liegt. Wir fahren links vorbei. Nach einem kurzen Abschnitt auf der Straße biegen wir nach links auf einen beschilderten Schotterweg Richtung Oberschöneberg ab. Nun entfaltet sich die volle Pracht des Forsts vor uns. Es geht weiter auf ruhigen Forstwegen und wir folgen stets den weißgrünen Radwegschildern in Richtung Bingen und Straßberg.
Wir verlassen nun kurzzeitig den Wald und fahren den Radweg weiter Richtung Burgwalden, um anschließend nach links in Richtung Wehringen Großaitingen abzubiegen.
Darauf überqueren wir eine Hauptstraße und fahren anschließend geradeaus weiter

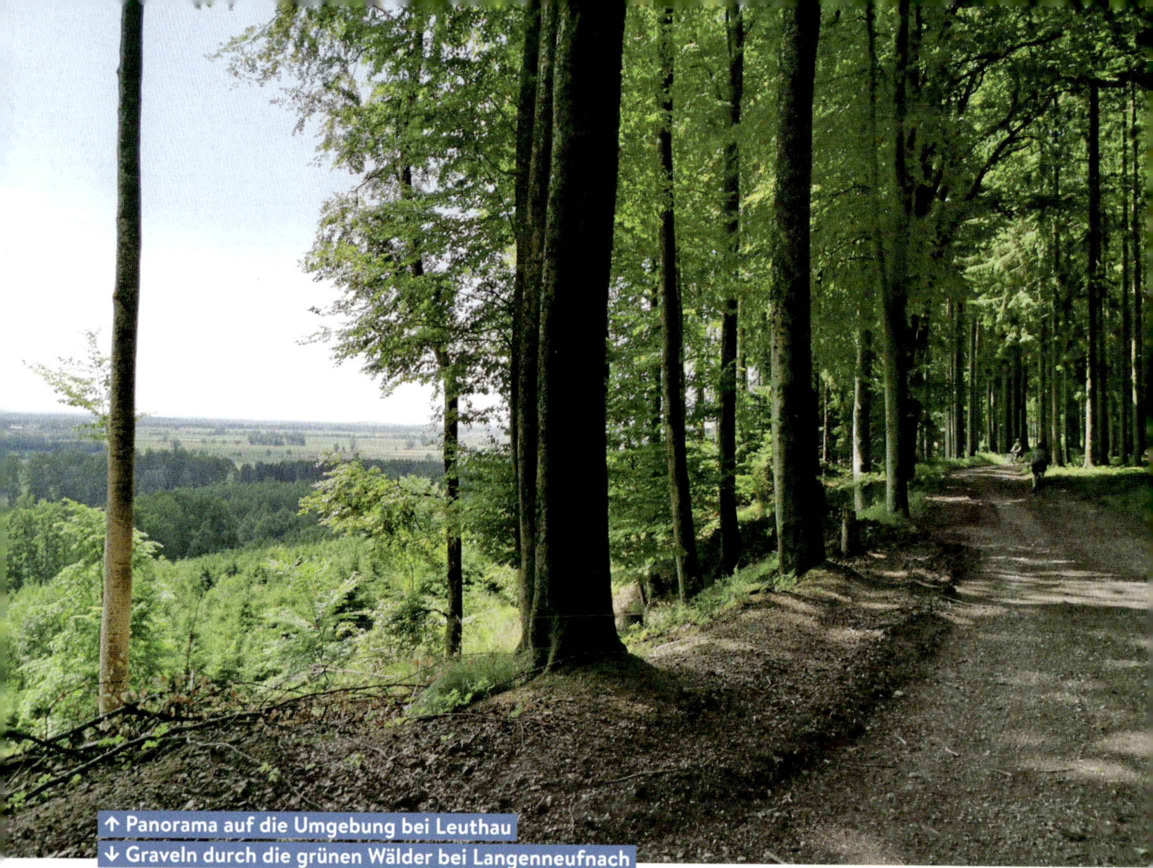

↑ Panorama auf die Umgebung bei Leuthau
↓ Graveln durch die grünen Wälder bei Langenneufnach
↘ Kurze Pause am Kneippbecken bei Langenneufnach

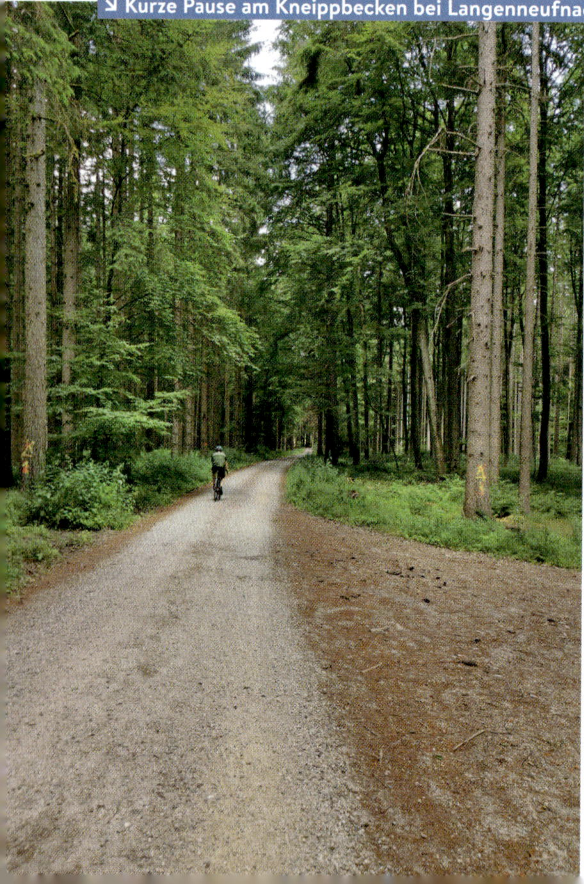

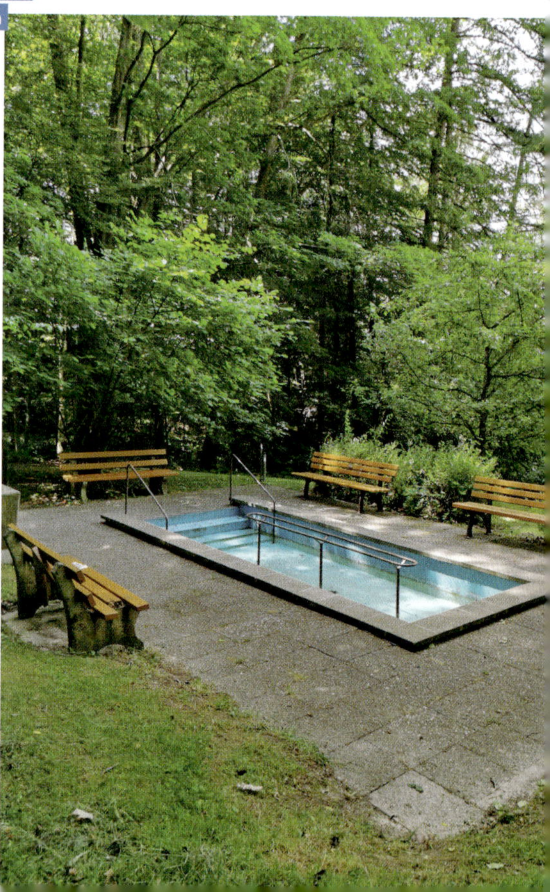

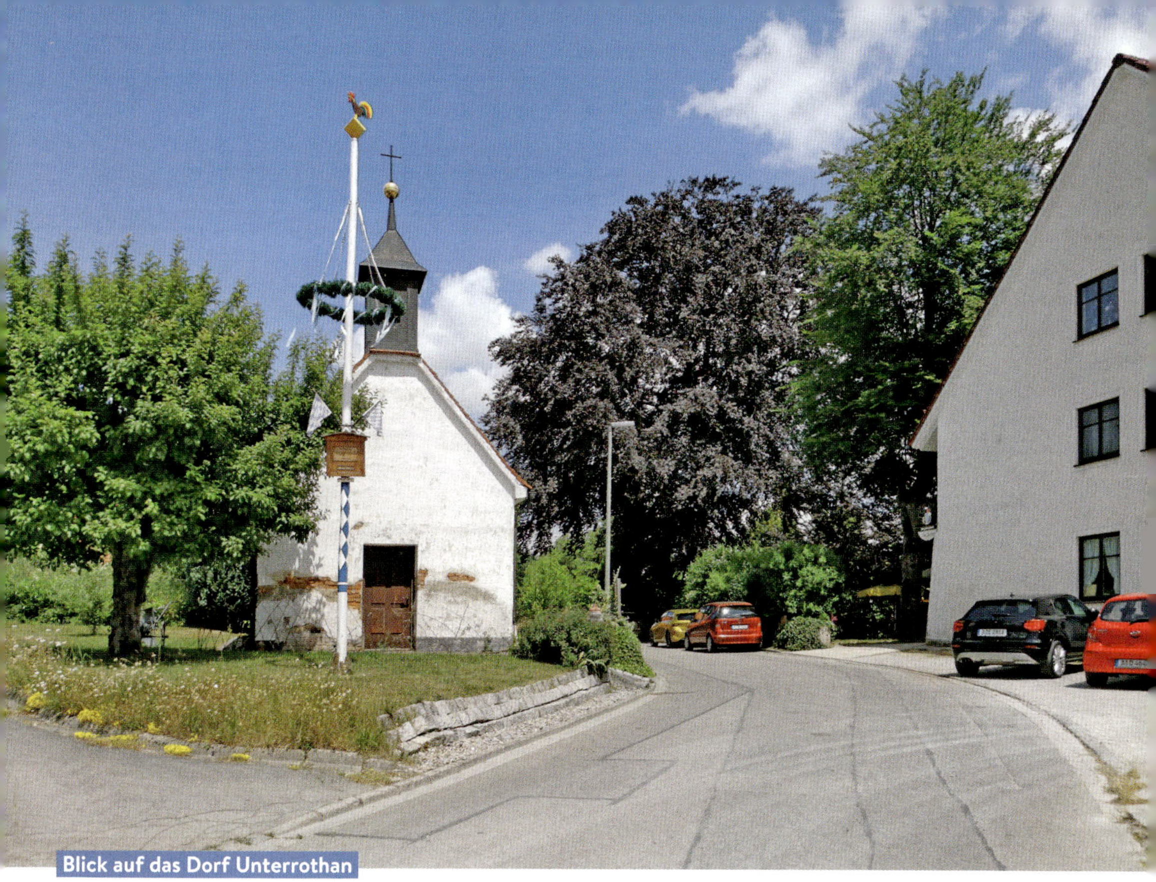

Blick auf das Dorf Unterrothan

auf dem Fahrradweg Richtung Reinhartshausen. Wir passieren Guggenberg und biegen dort rechts auf den Weg Richtung Limbach ab. Dieser Abschnitt bietet einen besonderen Ausblick auf die Umgebung mit einem malerischen Tiefblick.
Südlich von Klimmach überqueren wir eine Hauptstraße, bevor wir nach einer flotten Abfahrt auf einem asphaltierten Radweg Birkach erreichen. Nach einem Anstieg und einer weiteren Abfahrt erreichen wir Münster, biegen nach links ab und bewältigen einen Anstieg durch den Ort. Wir kommen am Feuerwehrhaus vorbei, wo es an einem Trinkbrunnen die Möglichkeit gibt, die Trinkflaschen aufzufüllen. Kurz nach dem Ort verlassen wir die Straße und biegen nach rechts auf einen unmarkierten Forstweg ab.

Tipp

**NATURPARK WESTLICHE WÄLDER**

Die Westlichen Wälder, ein einzigartiges Naherholungsgebiet im Westen von Augsburg, sind seit 1988 als Naturpark mit einer Fläche von 1200 Quadratkilometern unter Naturschutz gestellt. Etwa 40 Prozent des Gebiets ist von dichten Wäldern bedeckt und zeichnet sich durch eine hügelige Landschaft aus, die von zahlreichen Bächen durchzogen wird. Das weitläufige Streckennetz, das 2500 Kilometer markierte Wege umfasst, lädt Wanderer und Radfahrer dazu ein, diese malerische Umgebung zu erkunden.

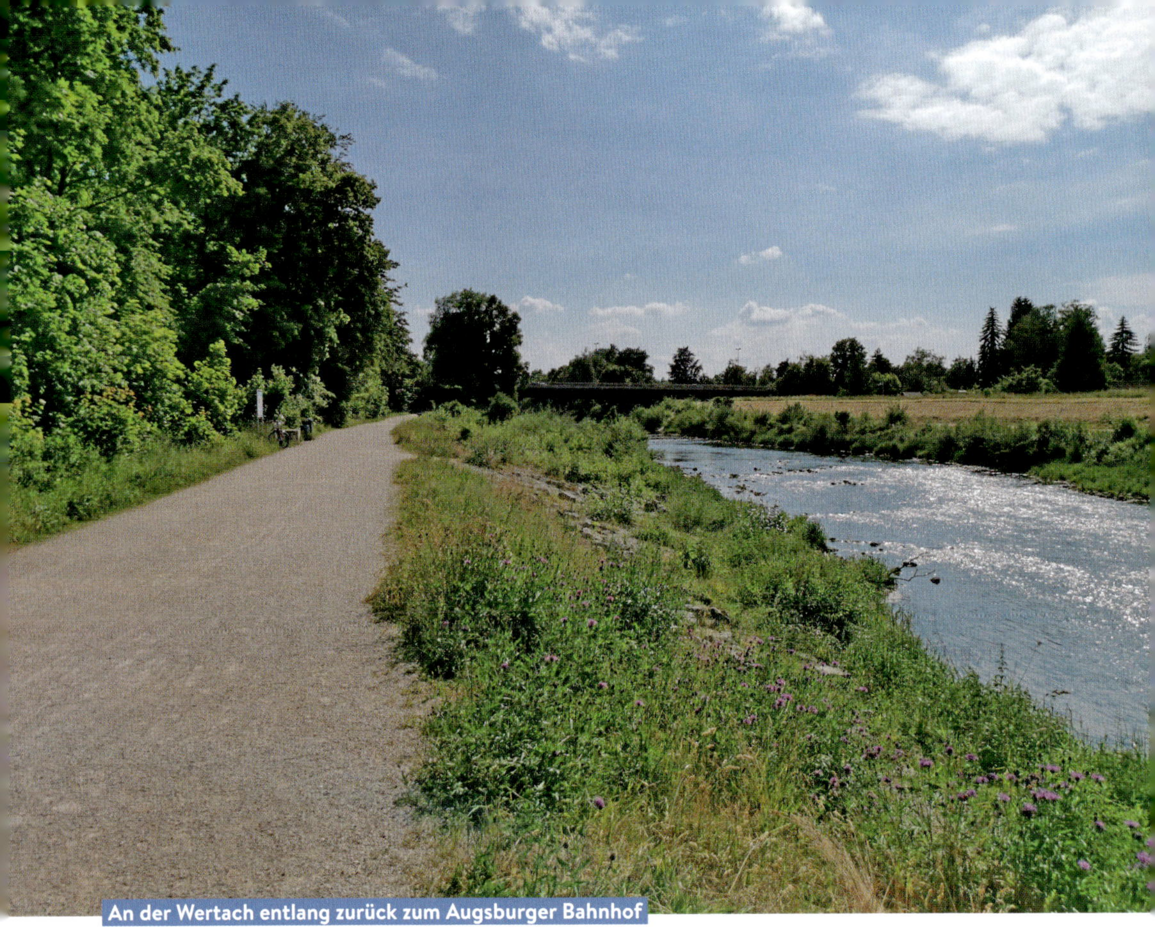

An der Wertach entlang zurück zum Augsburger Bahnhof

Tipp

### KULPERHÜTTE

Gegen Ende der Tour kommen wir an der Kulperhütte vorbei, die malerisch an der Wertach liegt. Die historische Hütte, deren Ursprünge bis ins Jahr 1926 zurückgehen, ist ein beliebter Anlaufpunkt zur Einkehr. Die Hütte, die ihr uriges Flair trotz Renovierungen, zuletzt 2013, behalten hat, bietet einen gemütlichen Biergarten. Neben typischen Biergartenspeisen gibt es auch diverse vegane und vegetarische Optionen – Herzhaftes sowie Süßes. Zudem wird bei dem Angebot viel Wert auf Regionalität und Qualität gelegt.

**AUF UND AB** Es folgt eine Abfahrt auf Schotter nach Langenneufnach. Kurz vor der Einfahrt in den Ort gibt es auf der linken Seite ein Kneippbecken, das sich für eine Pause anbietet.

Der Weg wechselt nun wieder auf Asphalt und wir durchfahren die Ortschaft und biegen nach rechts Richtung Unterrothan ab, das nach einem kurzen Anstieg folgt. In Unterrothan lädt der Gasthof zur Sonne zu einer Einkehr ein – perfekt für eine Erfrischung im Biergarten. Ab nun wird die Strecke besonders hügelig, Anstiege wechseln sich mit spaßigen und belohnenden Abfahrten ab.

Es geht nun weiter auf Schotter durch einen idyllischen Wald in Richtung Fischach/Willmatshofen. Anschließend biegen wir nach

links in Richtung Itzlishofen ab. Dort verlassen wir die Ortschaft, indem wir nach links abbiegen. Es folgt ein Anstieg mit grobem Schotter, je nach Reifenbreite und Fitness muss hier vielleicht für ein kurzes Stück geschoben werden.
Danach können wir eine gemütliche Gravelabfahrt entlang des Waldrands genießen. Am Ende erreichen wir eine Hauptstraße, der wir ein kurzes Stück nach links bis Weiherhof folgen. Dort biegen wir nach rechts ab und fahren anschließend auf einem lauschigen Gravelpfad links weiter Richtung Norden nach Oberschönenfeld.

**ENDSPURT IM FORST** Wir passieren dort das sogenannte Staudenhaus, ein Bauernmuseum. In ihm wird gezeigt, wie die Menschen in den Stauden vor 120 Jahren lebten und arbeiteten. Nach dem Museum biegen wir rechts ab und erklimmen einen weiteren Anstieg mit anschließender Abfahrt. Wieder auf ebener Strecke biegen wir nach links Richtung Anhausen ab, wo es gemütlich auf einem Forstweg Richtung Norden geht. Kurz vor Anhausen nehmen wir die rechte Abzweigung und bewältigen den letzten längeren Anstieg der Tour durch das Firnental. Dieser Abschnitt weist teilweise steile Anstiege mit zweistelligen Steigungen auf und wird durch den Schotter zusätzlich herausfordernd. Doch nun haben wir das Schwierigste geschafft und rollen entspannt zurück nach Wellenburg. Dabei passieren wir erneut die Schlossgaststätte. Es geht nun auf dem bereits bekannten Weg zurück Richtung Augsburg. Wir treffen erneut auf die Wertach und fahren nun am östlichen Ufer zurück durch die grüne Landschaft in die Stadt zum Bahnhof.

Gemütliche Einkehr zum Abschluss in der Kulperhütte an der Wertach

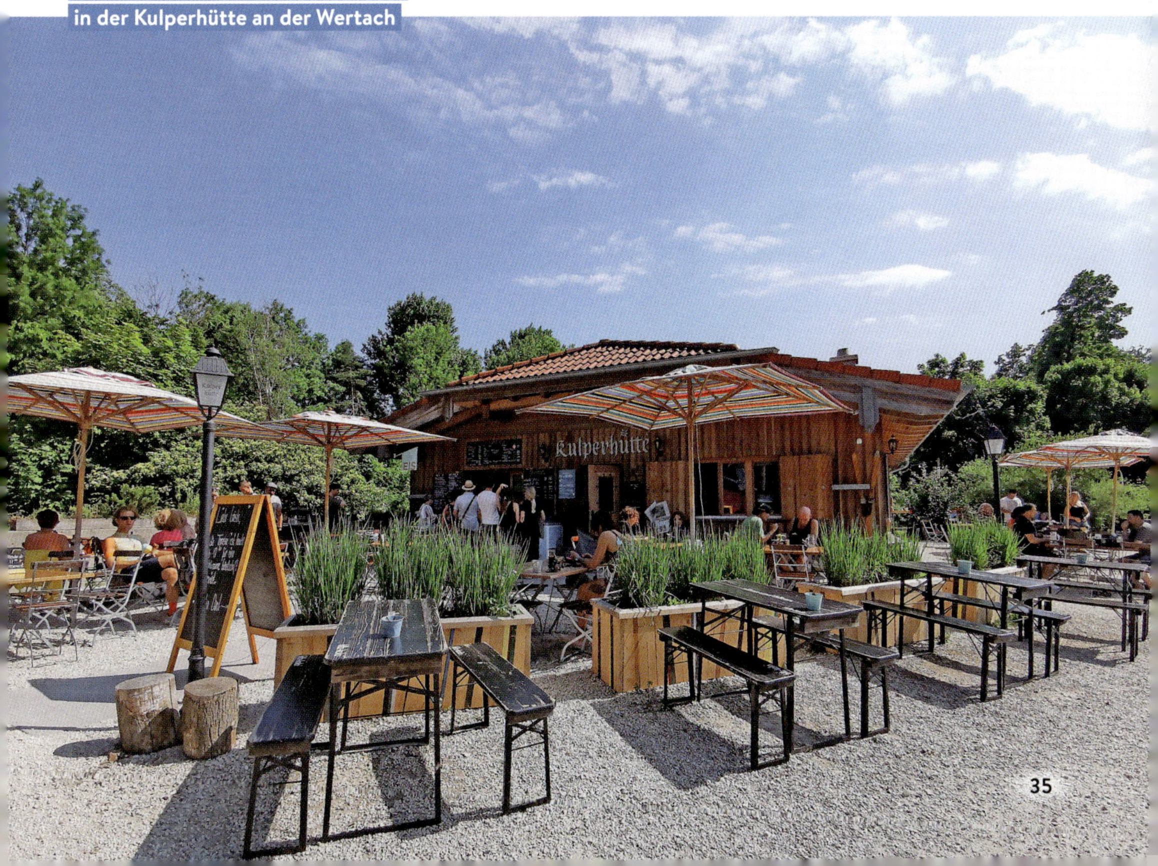

## INFO

Schwer | 70 km | 770 Hm | 5.00 Std.

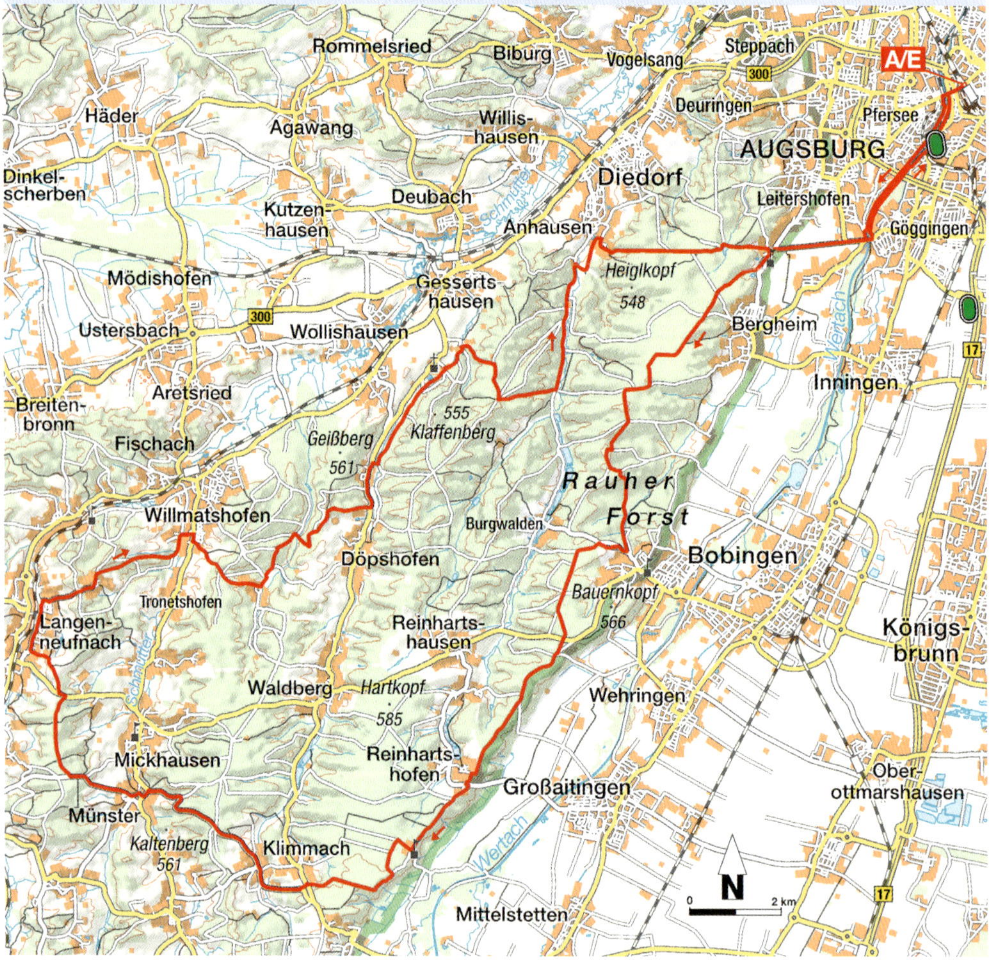


### HIGHLIGHT
Naturerlebnis

### TOURENCHARAKTER
Hügelige Rundtour über Forstwege mit hohem Gravelanteil, teilweise auch gröberer Schotter

### AUSGANGS-/ENDPUNKT
Hauptbahnhof Augsburg

### GPS-DATEN
48.365586, 10.886358

### ANFAHRT
Auto: Auf der A 8 Richtung Stuttgart, Abfahrt auf die B17 Richtung Augsburg
ÖPNV: Mit der Regionalbahn zum Hbf. Augsburg

### INFORMATION
www.augsburg.de/freizeit/ausflugsziele/naturpark-westliche-waelder

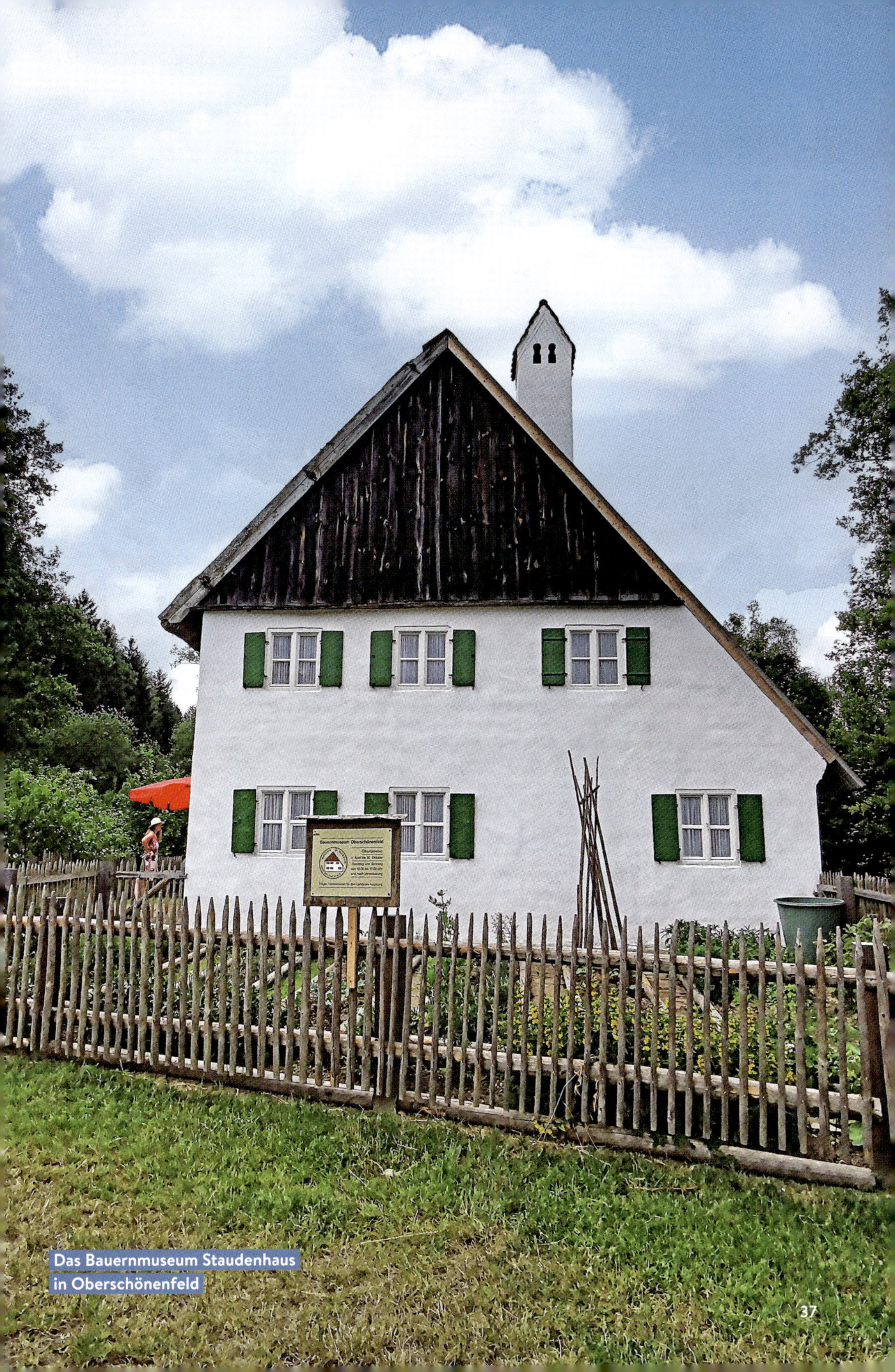

Das Bauernmuseum Staudenhaus
in Oberschönenfeld

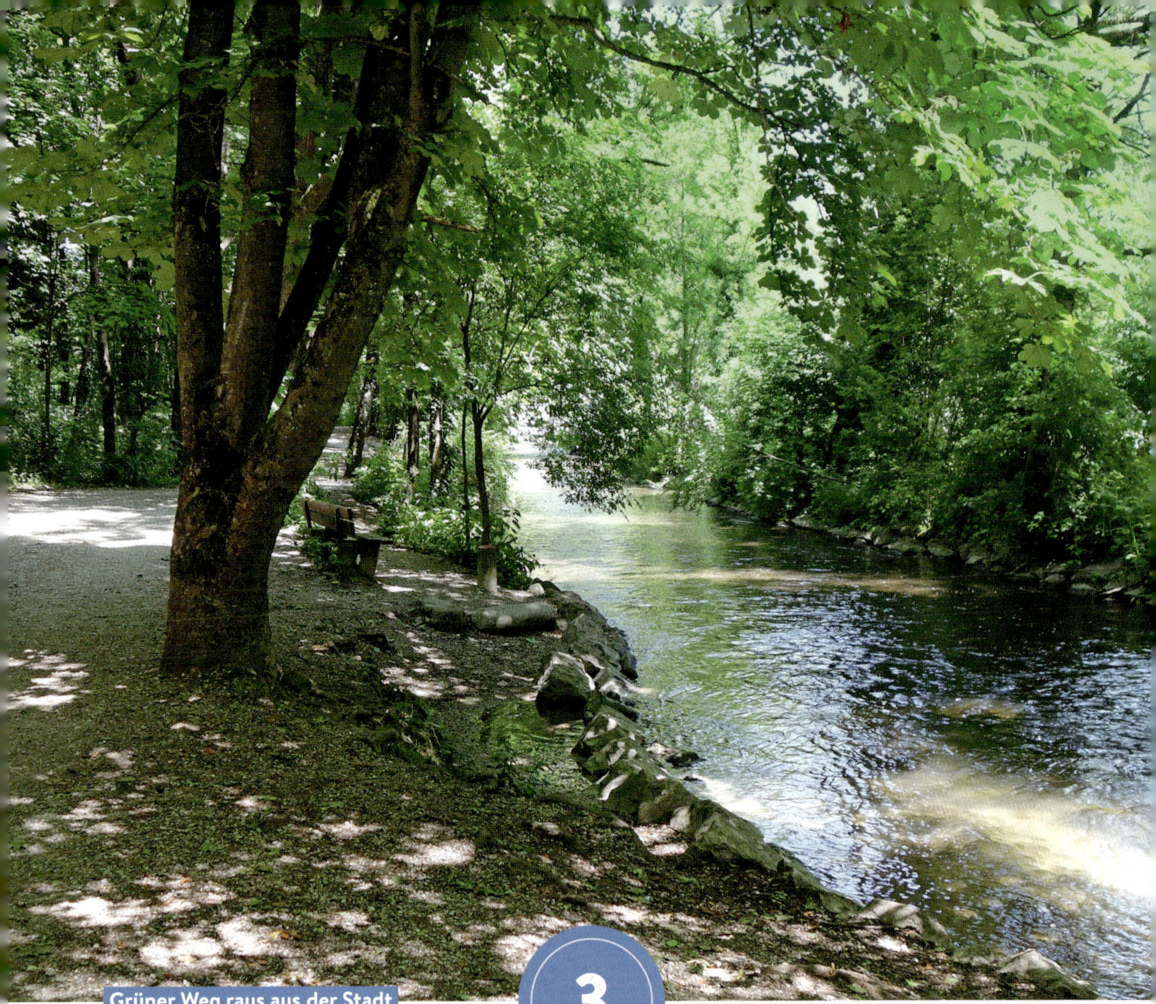

Grüner Weg raus aus der Stadt entlang der Würm

3

# AN DER AMPER NACH FREISING

## Pasing – Dachau – Haimhausen – Freising

Diese Route führt zunächst entlang der Würm nach Dachau. Ab dort erwarten uns naturbelassene und genussvolle Gravelpfade im Grünen entlang der idyllischen Amper. Nach der Durchquerung des ebenen Ampertals radeln wir weiter nach Freising. Dort können wir die S-Bahn zurück nach München nehmen oder auch an der Isar zurückfahren.

### IDYLLISCH GRAVELN AN DER WÜRM

Startpunkt der Tour ist der Pasinger Bahnhof. Vom Bahnhofsplatz aus nehmen wir den Radweg nach rechts in Richtung Blutenburg/ Dachau. Vorbei am imposanten Schloss Blutenburg setzen wir die Fahrt auf dem ausgeschilderten Radweg fort, der uns Richtung Dachau und Untermenzing leitet. Der Weg führt nun an der Würm entlang, vorbei am Biergarten Inselmühle, und begleitet uns bis Allach.

In Allach folgen wir dem Radweg Richtung Dachau/Waldschwaigsee. An einem Fahrradwegweiser, der den Weg zum Waldschwaigsee nach links anzeigt, fahren wir geradeaus Richtung Karlsfeld. Bald darauf biegen wir nach links ab und gelangen zum See. Bei gutem Wetter achten wir darauf, Rücksicht auf andere Wegnutzer zu nehmen. Wir umrunden den halben See und fahren dann rechts ab Richtung Langwieder See auf einer Straße. Anschließend geht es nach rechts Richtung Dachau/Eschenried. Auf einer kleinen Brücke überqueren wir den Gröbenbach und biegen dann links auf einen unmarkierten Gravelweg ab. Dieser führt an Feldern entlang zu einem Golfplatz, wo wir dem Streckenverlauf weiter nach rechts folgen. Schließlich treffen wir auf den Radweg nach Eschenried. Im Dorf folgen wir den Wegweisern und setzen unsere Fahrt Richtung Gründing fort, indem wir der Straße und dem ausgeschilderten Radweg geradeaus folgen. Wir biegen nach rechts ab und gelangen über eine Brücke zum ersten Mal an die Amper.

Blick auf die Amper hinter Dachau

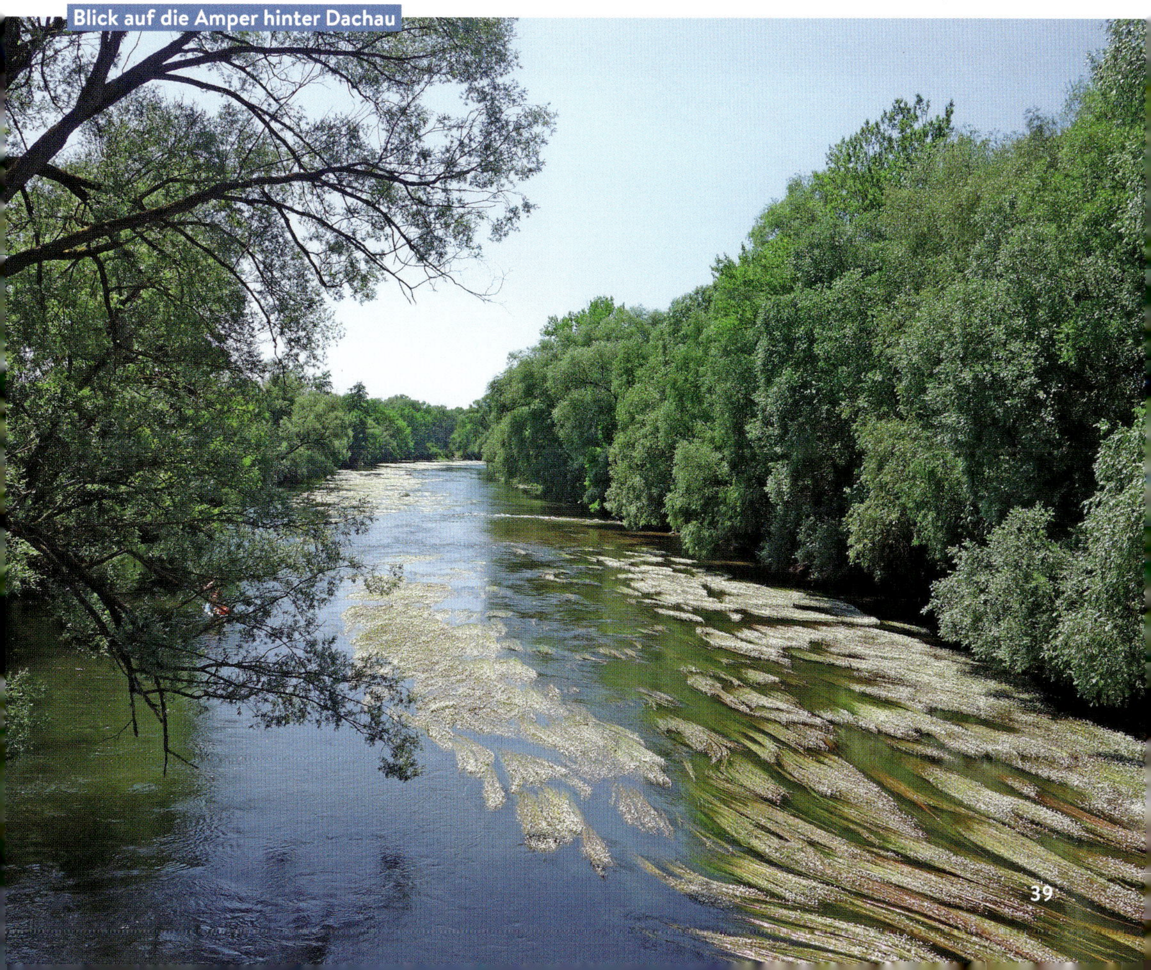

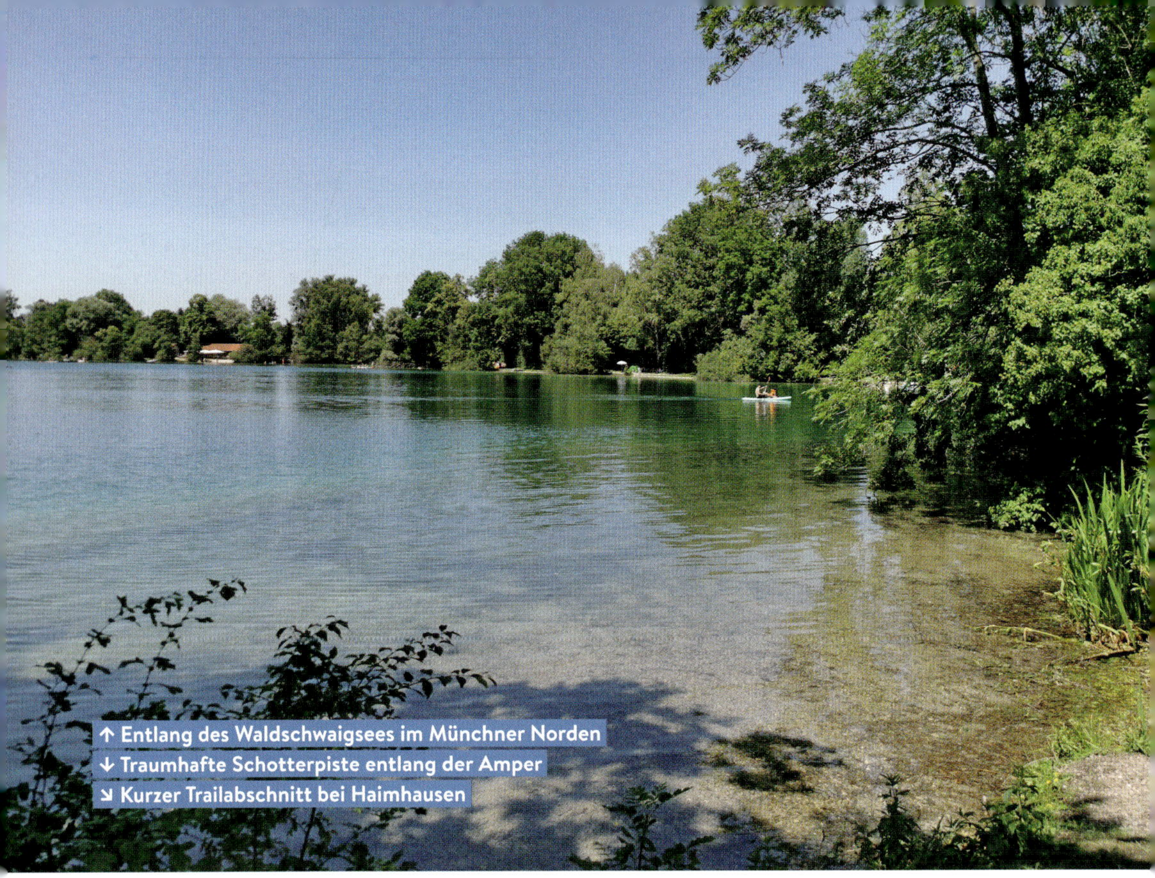

↑ Entlang des Waldschwaigsees im Münchner Norden
↓ Traumhafte Schotterpiste entlang der Amper
↘ Kurzer Trailabschnitt bei Haimhausen

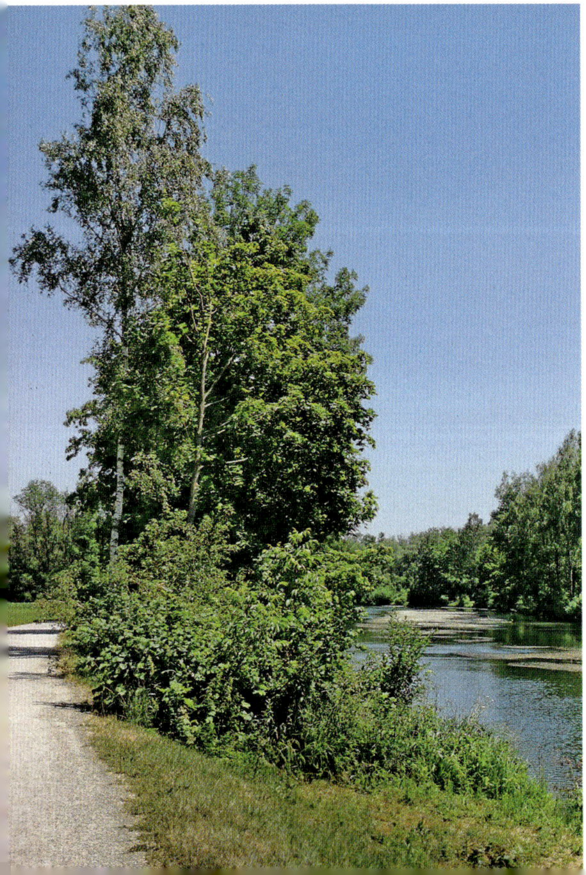

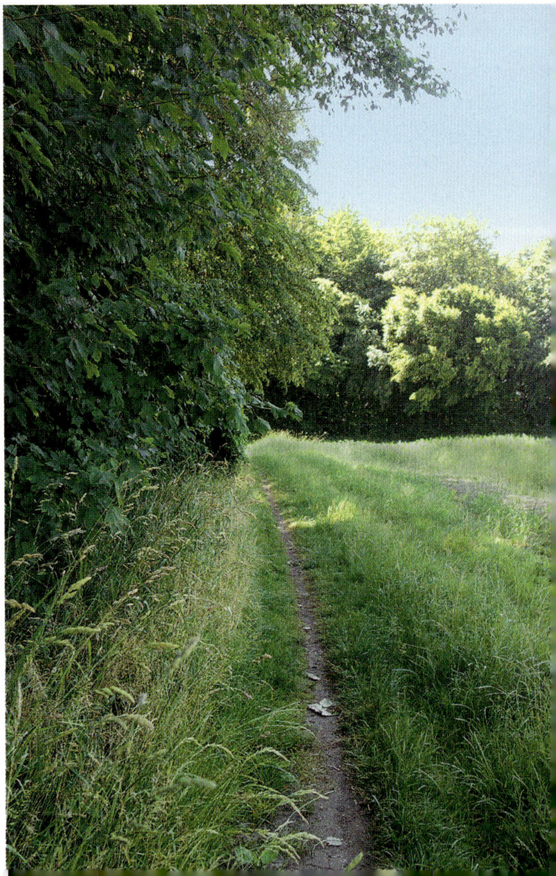

Tipp

**DAS AMPERTAL**

Die Amper bildet zusammen mit der Ammer ein zusammenhängendes Flusssystem, das die Münchner Umgebung prägt. Mit ihrem Ursprung in den Ammergauer Alpen stellt sie ein bedeutsames Naturgebiet dar. Die reichhaltige Flora und Fauna beheimatet einige sehr gefährdete Arten, wie zum Beispiel Süßwasserquallen und die europäische Sumpfschildkröte. Teilbereiche der idyllischen Landschaft sind heute als Naturschutzgebiete ausgewiesen. Die Amper fließt in Moosburg in die Isar.

## ABENTEUERLICH DURCHS AMPERTAL

Die Fahrt durch das malerische Ampertal beginnt mit einem Abschnitt entlang des Amperkanals nach rechts. Am Ende des Kanals ist Vorsicht geboten, da eine kurze Abfahrt mit grobem Schotter folgt; hier eventuell kurz absteigen und schieben.
Nach einem kleinen Trail zwischen Amper und Amperkanal kommen wir an einem kleinen Rastplatz vorbei. Auf der linken Seite befindet sich eine Brücke mit zwei kleinen Stufen, über die wir schieben. Wir setzen unsere Fahrt nach rechts fort, immer entlang des westlichen Amperufers in Richtung Dachau.
Wir passieren das Wehr und erreichen die Innenstadt von Dachau, indem wir weiter nach links fahren. Nach einem kurzen Stück auf der Hauptstraße biegen wir rechts ab, um wieder an die Amper zu gelangen. Wir überqueren eine Brücke und biegen anschließend nach links in den Amperweg ein, der uns wieder aus der Stadt hinausführt. Nun sind wir wieder auf einem Schotterweg unterwegs, der stimmungsvoll am Ostufer der Amper entlangführt.

Abschnittsweise nimmt der Weg einen Singletrail-Charakter an, daher ist hier auf möglichen Gegenverkehr zu achten.
Kurz vor Ampermoching führt uns der Radweg links über eine Brücke. Wir nehmen die erste Einfahrt nach rechts in den Ort und folgen einem Singletrail entlang der Amper. Der trailige Weg setzt sich fort, inklusive der Überquerung einer Brücke. Schließlich verbreitert sich der Pfad, und wir gelangen zu einer Kreuzung neben einer Brücke. Hier biegen wir links ab und folgen kurz vor einem Weiler dem Weg nach rechts in einen Wald. Nachdem wir eine Brücke nach links überquert haben, fahren wir wieder auf einem Weg mit Trail-Charakter.
Wir treffen auf eine Straße und folgen dieser kurz nach rechts, vorbei an einem Erdbeerhof. Kurz vor einer Brücke biegen wir links ab und setzen unseren Weg nach Allershausen

Abschnitt mit Singletrail-Charakter an der Amper

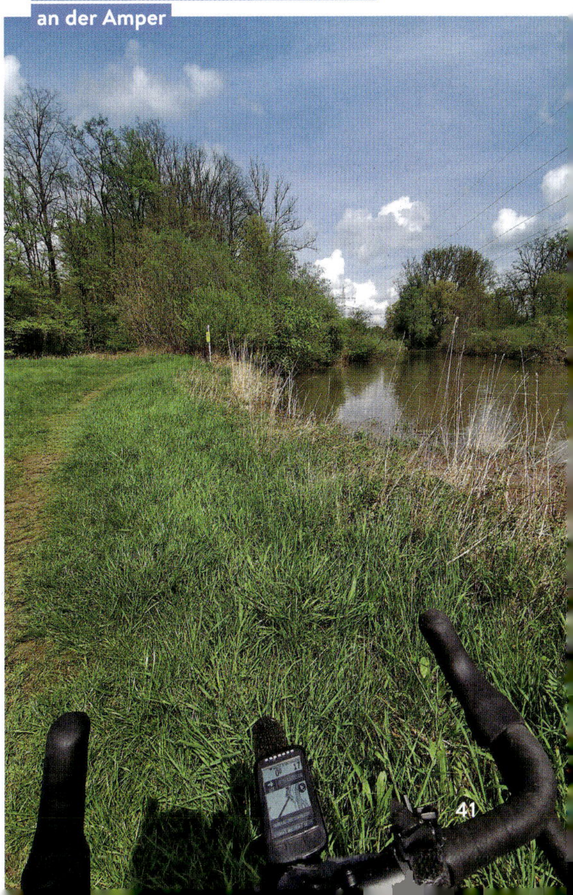

Tipp

### ALTSTADT FREISING

Das historische Stadtzentrum von Freising bietet sich nach Abschluss der Tour für einen kurzen Bummel an. Die Geschichte der Altstadt, in deren Zentrum der Marienplatz mit seiner Mariensäule steht, reicht bis ins 17. Jahrhundert zurück. Hier gibt es eine Vielzahl historischer Gebäude aus verschiedenen Epochen zu bestaunen, unter anderem aus dem Barock und auch dem Rokoko. Daneben laden noch zahlreiche Cafés und Lokale zu einer kurzen Rast ein.

fort. Über traumhafte Feldwege geht es weiter Richtung Norden, bis wir zwischen Unterbruck und Großnöbach erneut die Amper überqueren, dann nach links abbiegen, um dem Amperkanal Richtung Norden zu folgen. In Weng überqueren wir den Kanal und biegen danach sofort links in die Amperau ein.

**FLOTT NACH FREISING** Auf einer Brücke überqueren wir das Wasserkraftwerk Kranzberg und folgen weiter dem Kanal. Der Weg entlang des Kanals endet schließlich und wir nehmen die Hauptstraße, um nach Leonhardsbuch zu gelangen. Im Ort biegen wir nach rechts ab und überqueren die Autobahn. Danach folgen wir dem beschilderten Weg Richtung Allershausen. Anschließend nehmen wir den Weg Richtung Tünzhausen und weiter nach Burghausen. Dort erwartet uns eine schöne Waldstraße mit wenig Verkehr. Nach Burghausen folgt ein steiler Anstieg nach Wippenhausen. Anschließend rollen wir ohne große Anstrengung auf dem Fahrradweg nach Freising.

Einer der zahlreichen Stege über die Amper

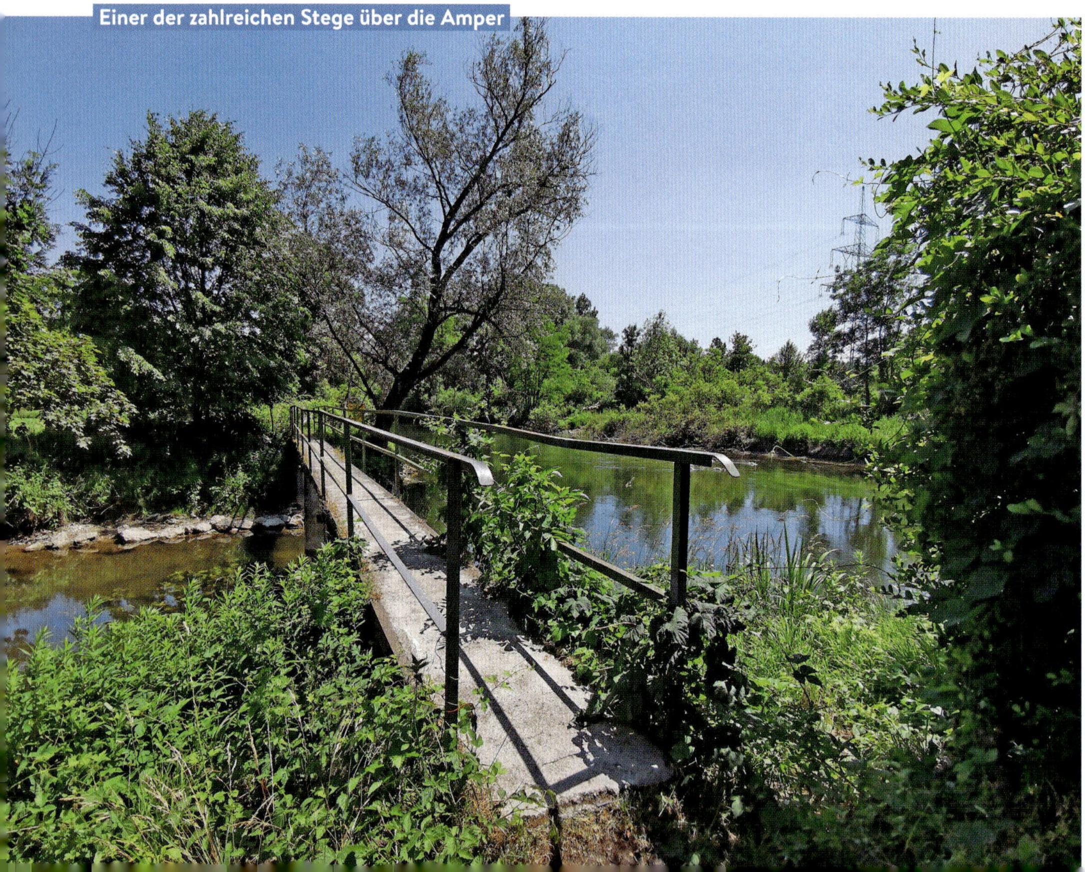

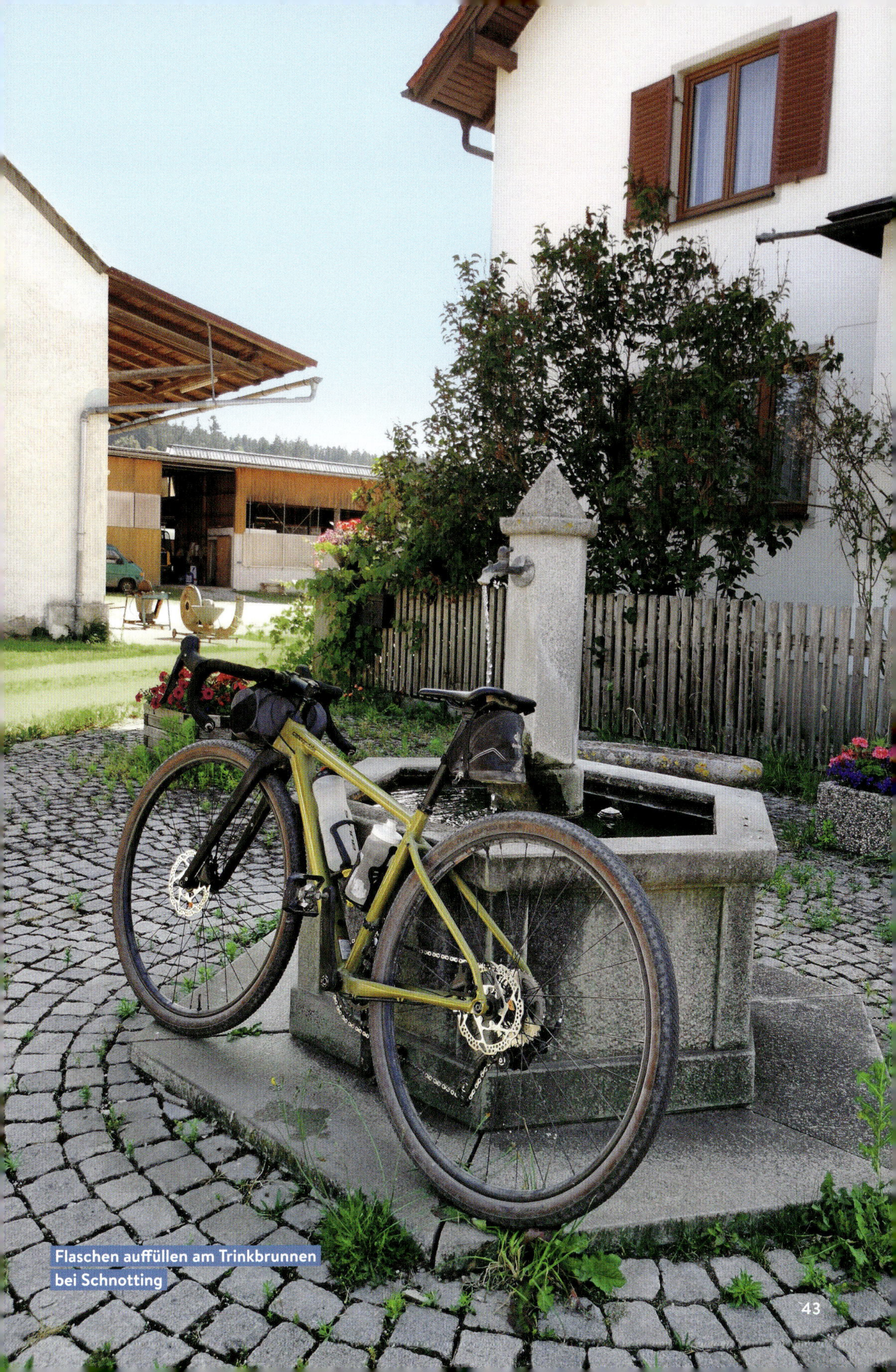

Flaschen auffüllen am Trinkbrunnen bei Schnotting

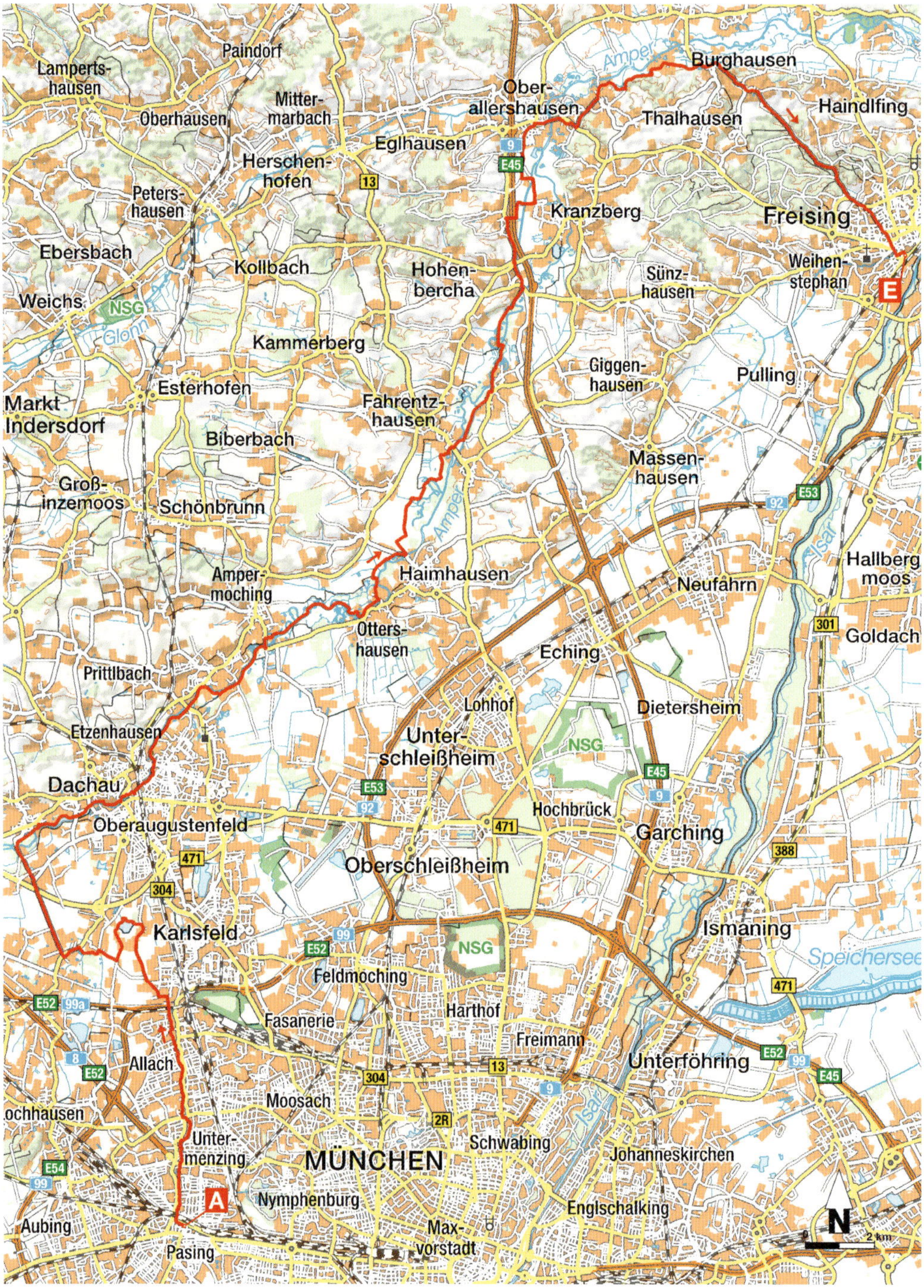
Lamperts-hausen
Paindorf
Mitter-marbach
Oberhausen
Herschen-hofen
Eglhausen
Ober-allershausen
Amper
Burghausen
Thalhausen
Haindlfing
Peters-hausen
Kranzberg
Freising
Ebersbach
Kollbach
Hohen-bercha
Weihen-stephan
Sünz-hausen
Weichs
NSG
Glonn
Kammerberg
Giggen-hausen
Pulling
Esterhofen
Markt Indersdorf
Fahrentz-hausen
Biberbach
Massen-hausen
Groß-inzemoos
Schönbrunn
Amper-moching
Haimhausen
Neufahrn
Hallberg-moos
Otters-hausen
Eching
Goldach
Prittlbach
Lohhof
Dietersheim
Etzenhausen
Unter-schleißheim
Dachau
Oberaugustenfeld
Hochbrück
Garching
Oberschleißheim
Karlsfeld
Ismaning
Speichersee
Feldmoching
Fasanerie
Harthof
Freimann
Unterföhring
Allach
Moosach
ochhausen
Unter-menzing
MÜNCHEN
Schwabing
Johanneskirchen
Nymphenburg
Englschalking
Aubing
Pasing
Max-vorstadt
Isar
N
2 km

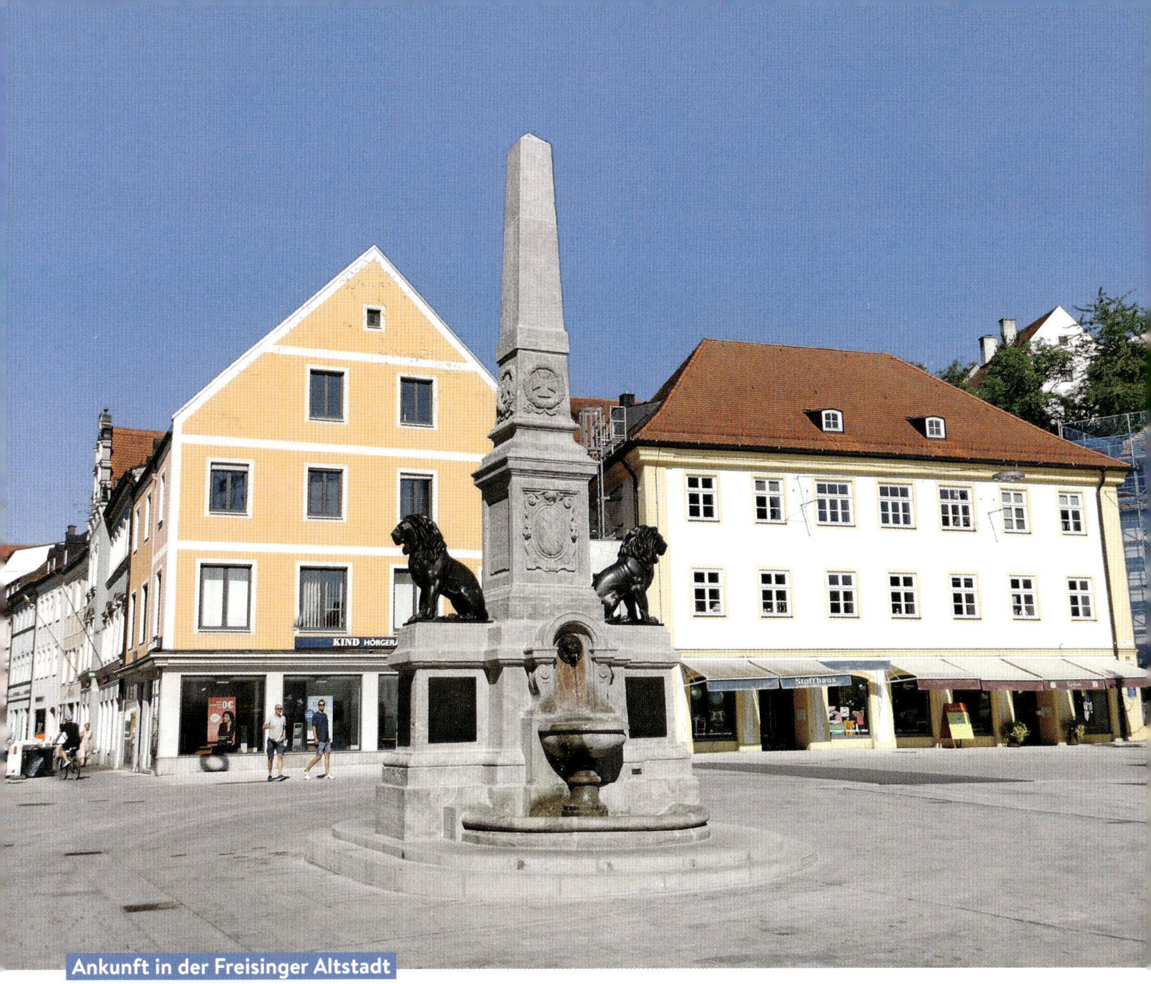

Ankunft in der Freisinger Altstadt

## INFO

| Mittel | 68 km | 250 Hm | 4.30 Std. |
|---|---|---|---|

**HIGHLIGHT**
Naturerlebnis, Sehenswürdigkeiten

**TOURENCHARAKTER**
Technisch einfache Tour durch das Naturparadies Ampertal mit traumhaften Pfaden direkt am Wasser; größtenteils flach mit ausgewogenem Gravelanteil

**AUSGANGSPUNKT**
Bahnhof Pasing

**ENDPUNKT**
Bahnhof Freising

**GPS-DATEN**
48.149132, 11.460384

**ANFAHRT**
Auto: Auf der A 8, A 99 oder B 2 zum Bahnhof München-Pasing

ÖPNV: Mit den S-Bahn-Linien S3, S4, S6, S8 zum Bahnhof München-Pasing

**RÜCKFAHRT**
Mit der Regionalbahn oder S1 ab Bahnhof Freising

**INFORMATION**
tourismus.freising.de/sehenswert/historische-altstadt

# WÖRTHSEE UND AUBINGER FORST

## Schloss Blutenburg – Wesslinger See – Germering

Startpunkt dieser Rundtour ist das historische Wasserschloss Blutenburg im Münchner Westen. Nach einer kurzen Fahrt hinaus aus der Stadt führen idyllische Waldpfade und Feldwege zum Wörthsee, der sich bei gutem Wetter für einen Badestopp anbietet. Über hügelige Wirtschaftsstraßen erkunden wir noch den Aubinger Forst mit dem Teufelsberg, der höchsten Erhebung der Tour, bevor es wieder zurück in die Stadt geht.

4

Start am Schloss Blutenburg

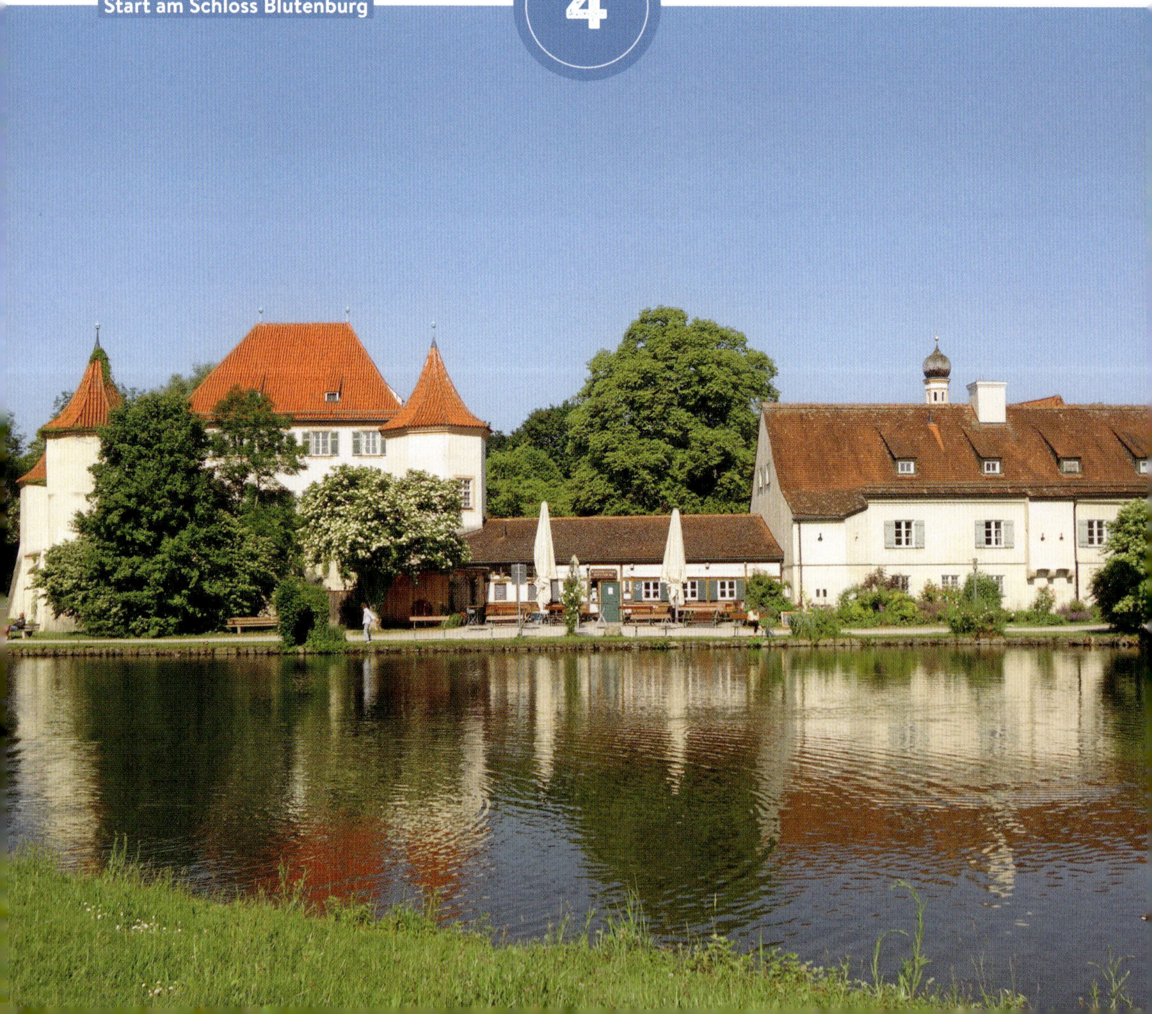

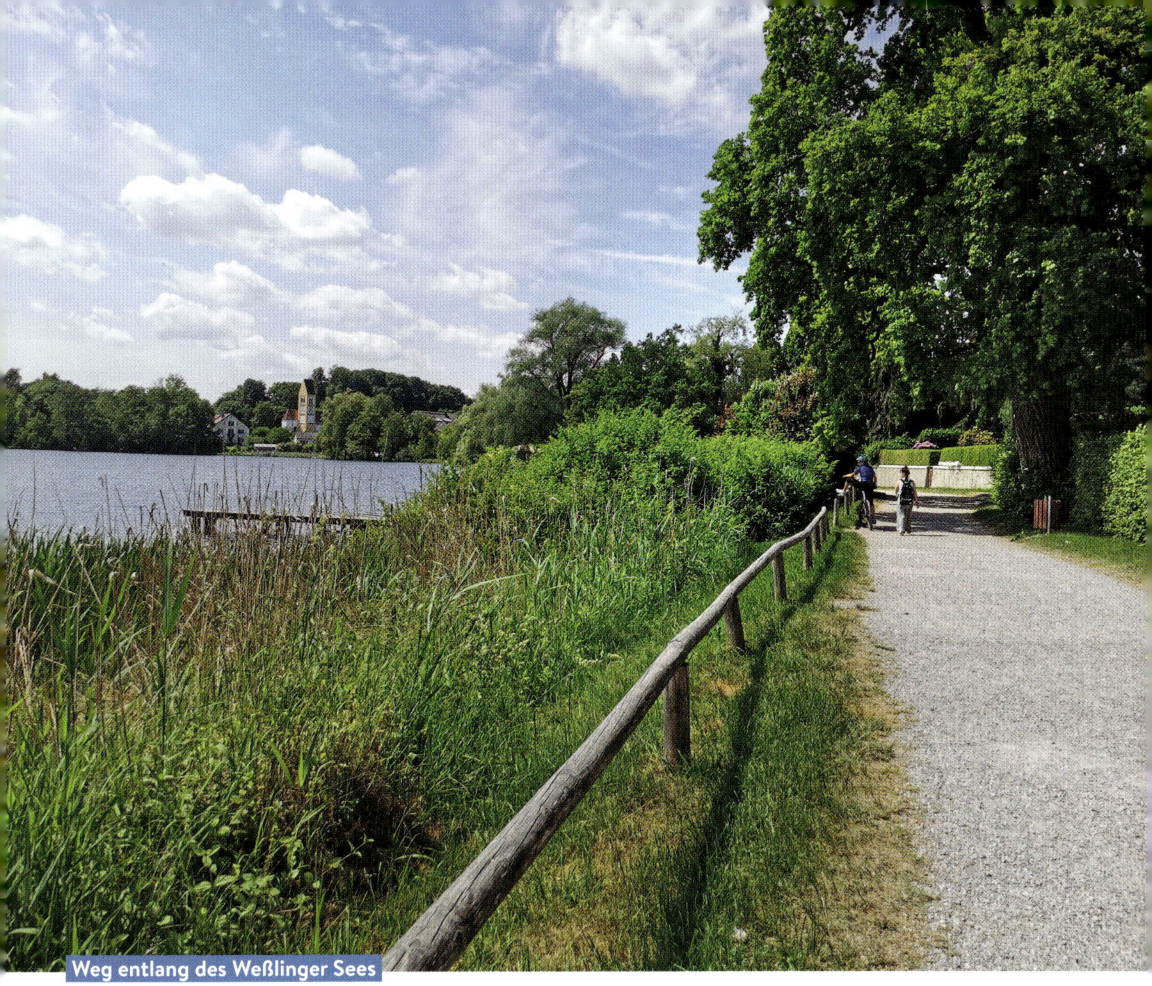

Weg entlang des Weßlinger Sees

### VOM SCHLOSS ZUM WESSLINGER SEE

Unsere Tour beginnt am historischen Schloss Blutenburg, im Viertel Obermenzing, im Münchner Westen. Wir fahren am Schloss links auf den Fahrradweg entlang der Würm Richtung Pasing/Starnberg. Anschließend biegen wir ab und fahren auf einem Fahrradweg neben der Hauptstraße hinaus aus der Stadt. Nach der Ortseinfahrt von Germering biegen wir nach links ab und durchqueren eine S-Bahn-Unterführung. Ein kleiner Trail führt uns zu einer Waldkreuzung, an der wir nach rechts abbiegen. Nach dem Überqueren der Bahngleise setzen wir die Fahrt nach links fort. Es folgt ein Gravelweg, der uns durch einen stimmungsvollen Waldabschnitt leitet. Am Ende

*Tipp*

#### PAUSE AM WESSLINGER SEE

Neben dem Wörthsee wird auf dieser Tour der Weßlinger Weiher erkundet. Der See im Zentrum von Weßling ist ein beliebter Treffpunkt für Einheimische und Ausflügler. Er lädt mit guter Wasserqualität und einigen Stegen zu einem ersten Badestopp ein. Außerdem gibt es mit dem Café Aenishänslin eine tolle Einkehrmöglichkeit mit Sitzmöglichkeiten in Biergartenatmosphäre direkt am Seeufer. Hier hat man die Wahl zwischen einer großen Kuchen- und Tortenvielfalt sowie auch herzhaften Speisen.

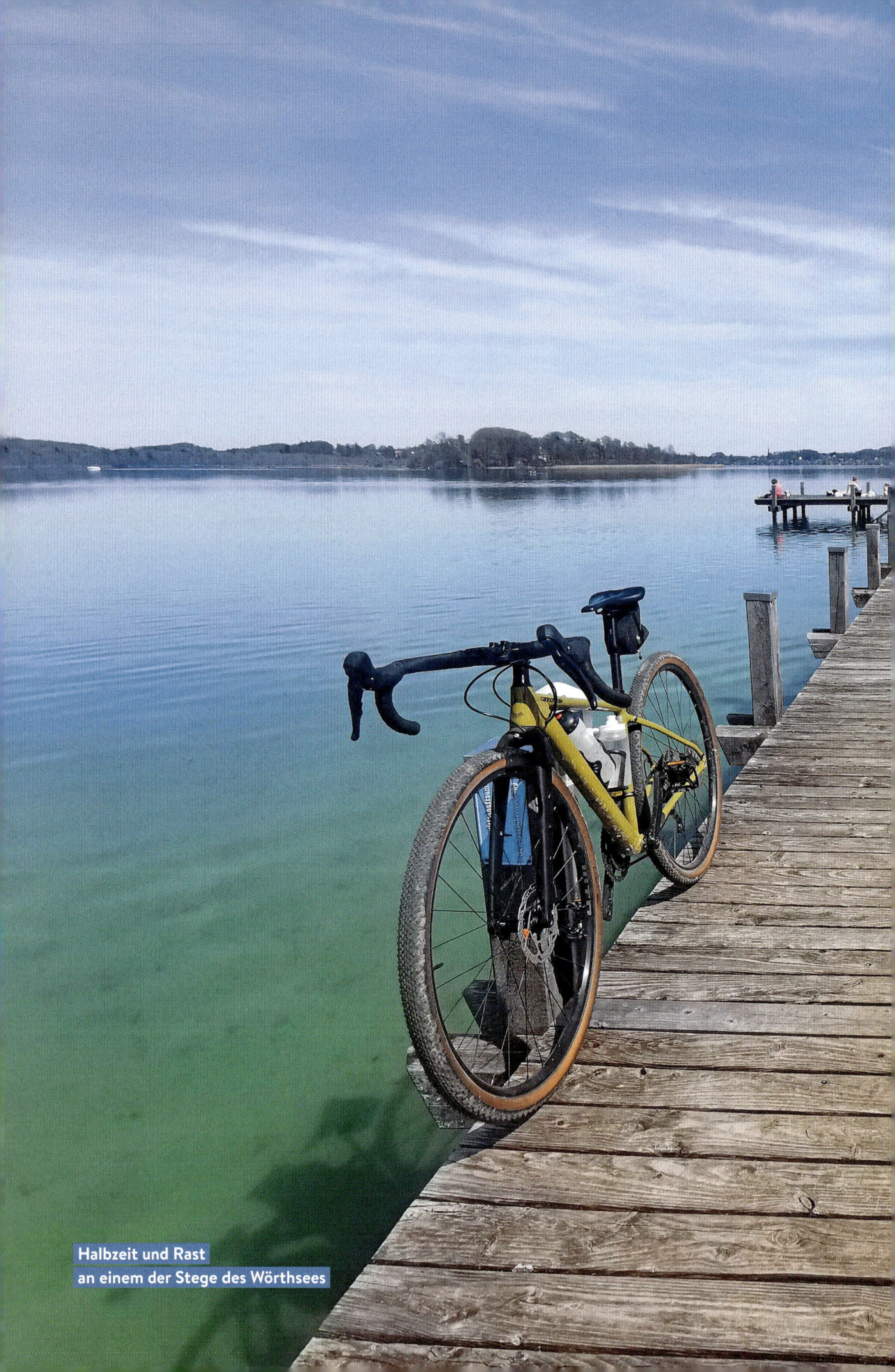

Halbzeit und Rast
an einem der Stege des Wörthsees

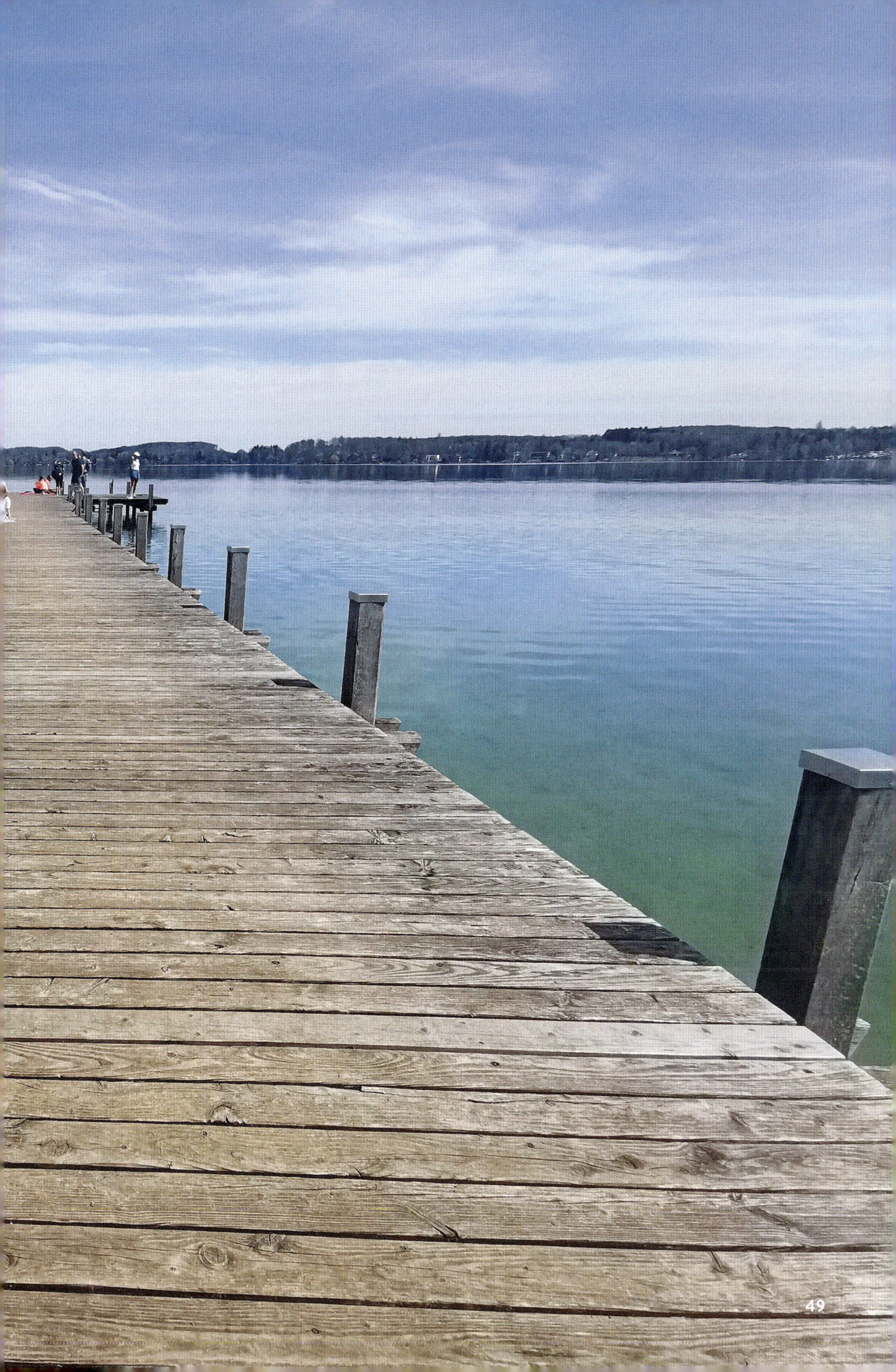

dieses Wegs biegen wir rechts ab und nehmen einen Radweg in Germering-Oberpfaffenhofen, wo wir den ersten Kreisverkehr an der dritten Ausfahrt verlassen. Eine Abzweigung nach links führt uns über die Autobahn, und von dort aus setzen wir die Route auf Gravelpfaden fort, die links entlang eines eingezäunten Geländes verlaufen. Vor einer Schranke halten wir uns weiter links, um zu einem breiten Gravelweg zu gelangen, auf dem wir ein Forstgebiet durchqueren. Nach einem kurzen Anstieg im Wald verlassen wir den Schotterweg, überqueren eine Hauptstraße und passieren ein ruhiges Industriegebiet.

Unsere Route führt uns nun auf einem Radweg am Weßlinger See vorbei in den Ort Weßling. Bänke, eine Liegewiese und ein Kiosk am Seeufer laden zu einer wohlverdienten Pause ein. Wir verlassen den Ort und gelangen auf den Weg, der uns durch einen Forst nach Meiling führt. Hier erwartet uns der höchste Punkt der Tour. Bei der anschließenden Abfahrt können wir bei guter Sicht das herrliche Alpenpanorama als Belohnung genießen.

**BADESTOPP AM WÖRTHSEE** Nun gelangen wir über verkehrsarme Straßen zum Wörthsee. Nach einer zügigen Abfahrt biegen wir rechts auf einen Gravelpfad ein, um zum Uferweg des Sees zu gelangen. Nun können wir die Aussicht auf den See mit seinem blau-türkisen Wasser genießen. Die Liegewiese und die idyllischen Stege bieten sich bei gutem Wetter für einen Badestopp an. Nach einer wohlverdienten Pause treten wir den Rückweg am Südwestufers des Wörthsees entlang an. Eine Schranke, die das Ende des Erholungsgebiets markiert, passieren wir. Die Route führt nach rechts und wir kommen an einem Reiterhof vorbei, bevor

Radweg entlang des Gröbenbachs

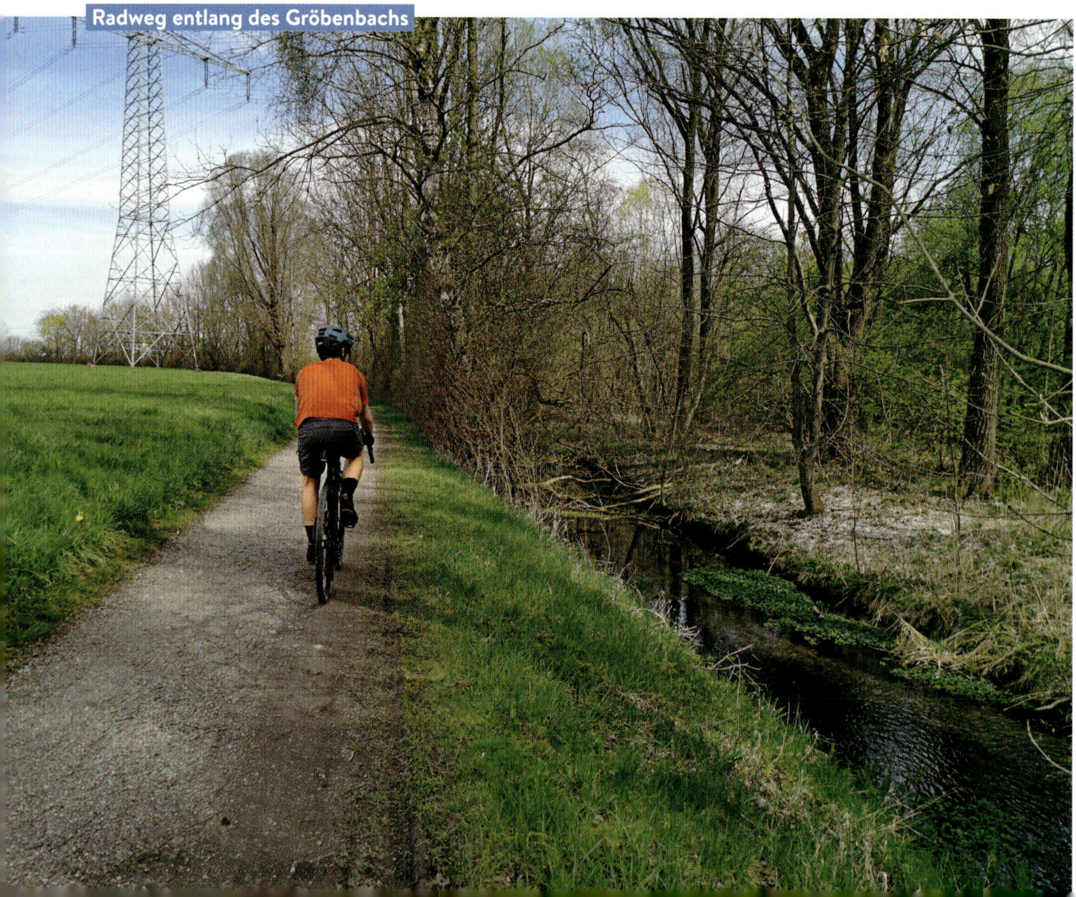

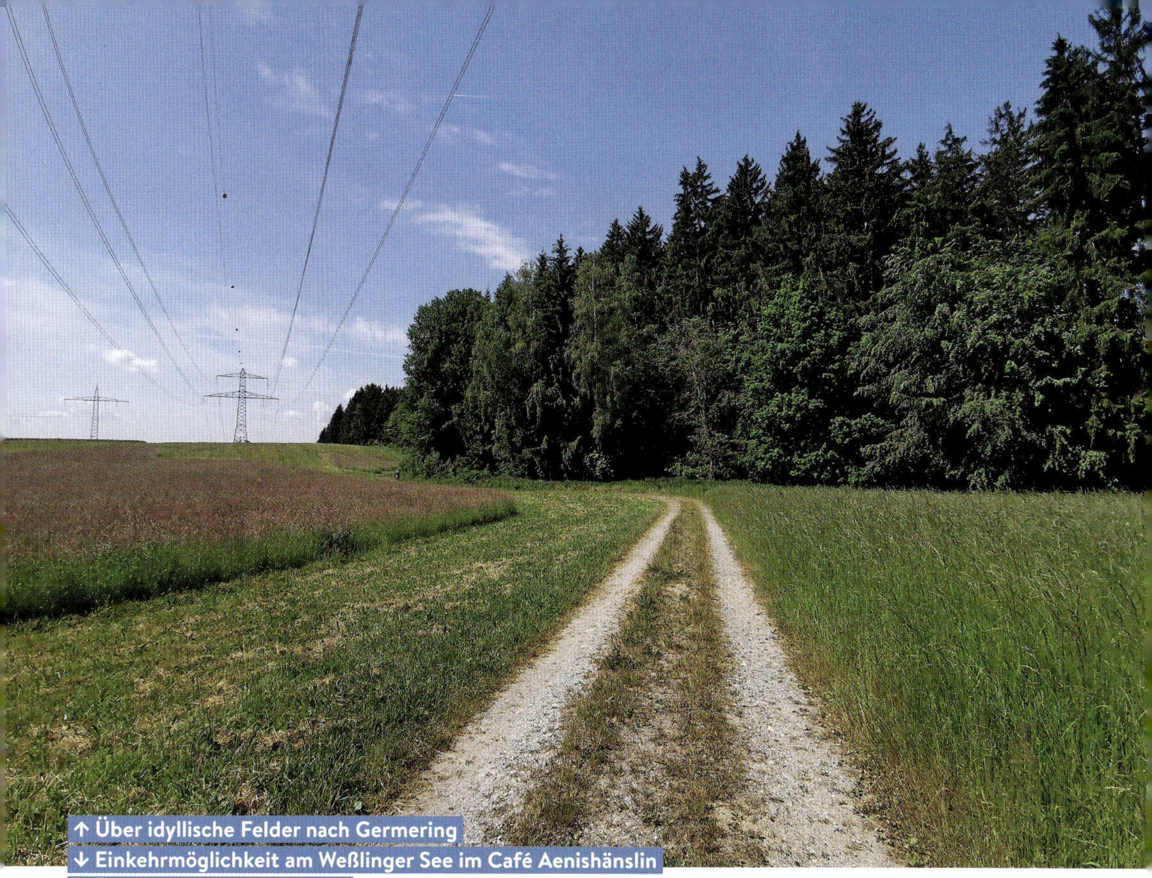

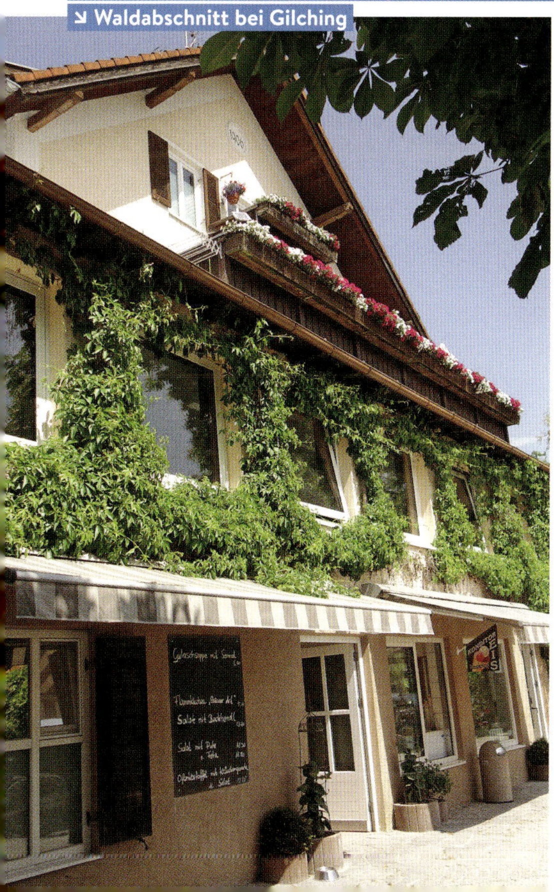

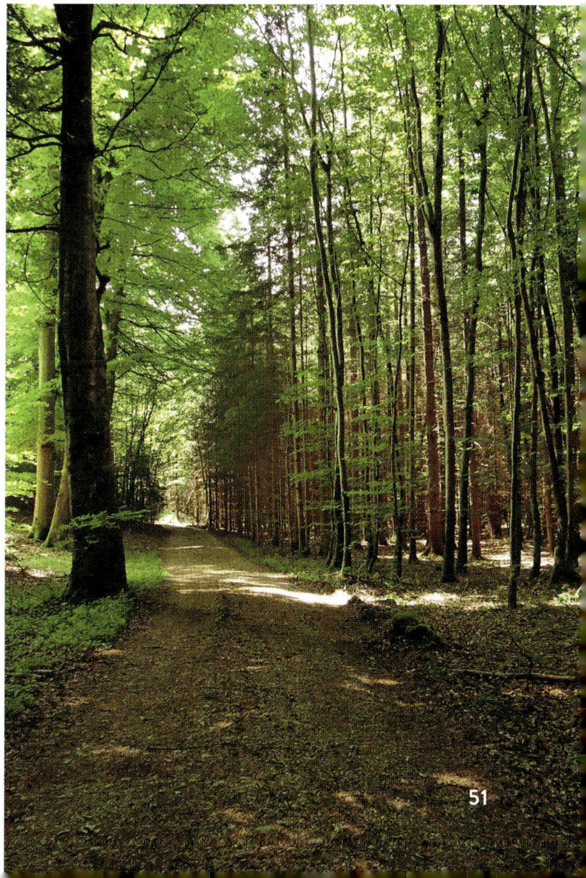

↑ Über idyllische Felder nach Germering
↓ Einkehrmöglichkeit am Weßlinger See im Café Aenishänslin
↘ Waldabschnitt bei Gilching

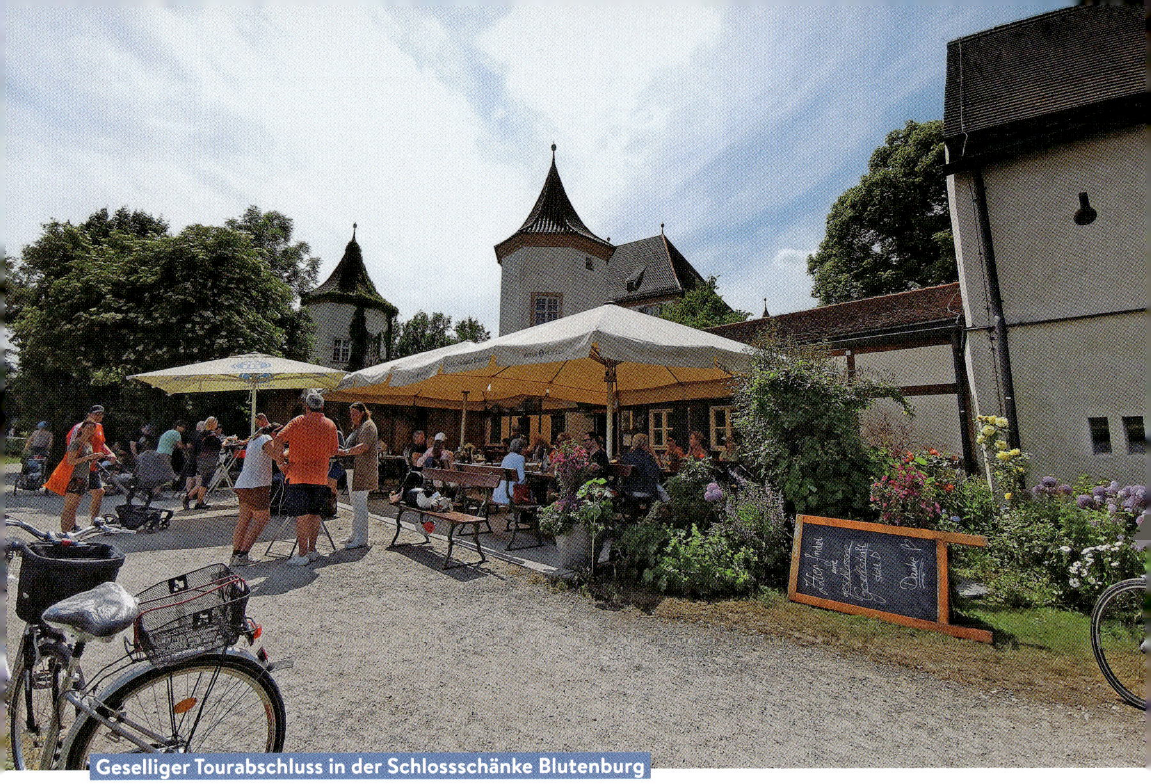

Geselliger Tourabschluss in der Schlossschänke Blutenburg

uns ein lauschiges Waldgebiet mit genussvollen Schotterwegen umfängt. Hier erwartet uns noch mal ein kurzer, etwas steilerer Anstieg. Anschließend gelangen wir auf einen asphaltierten Weg, auf dem wir ohne jede Mühe nach Etterschlag rollen.

Weiter geht es auf dem Fahrradweg und nach wenigen Kilometern links über Wirtschaftswege nach Altdorf. Dort folgen wir dem Radweg nach Alling und Puchheim.

**DURCH DEN AUBINGER FORST** Wir verlassen Puchheim entlang des Gröbenbachs auf einem gut zu fahrenden geschotterten Weg. Am Ende des Wegs führt eine kurze Unterführung unter den Bahnschienen hindurch. Hier müssen wir kurz absteigen und schieben und dabei den Kopf einziehen, da sie sehr niedrig ist. Anschließend geht es rechts weiter.

Nach einem kurzen Abschnitt auf einer verkehrsarmen Straße biegen wir nach links auf einen Schotterweg, der uns in den Aubinger Forst bringt. Auf Schotterwegen durch den Wald fahren wir bergan auf den Teufelsberg, mit 541 Metern die höchste Erhebung des Forsts. Wir genießen eine letzte Schotter-

*Tipp*

### SCHLOSS BLUTENBURG

Das Schloss Blutenburg ist ein beliebtes Ausflugsziel. Die Ursprünge des Wasserschlosses, das von der Würm umschlossen wird, gehen ins 15. Jahrhundert zurück. Neben der ansprechenden Architektur glänzt das Schloss mit der Internationalen Jugendbibliothek, die mit 500 000 Exemplaren in 130 Sprachen die weltweit größte Bibliothek ihrer Art ist. Zudem lohnt sich eine Einkehr in der Schlossschänke. Hier kann man zum Abschluss der Tour einen Absacker auf der Terrasse am Wasser genießen.

abfahrt, bevor wir nach Aubing gelangen. Im Ort fahren wir links und folgen ein Stück dem Aubinger Geschichtspfad, der oberhalb des Aubinger Autobahntunnels verläuft. Nach dem Pfad fahren wir nach rechts und erreichen eine Wiese, auf der wir einen Grastrail entlangfahren. Anschließend gelangen wir nach rechts auf den Fahrradweg. Nun sehen wir schon die weiss-grünen Radwegschilder an der Kreuzung, die uns den Weg zurück zum Ausgangspunkt, dem Schloss Blutenburg, weisen.

## INFO

**Mittel** | **69 km** | **410 Hm** | **4.30 Std.**

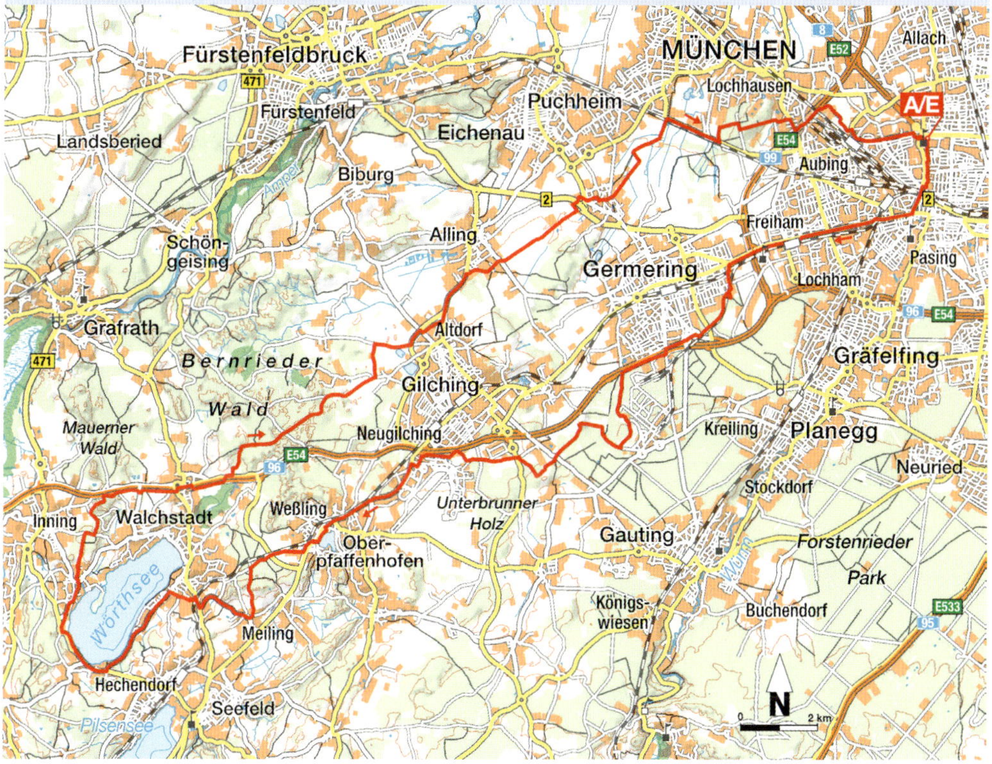


### HIGHLIGHT

Naturerlebnis

### TOURENCHARAKTER

Mittelschwere Rundtour auf Rad- und Wirtschaftswegen mit mittlerem Gravelanteil. Badestopps am Weßlinger See und Wörthsee mit Möglichkeiten zur Verpflegung

### AUSGANGS-/ENDPUNKT

Schloss Blutenburg

### GPS-DATEN

48.163093, 11.457144

### ANFAHRT

Auto: A 8, A 99 oder B 2 Richtung Pasing/Obermenzing/Schloss Blutenburg
ÖPNV: Mit der S-Bahn nach Pasing

### INFORMATION

www.ammersee-region.de/woerthsee.html

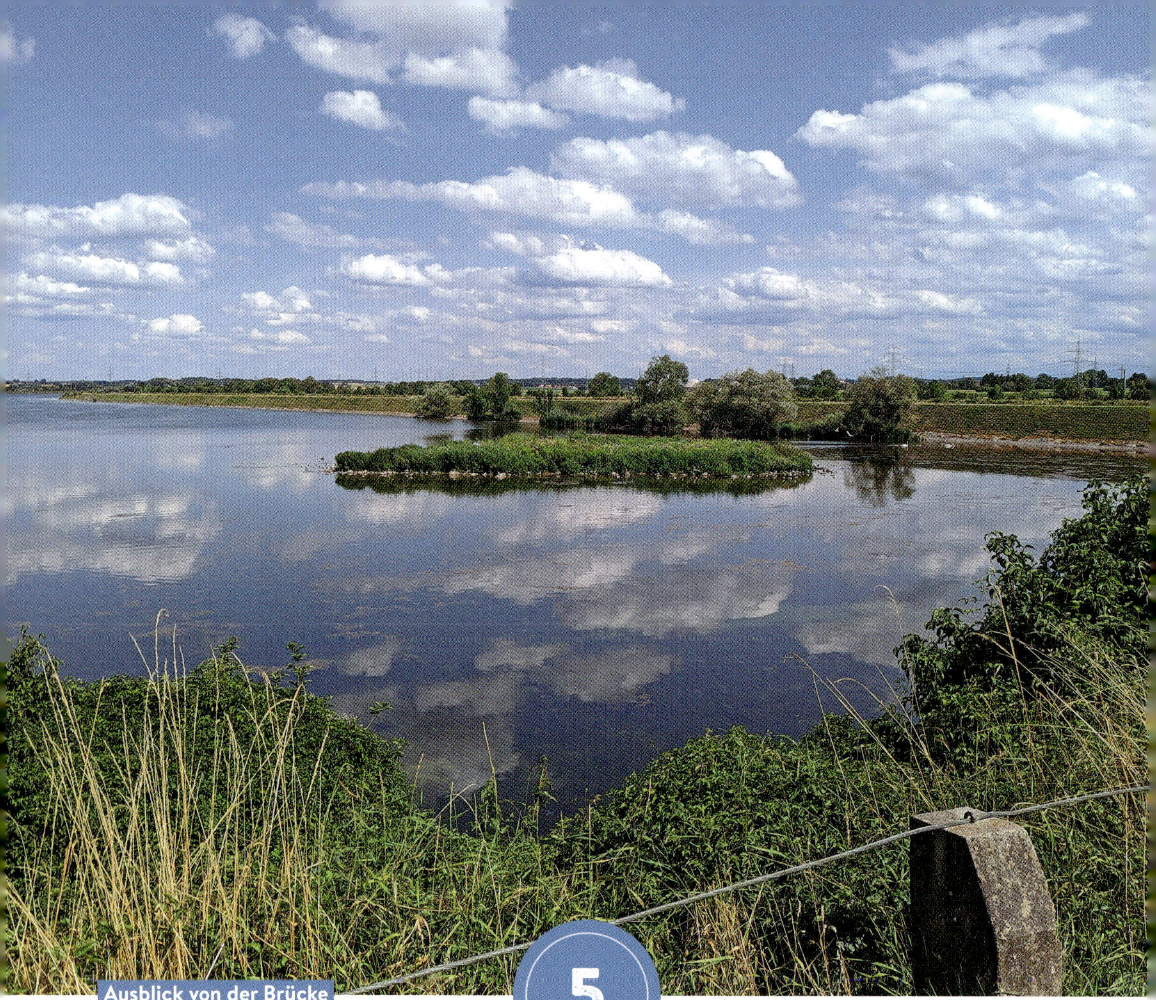

Ausblick von der Brücke auf den Ismaninger Speichersee

5

# RUND UM DEN ISMANINGER SPEICHERSEE

## Isarufer – Oberföhring – Poschinger Weiher – Neufinsing – Feringasee – Englischer Garten

Diese Tour führt entlang der Isar in den Nordosten des Münchner Umlands und besticht durch ruhige asphaltierte Straßen sowie mehrere Rastmöglichkeiten in Wassernähe. Im Sommer lassen sich verschiedene Badestopps einplanen. Naturfreunde können den Ismaninger Speichersee zur Vogelbeobachtung nutzen.

**AN DER ISAR ENTLANG ZUM STAUWEHR OBERFÖHRING** Die Tour startet am Maximilianeum. Wir fahren auf dem Radweg am Isarufer und folgen der Beschilderung Richtung Unterföhring.
Aktuell befindet sich eine Baustelle auf Höhe der Montgelasstraße. Hier verlassen wir den Radweg, überqueren die Straße und biegen in die Mauerkirchstraße ein. Bei nächster Gelegenheit wieder nach links abbiegen, um zurück auf den Radweg am Isarufer zu gelangen. Hier setzen wir die Fahrt fort, bis nach etwa zwei Kilometern das Stauwehr Oberföhring erreicht ist. Jetzt überqueren wir den Isarkanal und folgen der Radwegbeschilderung weiter stadtauswärts in Richtung Unterföhring. Nach etwas mehr als vier Kilometern führt die Beschilderung nach rechts zum Poschinger Weiher. Hier haben Wasserfreunde schon die erste Möglichkeit, einen Sprung ins kühle Nass zu wagen. An der Grillstation am Poschinger Weiher können Speisen und Getränke erworben werden. Der Grill ist jedoch eher einfach gehalten. Einen besseren Ort für die Einkehr erreichen wir zu einem späteren Zeitpunkt.

**AUF RUHIGEN STRASSEN ENTLANG DES SPEICHERSEES** Wir folgen der Straße vorbei am Poschinger Weiher geradeaus. Nach

↓ Das Isarwehr Oberföhring ist ein beliebter Treffpunkt.
↘ Der Mittlere-Isar-Kanal auf dem Weg zum Speichersee

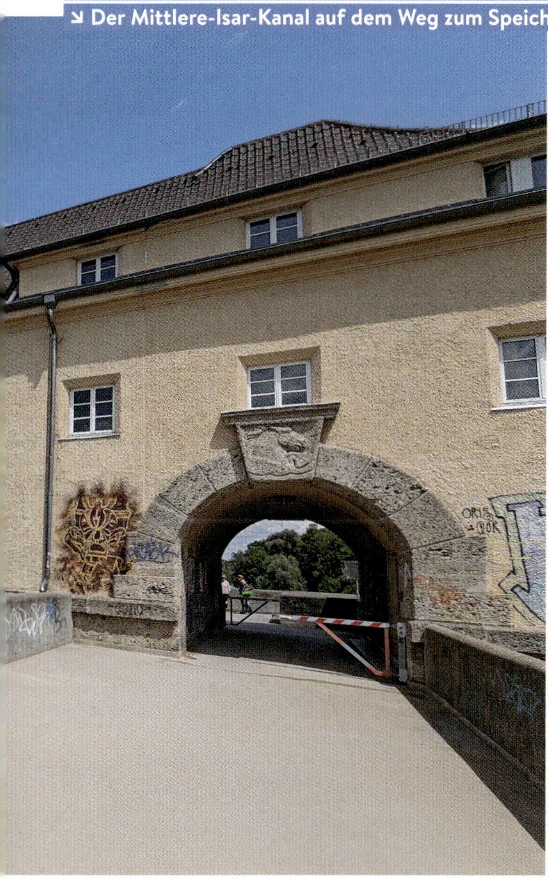

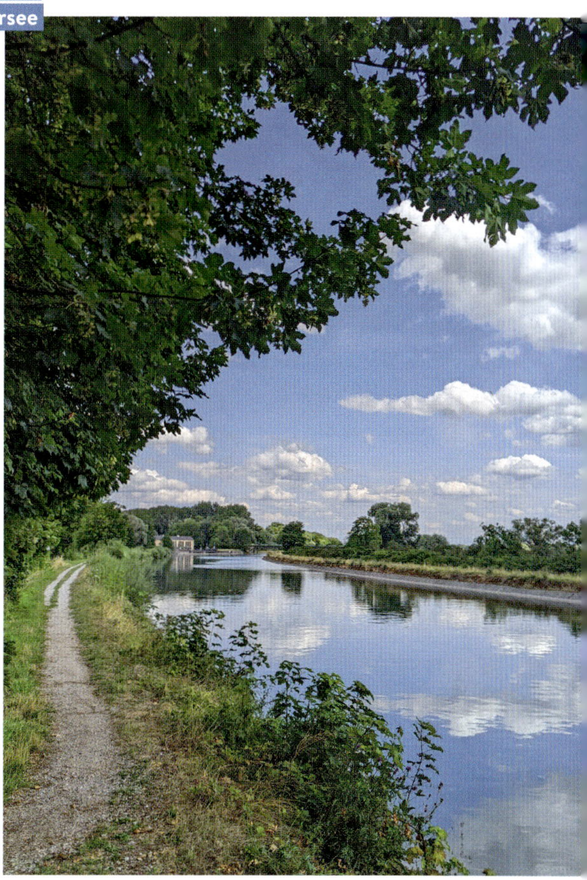

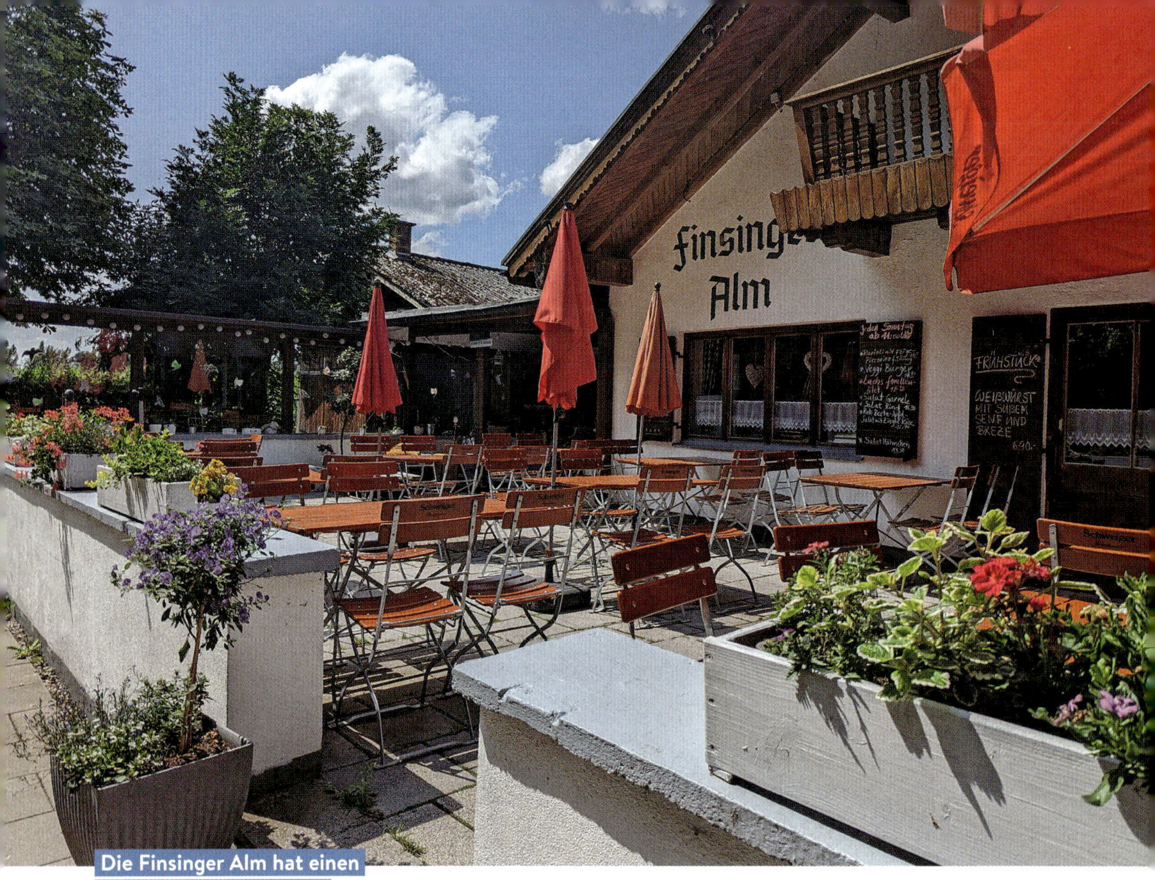

Die Finsinger Alm hat einen einladenden Biergarten.

ungefähr einem Kilometer müssen wir eine größere Straße überqueren. Auf der anderen Straßenseite führt der Weg entlang des Mittlere-Isar-Kanals. Nach einer Autobahnunterführung können wir den ersten Blick auf den Ismaninger Speichersee werfen. Am Speichersee angekommen, folgen wir dem Radweg, der später in die Straße Nördlicher Speicherseeweg mündet. Für die nächsten 15 Kilometer können wir uns nicht verfahren, da wir dieser Straße durchgehend folgen werden.
Die Landschaft um den Speichersee ist von Landwirtschaft geprägt. Entlang der Straße werden auf großen Feldern verschiedene Getreidearten angebaut, Autos sind auf der gut ausgebauten, asphaltierten Straße nur wenige unterwegs und die Umgebung wirkt idyllisch.

### RELAXEN BEI STECKERLFISCH UND KALTGETRÄNK IN DER FINSINGER ALM

Am Ende des hoch eingezäunten BMW-Testgeländes biegen wir nach rechts in den Almweg ab. Am Wegrand weisen Hinweisschilder zum Finsinger-Alm-Biergarten. Der liebevoll gestaltete Außenbereich lädt zu einer ausgiebigen Rast ein. Für Kinder gibt es einen einladenden Spielplatz.
Beim Biergartenstopp ist schon fast die Hälfte der Tour geschafft. Sollte die Pause zu lange ausgefallen sein, kann die Tour an dieser Stelle abgekürzt werden, indem man an der Weggabelung den Speichersee auf der Brücke überquert.

**VOGELBEOBACHTUNG AUF DER SPEICHERSEEBRÜCKE** Nach dem Biergartenstopp fahren wir zurück zur Weggabelung

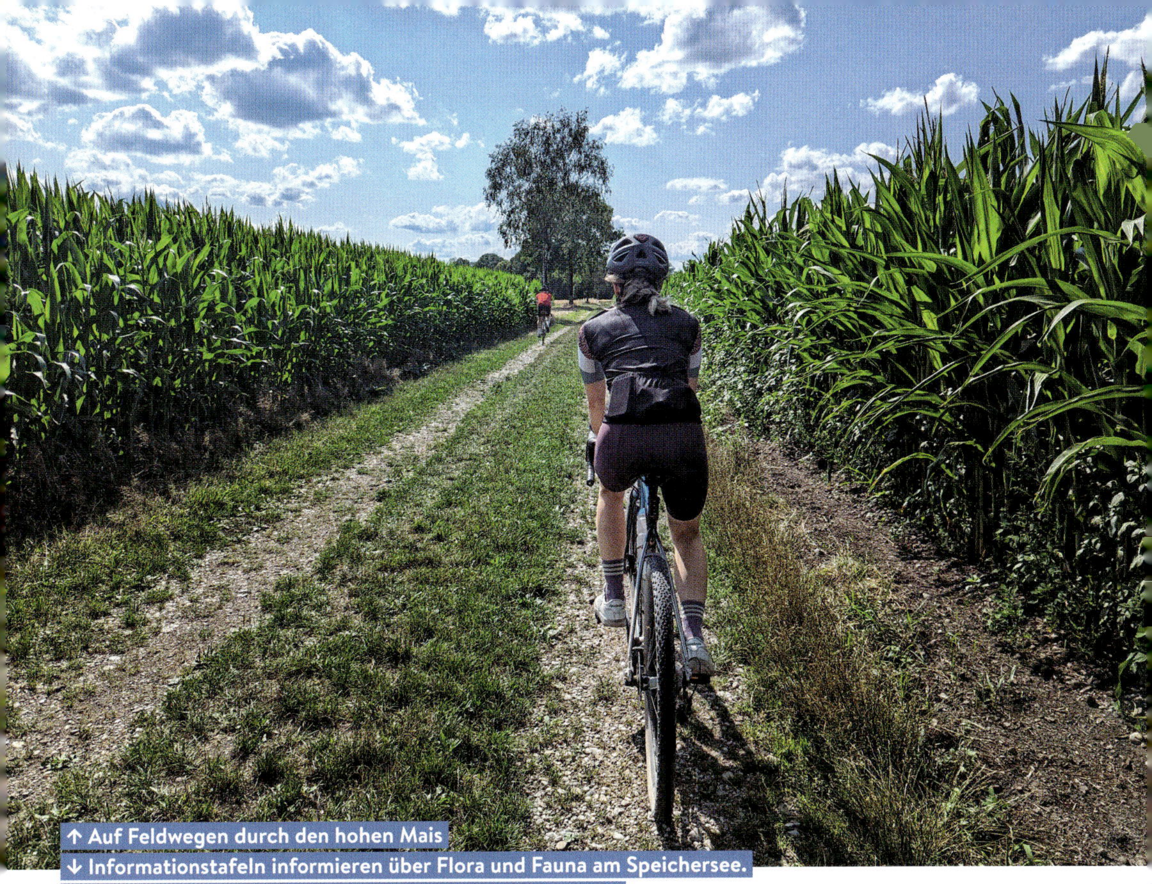

↑ Auf Feldwegen durch den hohen Mais

↓ Informationstafeln informieren über Flora und Fauna am Speichersee.

↘ Spaß auf einer nie enden wollenden asphaltierten Straße

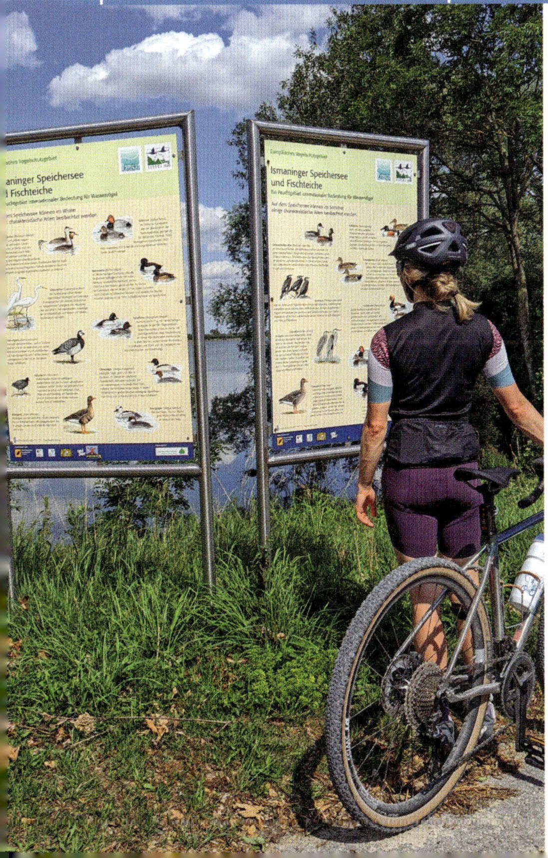


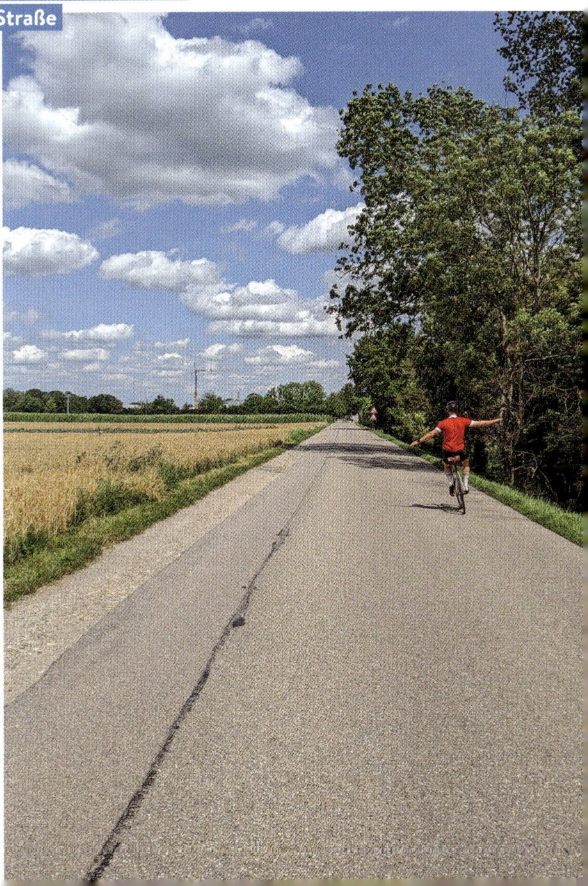

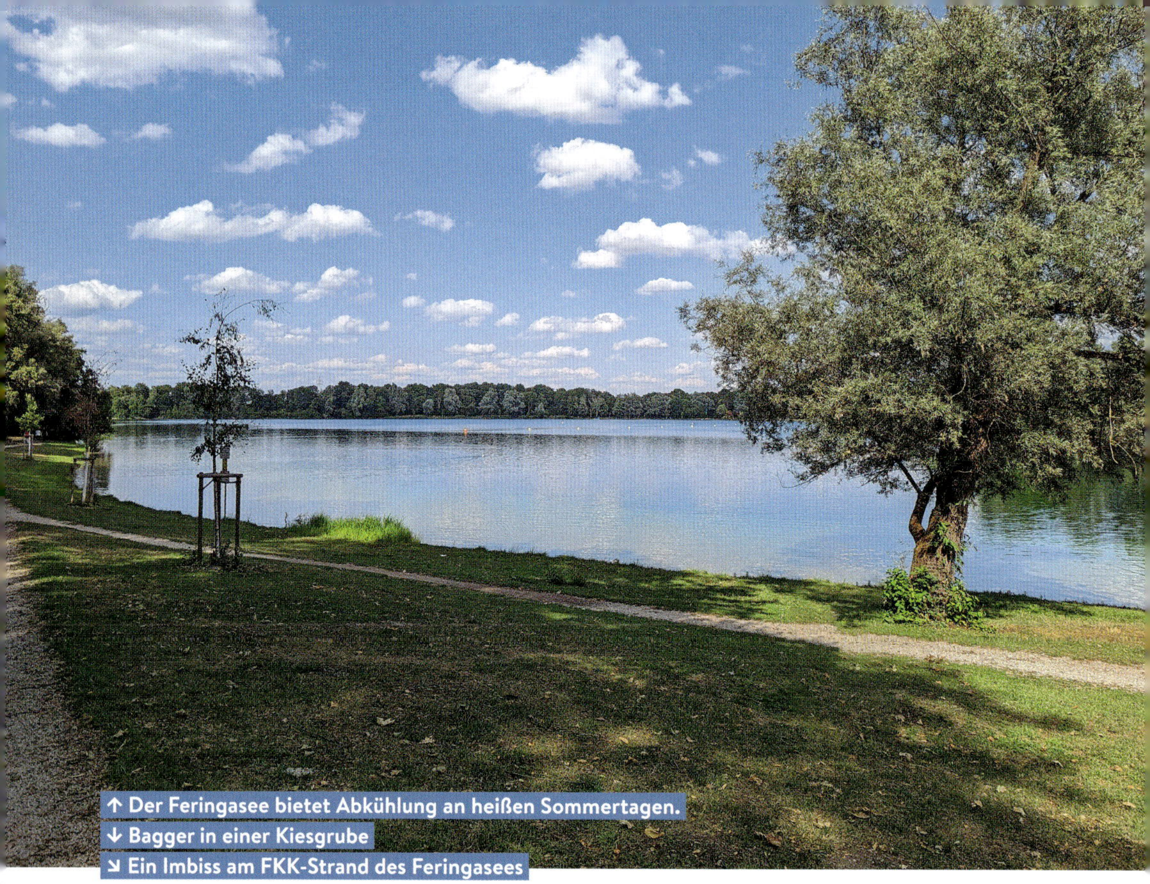

↑ Der Feringasee bietet Abkühlung an heißen Sommertagen.
↓ Bagger in einer Kiesgrube
↘ Ein Imbiss am FKK-Strand des Feringasees

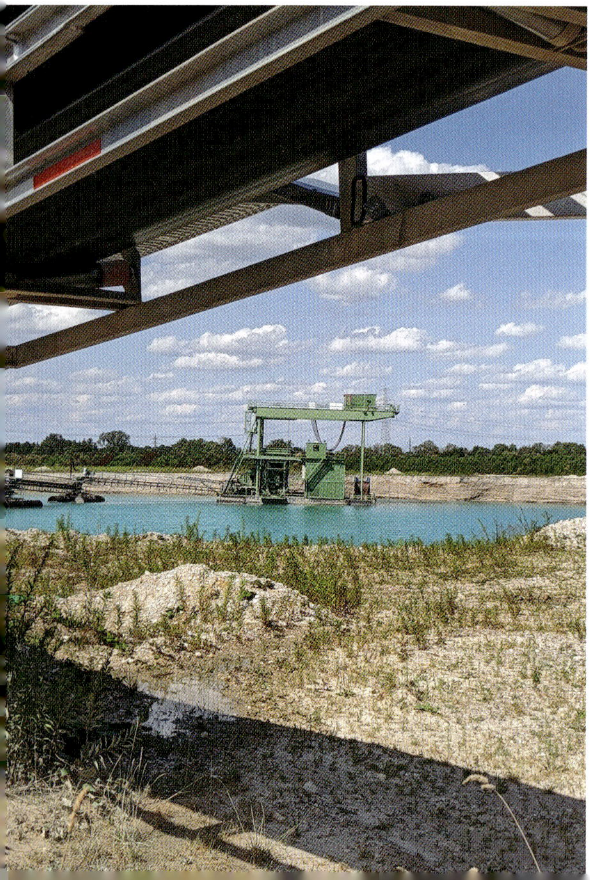

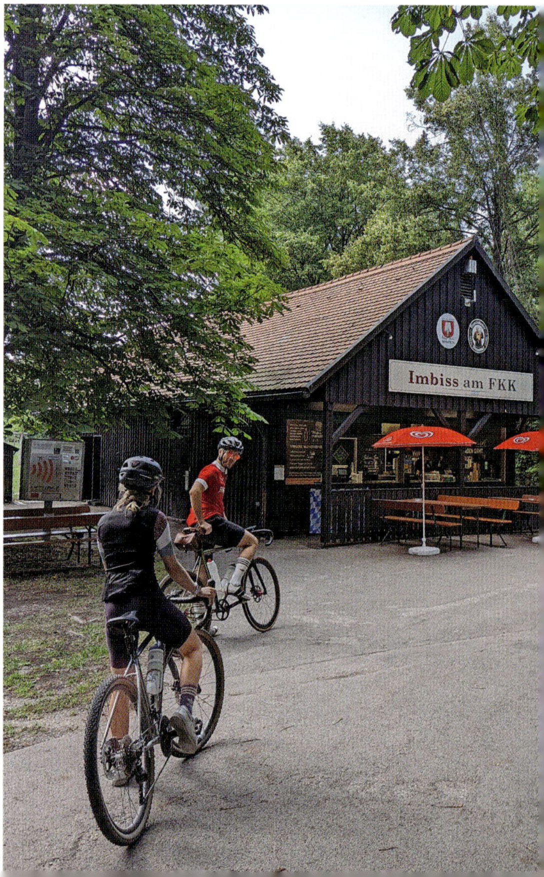

und folgen dem Weg links nach Neufinsing. Im Ort überqueren wir den Mittlere-Isar-Kanal und folgen dem Radweg in Richtung Pliening. Kurz vor dem Ortsausgang von Neufinsing biegen wir nach rechts in den Weg Neubruch ein.
Der Weg beschreibt eine Linkskurve, sodass wir wieder am Deich des Speichersees entlangfahren. Schon nach kurzer Zeit gelangen wir an eine Weggabelung. Die Route nach rechts führt auf die Speicherseebrücke. Es ist lohnend, sich einen kurzen Moment Zeit auf der Brücke zu nehmen, um vielleicht mit etwas Glück eine der seltenen hier lebenden Vogelarten im Schilf zu entdecken. Vor allem zur Brutzeit sind die Elternvögel auf der Suche nach Nahrung besonders häufig unterwegs. Zahlreiche Hinweisschilder geben Informationen zur Flora und Fauna rund um den Speichersee.

**ÜBER STOCK UND STEIN ENTLANG DER FELDWEGE ZUM FERINGASEE** An der Weggabelung nach links führt der Track nun weg vom See. Bei der nächsten Gelegenheit überqueren wir den Abfanggraben zur rechten Seite über eine kleine Brücke und folgen dem Schotterweg vorbei an zahlreichen Feldern und zwei Kiesgruben, bis wir zu einem runden Platz neben der Autobahn gelangen. Der Weg führt nun für einen Kilometer entlang der Autobahn und biegt danach in einen Feldweg ab.
Hier folgen wir nach kurzer Fahrt der Unterführung nach links. Nun geht es einen Anstieg hinauf, da hier die Autobahn auf einer Überführung überquert werden muss. Es ist faszinierend, das rege Treiben auf der Autobahn zu beobachten.
Bei der Abfahrt ist Achtung geboten, da im Anschluss an eine enge Linkskurve nach rechts auf die Straße Unterer Aschheimer Weg abgebogen werden muss. Dieser Weg führt uns direkt zum Feringasee.

*Tipp*

### ISMANINGER SPEICHERSEE

Der Speichersee wurde 1929 angelegt und liegt direkt am Nordufer des Mittlere-Isar-Kanals. Der Speichersee dient der Wasserregulierung der Kraftwerke am Isarkanal und dem Hochwasserschutz. Das Baden ist im See verboten. Der See wurde 1962 zum Europareservat erklärt. Das Areal hat eine hohe Bedeutung als Vogelschutzgebiet, da es eine Vielzahl an Wildvögeln beheimatet. Zu den Vogelarten zählen u. a. Schwarzmilane, Wanderfalken und Kormorane. Die Vogelvielfalt kann man besonders gut von der mittleren Brücke des Sees aus beobachten.
Zudem befinden sich am Nordufer des Ismaninger Speichersees ein Messezentrum und eine Teststrecke des Automobilherstellers BMW. Diese ist allerdings mit Sichtschutz und Stacheldraht vor neugierigen Augen abgeschirmt.

**BADEHOSE VERGESSEN? KEIN PROBLEM DANK FKK-STRAND!** Der Feringasee bietet sich ausgezeichnet für einen Badestopp im Sommer an. Nicht umsonst zählt er zu den beliebtesten Badeseen im Münchner Umland. Im Südteil des Sees befindet sich ein FKK-Bereich.
Nach einer Abkühlung folgen wir dem Weg entlang des Seeufers und dem Aschheimer Weg wieder in Richtung Ismaning. So gelangen wir zurück auf den Weg in Richtung Poschinger Weiher, dem wir schon am Anfang der Tour gefolgt sind.
Hier kann entschieden werden, ob man der Route vom Hinweg zurück in die Stadt folgt oder ob man die Isar überquert und dem Englischen Garten mit seinen diversen Hotspots auf dem Rückweg einen Besuch abstattet (siehe Tour 1).

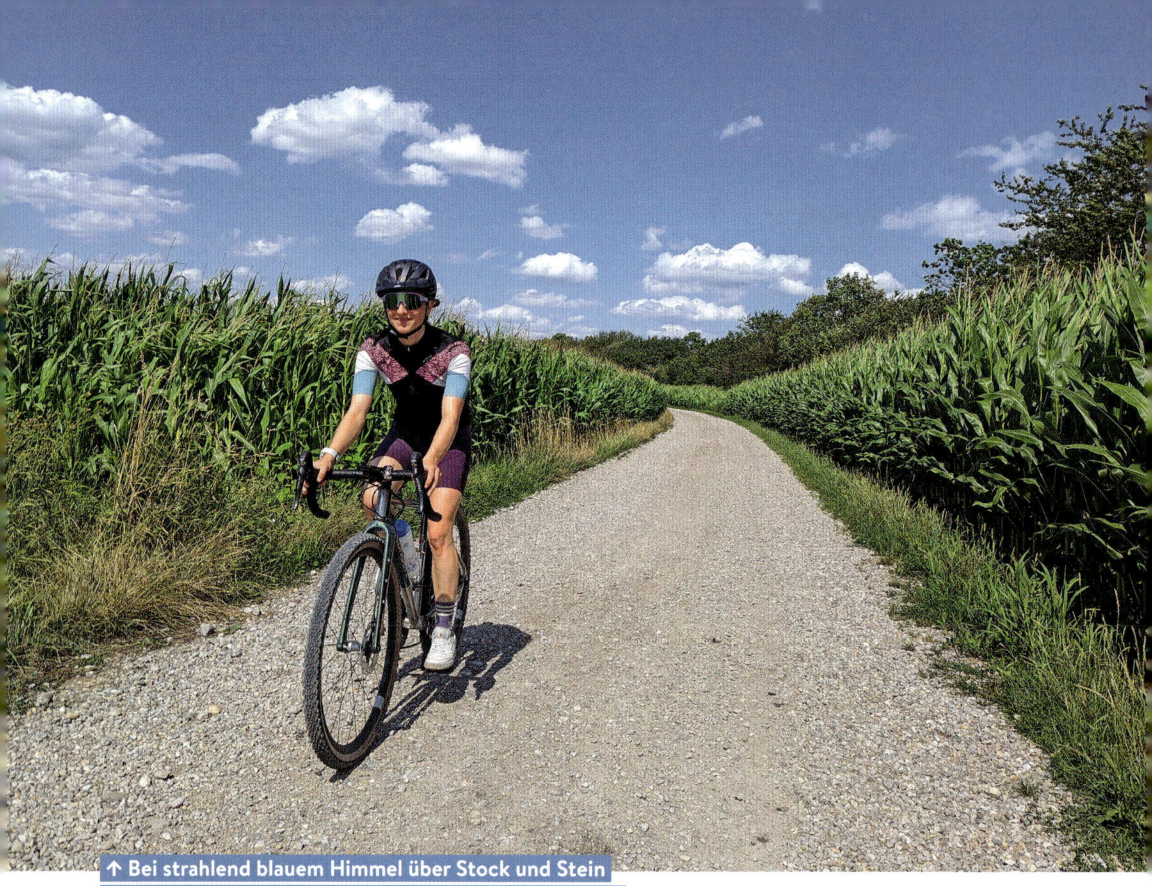

↑ Bei strahlend blauem Himmel über Stock und Stein

↓ Die Abendstimmung im Englischen Garten genießen

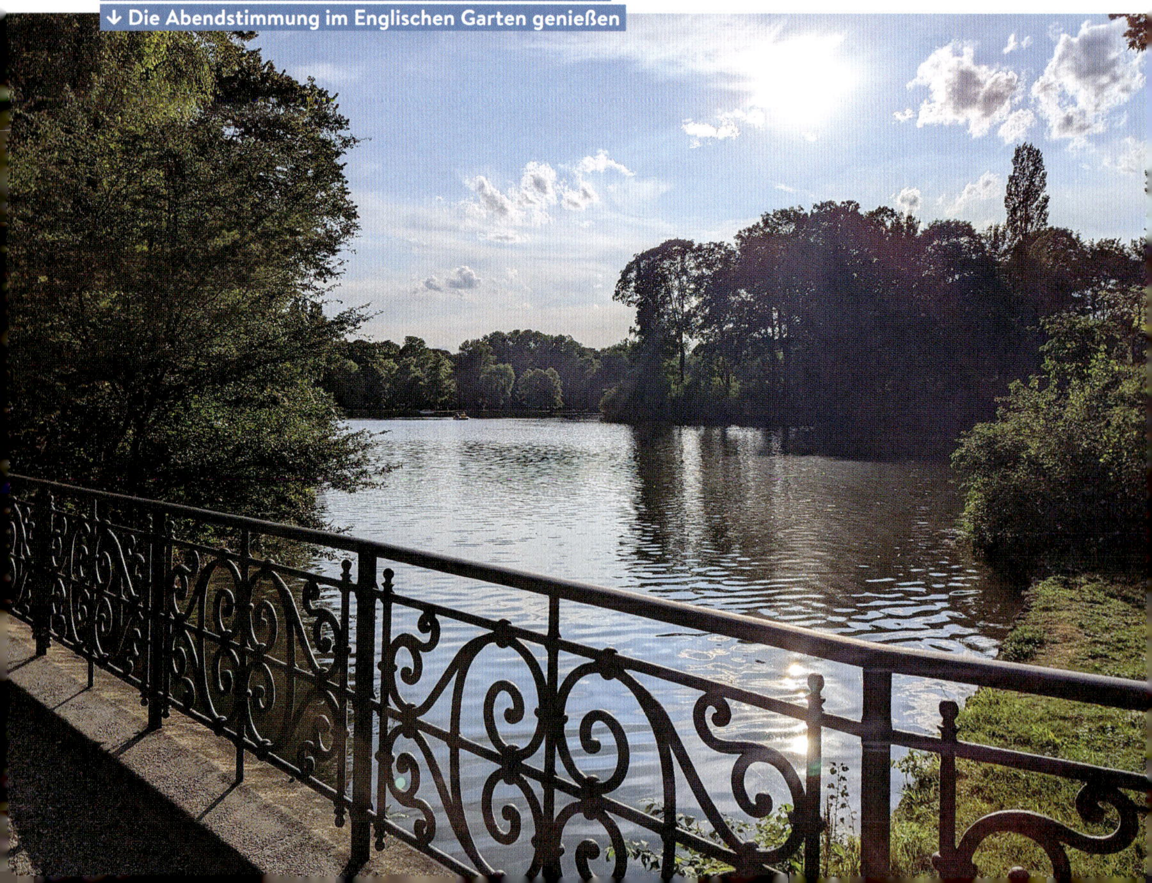

**COCKTAILS SCHLÜRFEN IN DER KLEINGARTENANLAGE** Hier bietet sich die Möglichkeit, im Wirtsgarten Zur Buche Freimann in der Kleingartenanlage einen Stopp einzulegen.
Das Lokal hat einen schönen Außenbereich und eine tolle Cocktailkarte, sodass wir im Sommer schnell die Zeit vergessen. Bei größeren Gruppen kann eine Reservierung sinnvoll sein.
Von hier aus gelangt man auf unterschiedlichen gut ausgeschilderten Wegen durch den Englischen Garten in die Münchner Innenstadt zum Hofgarten.

## INFO

| Leicht | 55 km | 120 Hm | 3.30 Std. |
|---|---|---|---|

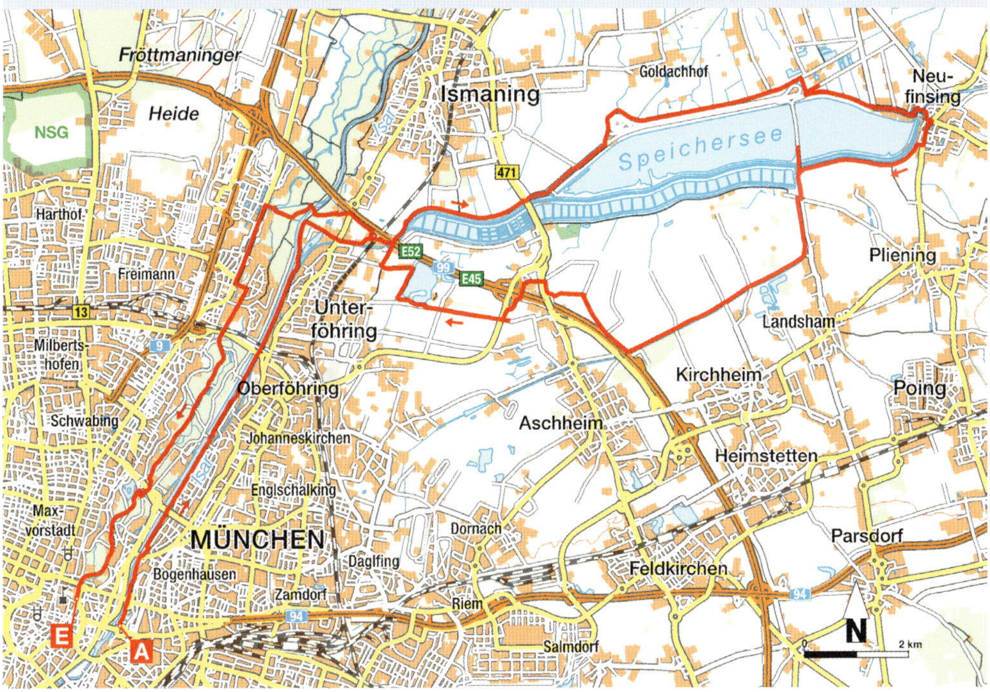


### HIGHLIGHT
Naturerlebnis

### TOURENCHARAKTER
Die sehr einfache Tour ist auch für die ersten Gravelversuche geeignet. Sie umrundet den Speichersee auf einer ruhigen asphaltierten Straße. Alle Abschnitte, die mehr technisches Geschick erfordern, können relativ einfach umfahren werden.

### AUSGANGSPUNKT
Maximilianeum

### ENDPUNKT
Hofgarten

### GPS-DATEN
48.136503, 11.594442

### ANFAHRT
Auto: Auf der Einsteinstraße oder Maximilianstraße zum Maximilianeum
ÖPNV: Mit den U-Bahn-Linien U4 und U5

### INFORMATION
www.lbv.de/naturschutz; www.feringa-see.de

# DURCH DEN EBERSBERGER FORST

## Poing – Markt Schwaben – Isen – Ebersberg

Bei dieser Tour wird es wild – der Ebersberger Forst im Münchner Norden ist eines der größten zusammenhängenden Waldgebiete Deutschlands. Der Name ist hier tatsächlich Programm – beim Fahren dieser Tour konnten wir eine Wildschweinrotte aus sicherer Entfernung beobachten. Besonders der Münchner Osten überzeugt durch ruhige Straßen und Abgeschiedenheit. Ein unterschätztes Juwel, das noch nicht allzu viele Radfahrer entdeckt haben.

Vorbei an urigen Höfen und Maibäumen

6

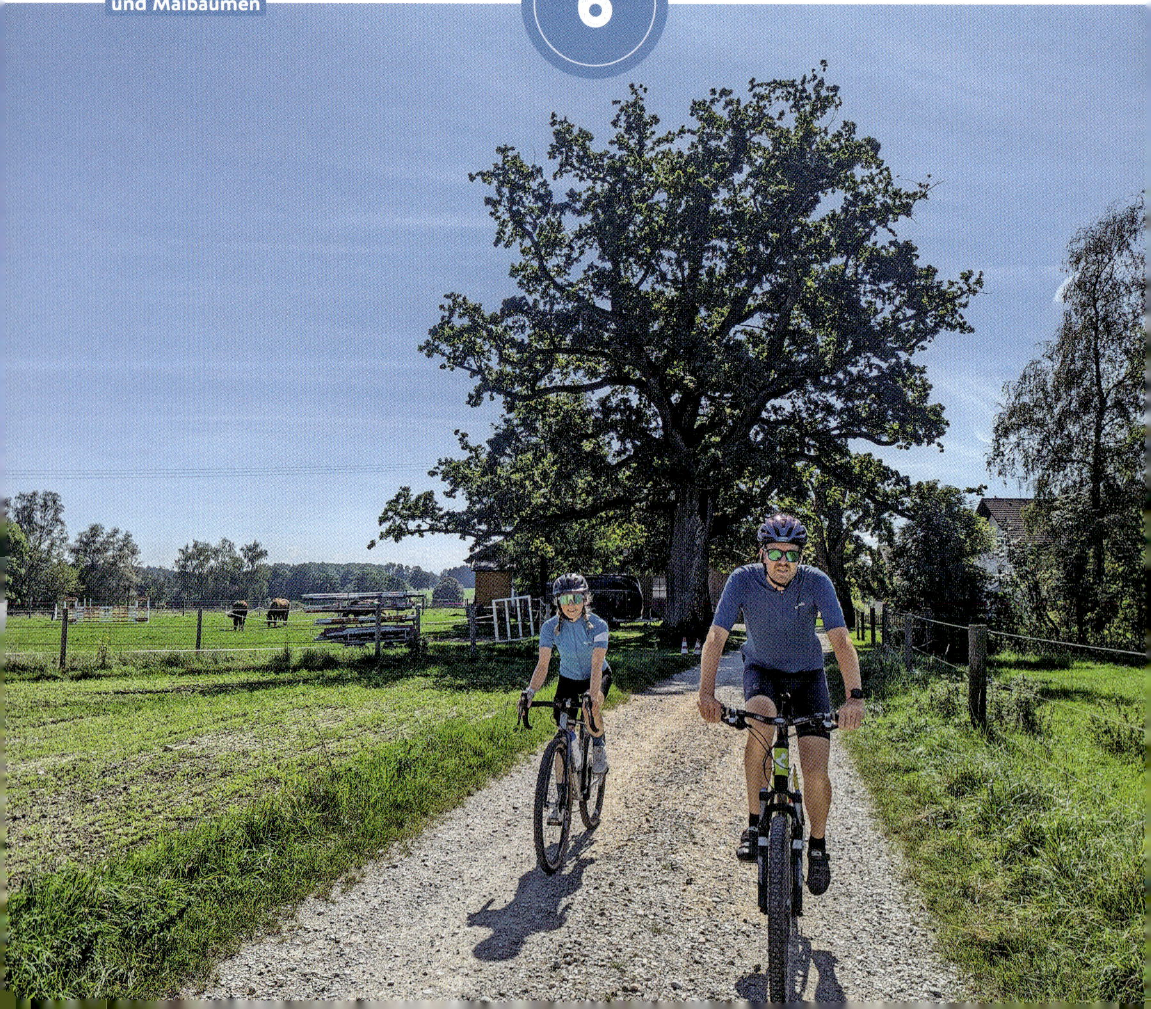

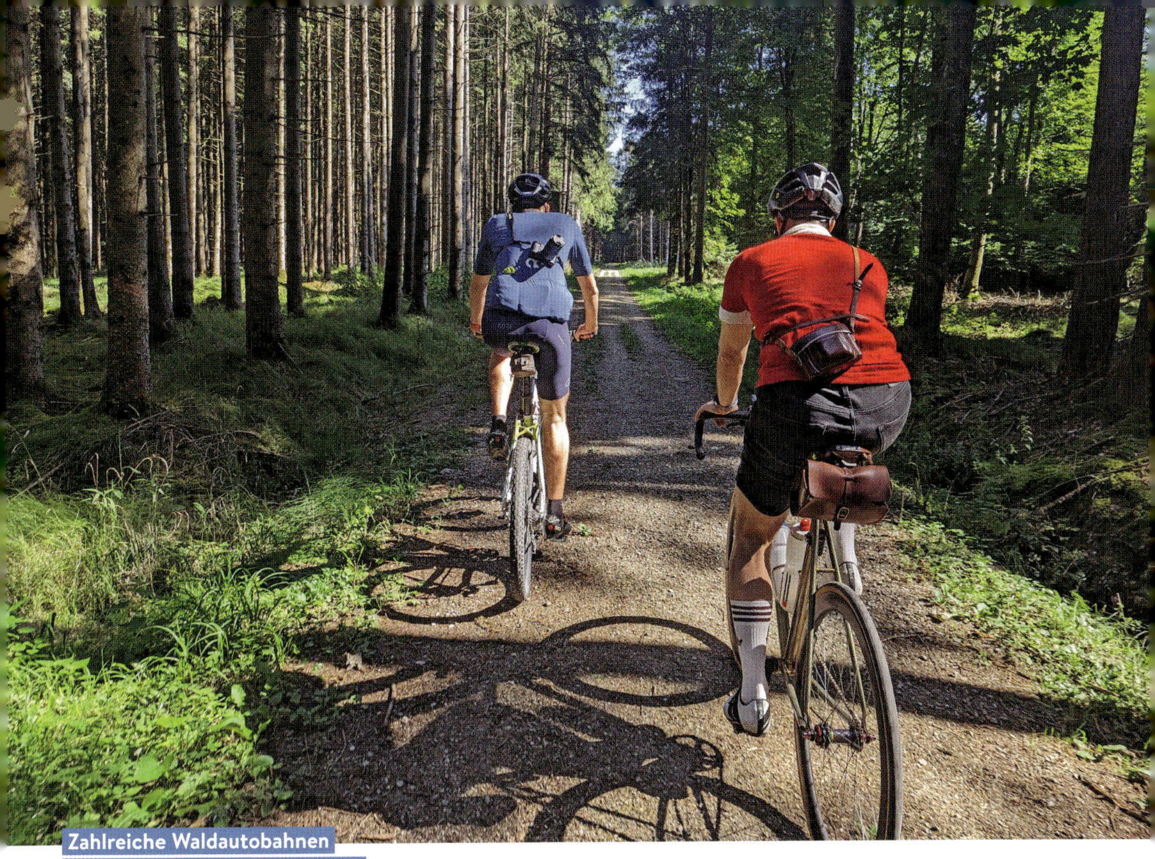

Zahlreiche Waldautobahnen lassen das Herz höherschlagen.

**VOM TRUBEL DER STADT INS RUHIGE HINTERLAND** Vom Poinger Bahnhof aus fahren wir zunächst geradeaus die Bahnhofsstraße in Richtung Markt Schwaben. An der Kreuzung biegen wir nach links ab. Kurz hinter der Bahnunterführung geht es nach rechts und wir folgen der Radwegbeschilderung nach Markt Schwaben. Im Kreisverkehr in Markt Schwaben halten wir uns rechts. Hier war zum Zeitpunkt der Tourenplanung eine Baustelle, die man als Radfahrer aber gut umfahren konnte.
Kurz hinter der Bahnunterführung biegen wir nach rechts in die Straße An der Bachleiten ab und folgen der Route durch ein Wohngebiet.
Der Track führt uns auf einem ruhigen Weg aus dem Ort hinaus. Nach einer Park- und Sportanlage wird der Untergrund zu einem Waldweg.
Nach Wagmühle biegen wir auf einen Landwirtschaftsweg ein, der uns über das Windgehöft mit einem urigen Maibaum führt. Ein Schotterweg führt uns zurück an die Hauptstraße. Hier können wir entscheiden: entweder den Feldweg schräg gegenüber nehmen oder der Hauptstraße folgen und bei nächster Gelegenheit rechts abbiegen.

**WALDWEGE UND STOPP AM FISCHTEICH** Wir folgen dem Track weiter entlang kleiner Gehöfte und überqueren die Bahntrasse kurz hinter Wimpasing. Hier folgen wir der Beschilderung in Richtung Sonnendorf.
In Sonnendorf biegen wir rechts ab in einen kleinen Weg, fahren an einer kleinen Kapelle vorbei und biegen nach links in einen Landwirtschaftsweg ab. Diesem Weg folgen wir bis nach Hörlkofen.

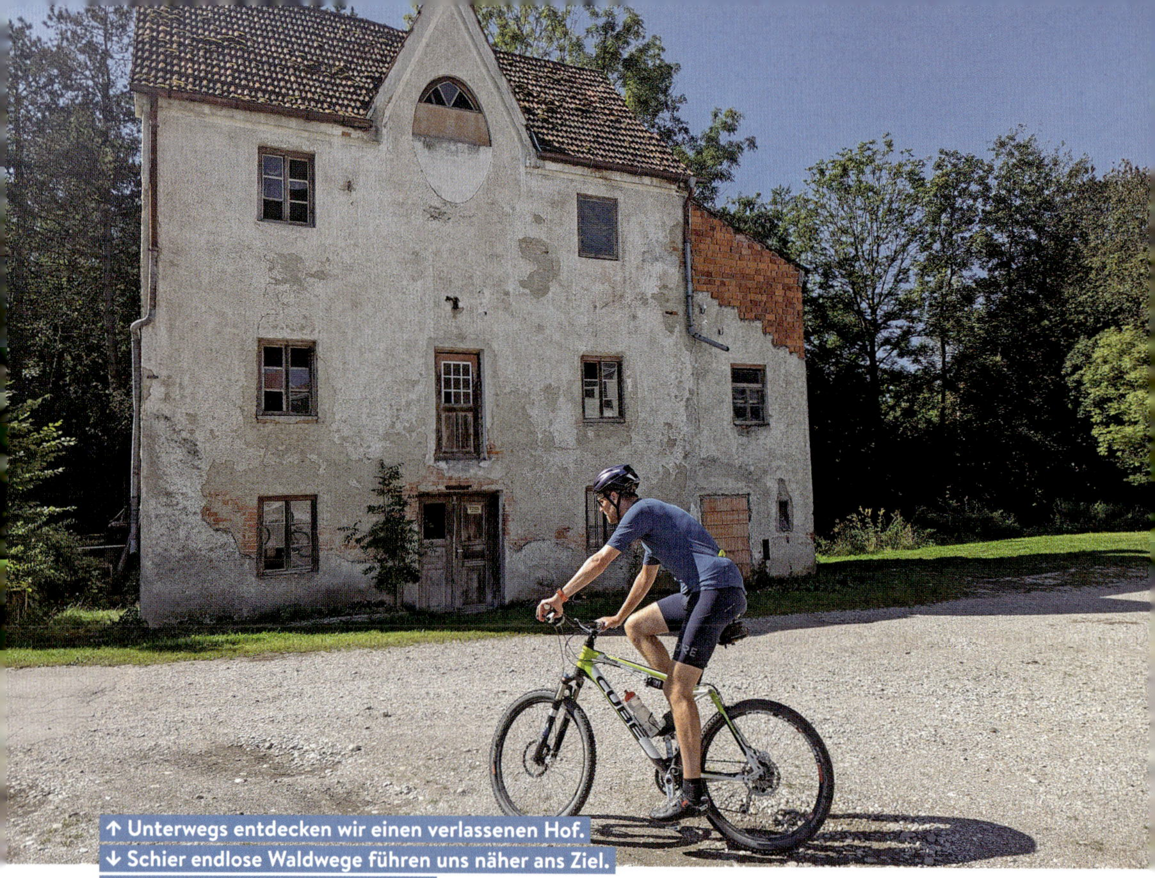

↑ Unterwegs entdecken wir einen verlassenen Hof.
↓ Schier endlose Waldwege führen uns näher ans Ziel.
↘ Kleine Pause im Café Eins in Isen

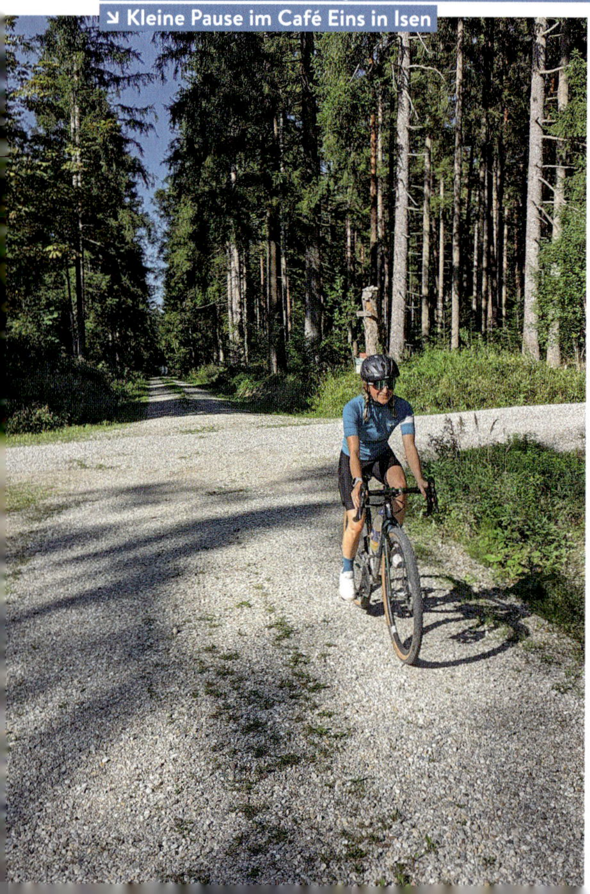

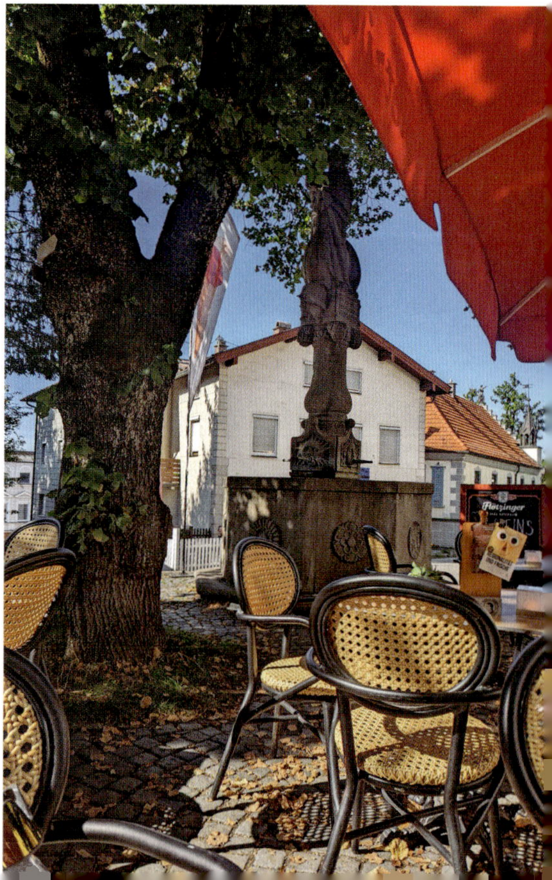

Die Route folgt kurzzeitig der Hauptstraße entlang der Bahnschienen, von der wir jedoch schon nach kurzer Zeit wieder nach rechts in die Rottmanner Straße abbiegen. Dieser Weg führt vorbei an einem kleinen Teich direkt in ein Waldstück. Nachdem wir den Hühnerhof passiert haben, nutzen wir die Autobahnüberführung, um unsere Fahrt durch den Wald weiter fortzusetzen.

**PAUSE MIT SÜSSEN UND HERZHAFTEN LECKEREIEN** Über Innerbittlbach fahren wir nach Isen, wo wir eine Pause einlegen. In Isen besuchen wir das Café Eins. Es ist wunderbar am Marktplatz an einem kleinen Brunnen gelegen. Besonders die vielseitige Auswahl an Speisen hat es uns angetan. Während sich die eine Hälfte der Gruppe mit der köstlichen Auswahl an Kuchen beschäftigt, begnügt sich die andere Hälfte mit einem Strammen Max von der warmen Karte.

**PANORAMAFAHRT NACH EBERSBERG**

Gut gestärkt starten wir zur zweiten Hälfte der Tour und verlassen den Ort in Richtung Ebersberg.

Über kleine Nebenwege umfahren wir die Hauptstraße. Viele sehr gut asphaltierte Nebenstraßen machen die Abfahrt Richtung Abersdorf zu einem Vergnügen.

Kurz vor Ebersberg haben wir noch einen kurzen Anstieg vor uns, der uns aber, oben angekommen, mit einem schönen Panorama und einer Bank für eine kurze Pause belohnt.

Von hier geht es auf welliger Strecke nach Ebersberg hinein. Für eine Pause im Ort bietet sich der Klostersee an. An dessen Ufer findet man eine Gastronomie und eine Badestelle.

In den Ebersberger Forst geht es nach einem Anstieg aus dem Ort heraus. Hierfür ist es besser, den Radweg auf der linken Seite der Hauptstraße zu benutzen, da die Straße stark befahren ist. Fast oben angekommen, biegen wir nach links in die Sportparkstraße ab, die uns direkt in den Ebersberger

*Tipp*

**DIE WEISSE FRAU VOM EBERSBERGER FORST**

Um den Ebersberger Forst ranken sich Erzählungen von der Weißen Frau. Demnach soll es nahe der Hubertuskapelle an der Staatsstraße 2080 zwischen Ebersberg und Schwaberwegen immer wieder zu Unfällen kommen. Vorbeifahrende sehen seltsame Lichter in der Kapelle und eine geisterhafte Anhalterin in Gestalt einer blassen jungen Frau möchte am Straßenrand mitgenommen werden. Man erzählt sich, dass es sich hierbei um den Geist einer jungen Frau handelt, die unweit vom Forst bei einem Unfall mit Fahrerflucht ums Leben kam.

Mit Freunden neue Wege im Wald erkunden

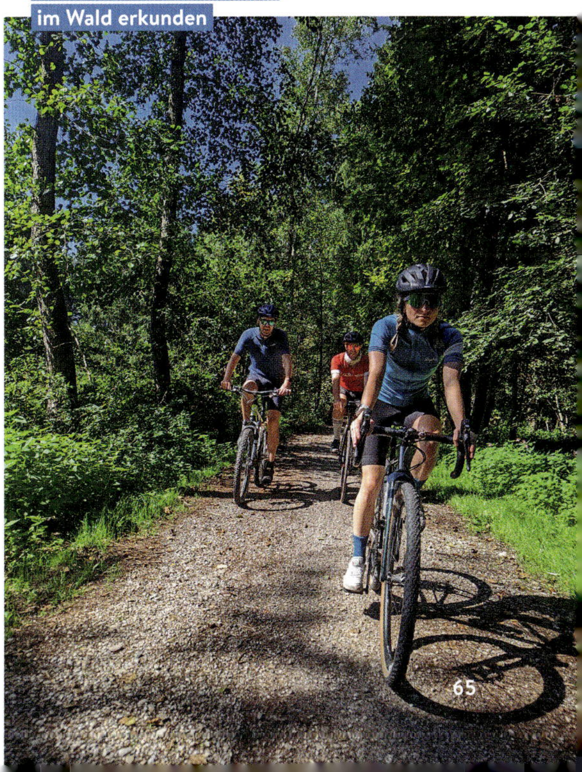

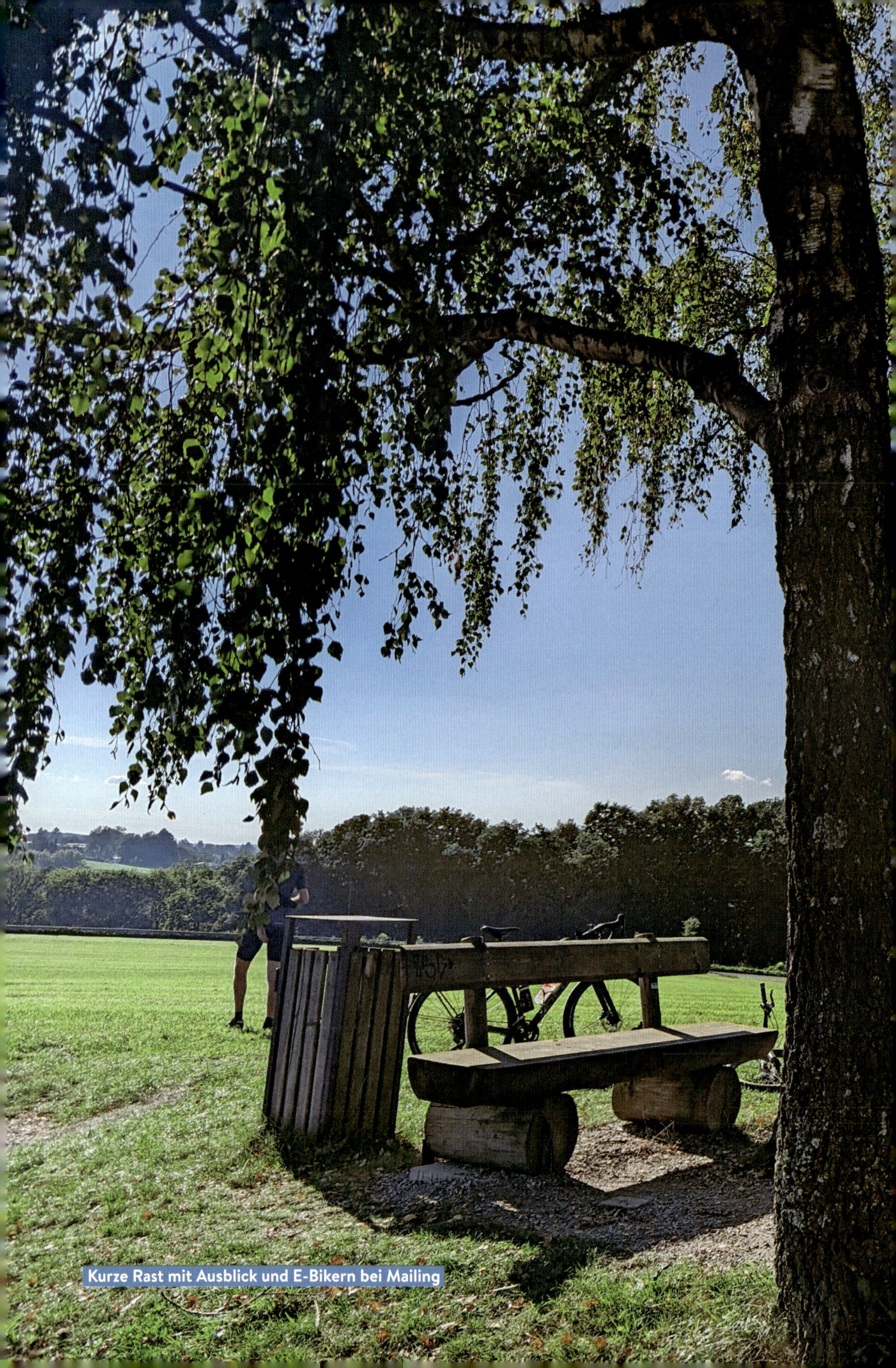

Kurze Rast mit Ausblick und E-Bikern bei Mailing

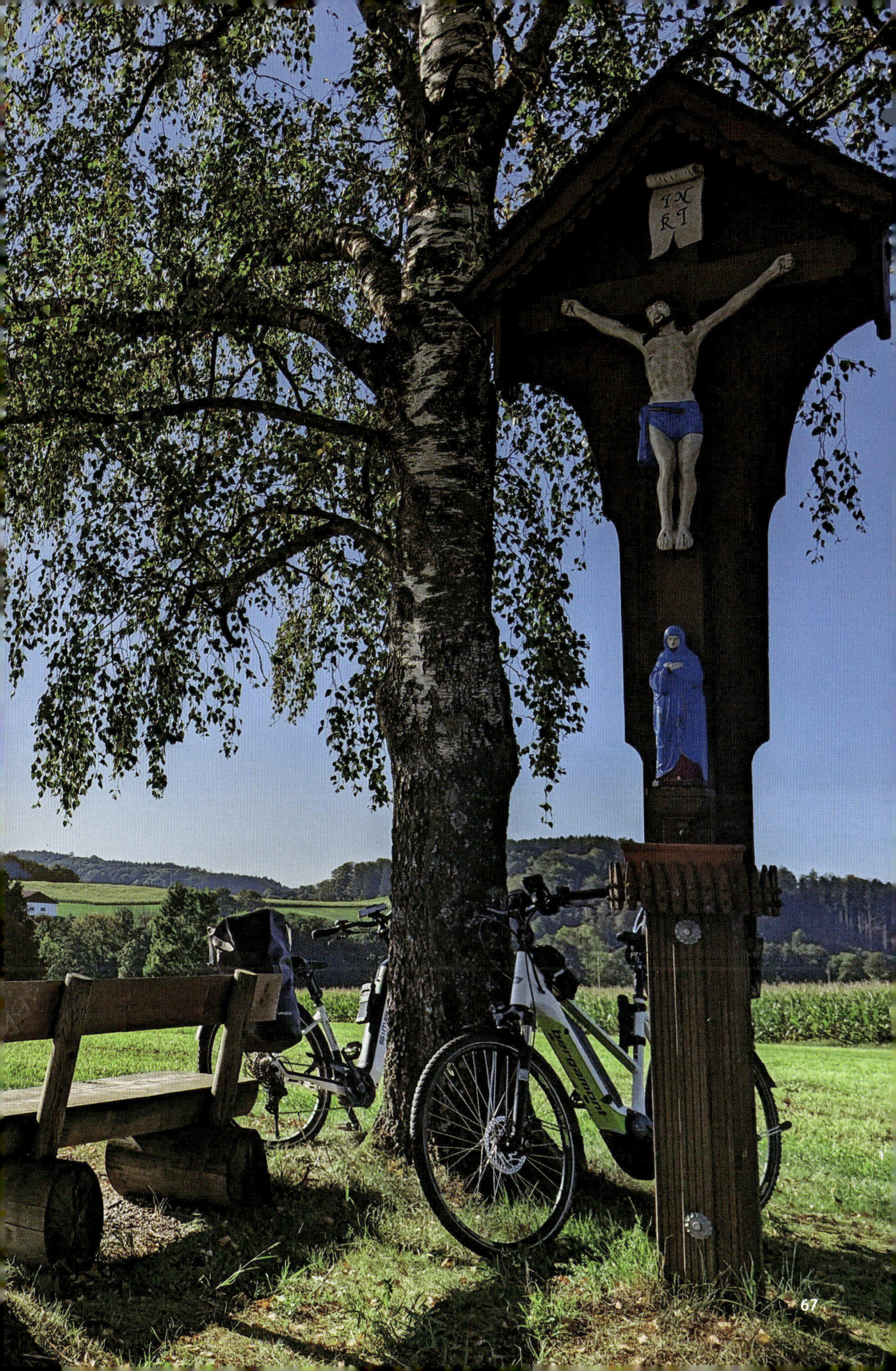
IN
RI

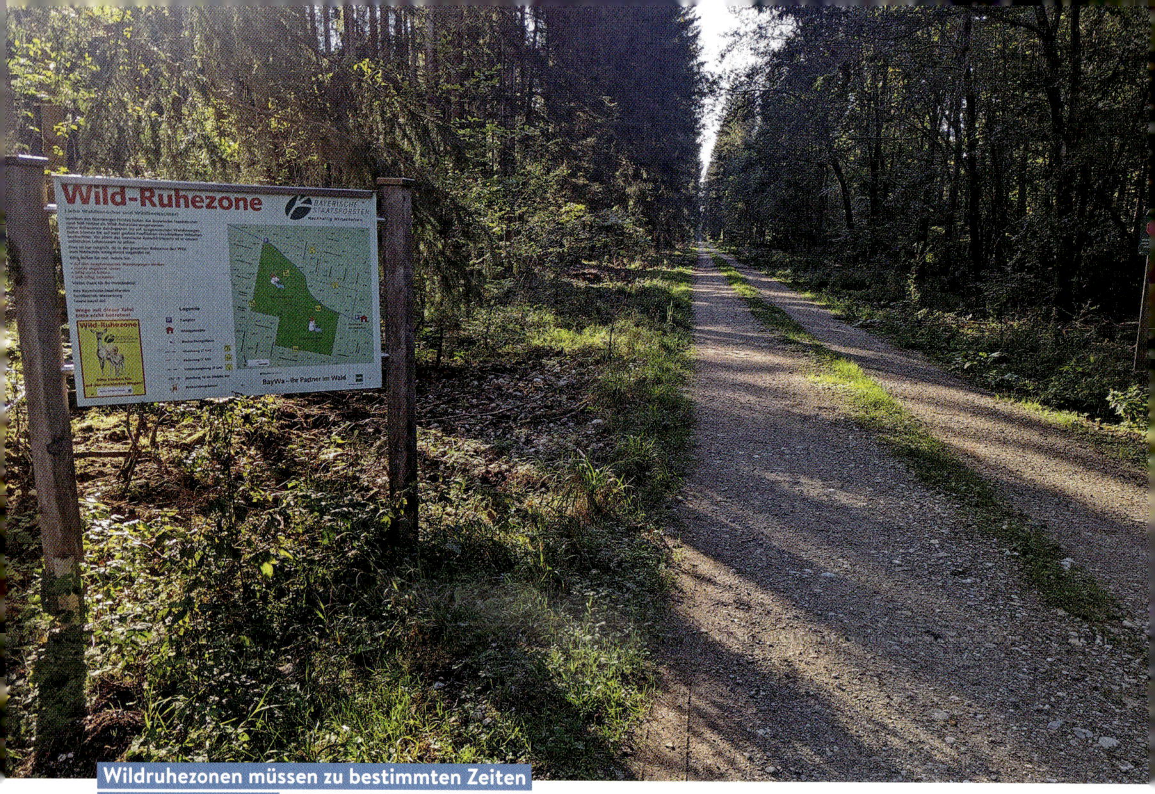


Wildruhezonen müssen zu bestimmten Zeiten umfahren werden.

Forst führt. Wer sich für Informationen rund um den Forst interessiert, legt einen Stopp beim Museum Wald und Umwelt ein.

*Tipp*

**DER FORST UND DAS CERN**

Der Ebersberger Forst ist bekannt für Wildschweine und Rotwild, aber die wenigsten wissen wohl, dass sich die Bayerische Staatsregierung in den 1960er-Jahren um den Bau einer Versuchsanlage für den internationalen Teilchenbeschleuniger CERN beworben hatte. Geplant war der Bau auf einem Viertel der Fläche des Ebersberger Forsts. Aufgrund heftiger Proteste aus der Bevölkerung wurde der Plan aber aufgegeben und der Beschleuniger wurde in Genf gebaut.

**GRAVELVERGNÜGEN IM EBERSBERGER FORST** Eine breite Hauptstraße führt durch den Ebersberger Forst. Rechts und links davon zweigen zahlreiche Wege ab – denn das riesige Waldgebiet ist von einem ausgedehnten Wegenetz durchzogen. Unser Track führt auf der Hauptstraße durch den Forst, hier möchten wir aber dazu ermutigen, unbedingt auf Erkundungstour zu gehen und den einen oder anderen Abzweig auszuprobieren.

Hier gilt jedoch zu beachten, dass der Wald einige Wildruhezonen hat, die nicht durchfahren werden sollten, um die Tiere nicht zu stören. Es kann auch gut vorkommen, dass eine Rotte Wildschweine den Weg versperrt. Bitte die Tiere nicht stören und einen Weg um die Rotte herum suchen. Vom Ausgang des Forsts sind es noch etwa fünf Kilometer zurück zum Bahnhof in Poing, dem Ausgangspunkt dieser herrlichen Radrunde.

## INFO

Mittel | 70 km | 580 Hm | 5.00 Std.

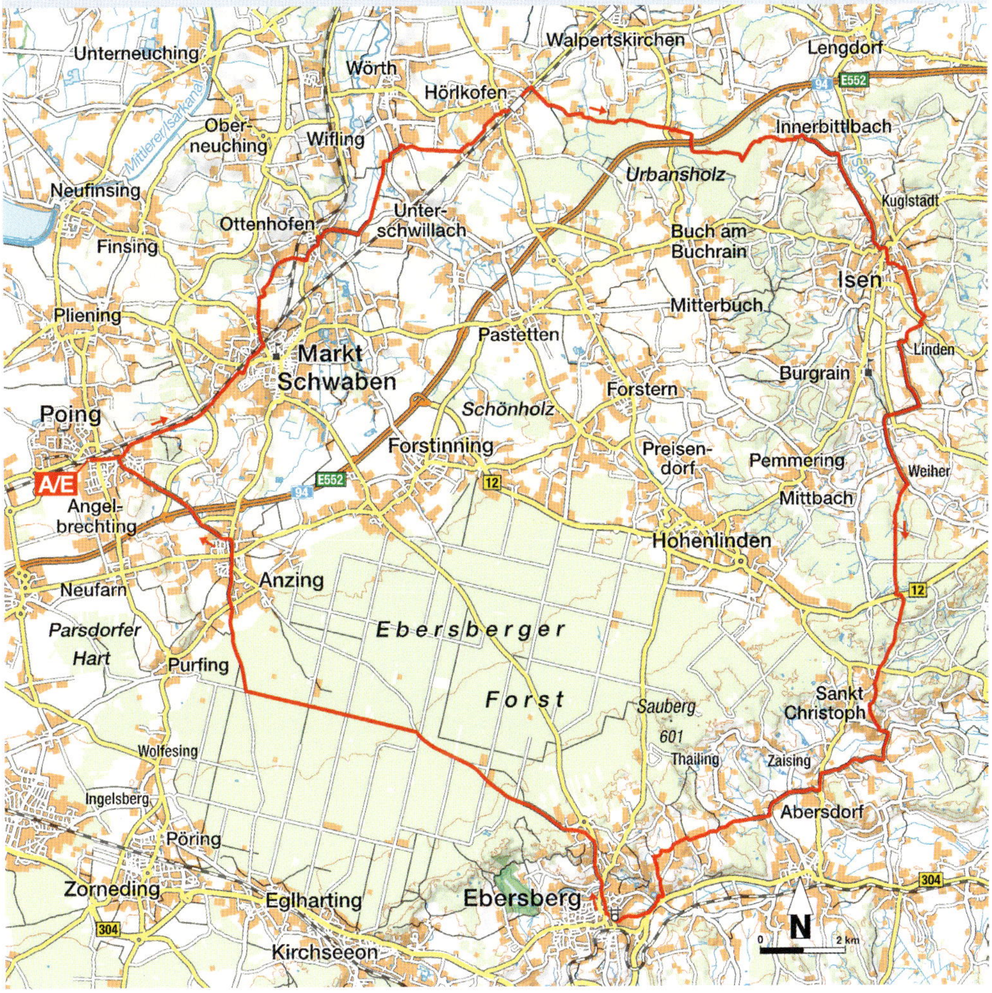


**HIGHLIGHT**
Naturerlebnis

**TOURENCHARAKTER**
Eine Tour, die auch für Anfänger mit guter Kondition geeignet ist. Technisch ist die Tour wenig herausfordernd, da sie überwiegend flach auf asphaltierten Straßen und Schotter verläuft. Nach starken Regenfällen kann der Waldboden teilweise matschig sein.

**AUSGANGS-/ENDPUNKT**
Bahnhof Poing

**GPS-DATEN**
48.171057, 11.808461

**ANFAHRT**
Auto: Über die A94 ab München

ÖPNV: Mit der S-Bahn-Linie S2 (Richtung Erding) nach Poing

**INFORMATION**
www.baysf.de/de/wald-erkunden/ausflugsziele-tipps/die-hohenlinder-sauschuett-im-ebersberger-forst.html; www.muenchen.de/leben/diverse-orte/ebersberger-forst; www.museumwaldundumwelt.de

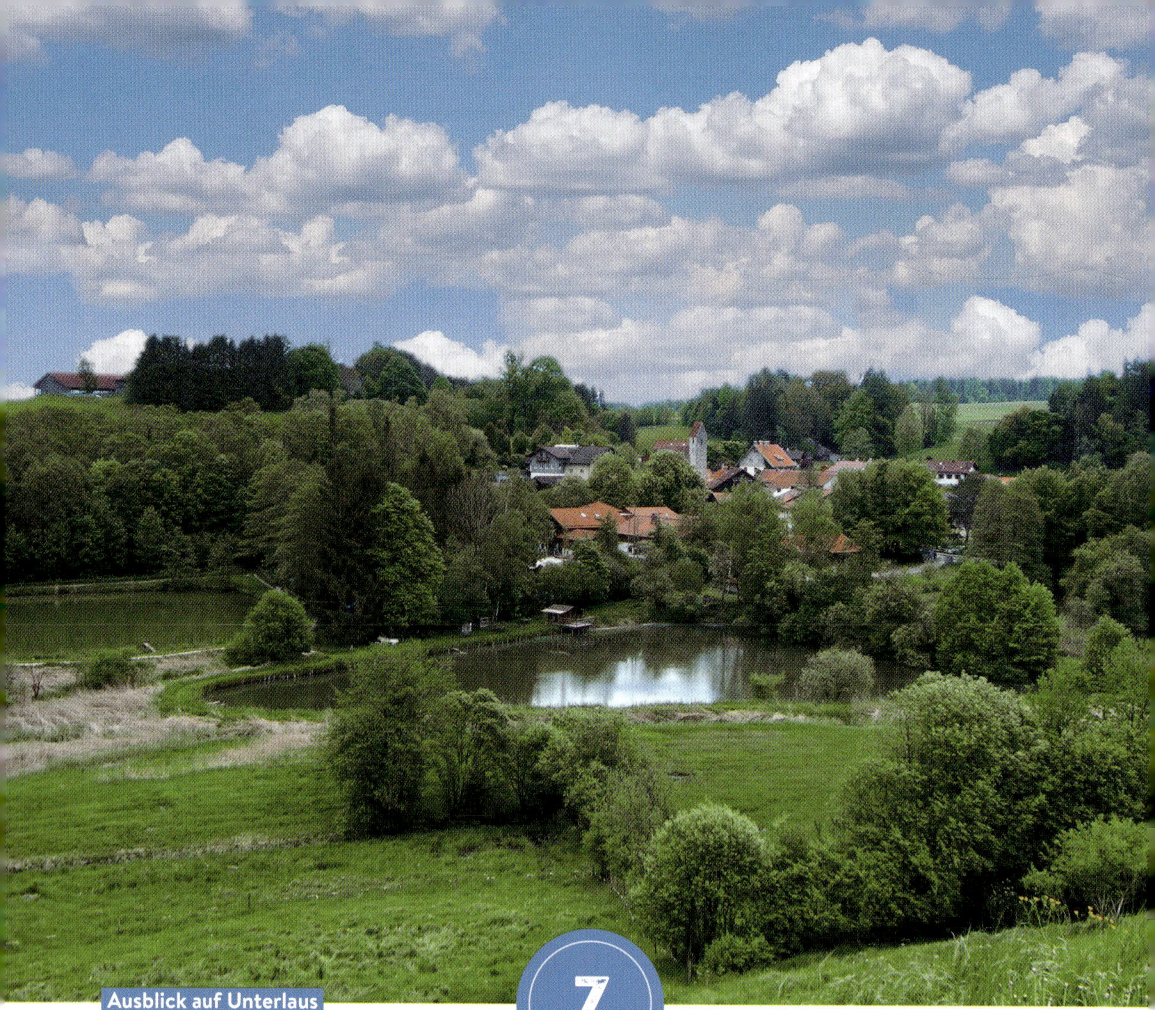

Ausblick auf Unterlaus

7

# RUNDE ÜBER MAXLRAIN

## Glonn – Antholing – Aßling – Alxing

Diese Rundtour führt über weniger bekannte Wege durch den Münchner Osten, wo es herrliche und wenig frequentierte Gravelwege durch Wälder und über Wiesen zu erkunden gibt. Wir starten in Kirchseeon und fahren anschließend Richtung Süden vor die Tore des Chiemgaus bis nach Maxlrain. Anschließend geht es durch unberührte Wälder und ruhige Straßen hügelig wieder zurück nach Kirchseeon.

**EINSAME FORSTWEGE** Die Route startet am S-Bahnhof Kirchseeon. Wir verlassen den Bahnhof nach rechts, biegen erneut rechts ab und überqueren die Bahngleise über eine Brücke. Nun fahren wir geradeaus weiter rechts haltend und gelangen auf einen Schotterweg, der durch einen saftig grünen Wald führt.

Die Route führt schließlich zu einer Weggabelung, an der wir Richtung München/Glonn weiterfahren. Wir kommen nun an dem Denkmal der Maximilianseiche vorbei, einer ehemals imposanten Eiche, die 1846 von König Ludwig I. gekauft und gepflegt wurde. Kurz danach biegen wir nach links ab und folgen dem Weg nach rechts Richtung Süden. Es geht über kaum befahrene Asphaltstraßen und anschließend auf Schotter genussvoll hügelig nach Adling und anschließend nach Glonn.

Wir durchfahren Glonn und verlassen die Ortschaft entlang des Kupferbachs. In Reisenthal biegen wir rechts ab und erklimmen eine Rampe nach Frauenreuth, immer mit der neuen, kupferrot schimmernden Zwiebelkuppel des Kirchturms im Blick.

Am Ortseingang von Frauenreuth biegen wir nach rechts ab und fahren nun auf Schotter weiter bergan, bevor wir eine Abfahrt durch den Wald genießen können. Hier ist wegen des Untergrunds etwas Fahrtechnik gefragt. Wir erreichen den Weiler Oberstetten und genießen einen Ausblick auf Unterlaus und den Lauser Weiher. Nun

Ruhiger Wirtschaftsweg nach Adling

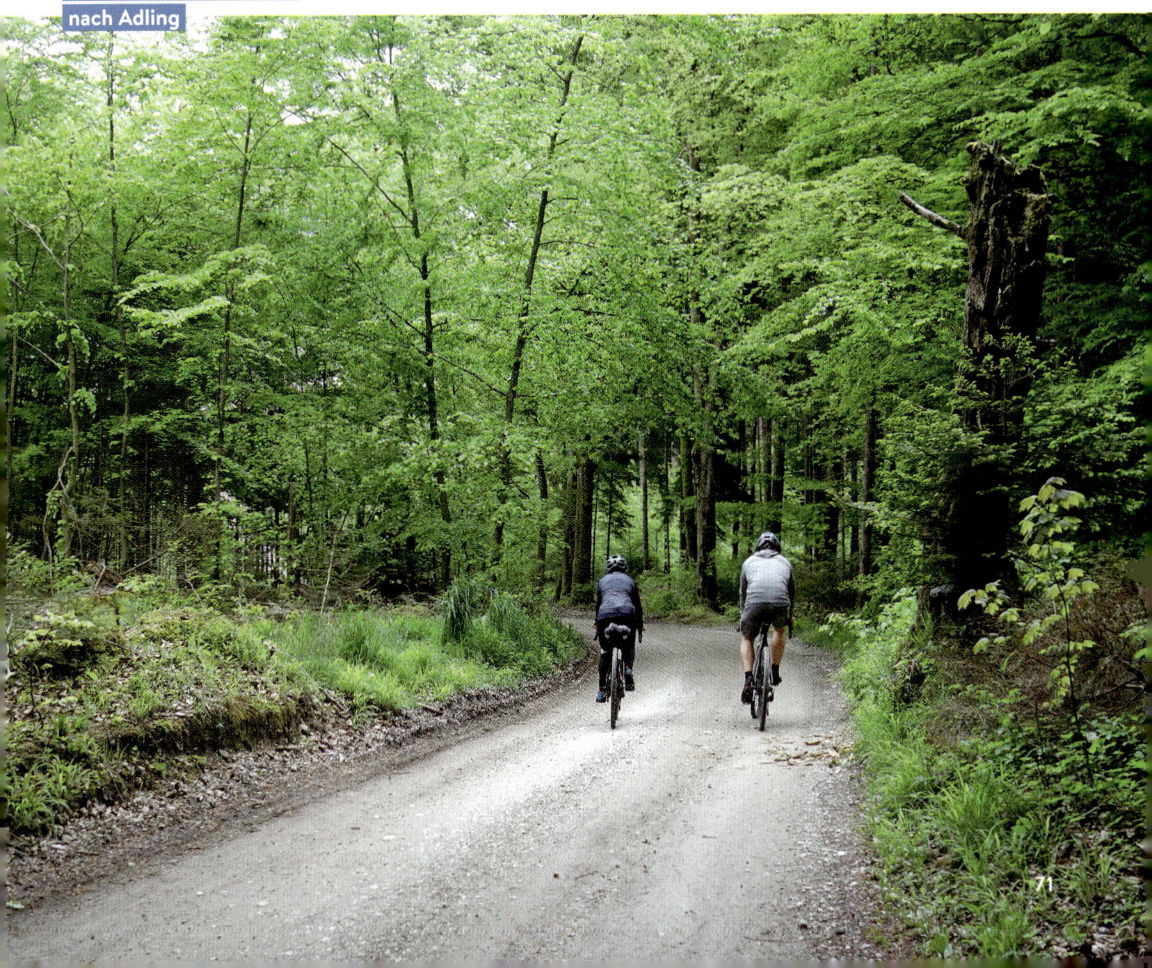

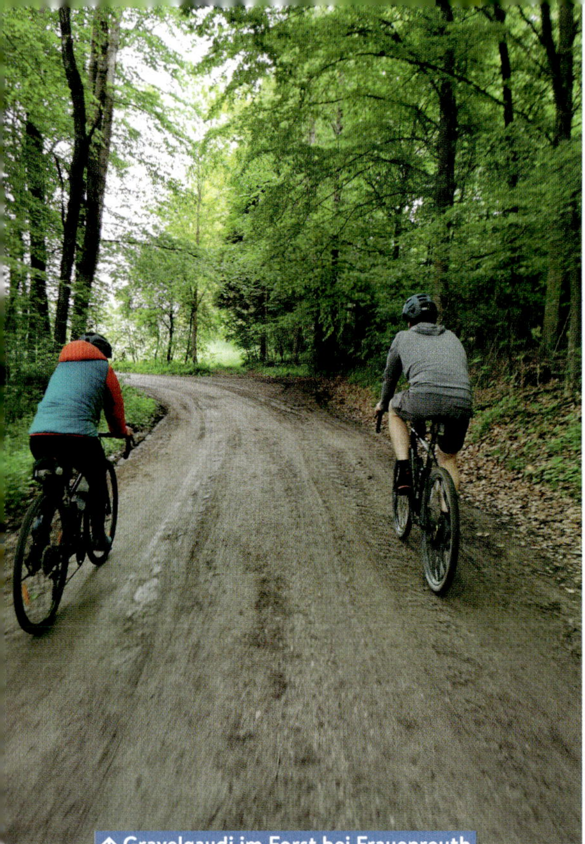 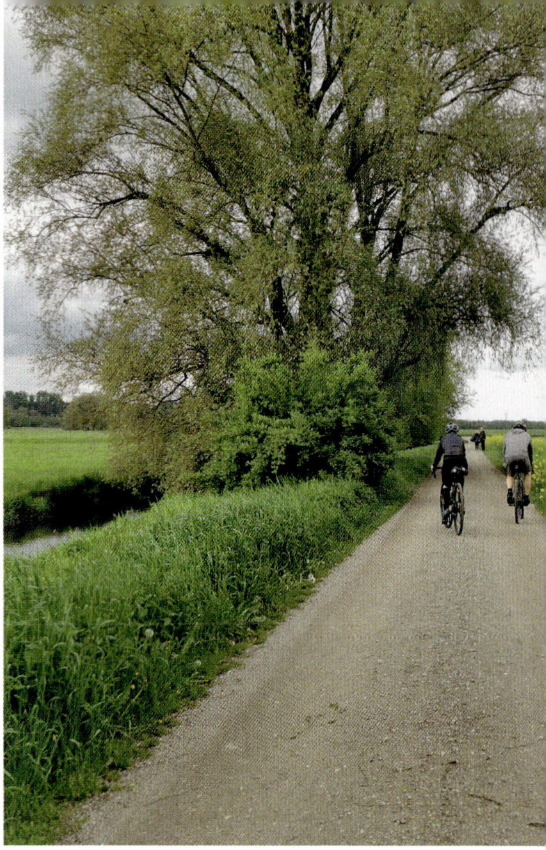

↑ Gravelgaudi im Forst bei Frauenreuth
↗ Entlang der Attel bei Aßling

gibt es eine Pause vom Schotter und wir biegen nach rechts ab und überqueren den Weiher, um gleich danach links abzubiegen und anschließend rechts weiterzufahren. Es geht auf einer ruhigen Straße weiter. Nach einer flotten Abfahrt folgt die Auffahrt mit kurzzeitig zweistelliger Steigung nach Antholing. Oben angekommen, rollen wir nun entspannt nach unten in Richtung Beyharting/Jakobsberg, bis wir kurz vor Innerthann auf die Glonn treffen.

**RAST IN MAXLRAIN** Wir fahren durch Innerthann und überqueren den Fluss, indem wir uns dort rechts halten. Der Untergrund ist nun wieder lose und die Route führt durch den idyllischen Maxlrainer Forst. Wir verlassen den Wald und es geht nun durch eine Allee mit Blick auf das Bräustüberl der Schlossbrauerei Maxlrain, an der wir vorbeifahren. Hier gibt es bei guten Bedingungen ein traumhaftes Alpenpanorama zu bestaunen.

Anschließend biegen wir links auf die Hauptstraße ab, um gleich wieder nach rechts zu schwenken. Es geht am pittoresken Maxlrainer Schloss vorbei und wir fahren links am Schloss entlang Richtung Fischbach. Von dort geht es wellig über ruhige Straßen durch Jakobsberg, erneut über die Glonn und schließlich nach Schmidhausen, wo wir links abbiegen. Nach Eichberg treffen wir auf die Hauptstraße, auf deren Radweg wir rechts nach Tuntenhausen fahren. Wir verlassen die Ortschaft auf einem Schotterweg gen Norden.

Nun biegen wir nach rechts ab, wo wir auf die Bahngleise treffen. Wir folgen dem Schienenstrang nach links Richtung Norden, bevor wir hinter Osterwald nach links Rich-

tung Niclasreuth abbiegen. Dort geht es nach einer scharfen Rechtskurve weiter nach Aßling. Wir queren die Bahngleise und fahren dann weiter Richtung Ortskern. Nun gibt es zwei Optionen.
Wer eine Kaffee- und Kuchenpause machen möchte, fährt weiter auf der Hauptstraße, bis diese eine Rechtskurve macht, und folgt ihr zum Ortsausgang bis zur Kaffeerösterei Martermühle. In dem Café kann man eine kurze Pause genießen.
Alternativ biegen wir in Aßling bereits nach links ab und verlassen an der Attel den Ort. Radler, die sich für die Pause an der Martermühle entscheiden, fahren auf gleichem Weg wieder zurück und biegen schließlich nach rechts und dann links ab, um wieder auf den Weg zu gelangen.

*Tipp*

### GASTSTÄTTEN UND SCHLOSS IN MAXLRAIN

In Maxlrain präsentiert sich Oberbayern von seiner schönsten Seite. Der malerisch im Voralpenland gelegene Ort ist mit seinen traditionellen Wirtschaften und dem Schloss Maxlrain ein hervorragendes Ausflugsziel. Der Ort hat sich vor allem durch die Brauerei Maxlrain einen Namen gemacht. Sowohl im Bräustüberl Maxlrain mit seinem urigen Biergarten als auch in der Schlosswirtschaft lässt sich das lokale Bier genießen. Zudem gibt es das märchenhafte Renaissanceschloss Maxlrain, das 1580 erbaut wurde. Leider kann es nicht besichtigt werden, da es bewohnt ist.

Bayerische Biergartenkultur im Bräustüberl Maxlrain

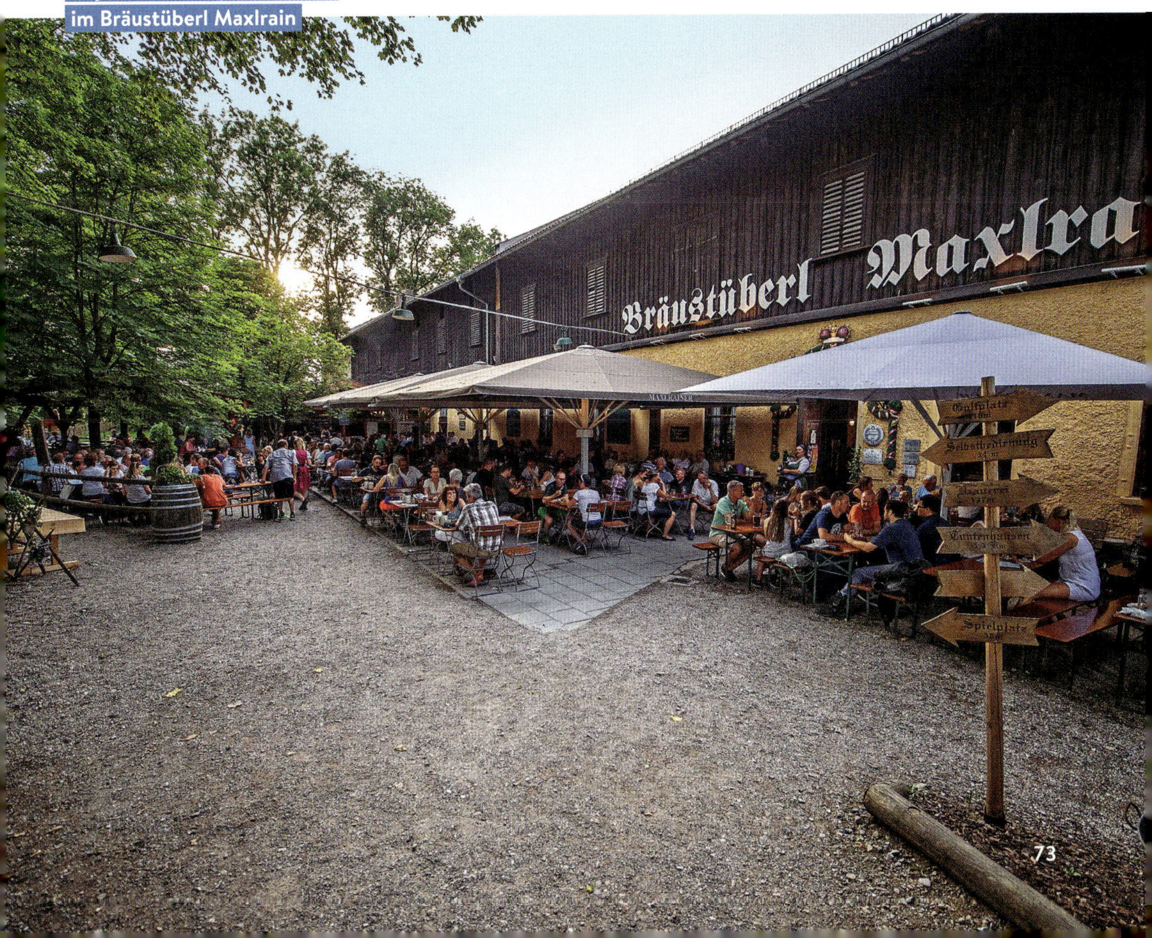

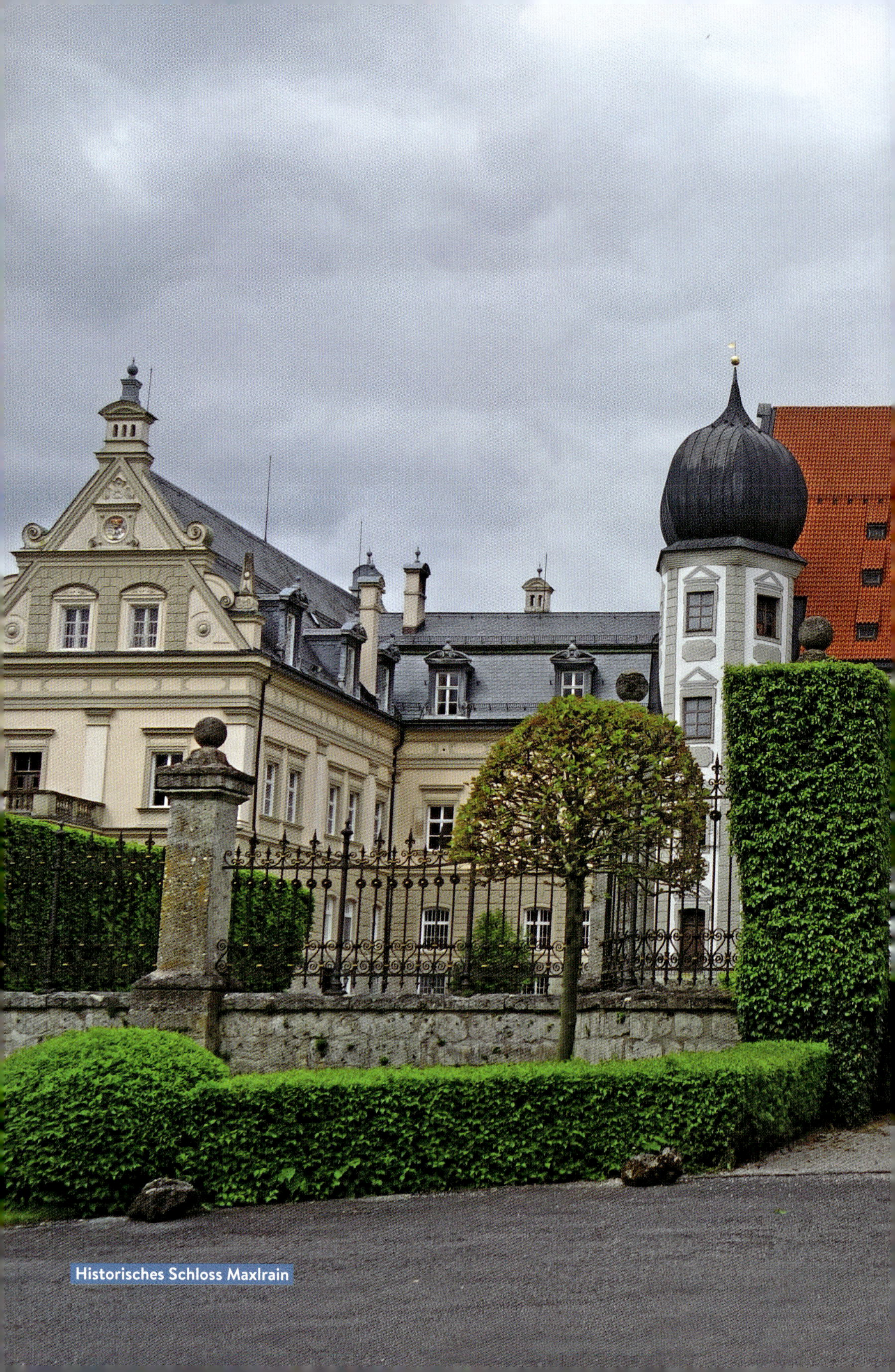

Historisches Schloss Maxlrain

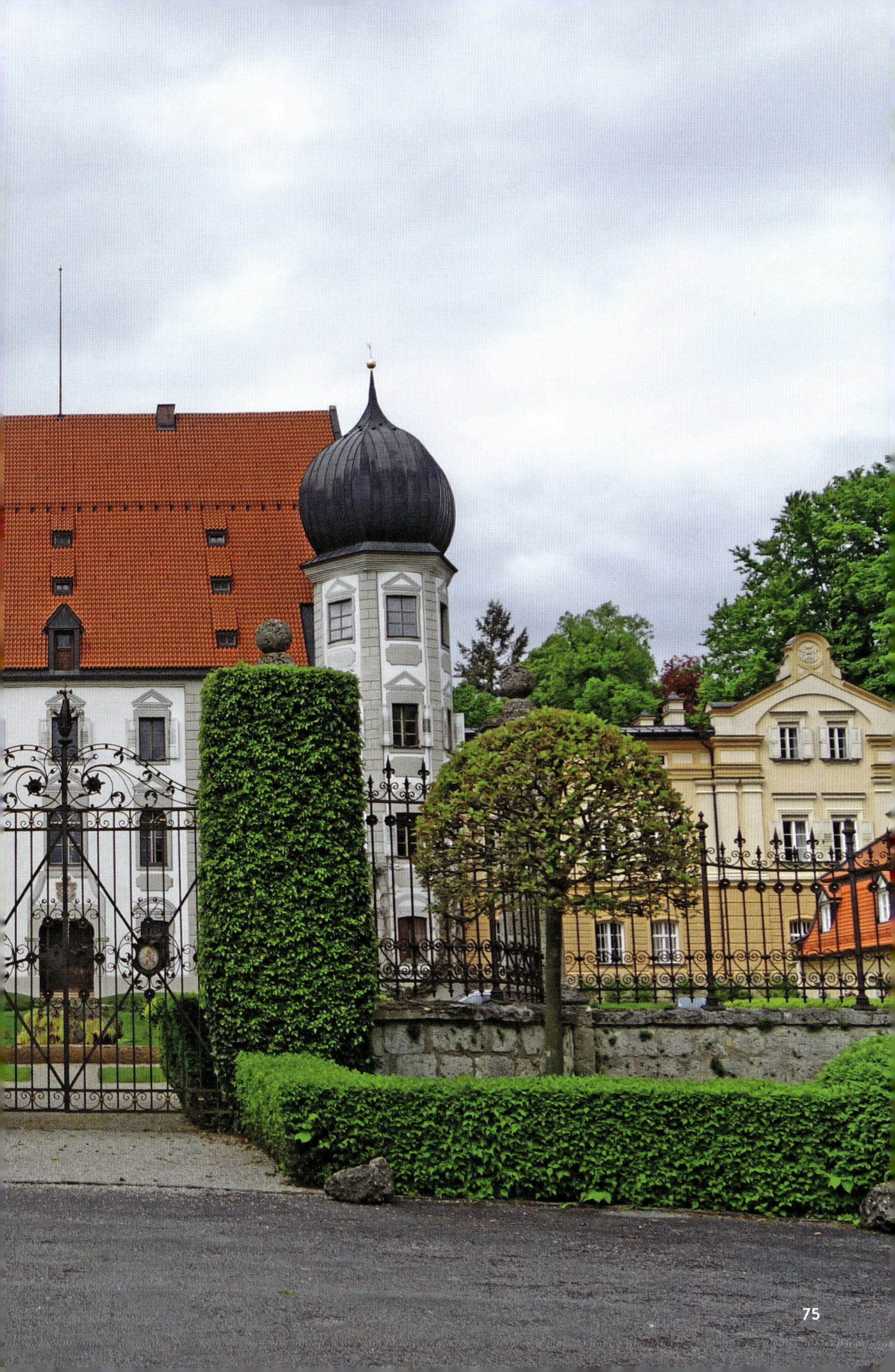

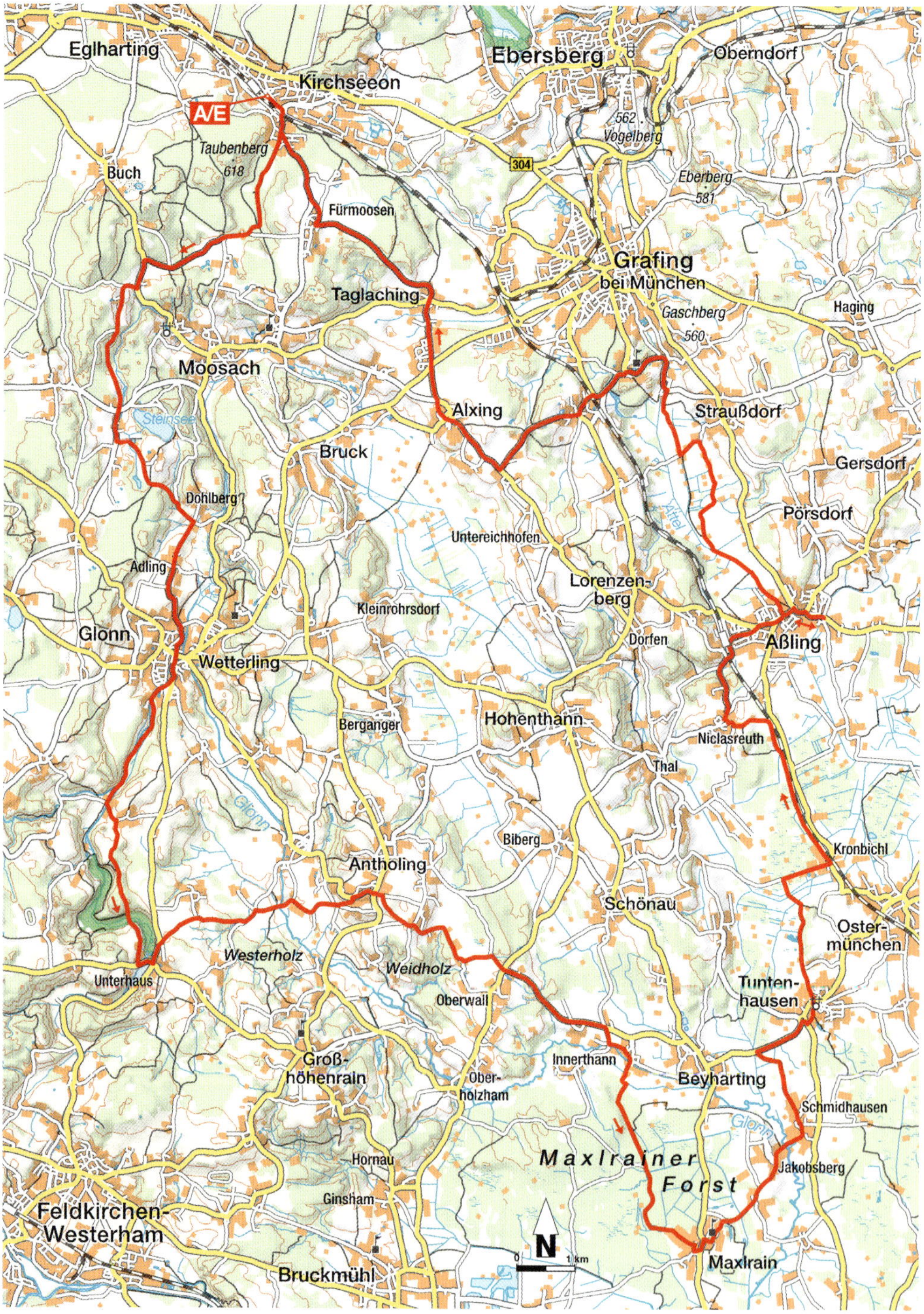

Eglharting
Ebersberg
Oberndorf
Kirchseeon
A/E
Taubenberg
618
562
Vogelberg
304
Buch
Eberberg
581
Fürmoosen
Grafing
bei München
Gaschberg
560
Haging
Taglaching
Moosach
Steinsee
Alxing
Straußdorf
Bruck
Gersdorf
Dohlberg
Attel
Pörsdorf
Untereichhofen
Adling
Lorenzen-
berg
Kleinrohrsdorf
Glonn
Aßling
Dorfen
Wetterling
Hohenthann
Berganger
Niclasreuth
Thal
Glonn
Biberg
Kronbichl
Antholing
Schönau
Oster-
münchen
Westerholz
Weidholz
Unterhaus
Oberwall
Tunten-
hausen
Innerthann
Groß-
höhenrain
Ober-
holzham
Beyharting
Glonn
Schmidhausen
Maxlrainer
Forst
Jakobsberg
Hornau
Ginsham
Feldkirchen-
Westerham
N
0
1 km
Maxlrain
Bruckmühl

Tipp

**KAFFEERÖSTEREI MARTERMÜHLE**

Kaffeeliebhaber kommen in der Kafferösterei Martermühle in Aßling voll auf ihre Kosten. Dort werden diverse Premium-Kaffeesorten, die der Betrieb vor Ort von Hand röstet, angeboten. Es werden Kaffeebohnen für jeden Geschmack angeboten. Außerdem gibt es ein gemütliches Café für eine Einkehr. Dort kann man neben den hauseigenen Kaffeespezialitäten auch eine köstliche Kuchenauswahl genießen. Zudem macht das gemütliche bayerische Interieur des Cafés den Besuch zu einem Highlight.

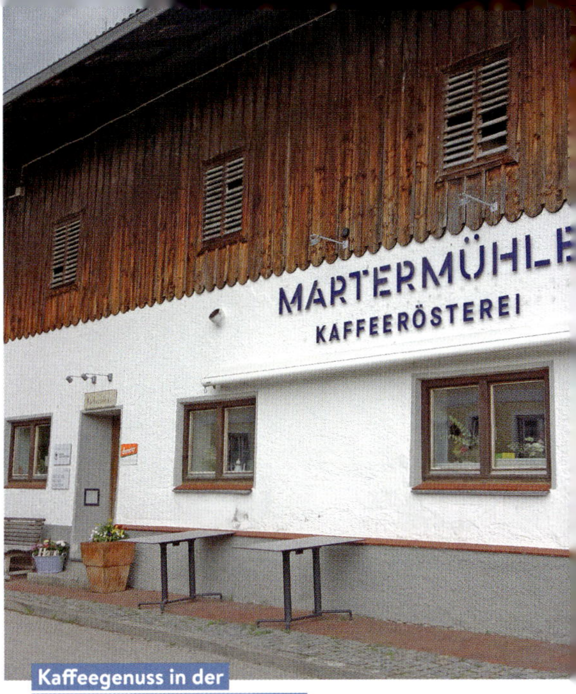

Kaffeegenuss in der Kafferösterei Martermühle

## HÜGELIG ZURÜCK NACH KIRCHSEEON

Nun geht es am Bach entlang weiter auf angenehmen Schotterwegen über Felder, bis wir an der nächsten Gabelung nach links und anschließend nach rechts abbiegen und uns Richtung Baumgartenmühle halten. Anschließend wird es noch mal hügeliger, und es geht in leichtem Auf und Ab rechts nach Unter- und Oberelkofen. Als Nächstes biegen wir dann nach rechts Richtung Alxing ab und folgen den Fahrradschildern Richtung Kirchseeon/Taglaching. Nach einem letzten Anstieg genießen wir die entspannte Abfahrt nach Fürmoosen und erreichen nun auch schon wieder den Ausgangspunkt Kirchseeon.

## INFO

| Mittel | 69 km | 700 Hm | 4.30 Std. |
|---|---|---|---|

**HIGHLIGHT**
Naturerlebnis, Sehenswürdigkeiten

**TOURENCHARAKTER**
Technisch moderat anspruchsvolle und hügelige Tour im Voralpenland; auf naturbelassenen Gravelstrecken durch Wälder und auf wenig frequentierten Nebenstraßen; mit Alpenpanorama

**AUSGANGS-/ENDPUNKT**
Bahnhof Kirchseeon

**GPS-DATEN**
48.071159, 11.887254

**ANFAHRT**
Auto: A 99 Richtung Vaterstetten, Abfahrt auf die B 304 Richtung Kirchseeon
ÖPNV: Mit der S-Bahn-Linie S6 unter anderem ab München Hauptbahnhof

**INFORMATION**
www.chiemsee-alpenland.de

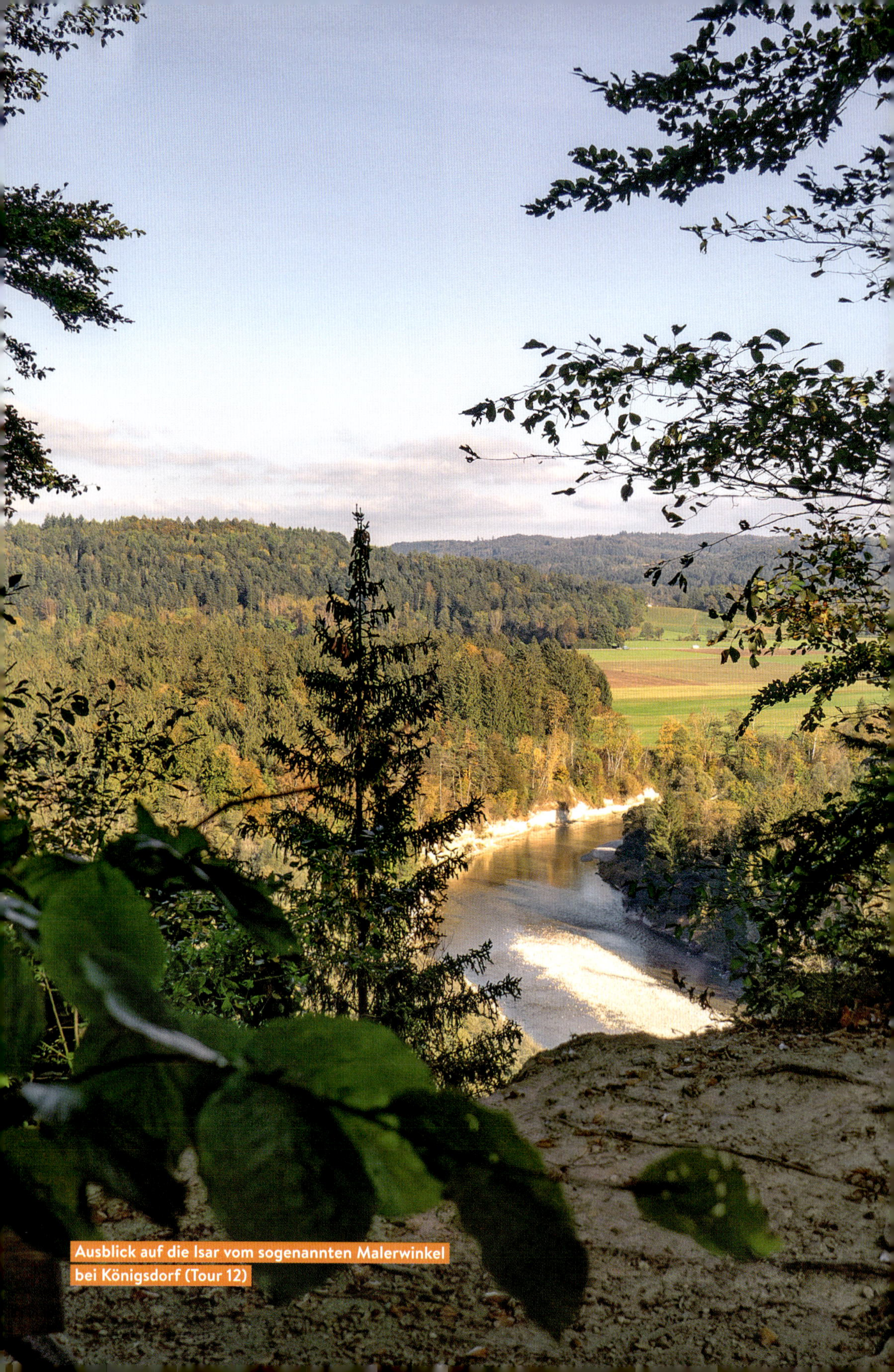

Ausblick auf die Isar vom sogenannten Malerwinkel bei Königsdorf (Tour 12)

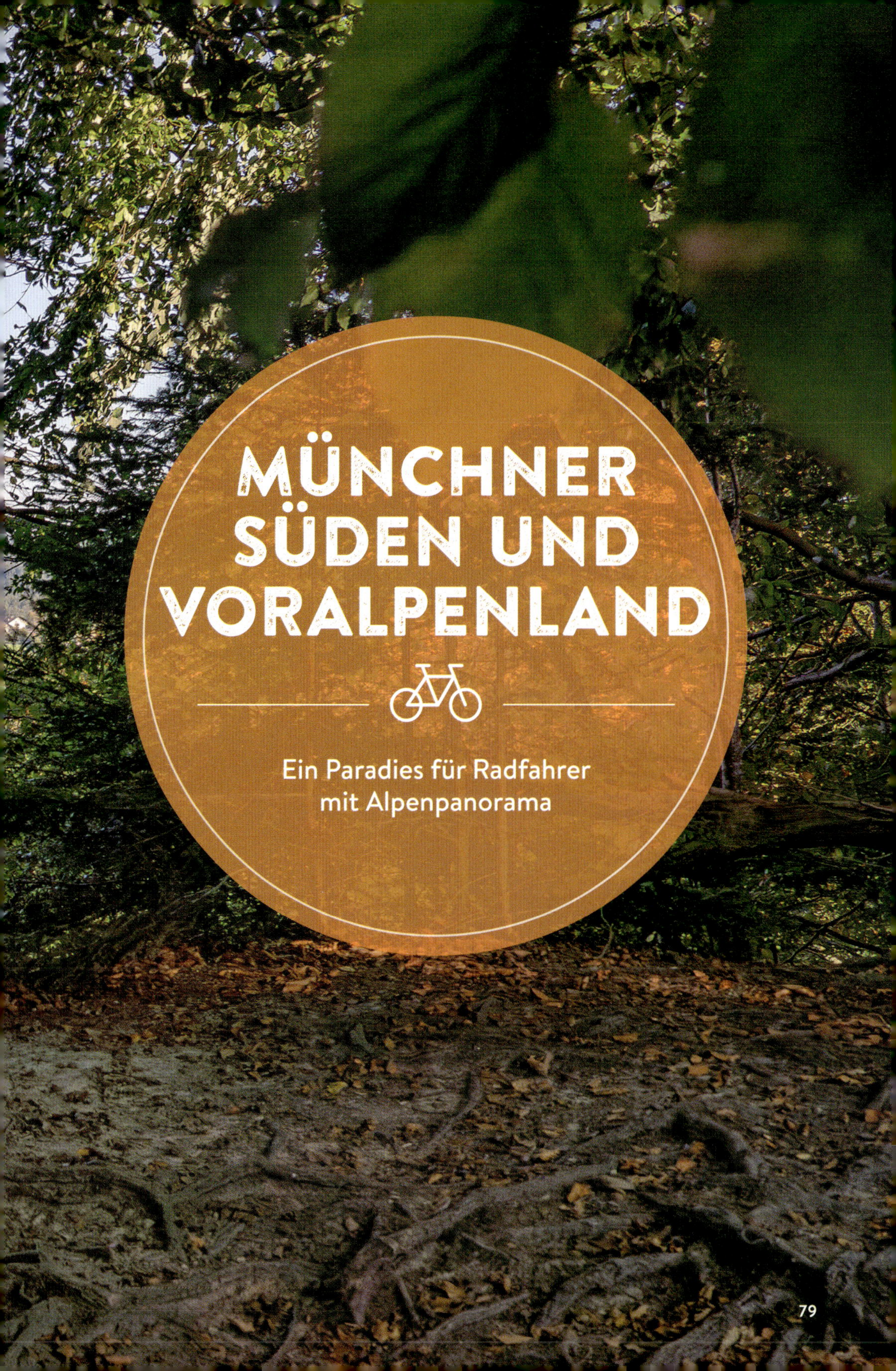

# MÜNCHNER SÜDEN UND VORALPENLAND

Ein Paradies für Radfahrer mit Alpenpanorama

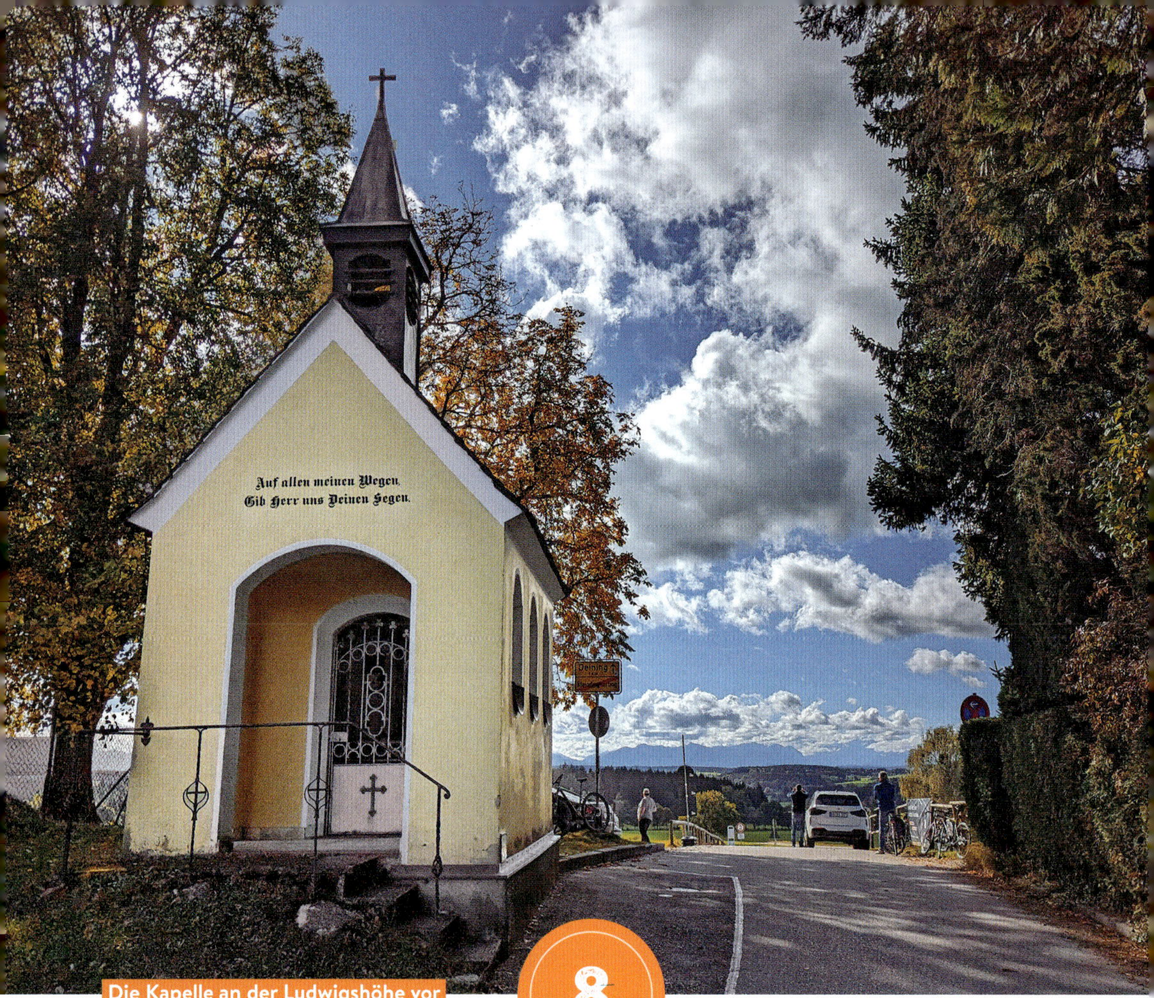


Die Kapelle an der Ludwigshöhe vor einem beeindruckenden Alpenpanorama

8

# RADKLASSIKER LUDWIGSHÖHE

## Thalkirchen – Perlacher Forst – Kleindingharting

Bei dem Ziel dieser Tour handelt es sich um einen echten Münchner Radklassiker. Die Ludwigshöhe ist wohl eines der beliebtesten Ziele für Feierabendtouren im Süden des direkten Münchner Umlands. Im Sommer kann man meist ganze Heerscharen von Rennradfahrern bei ihrer Fahrt beobachten. Abseits der asphaltierten Straße geht es hingegen etwas entspannter zu.

Diese Tour führt durch einen ähnlichen Bereich wie die Tour 9 und kann daher mit den Ausflugszielen dieser Route kombiniert werden.

**DIE AUSSICHT VON DER GROSSHESSELOHER BRÜCKE GENIESSEN** Unsere Tour startet an der Thalkirchner Brücke auf Höhe des Kiosks 1917. Wir biegen in die Zentralländstraße ein und folgen ihr, bis wir auf den Radweg kurz hinter dem Parkplatz des Naturbads Maria Einsiedel abbiegen. Auf Höhe des Flaucherstandl-Kiosks fahren wir an den Isarwerkkanal und überqueren die Marienklausenbrücke, um auf den Schotterweg an der Isar zu gelangen. Dem Schotterweg folgen wir bis zur Großhesseloher Brücke.

Hier geht es in einem kurzen, aber steilen Anstieg den Höller Berg hinauf, bis wir die Brücke erreichen. Wir überqueren die Großhesseloher Brücke und folgen dem Schilcherweg in Richtung Perlacher Forst. Beim Überqueren der Geiselgasteigstraße ist etwas Vorsicht geboten, da sie oft stark befahren ist. Auf der gegenüberliegenden Seite gelangen wir in den Perlacher Forst. Wir folgen dem Hauptweg und verlassen ihn kurz nach der Nussbaum-Ranch an der Kurve. Anschließend fahren wir geradeaus auf einen Waldweg.

Dieser führt uns zu einer Hauptstraße, die wir überqueren. Auf der gegenüberliegenden Straßenseite folgen wir weiter dem Waldweg. Wir halten uns bei der nächsten Möglichkeit leicht rechts und folgen dem Hauptweg nun für etwa drei Kilometer geradeaus.

An der Kreuzung, an der unser Weg auf die Sauschütt-Geräumt trifft, biegen wir nach rechts ab und fahren Richtung Walderlebniszentrum Grünwald Sauschütt.

Die Abzweigung in den Wald erkennt man oft zu spät; dann muss man nach der Kurve noch mal wenden.

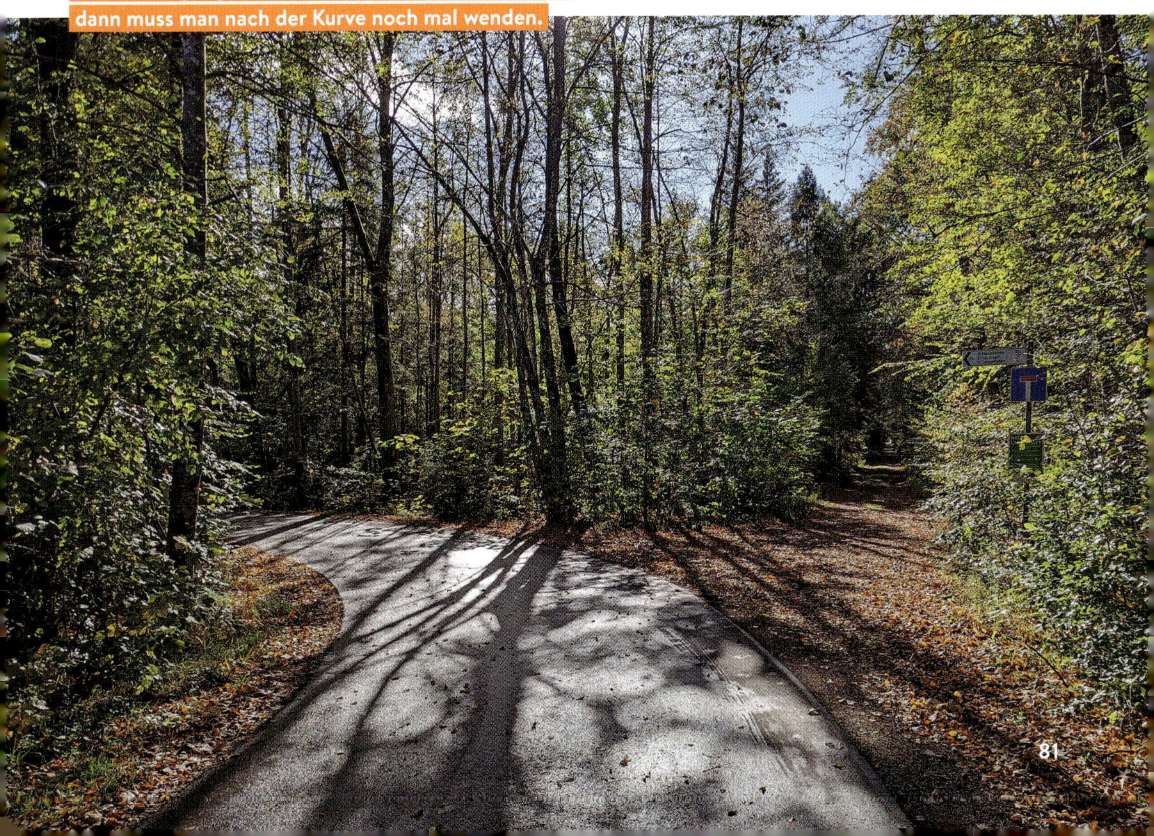

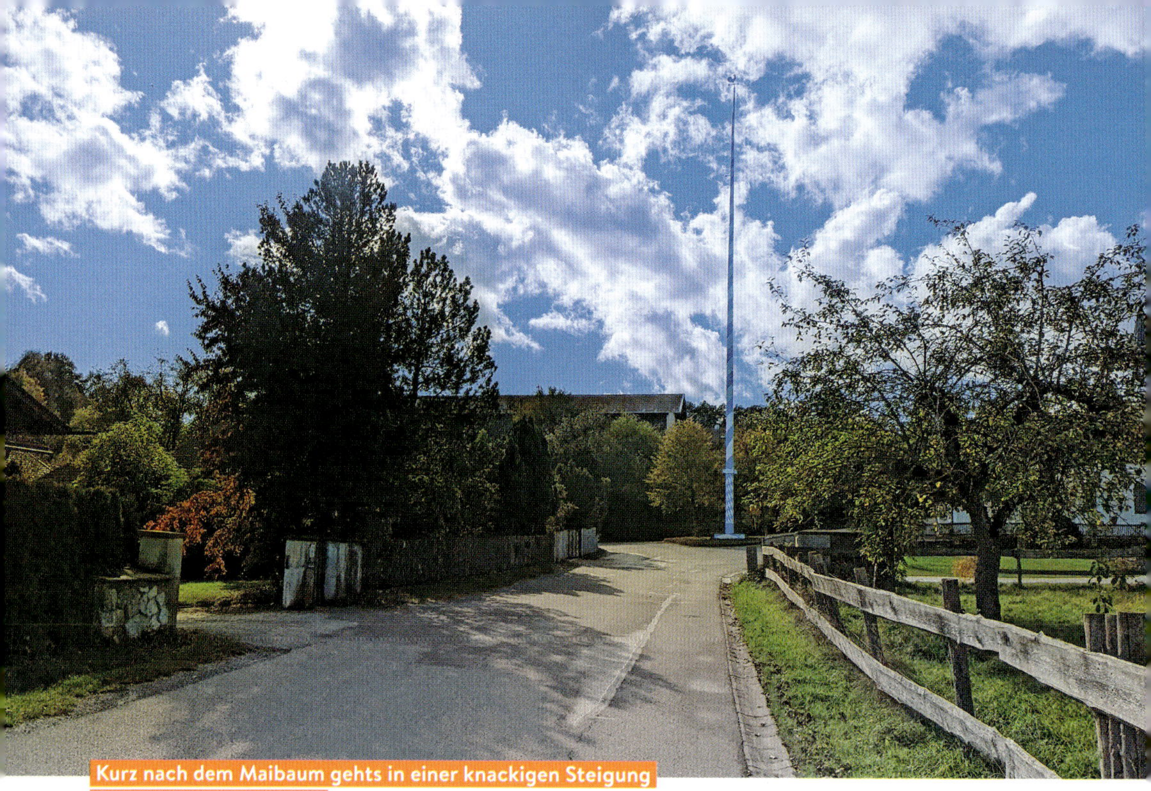

Kurz nach dem Maibaum gehts in einer knackigen Steigung hinauf zur Ludwigshöhe.

**SAUVIEL SPASS IM WALD** Die Sauschütt Grünwald ist ein Walderlebniszentrum und beherbergt zahlreiche vierbeinige Bewohner. Wer mehr über den Forst und die Wildschweine lernen möchte, sollte der Sauschütt unbedingt einen Besuch abstatten und eine der köstlichen Waffeln am Kiosk genießen.

Tipp

**GRUPPENAUSFAHRTEN**

Auf dieser Strecke werden dir wahrscheinlich Gruppenausfahrten begegnen. Sie sind eine gute Gelegenheit, um andere Gravelbiker kennenzulernen. Wenn du nicht allein fahren möchtest, haben wir ein paar gute Adressen für dich: Das 3Mills im Dreimühlenviertel organisiert regelmäßig Ausfahrten und auch Guten Biken hat eine tolle Community.

Mehr Informationen zum Walderlebniszentrum Grünwald Sauschütt sind in der Tour 9 zu finden.

**LUDWIGSHÖHE – PILGERSTÄTTE DER RADFAHRERSZENE** Wir folgen der Route und fahren auf dem Mühlweg in einem Bogen um Straßlach herum. Nachdem wir die Hauptstraße überquert haben, führt uns der Track durch Hailafing nach Großdingharting.
Hier können wir uns für die letzten zwei Kilometer bis nach Kleindingharting in das Pulk von Rennradfahrern einreihen. In der Mitte des Örtchens steht ein markanter Maibaum und ab da heißt es, einen kleinen Gang zu wählen und fest in die Pedale zu treten, um den kurzen knackigen Anstieg zur Ludwigshöhe zu meistern. Oben angekommen, wird man bei gutem Wetter mit einem großartigen Ausblick auf die Berge belohnt.

**RÜCKWEG ÜBER LAUSCHIGE WALDWEGE** Für die zweite Hälfte der Tour fahren wir zunächst die zwei Kilometer nach Großdingharting zurück und biegen im Ort nach rechts ab. Nach ca. 400 Metern biegen wir nach dem Kreisverkehr links in einen Wirtschaftsweg ein und fahren auf ein Waldstück zu.

Der Track führt uns durch das Waldstück. Hier ist zu beachten, dass der Track einmal scharf nach rechts abbiegt. Zum Schluss können wir eine schnelle Abfahrt auf angenehmem Schotter genießen. Sollte es in den Tagen vor der Tour geregnet haben, kann der Waldboden vereinzelt auch etwas schlammig sein.

**BIERGARTEN-STOPP UND PERLACHER FORST** Wir verlassen den Wald und überqueren die Römerstraße. Nach rechts führt ein Schotterweg entlang der Felder. Diesem folgen wir, bis wir uns nach links auf der Ödenpullacher Straße zurück auf den Weg zum Perlacher Forst machen.

Wir gelangen in einer Rechtskurve zurück auf einen Radweg, der am Biergarten Kugler Alm endet. Hier ist ein geeigneter Ort und Zeitpunkt, um die Tour ausklingen zu lassen. Der Biergarten ist sehr groß, sodass man immer einen Platz bekommt. Er besticht durch eine große Auswahl und modernes Ambiente.

Von hier ist es nicht mehr weit zurück nach München. Auf der asphaltierten Straße gelangt man mit leichtem Gefälle in etwa 20 Minuten zurück zum Eingang des Perlacher Forsts. Wer den Rückweg mit mehr Gravel spicken möchte, kann den Trail entlang der Gleise wählen, den wir in der Tour 11 beschrieben haben.

Der asphaltierte Weg führt nach der Unterführung zurück nach München.

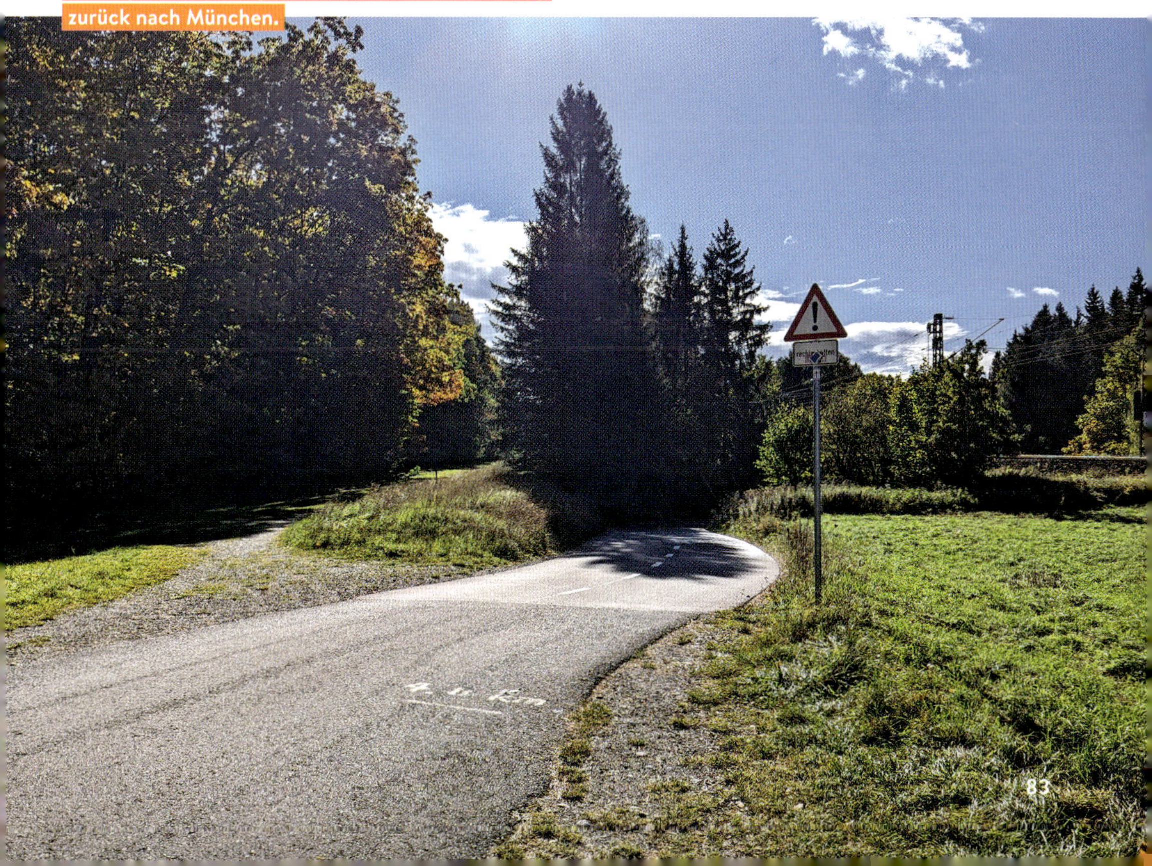

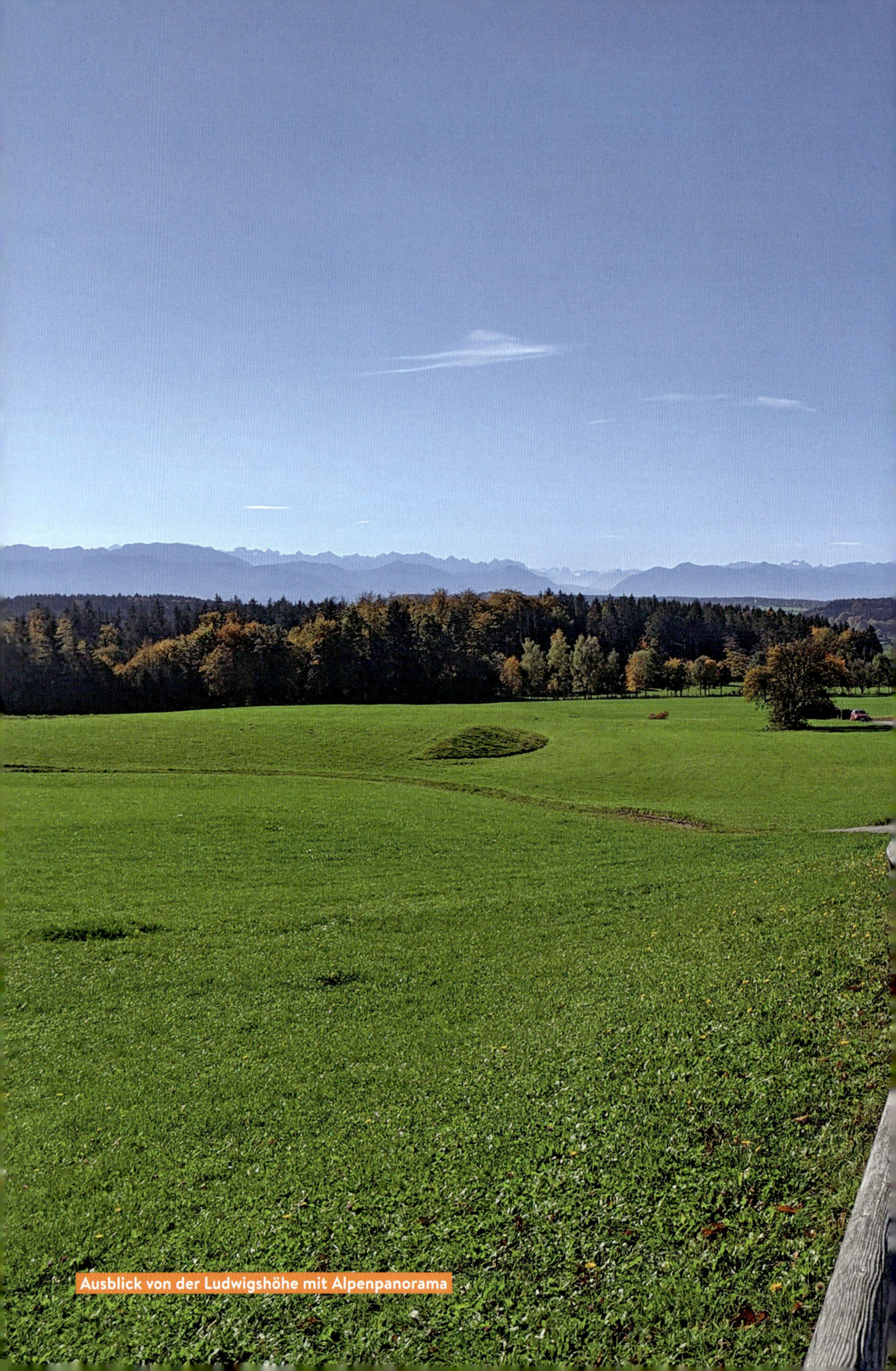

Ausblick von der Ludwigshöhe mit Alpenpanorama

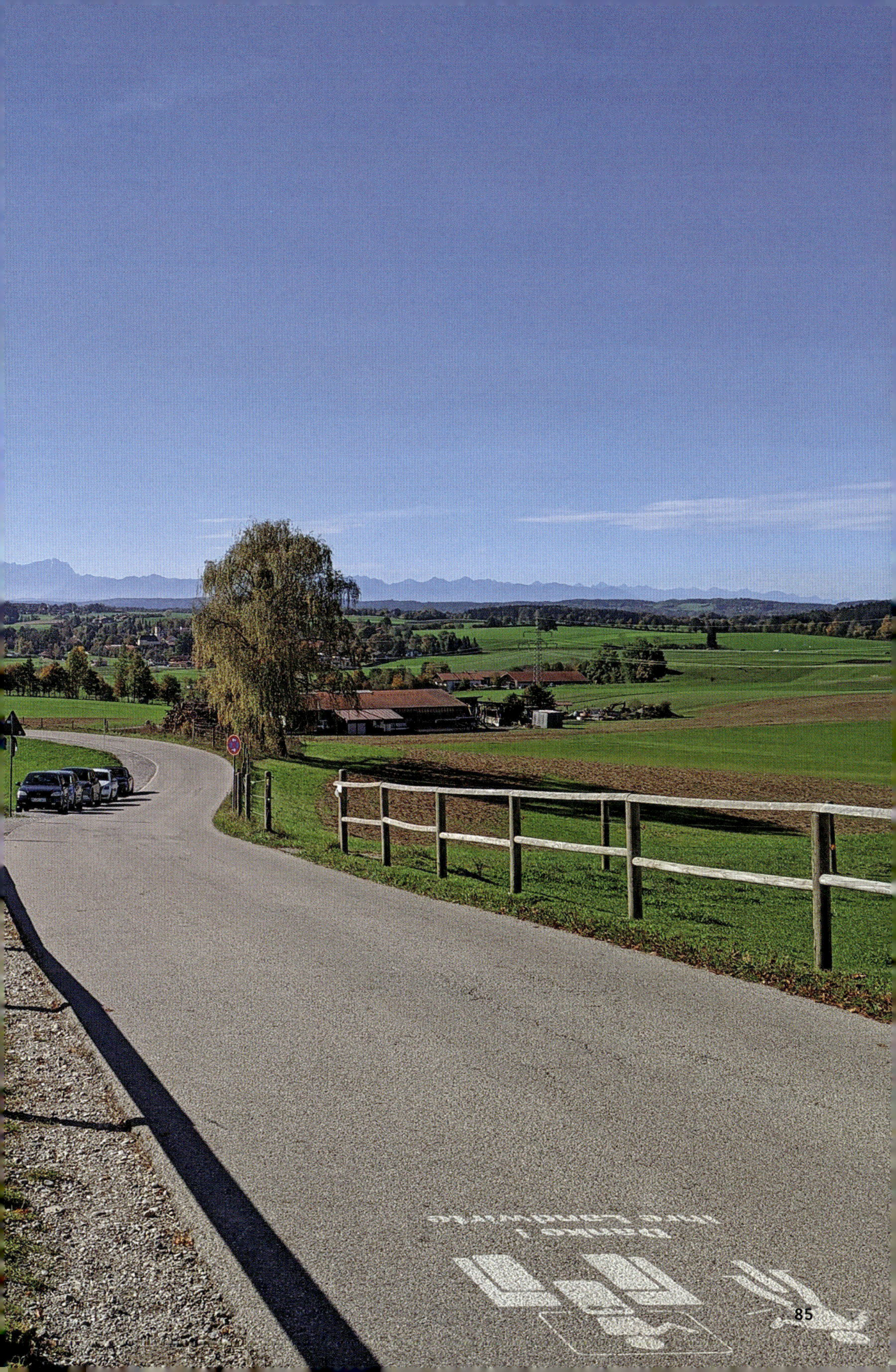

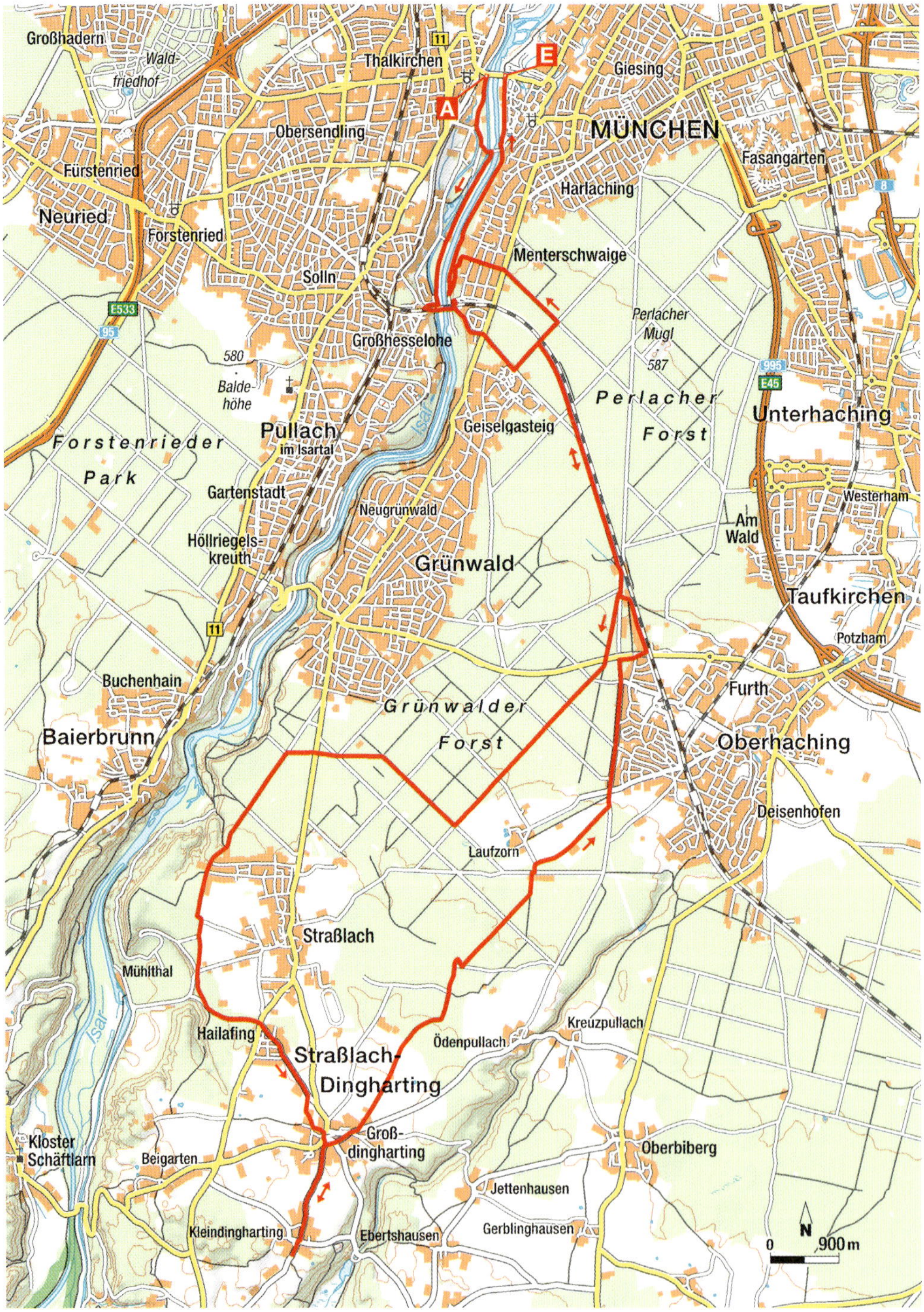

Großhadern
Wald-
friedhof
Thalkirchen
Giesing
MÜNCHEN
Obersendling
Fasangarten
Fürstenried
Harlaching
Neuried
Forstenried
Menterschwaige
Solln
Großhesselohe
Perlacher
Mugl
587
580
Balde-
höhe
Perlacher
Forst
Unterhaching
Pullach
im Isartal
Geiselgasteig
Forstenrieder
Park
Gartenstadt
Neugrünwald
Westerham
Am
Wald
Höllriegels-
kreuth
Grünwald
Taufkirchen
Potzham
Buchenhain
Furth
Grünwalder
Forst
Baierbrunn
Oberhaching
Deisenhofen
Laufzorn
Straßlach
Mühlthal
Isar
Kreuzpullach
Hailafing
Ödenpullach
Straßlach-
Dingharting
Kloster
Schäftlarn
Beigarten
Groß-
dingharting
Oberbiberg
Jettenhausen
Kleindingharting
Ebertshausen
Gerblinghausen
N
0
900 m

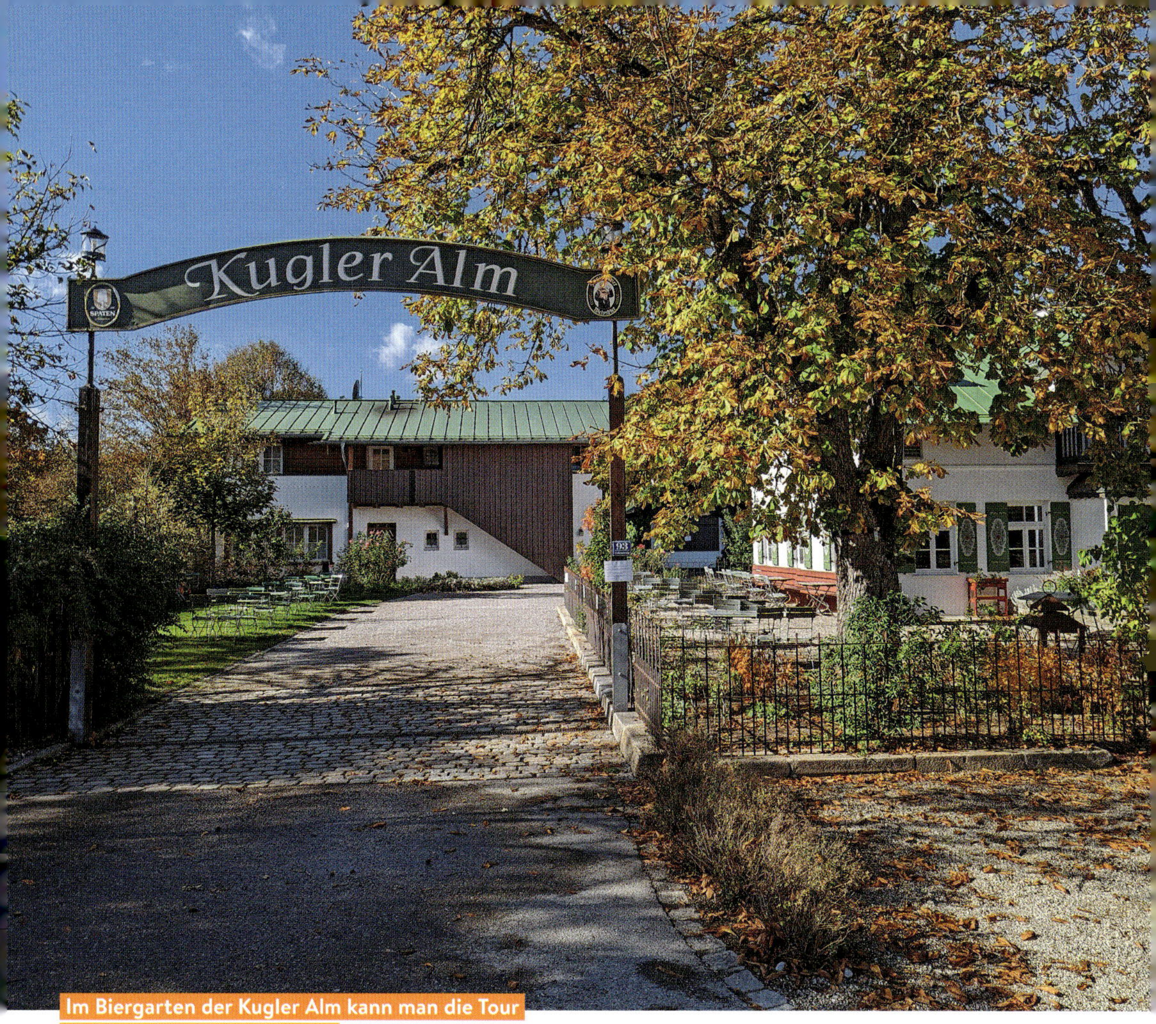


Im Biergarten der Kugler Alm kann man die Tour gemütlich ausklingen lassen.

## INFO

| Leicht | 43 km | 250 Hm | 3.15 Std. |
|---|---|---|---|

### HIGHLIGHT

Naturerlebnis

### TOURENCHARAKTER

Ein leichter Feierabend-Klassiker auf beliebten Gravelwegen vor den Toren der Stadt München mit herrlichem Bergpanorama von der Ludwigshöhe

### AUSGANGS-/ENDPUNKT

Thalkirchner Brücke

### GPS-DATEN

48.101103, 11.547624

### ANFAHRT

Auto: Auf der Tierparkstraße oder der Thalkirchner Straße bis zur Thalkirchner Brücke
ÖPNV: Mit der U-Bahn-Linie U3 oder dem Bus 135

### INFORMATION

www.strasslach-dingharting.de

# KLOSTER SCHÄFTLARN UND GRÜNWALDER FORST

## Grünwald – Schäftlarn – Sauschütt – Damwildgehege

Die Erhebung beim Kloster Schäftlarn zählt zu den Radfahrhotspots im Münchner Umland. Die vorgestellte Tour verläuft überwiegend auf Wald- und Radwegen und ist ein beliebtes Ziel für Feierabendtouren im Sommer. Die Tour kann grundsätzlich in beide Richtungen gefahren werden – aufgrund der Wegbeschaffenheit und Steigungen stellt unsere Variante jedoch die einfachere dar.

9

Am Kloster Schäftlarn kann man durch den Heilpflanzengarten spazieren.

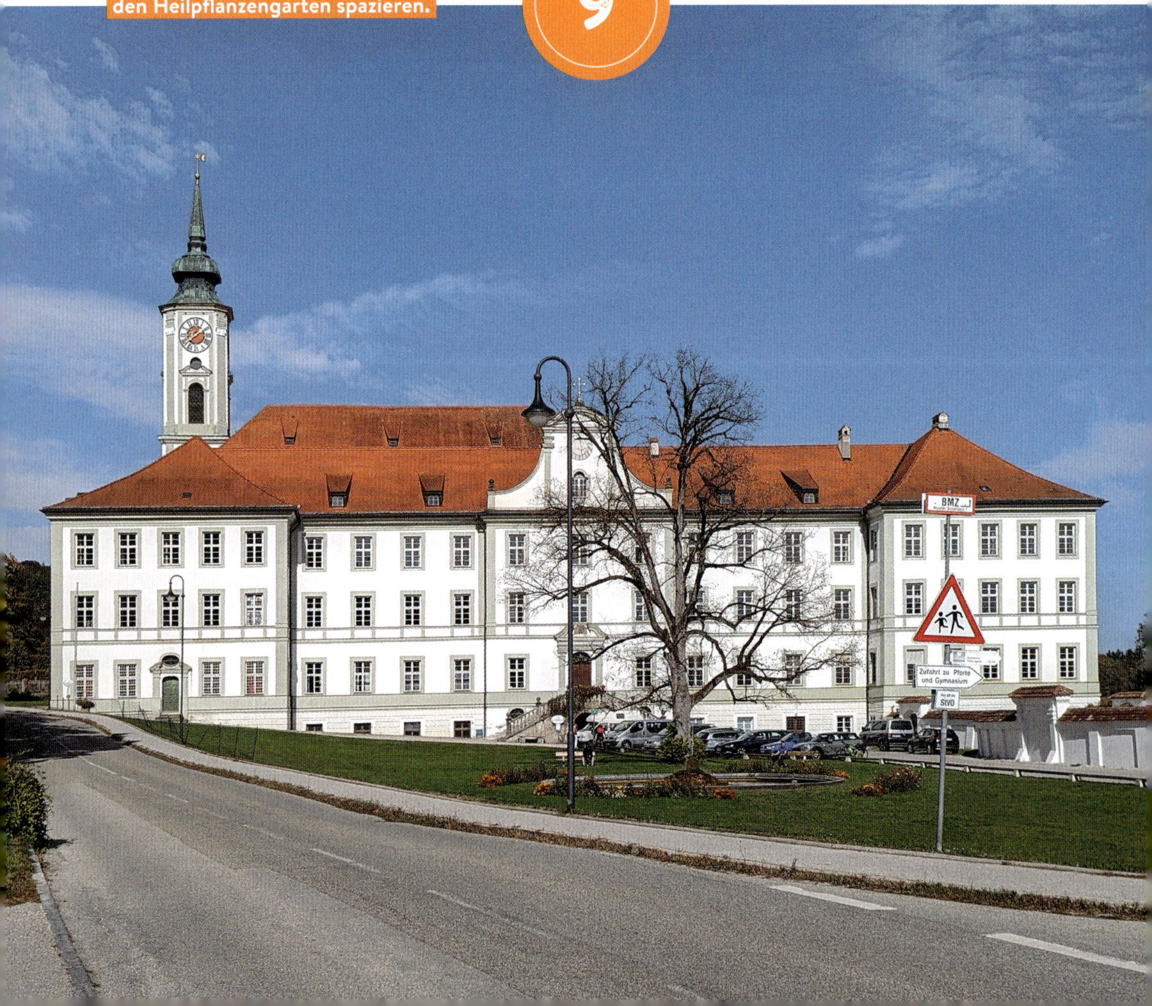

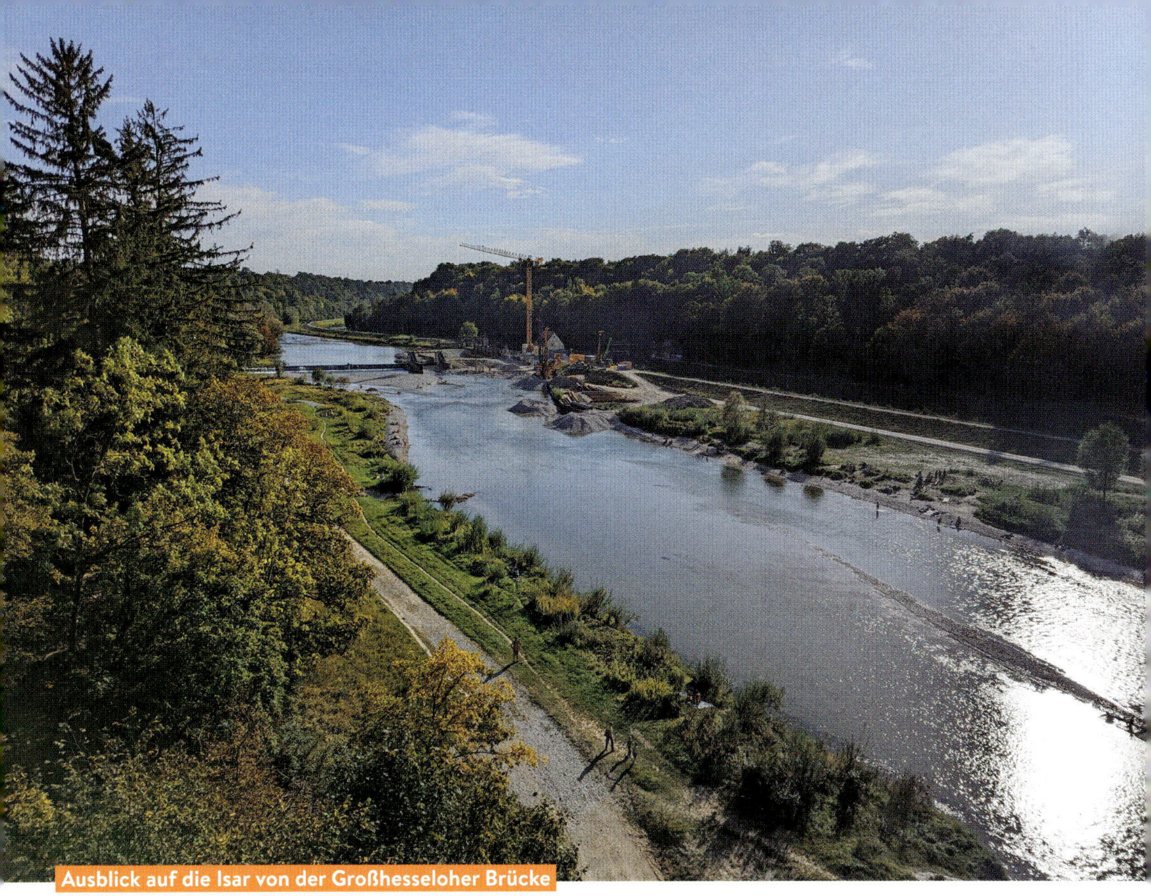

Ausblick auf die Isar von der Großhesseloher Brücke

## ENTLANG DER ISAR NACH GRÜNWALD

Die Tour startet kurz hinter der Thalkirchner Brücke vor dem Haupteingang des Tierparks Hellabrunn und folgt zunächst dem Radweg entlang der Isar stadtauswärts.
Der Radweg ist auf den ersten drei Kilometern bis ungefähr zur Großhesseloher Brücke sehr beliebt und entsprechend stark befahren.
Danach ist der Radweg jedoch weniger belebt und der Weg wird zunehmend natürlicher. Wir folgen dem breiten Hauptweg, von dem wir rechts immer mal wieder den Blick aufs Isarufer erhaschen können. Nach kurzer Zeit wechselt der Untergrund zu Schotter und der Weg verläuft über leichte Wellen bis nach Grünwald. Auf diesem Streckenabschnitt kann man sich kaum verfahren. Es gibt eine Weggabelung, an der wir uns weiterhin rechts halten. Eine entsprechende Wegbeschilderung weist uns den Weg nach Grünwald. Der Weg endet an einem Parkplatz mit einem Kiosk kurz unterhalb der Burg Grünwald.
An dieser Stelle müssen wir nach rechts kurz die Hauptstraße über die Grünwalder Brücke befahren. Hierbei ist Vorsicht geboten, da die Autos teilweise recht schnell den Berg hinabfahren. Wer sich unsicher fühlt, kann aber das Rad auch auf dem Gehweg über die Grünwalder Brücke schieben und dabei den Ausblick über die Isar genießen.
Kurz hinter der Brücke folgen wir dem asphaltierten Weg, der nach links hinunter zur Isar führt. Diese Abfahrt sollte nicht zu schnell genommen werden, da die Straße mit teils tiefen Schlaglöchern versetzt ist, die man erst spät erkennt.
Wir fahren geradeaus auf das alte Wasserkraftwerk Höllriegelskreuth zu und folgen

Tipp

**KLOSTER SCHÄFTLARN**

Das Kloster Schäftlarn wurde 762 n. Chr. gegründet und wird auch heute noch von Mönchen des Benediktinerordens bewirtschaftet. Neben Mönchen beherbergt das Kloster ein Privatgymnasium mit Tagesheim. Die Mönche betreiben u. a. Fortwirtschaft, eine Brennerei und eine Imkerei. Die Erzeugnisse verkaufen sie im Klosterladen. Das Kloster Schäftlarn mit der beeindruckenden Klosterkirche ist auf jeden Fall einen Zwischenstopp wert.

dem Weg nach rechts in einer Kurve bergauf. Danach folgen wir dem Schotterweg, der nach links steil bergauf abbiegt. Es empfiehlt sich, auf dem kurzen Plateau vor der Steigung schon auf einen sehr niedrigen Gang zu schalten, da sich die Steigung auf diesem Stück etwas zieht.

**IN STETIGEN WELLEN BERGAUF NACH SCHÄFTLARN** Nun folgen wir dem malerischen Waldweg, der uns schon nach einem Kilometer wieder hinab zur Isar bringt. Hier finden wir direkt am Wasser schöne Plätze, die zum Verweilen einladen. Besonders die kleinen Bänke an einer Holzbrücke und der Kiesstrand haben es uns angetan. Hier können wir noch etwas Kraft sammeln, bevor uns der Weg über sieben Kilometer in welligen Passagen stetig bergauf zum Kloster Schäftlarn führt.

Wir folgen nun weiter dem Hauptweg. An den wenigen Gabelungen auf dieser Strecke folgen wir der Radwegbeschilderung Richtung Kloster Schäftlarn. Bei Kilometer 15 teilt sich der Hauptweg in zwei Abzweigungen auf. Hier halten wir uns links und folgen dem Weg in Richtung Kloster Schäftlarn.

**RASANTE ABFAHRT ZUM KLOSTER UND ZUR EINKEHR** Am Ende des Waldwegs gelangen wir an eine Hauptstraße, auf der unsere Abfahrt zum Kloster beginnt. Schäftlarn ist ein äußerst beliebtes Ausflugsziel bei Radfahrern in der Region. Dementsprechend sind die Autofahrer daran gewöhnt, dass sich zahlreiche Radfahrer auf der Straße befinden, und halten sich meist auch an das Überholverbot. Nach der ersten Kurve erblicken wir schon das Kloster. Direkt gegenüber des Klosters befindet sich das Klosterbräustüberl. Hier gibt es die klassischen bayerischen Schmankerl.

Da das Kloster ein beliebtes Ausflugsziel ist, ist der Biergarten oft gut besucht. Wer hier keinen Platz mehr bekommt, fährt einfach einen Kilometer weiter zum Gasthaus zum Bruckenfischer. Beide Biergärten sind gleichermaßen empfehlenswert. Der Bruckenfischer besticht durch eine breitere Auswahl an Speisen, insbesondere Fischgerichte.

**ZUR HOLZBRÜCKE BEI AUMÜHLE** An dieser Stelle lässt sich die Tour variabel um 4,5 Kilometer verkürzen, indem man der Straße über den Isarkanal folgt.

Wir haben uns bei der Tourenplanung jedoch dazu entschieden, dem Kiesweg durch den Biergarten entlang am Isardeich noch ein Stück weit bis zur nächsten Brücke zu folgen. Die schöne Brücke erreicht man nach zwei Kilometern. Der idyllische Platz ist bei Spaziergängern bei gutem Wetter sehr beliebt. Hier kann die Isar bei Aumühle überquert werden. Ein asphaltierter Weg führt geradeaus auf der anderen Isarseite wieder flussabwärts.

Am Ende der Straße gelangen wir zur Gabelung mit einem großen gelben Turm. Hier halten wir uns rechts und folgen der Kanalstraße für etwa drei Kilometer, bis wir zu einer weiteren Gabelung auf Höhe des Wasserkraftwerks gelangen.

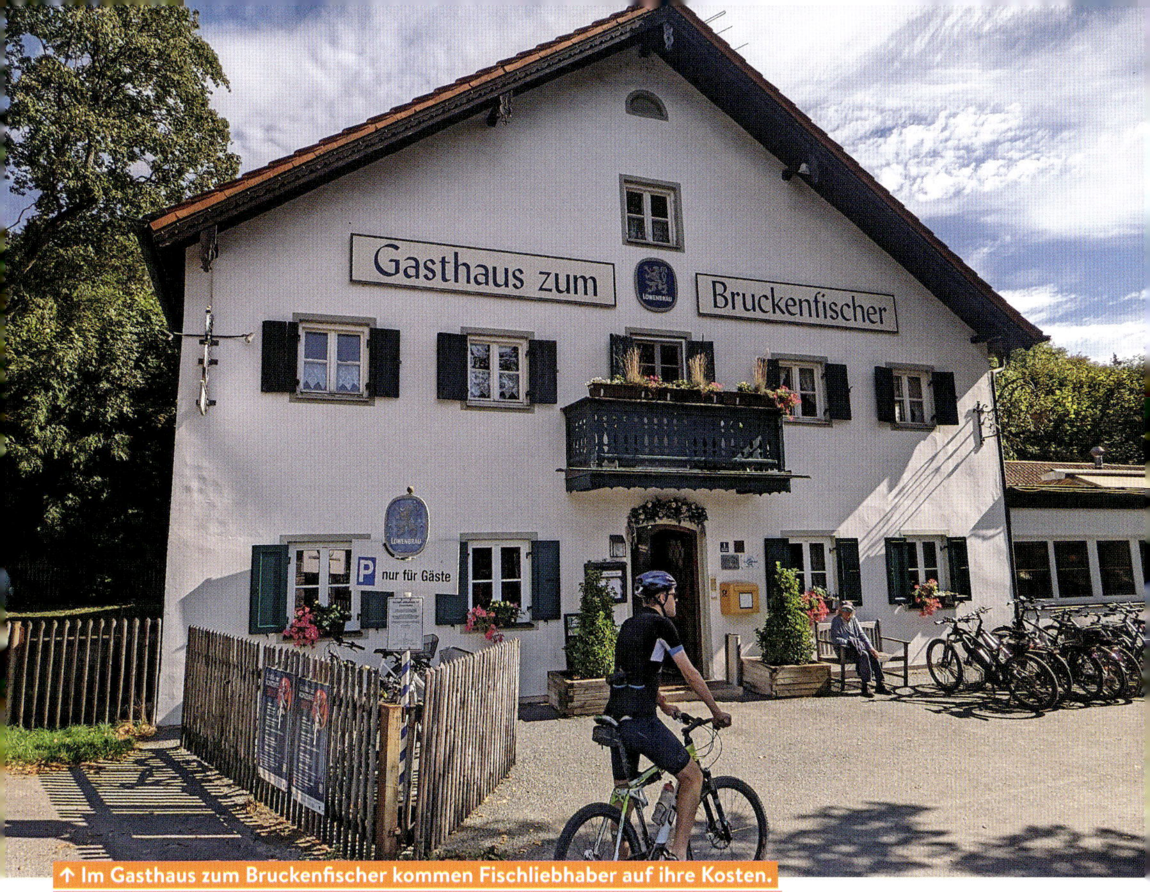


↑ Im Gasthaus zum Bruckenfischer kommen Fischliebhaber auf ihre Kosten.
↓ Die Holzbrücke bei Aumühle erweitert unsere Tour um ein paar Kilometer.

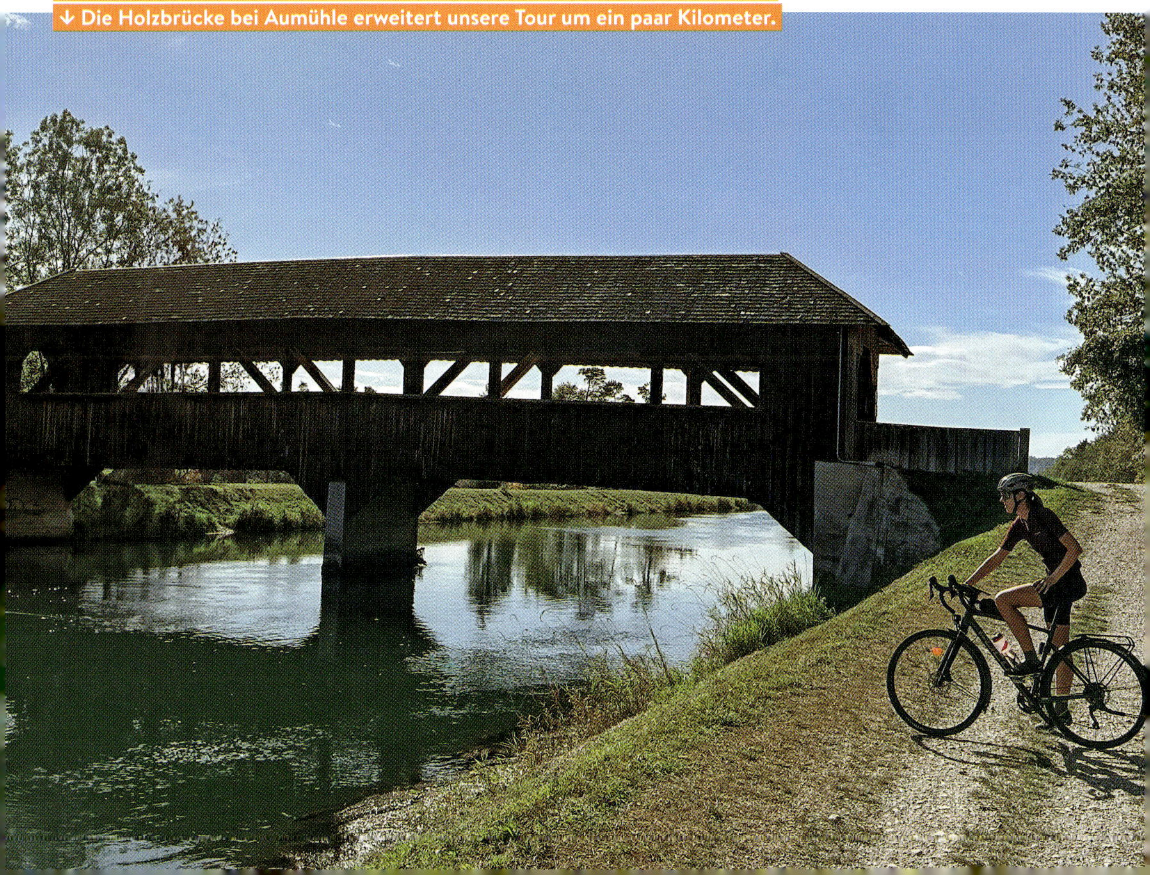

Hier bietet das Gasthaus zur Mühle eine weitere Möglichkeit zur Einkehr mit schönem Blick auf die Isar.

**STEIL BERGAUF NACH STRASSLACH** Wir halten uns rechts und folgen der Straße vorbei an einer kleinen Kapelle. Der Weg führt hinauf nach Straßlach und ist einer der bekanntesten und steilsten Anstiege in direkter Nähe zu München. Vor allem bei Rennradfahrern ist diese Stelle zum Training besonders beliebt. Wir biegen jedoch schon nach knapp 400 Metern auf einen Waldweg ab. Zwar kann man auch weiter der Mühlstraße nach oben folgen und dann kurz vorm Parkplatz nach links abbiegen, die asphaltierte Straße ist jedoch extrem steil, weshalb wir mit dem Gravelbike lieber den Waldweg nutzen, der sich in einer moderaten Steigung langsam nach oben schlängelt.

**TIERISCHES VERGNÜGEN AN DER SAUSCHÜTT** Wir folgen dem Waldweg bis zu einer Gabelung mit vier Abzweigungen. Hier entscheiden wir uns für die Abzweigung schräg rechts und überqueren kurz darauf eine Hauptstraße. Der Weg führt uns nun auf direkter Linie zum Wildschweingehege des Walderlebniszentrums Grünwald Sauschütt.

An der nächsten Gabelung schräg links gelangt man zum Hauptgebäude. Hier gibt es besonders für Kinder sehr viel zu entdecken, aber auch Erwachsene können noch etwas über die heimischen Wälder lernen. Am Hauptgebäude gibt es einen Kiosk, an

↓ Nach der Kapelle St. Ulrich geht es steil bergauf.

↘ Das Damwildgehege am Forsthaus Wörnbrunn ist ein Highlight für Groß und Klein.

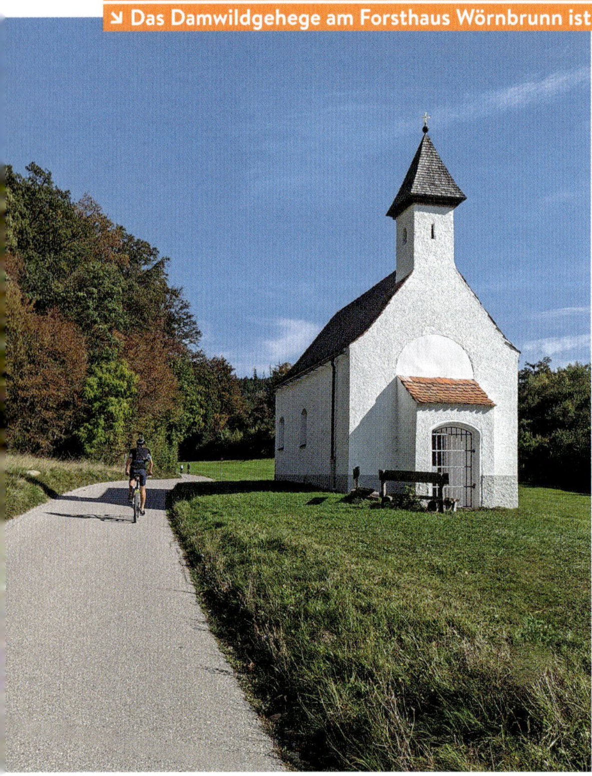

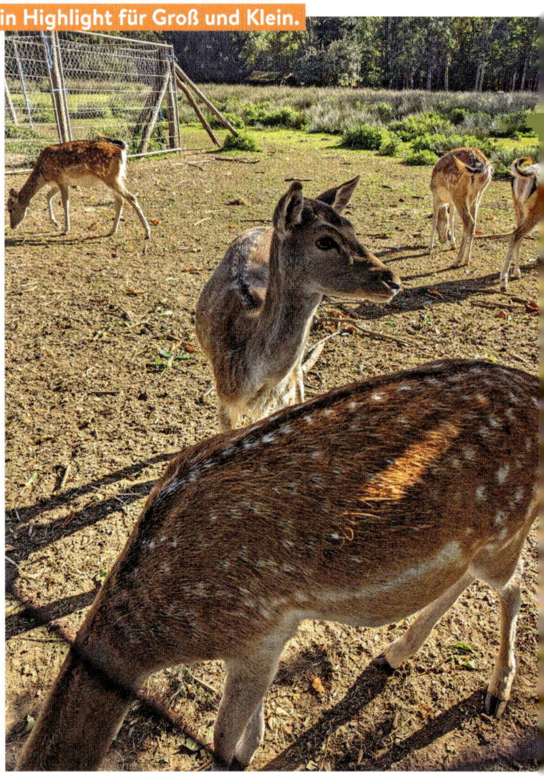

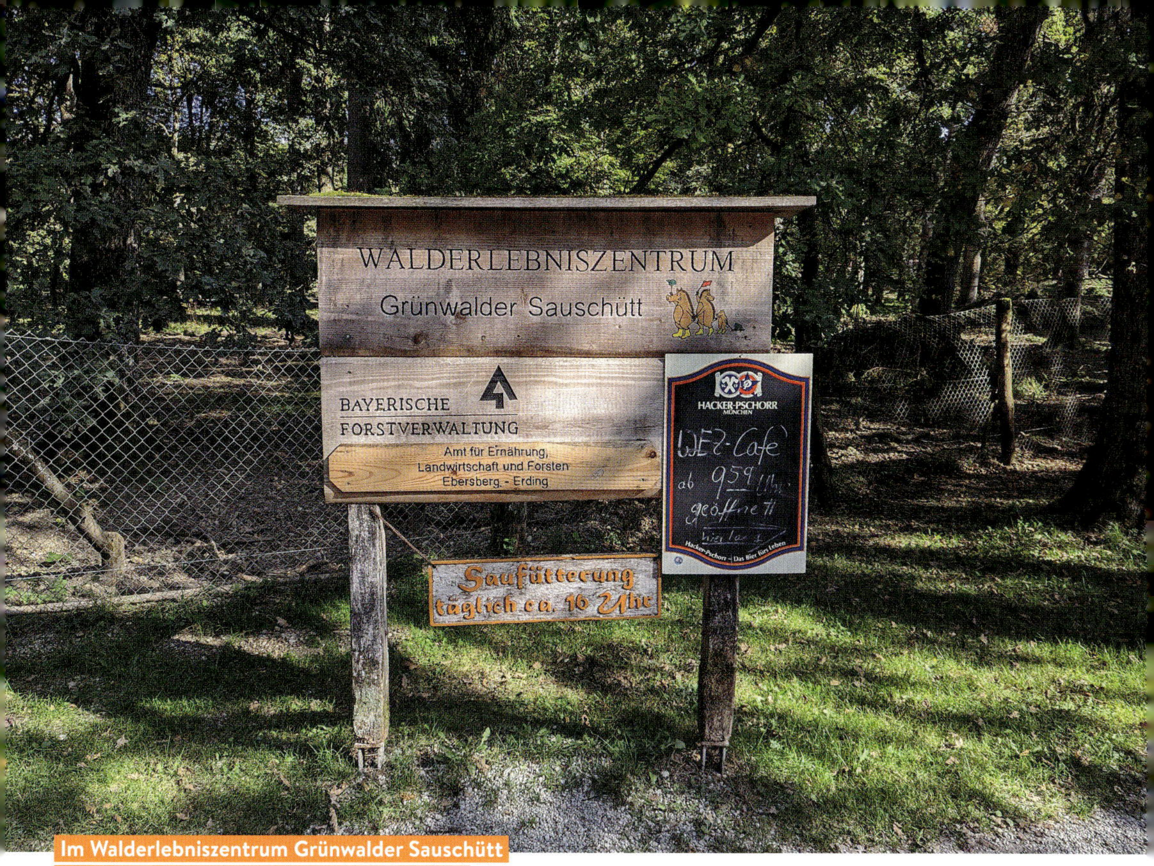


**Im Walderlebniszentrum Grünwalder Sauschütt halten wir für frisch gebackene Waffeln an.**

dem das Forstpersonal oft frische Waffeln zubereitet und Getränke verkauft. Der Waffelstopp bildet für uns jedes Mal das Highlight dieser Tour. Anzumerken sind die äußerst fairen Preise am Kiosk und dass mit den Erlösen ein großartiges Projekt unterstützt wird. Im Hauptgebäude befinden sich auch Toiletten und ein Trinkwasserbrunnen, an dem man kostenlos die Trinkflaschen füllen kann.
Mit etwas Glück kann man natürlich auch die Wildschweine in dem Gehege entdecken, ganz sicher sieht man sie aber bei der Fütterung.

**WILDES HIGHLIGHT – DAS DAMWILDGEHEGE** Wieder zurück auf dem Track folgen wir dem Weg vorbei am Kletterwald geradeaus. Wir müssen noch einmal eine Hauptstraße überqueren und gelangen so zu einem weiteren tierischen Highlight: dem Damwildgehege am Forsthaus Wörnbrunn. Die Tiere sind sehr zutraulich und lassen sich gern mit Grasbüscheln füttern. Auf die Fütterung mit mitgebrachten Broten sowie Obst und Gemüse sollte verzichtet werden.

**RÜCKWEG AN DER BAVARIA FILMSTADT ENTLANG** Hinter dem Forsthaus folgen wir der Forsthausstraße Richtung Grünwald. Nach der Ortseinfahrt biegen wir die erste Straße rechts ab und fahren durch ein Wohngebiet.
Kurz vor dem Ortsausgang befindet sich die Bavaria Filmstadt auf der rechten Seite. An der nächsten Kreuzung biegen wir nach links ab. Dieser Straße folgen wir bis an die Hauptstraße. Hier gibt es etwas weiter links einen Fußgängerüberweg.

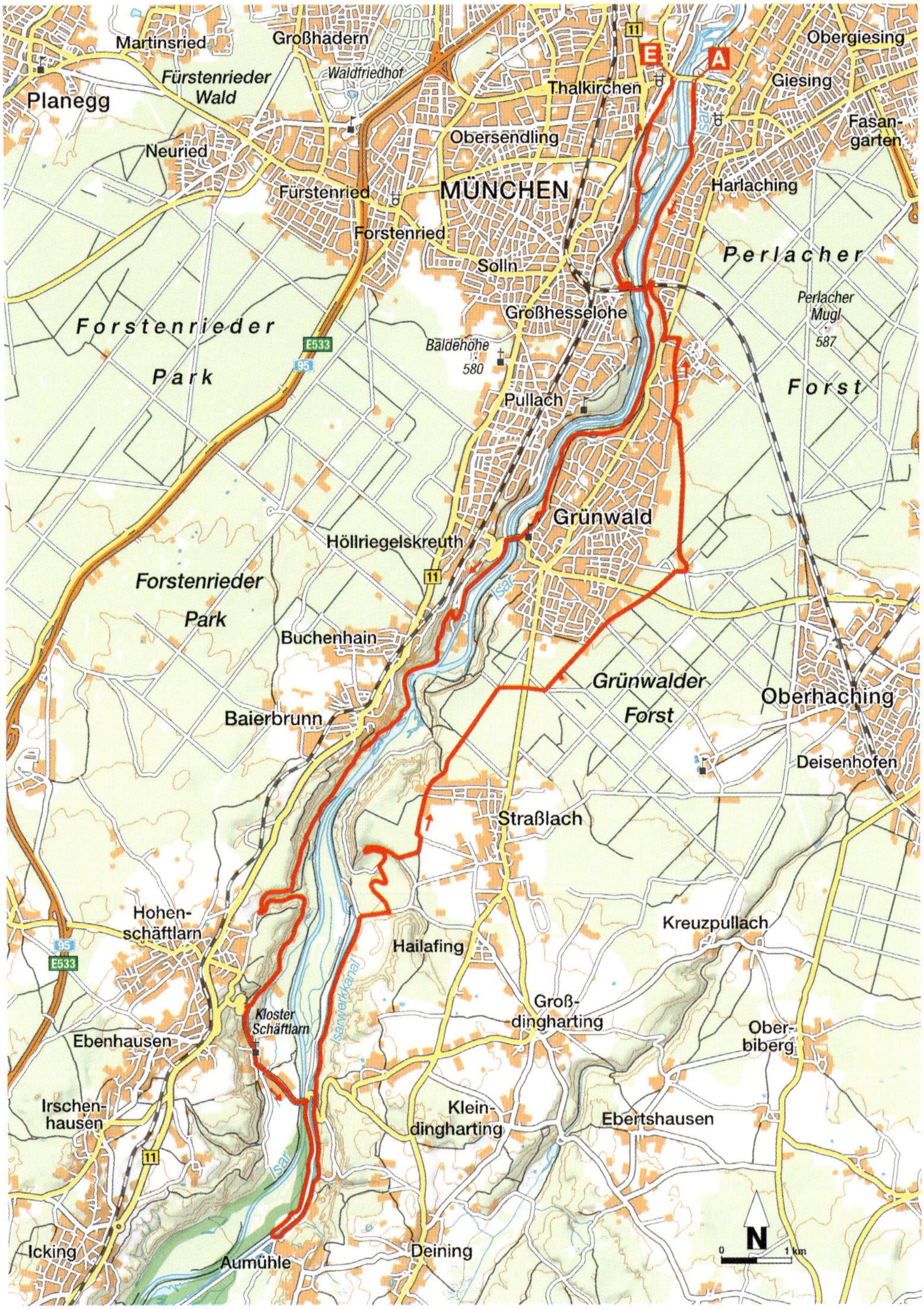
Martinsried
Großhadern
Fürstenrieder Wald
Waldfriedhof
Planegg
Thalkirchen
Obergiesing
Giesing
Fasan-garten
Obersendling
Neuried
Fürstenried
MÜNCHEN
Harlaching
Forstenried
Solln
Perlacher
Perlacher Mugl
587
Großhesselohe
Forstenrieder Park
Baldehöhe
580
Pullach
Forst
Grünwald
Höllriegelskreuth
Isar
Forstenrieder Park
Buchenhain
Grünwalder Forst
Oberhaching
Baierbrunn
Deisenhofen
Straßlach
Hohen-schäftlarn
Kreuzpullach
Hailafing
Kloster Schäftlarn
Isarwerkkanal
Groß-dingharting
Ober-biberg
Ebenhausen
Irschen-hausen
Klein-dingharting
Ebertshausen
Icking
Aumühle
Deining
N
0
1 km

Wir folgen dem Radweg auf der gegenüberliegenden Seite stadteinwärts, bis wir zur Großhesseloher Brücke gelangen. Nachdem wir die Großhesseloher Brücke überquert haben, folgen wir dem Weg, bis wir nach einer Rechtskurve bergab hinunter zur Isar gelangen.

**AUSKLANG AM KIOSK 1917** Nun kann man die kleine Brücke überqueren und entlang der Isar zurück zur Tierparkbrücke fahren oder kurz vor der Brücke scharf nach links oben abbiegen und einen wenig befahrenen Weg zurück in die Stadt wählen. Der Weg entlang der Isar ist zwar sehr schön, jedoch an Wochenenden, Feiertagen oder sonnigen Abenden stark frequentiert. Für diese Tour haben wir uns für den weniger frequentierten Weg entschieden. Wir folgen einem der beiden Wege immer geradeaus, bis wir am Kiosk 1917 ankommen. Der Kiosk ist ein beliebter Treffpunkt in der Münchner Radszene, um eine erfolgreiche Tour mit einem Getränk ausklingen zu lassen.

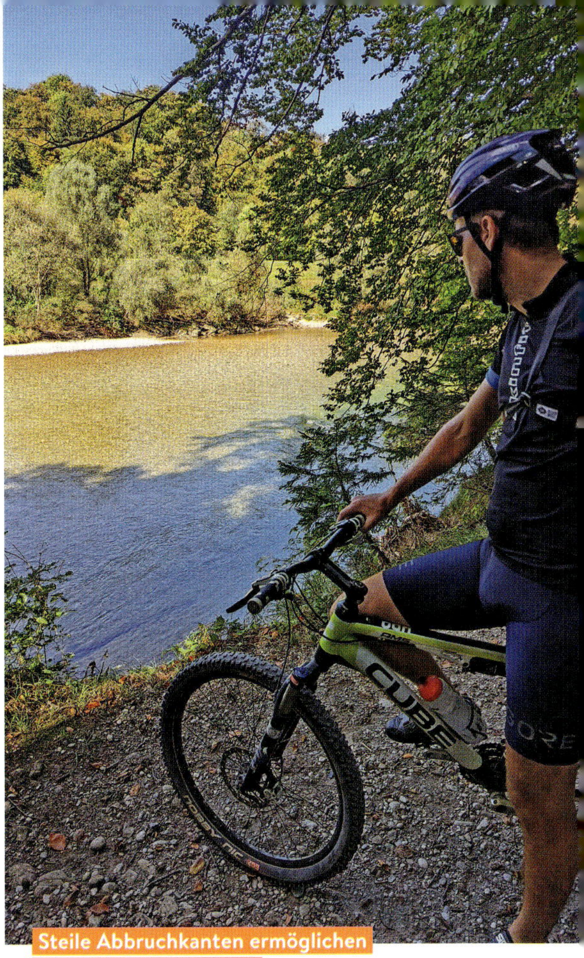

Steile Abbruchkanten ermöglichen einen Blick auf die Isar.

## INFO

| Leicht | 45 km | 410 Hm | 4.00 Std. |
|---|---|---|---|

**HIGHLIGHT**
Sehenswürdigkeiten

**TOURENCHARAKTER**
Sobald man die Stadt verlassen hat, verläuft die Tour überwiegend auf Schotter- und Waldwegen. Die Höhenmeter erscheinen zunächst wenig, die Tour beinhaltet aber knackige Anstiege. Grundsätzlich kann die Tour auch im Frühling und Herbst gefahren werden. Nach stärkeren Regenfällen können die Waldböden aber zum Teil stark verschlammt sein, es ist auch schon vorgekommen, dass die Isar über die Ufer getreten ist.

**AUSGANGS-/ENDPUNKT**
Thalkirchner Brücke, Haupteingang Tierpark Hellabrunn

**GPS-DATEN**
48.100605, 11.551470

**ANFAHRT**
Auto: Auf der Tierparkstraße oder der Thalkirchner Straße bis zur Thalkirchner Brücke
ÖPNV: Mit der U-Bahn-Linie U3 oder dem Bus 135

**INFORMATION**
www.sauschuett.de; www.abtei-schaeftlarn.de

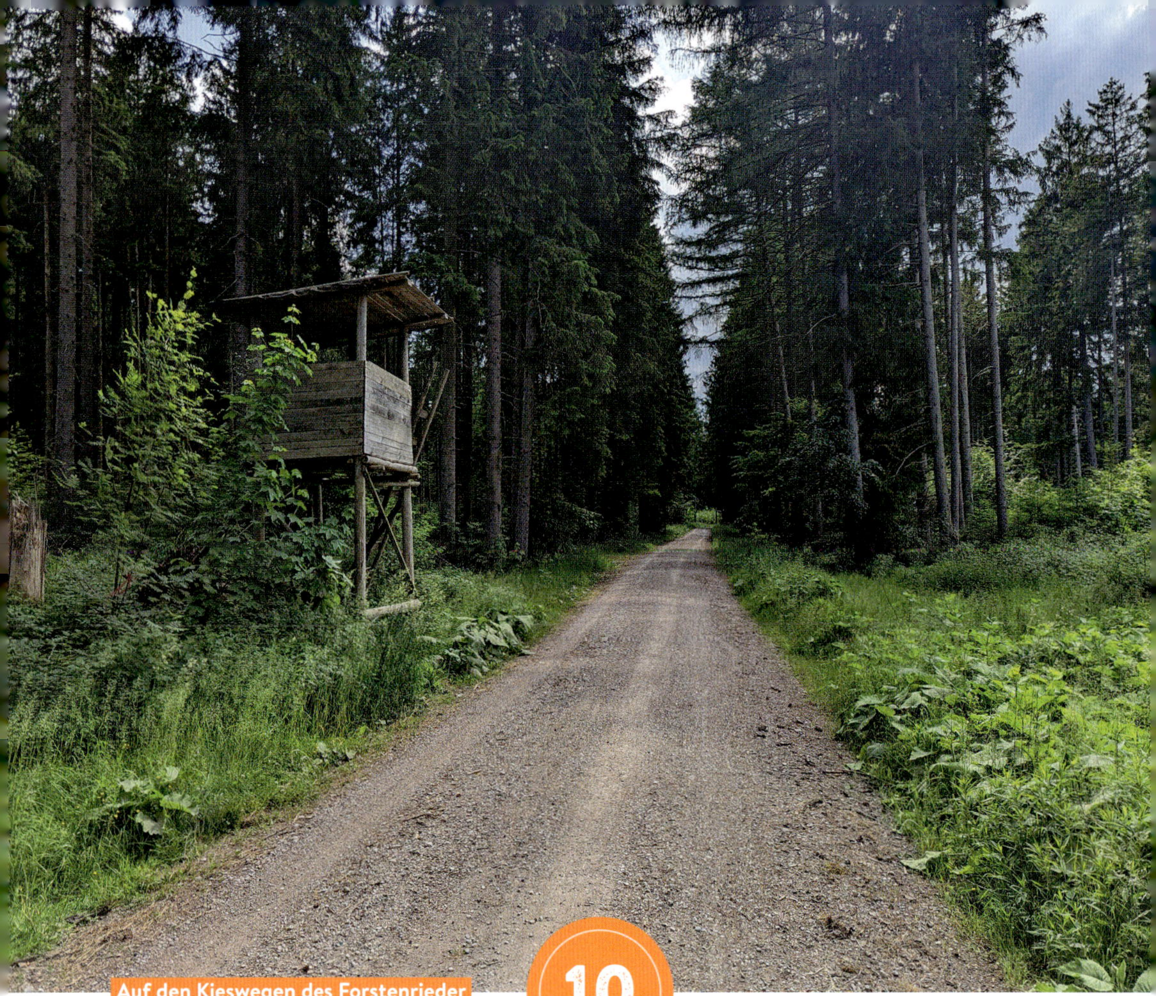

Auf den Kieswegen des Forstenrieder Parks kann man dem Trubel der Stadt schnell entfliehen.

10

# DURCH DAS LEUTSTETTENER MOOS

## Forstenrieder Park – Villa Rustica – Starnberger See

Das Leutstettener Moos mit der Villa Rustica, einem kulturell interessanten Stopp auf dem Weg zum Starnberger See, die Fahrt über die malerischen Stege und das Wäldchen mit seinem herrlichen Farbenschauspiel machen die Runde zu einem Juwel. Da die Tour keine hohen technischen Anforderungen stellt, können so auch Gravelneulinge die schönsten Orte in direkter Nähe zu München erkunden.

**AUF ZUM FORSTENRIEDER PARK** Vom Harras aus startet unsere Tour erst mal stadtauswärts: Wir überqueren eine große Kreuzung am Luise-Kiesselbach-Platz und fahren bis zum Waldfriedhof.
Dort biegen wir nach links ab und folgen der Strecke entlang der Friedhofsmauer. Nun befinden wir uns auf dem Weg zur Hausstrecke der meisten Rennradfahrer. Auf diesem Teil der Strecke kommt es oft zu einem hohen Radlaufkommen, aber keine Sorge, wir verlassen diesen Abschnitt schon bald und durchqueren Fürstenried.
Am Ortsausgang folgen wir einem Schotterweg in den Forstenrieder Park.

Tipp

**VILLA RUSTICA**

Das Alpenvorland befand sich seit etwa 15 v. Chr. unter römischer Herrschaft. Hiervon zeugen noch heute die Römerstraßen und Ausgrabungsstätten. Bei der Villa Rustica handelt es sich um die Überreste eines römischen Gutshofs, der 2002 in Leutstetten entdeckt und freigelegt wurde. Der Grundriss der Villa wurde rekonstruiert, und ein besonders gut erhaltener Bereich wurde mit einem Glasbau geschützt. Im Innern sind zahlreiche Relikte mit Texttafeln ausgestellt.

**BESUCH AM HEXENHÄUSL** Hier führt der Track über verschiedene Schotterwege durch den Park. Da der Forstenrieder Park aber wie ein Raster aufgebaut ist, können und dürfen auch neue Wege entdeckt werden. Als Haupttrasse führt zudem ein durchgehend asphaltierter Weg durch den Park.

Unser Track führt am Hexenhäusl – einer etwa 100 Jahre alten ehemaligen Waldarbeiterhütte – vorbei. Der Platz bietet sich für eine Rast an.
Nachdem wir den ersten urbaneren Teil des Parks durchquert haben, verändert sich der

Wer durch den Forstenrieder Park fährt, sollte dem urigen Hexenhäusl einen Besuch abstatten.

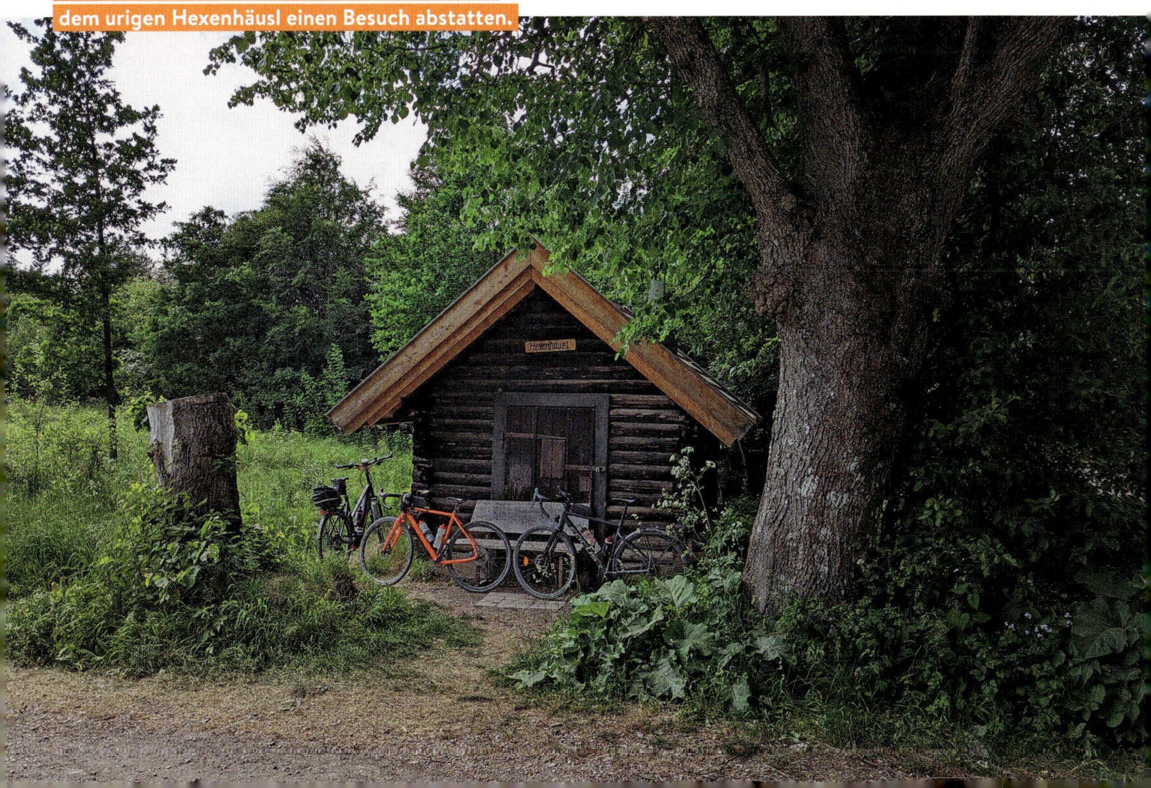

Weg. Jetzt wird der Boden eher waldiger und kann außerhalb der Sommermonate oder nach starken Regenfällen auch mal etwas matschig sein.

## AUF DEN SPUREN DER ALTEN RÖMER

Der Waldweg führt uns an die Straße nach Leutstetten. Wir biegen nach rechts ab und folgen der Straße. Mit einer kurzen Abfahrt rollen wir in den Ort ein. Kurz vor dem Biergarten biegen wir aber nach links ab. Diese Straße ist zwar asphaltiert, hat aber große Schlaglöcher, sodass Vorsicht geboten ist. Kurz nach Beginn der anschließenden Steigung biegen wir rechts ab und folgen nach ein paar Metern dem Schotterweg ins Leutstettener Moos.

Der Schotterweg führt zwischen Waldrand und Feld zur Villa Rustica, der Ausgrabungsstätte einer römischen Siedlung.

## MOORLANDSCHAFT UND BERGBLICK AM SEE

Wir verlassen die Villa Rustica nach ausgiebiger Besichtigung und folgen dem Weg über eine kleine Holzbrücke in den Wald. Wirklich herrlich ist die Fahrt durch den schattigen Wald und wird durch die Überfahrt des Moors auf kleinen Holzstegen abgerundet.

Im Bereich der nicht übermäßig breiten Stege sollte langsam gefahren werden, da jederzeit mit entgegenkommenden Fußgängern und Radfahrern zu rechnen ist. Wir verlassen das Moor und folgen dem Weg entlang einer Wohnstraße zur Hauptstraße. Auf dieser gelangen wir zu einer Unterführung, die wir durchqueren. Danach biegen wir nach rechts ab und folgen der Straße bis zum Starnberger See.

Nachdem wir am See Kraft getankt haben, setzen wir unsere Tour fort.

Nach der Villa Rustica gelangt man über eine kleine Holzbrücke in das Leutstettener Moos.

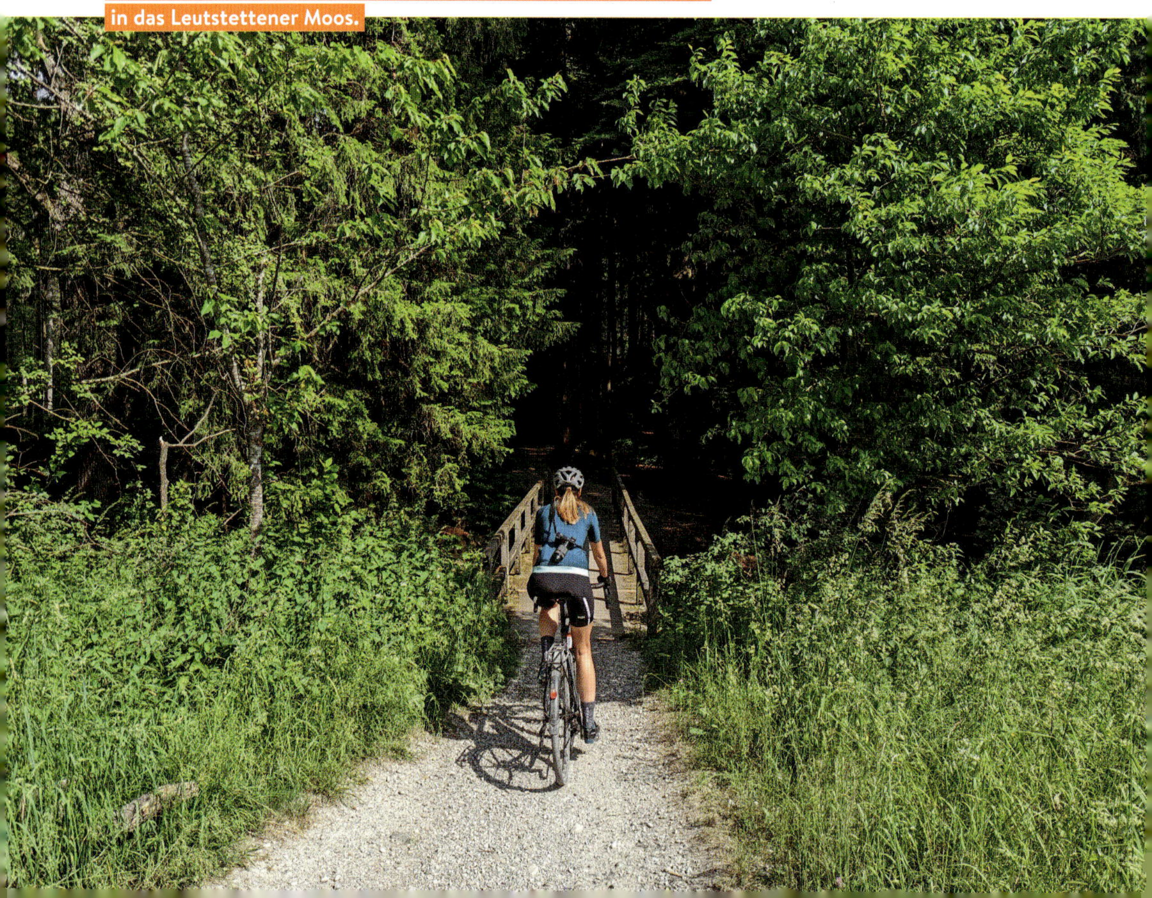

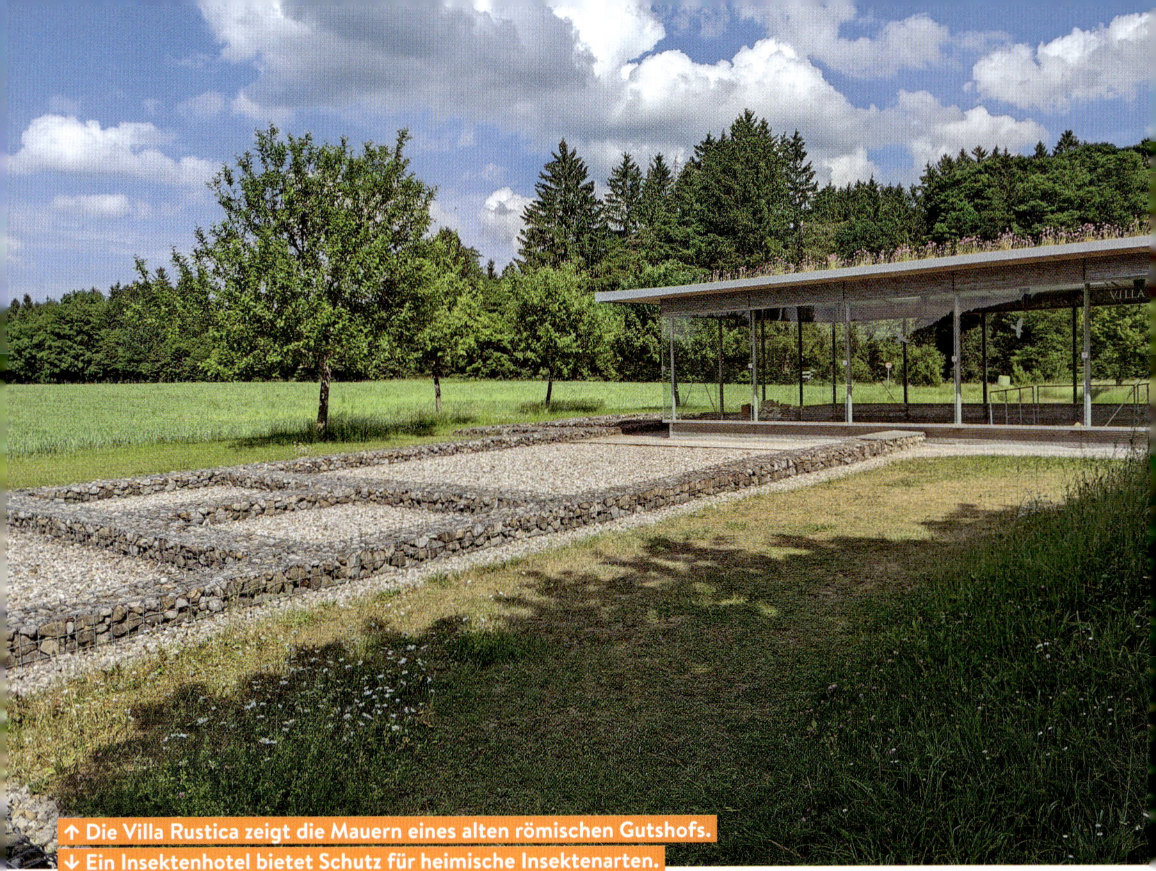


↑ Die Villa Rustica zeigt die Mauern eines alten römischen Gutshofs.

↓ Ein Insektenhotel bietet Schutz für heimische Insektenarten.

↘ Im Glaskasten der Villa Rustica sind Gegenstände ausgestellt, die bei der Ausgrabung gefunden wurden.

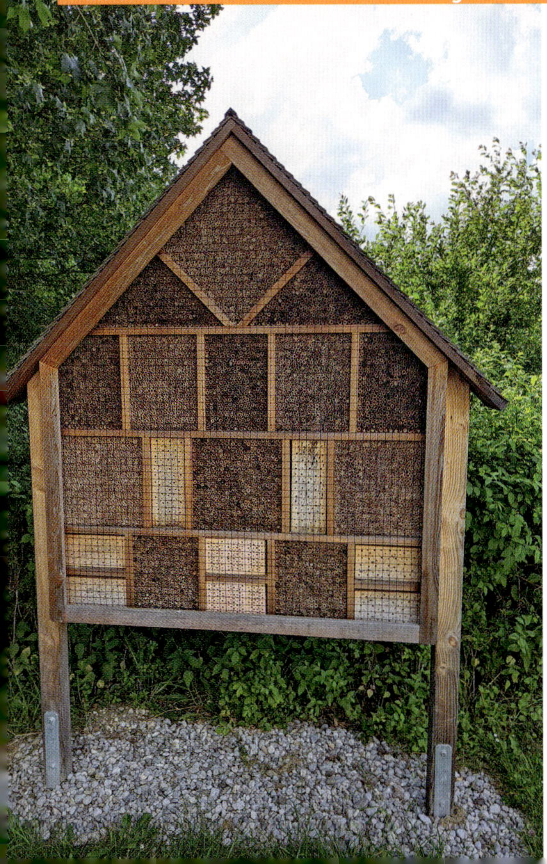

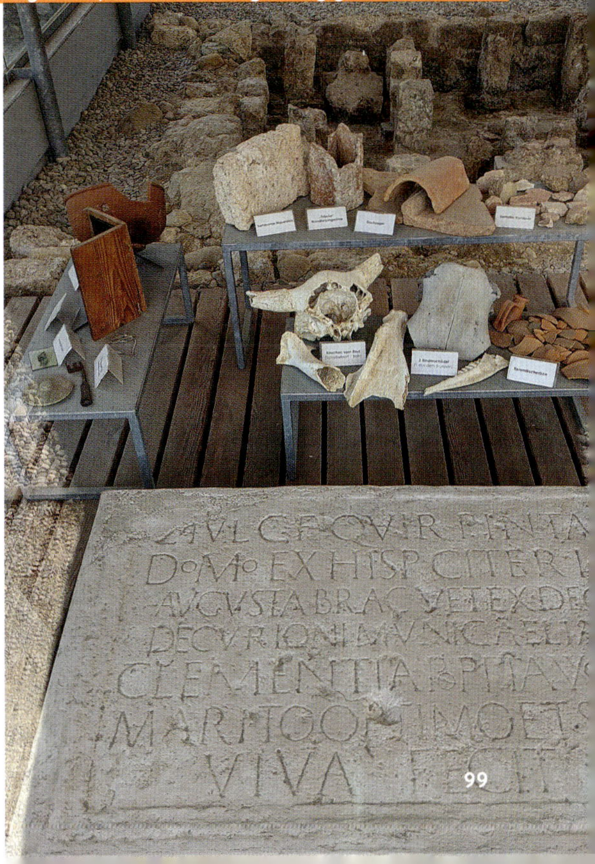

Tipp

### STARNBERGER SEE

Der Starnberger See erhielt seinen heutigen Namen erst in den 60er-Jahren des 20. Jahrhunderts durch die zahlreichen Tagesausflügler, die den See durch den Bau der Bahnlinie München–Starnberg bequem erreichen konnten. Zuvor trug das Gewässer, das vor rund 20 000 Jahren während der letzten Eiszeit entstand, den Namen Würmsee. Um den etwa 56,4 Quadratkilometer großen See führt ein 46 Kilometer langer Seerundweg, auf dem bei schönem Wetter zahlreiche Wanderer und Radfahrer unterwegs sind. Von Starnberg fahren mehrmals täglich Ausflugsdampfer an das andere Ende des Sees nach Seeshaupt.

**WILDE WALDWEGE UND SEHR VIEL SCHOTTER** Kurz vor Kempfenhausen überqueren wir die Straße an einer Ampel. Hier erwartet uns die erste Steigung des Tags. Wer eine etwas rustikalere Pause mag, findet in der Kurve den Biergarten Manthaler (in der Münchner Radlszene auch liebevoll Lucky Chicken Ranch genannt, weil immer ein paar Hühner, Gänse oder Enten frei auf dem Gelände herumlaufen).

Nun fahren wir eine Zeit lang durch den Wald, bis wir zwischen zwei Feldern die Bäume hinter uns lassen. Achtung: hier nicht die Abzweigung nach links verpassen. Auf dem nächsten Abschnitt der Tour kann es dazu kommen, dass Reiter mit Pferden im Wald unterwegs sind.

In Neufahrn biegen wir nach rechts auf einen Radweg an der Starnberger Straße ein

Holzbohlenstege führen durch eine beeindruckende Moorlandschaft.

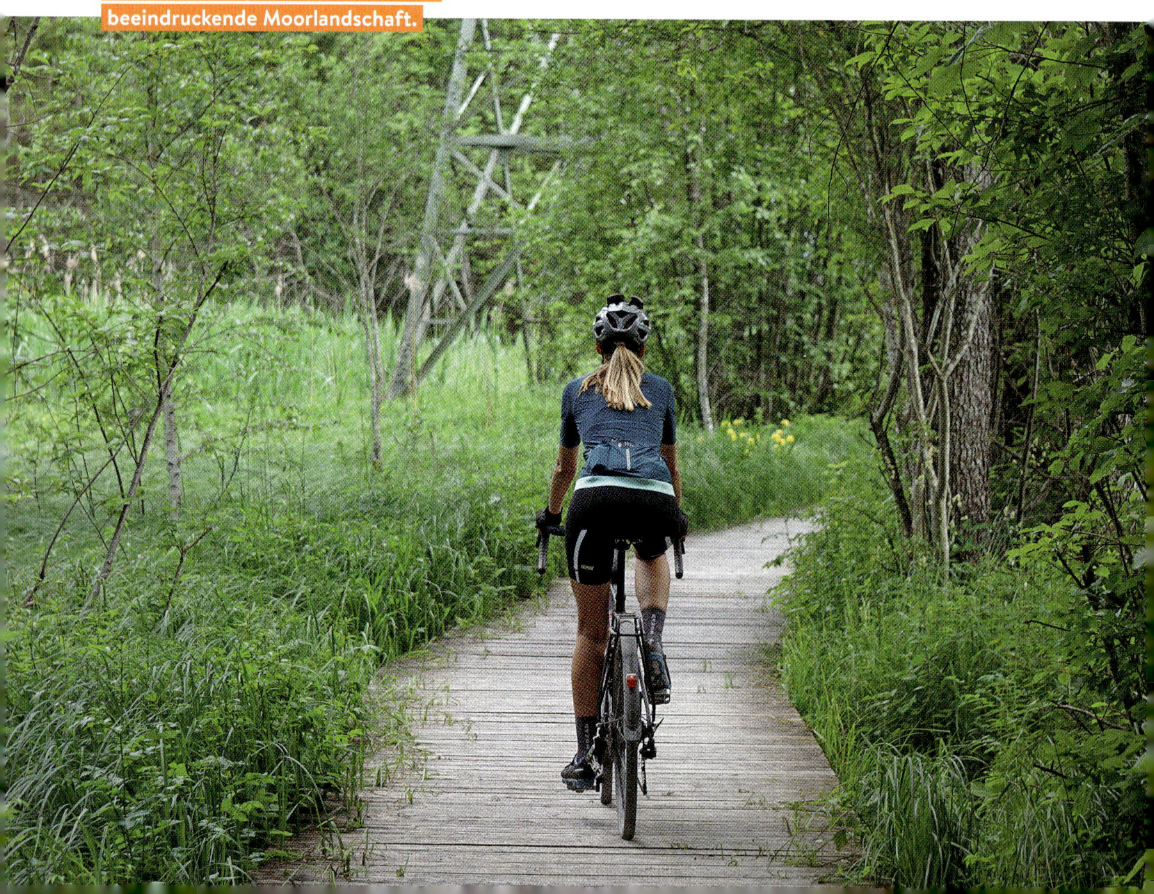

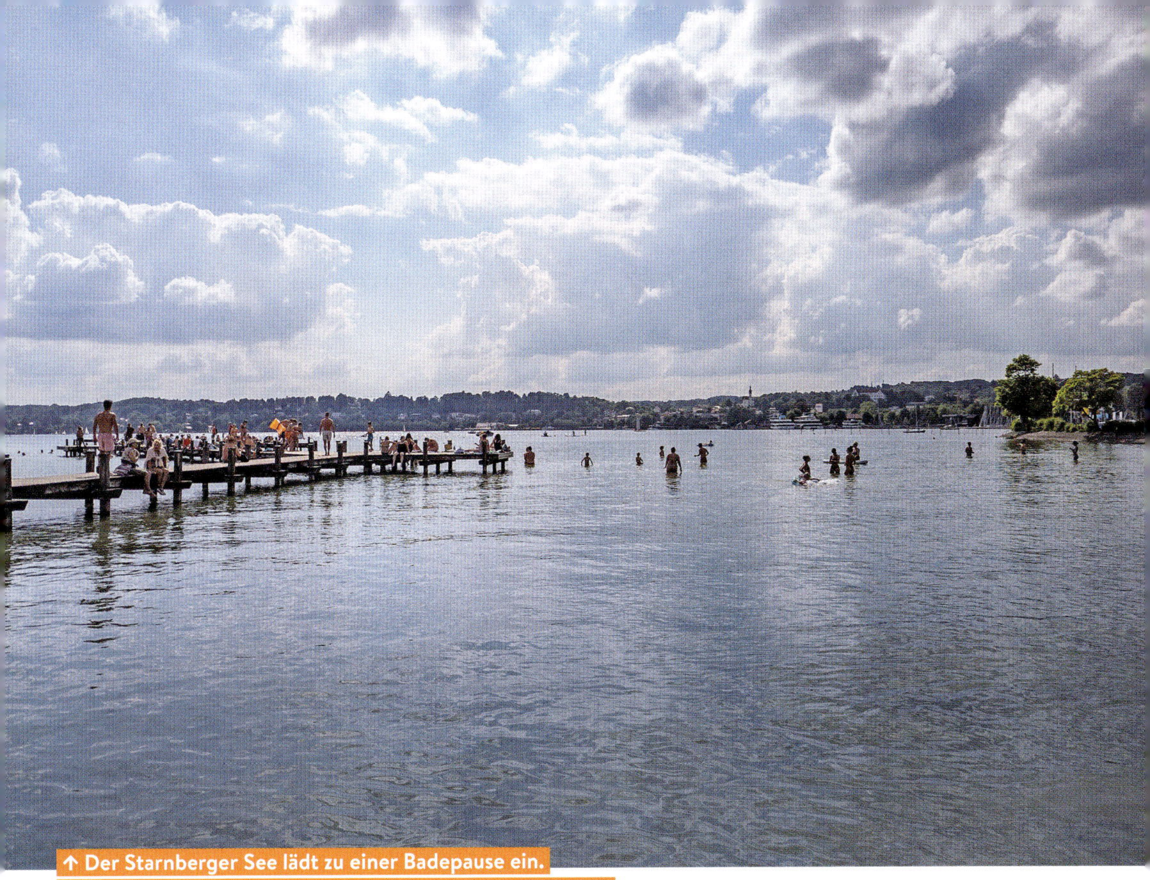

↑ Der Starnberger See lädt zu einer Badepause ein.
↓ Die Räder säumen sich vor dem beliebten Kiosk am See.

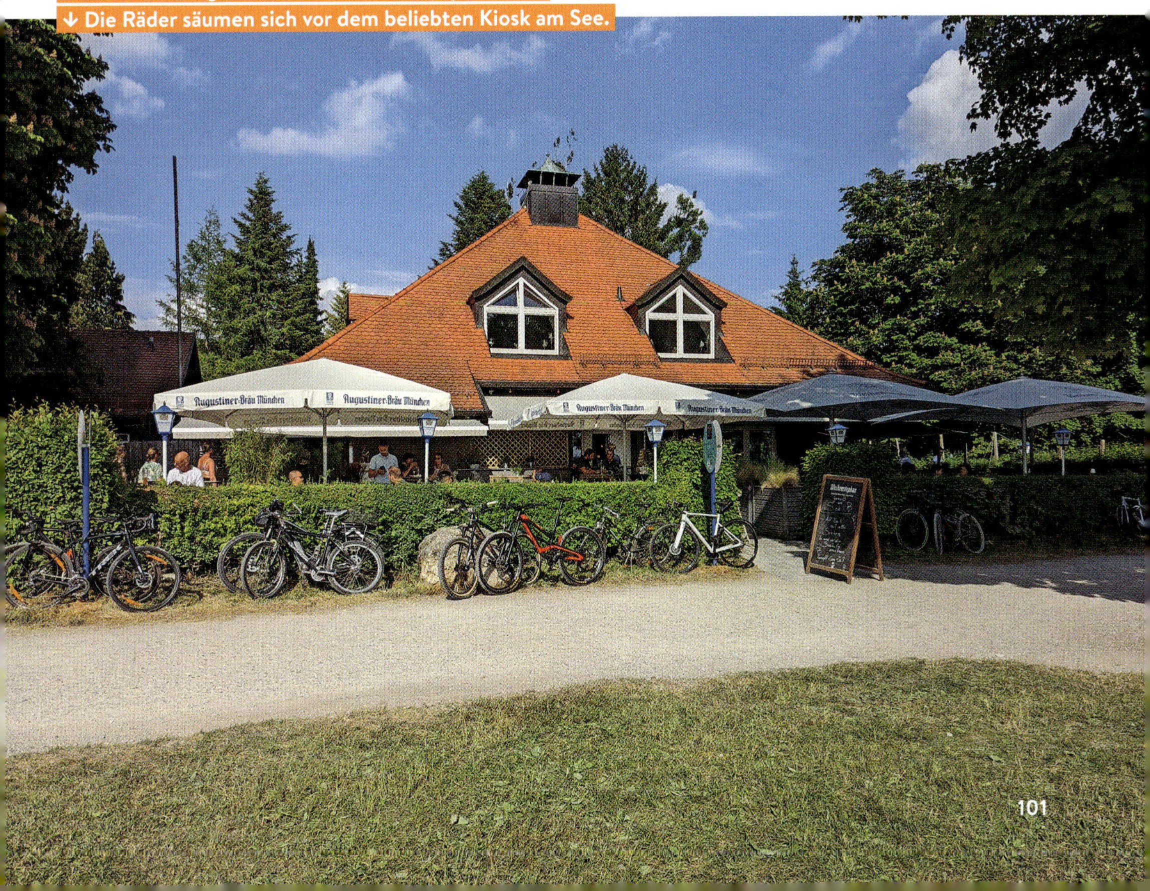

und folgen dem Weg für etwa 1,7 Kilometer, bis wir in einem Kreisel in Hohenschäftlarn nach links abbiegen.
Hier schlängelt sich der Track entlang von Schotter- und Feldwegen durch ein Waldstück zum Forstenrieder Park. Im Park können wir einer Schotterautobahn Richtung stadteinwärts folgen. Auf diesem Weg kreuzen wir die asphaltierte Querverbindung des Parks. Wir möchten an dieser Stelle aus-

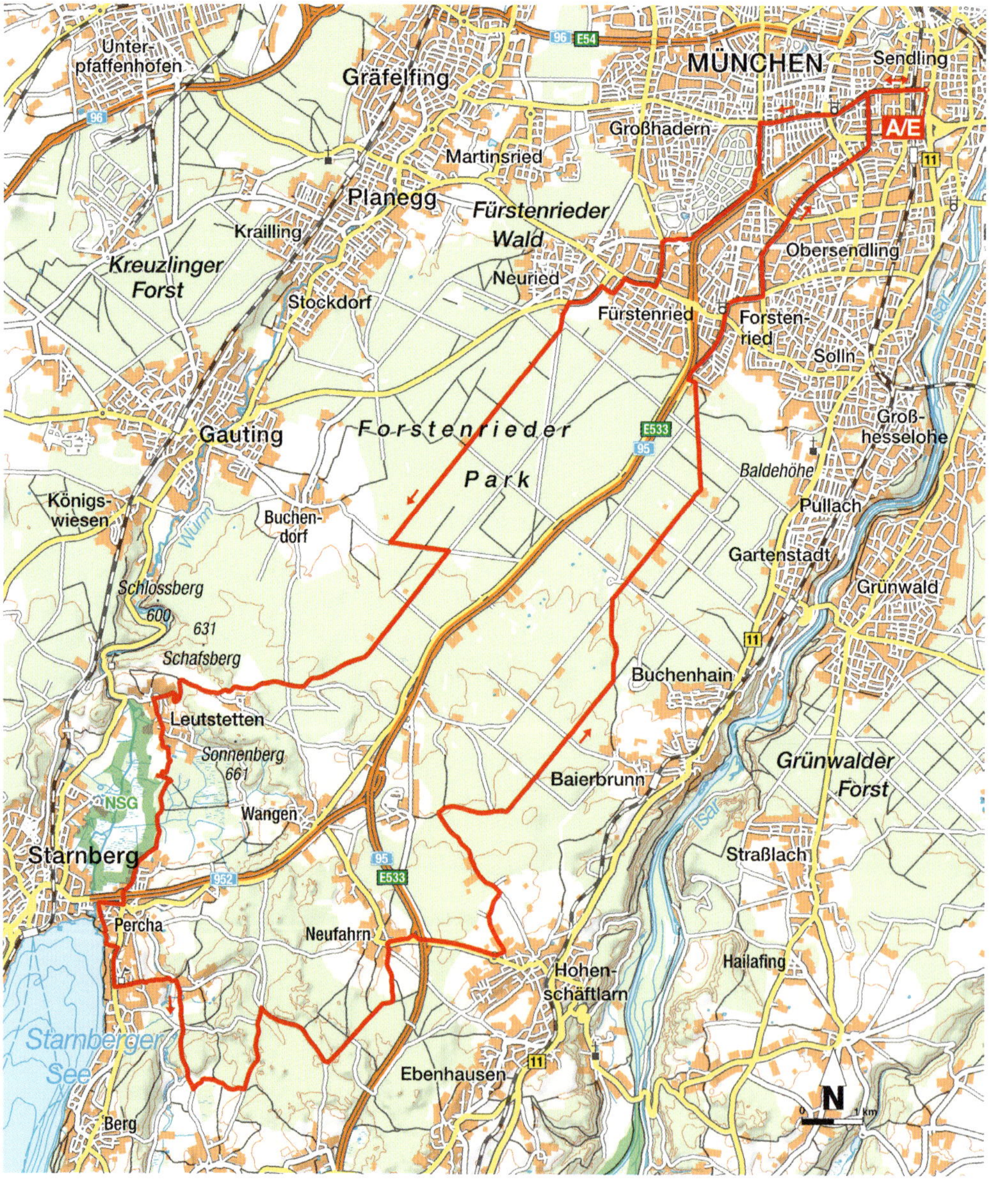

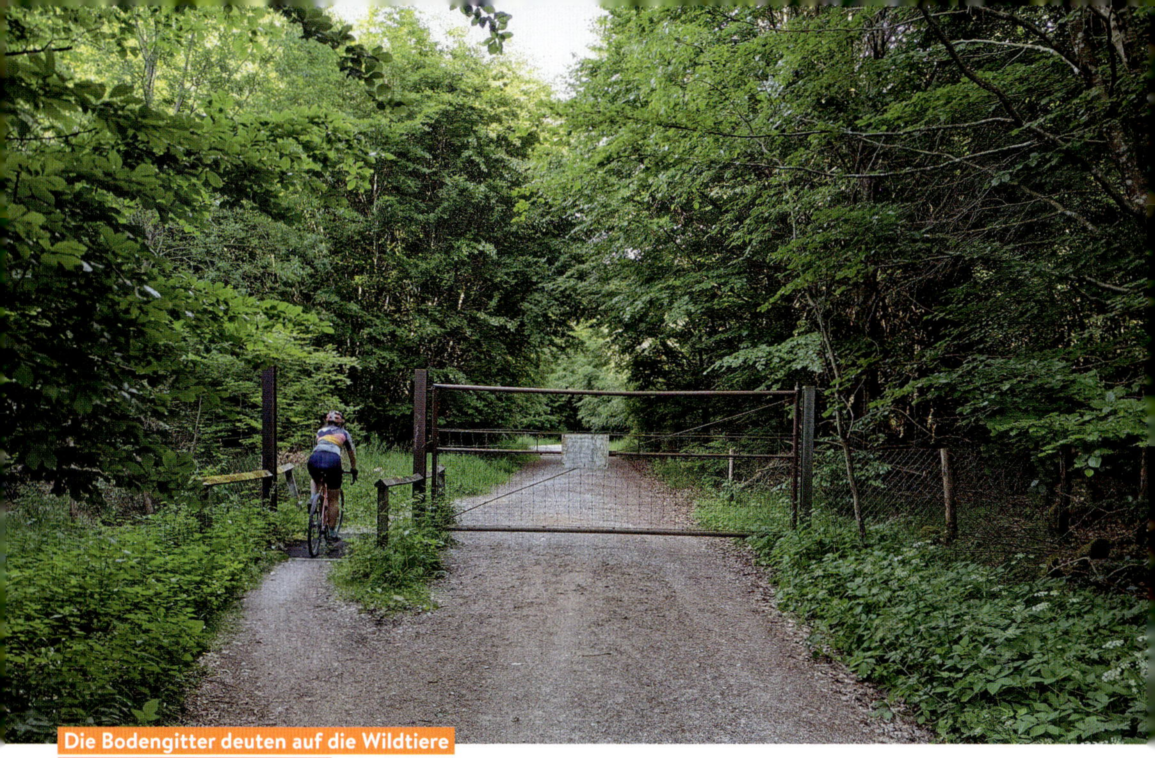

Die Bodengitter deuten auf die Wildtiere des Forstenrieder Parks hin.

drücklich dazu ermutigen, auch andere Wege durch den Park zu erkunden. In dem dichten Wegenetz des Parks kann man sich eigentlich nicht verfahren.
Auf kleineren, nicht so stark frequentierten Wegen kann es manchmal zu Begegnungen mit Wildschweinen kommen. Die scheuen Tiere hören und riechen Menschen aber meist frühzeitig, sodass man sie nur selten zu Gesicht bekommt.
Am Ende des Parks folgen wir dem Radweg durch Forstenried entlang des Südparks ins Stadtgebiet von München, wo wir zurück zu unserem Startpunkt gelangen.

## INFO

| Leicht | 58 km | 430 Hm | 4.00 Std. |
|---|---|---|---|

**HIGHLIGHT**
Naturerlebnis und Sehenswürdigkeit

**TOURENCHARAKTER**
Ein schöner Mix aus Schotter-, Wald- und Radwegen inmitten schöner Naturschauplätze. Die Wege können auch ohne große technische Kenntnisse gut gefahren werden.

**AUSGANGS-/ENDPUNKT**
Am Harras, München

**GPS-DATEN**
48.116768, 11.539909

**ANFAHRT**
Auto: Über Plinganserstraße oder Albert-Roßhaupter-Straße zum Harras
ÖPNV: Mit der U-Bahn-Linie U6, mit der S-Bahn-Linie S7 und mit Regionalbahnen

**INFORMATION**
www.starnberg.de/kultur-freizeit/stadtgeschichte/villa-rustica;
www.bayregio-starnberger-see.de

# AUF WILDEN PFADEN NACH WOLFRATSHAUSEN

## Keltenschanze – Römerstraße – Deininger Weiher – Pupplinger Au – Forstenrieder Park

Diese Tour bietet dir Gravel de luxe – auf dieser Route nach Wolfratshausen haben wir so gut es geht auf asphaltierte Straßen verzichtet. Der Track führt uns über lang gezogene Schotterstraßen, Singletrails und auf kleinen wurzeligen Waldwegen nach Wolfratshausen. Die hübsche Altstadt von Wolfratshausen lädt anschließend zu einem verdienten Kaffeestopp ein.

Herausfordernder Singletrail an der Römerstraße

11

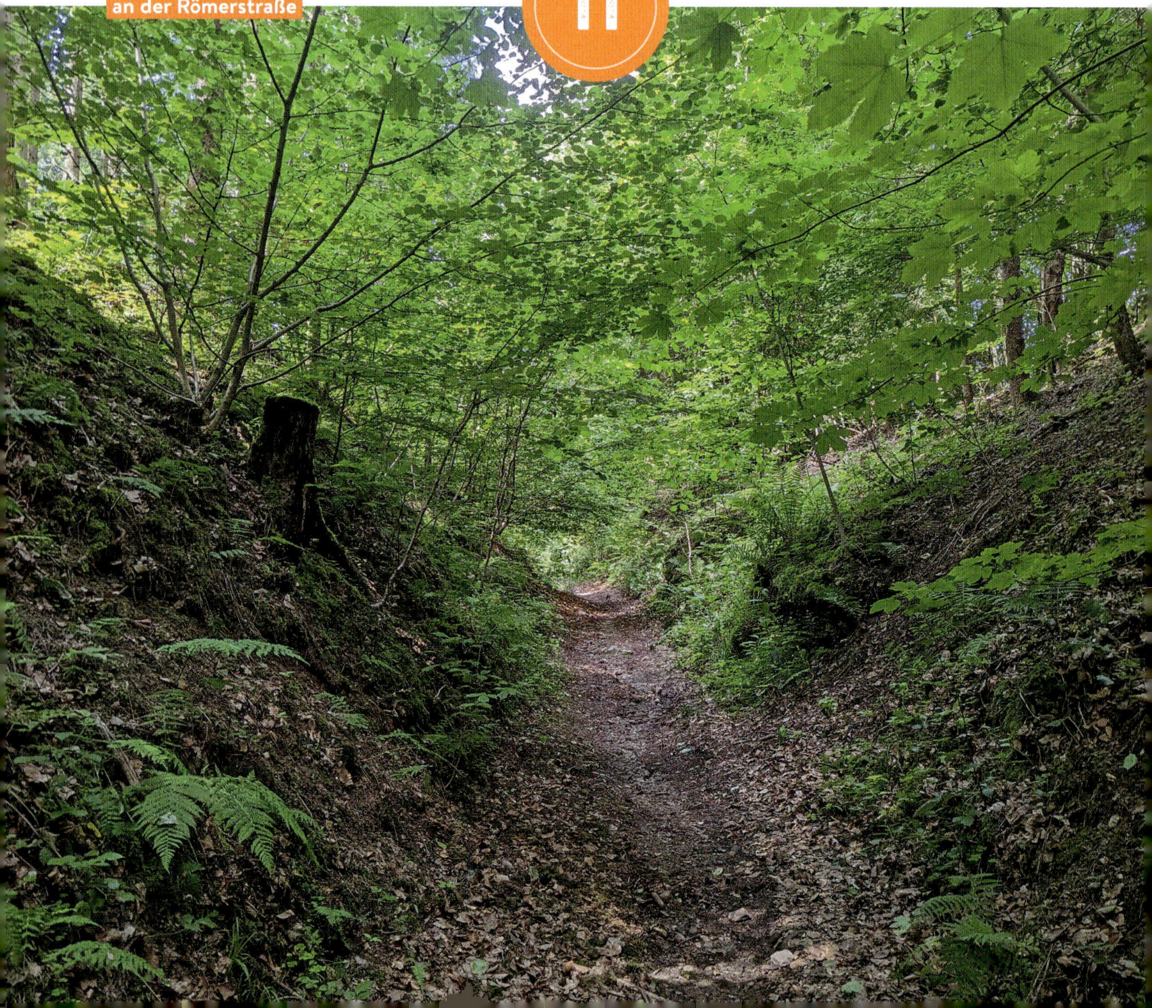

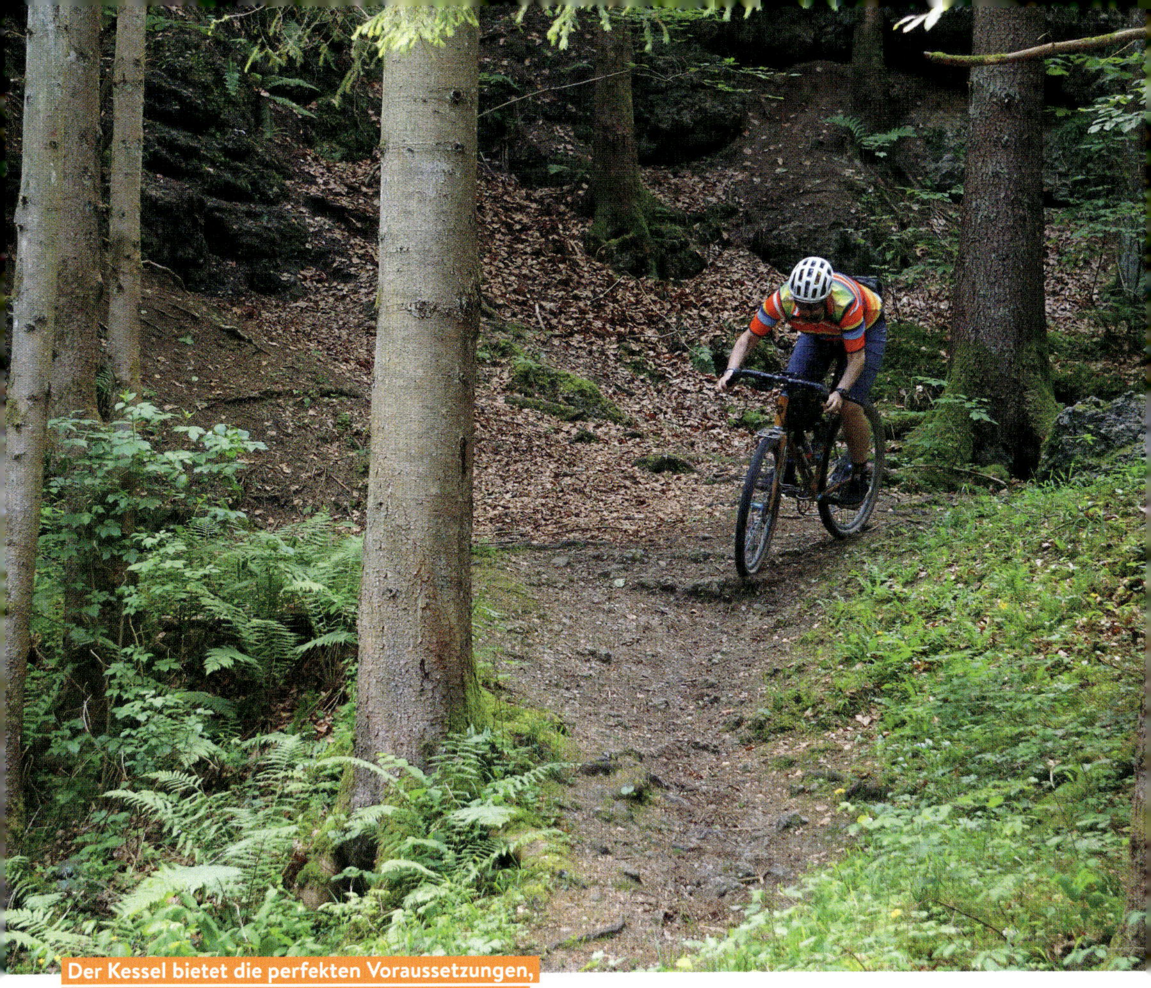

Der Kessel bietet die perfekten Voraussetzungen, um das eigene Können an den Hängen zu testen.

## VOM TIERPARK ZUM PERLACHER FORST

Unser Startpunkt befindet sich am Tierpark Hellabrunn und führt uns zunächst vorbei am Zoo nach rechts. Hier endet auch der Radweg. Wir empfehlen, rechts auf den Gehweg, der für Radfahrer freigegeben ist, auszuweichen. Der Weg führt in einer Kurve bergauf nach Harlaching.

Kurz nach der Kurve biegen wir direkt nach rechts in die Geiselgasteigstraße ab und folgen ihr immer weiter geradeaus, bis wir auf Höhe der München Klinik Harlaching die Straßenseite wechseln.

Hier erwartet uns der erste kleine Trail, der uns auf wurzeligen Wegen direkt neben der Straße bis zum Perlacher Forst führt.

Tipp

### RÖMERSTRASSE UND KELTENSCHANZE IM GLEISSENTAL

In Süddeutschland sind zahlreiche Römerstraßen zu finden. Im Römischen Reich erstreckte sich ein Wegenetz über 80 000 Kilometer durch ganz Europa. Die Straßen waren vor allem von hoher militärischer Bedeutung. Nicht weit entfernt von der Römerstraße in unserer Tour befindet sich eine der sieben Keltenschanzen, die noch zwischen Deisenhofen und Wolfratshausen zu finden sind.

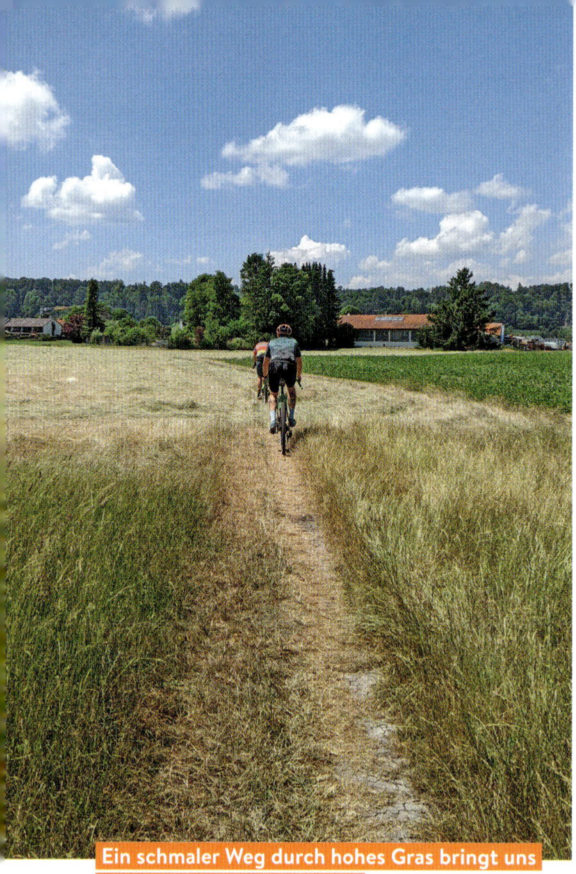

Ein schmaler Weg durch hohes Gras bringt uns näher nach Wolfratshausen.

Am Straßenbahnrondell mit der Leihradstation biegen wir dann in den Perlacher Forst ein und folgen dem schmalen Pfad über die Wiese entlang der Gleise.
Kurz vor der Unterführung endet der Weg. Wir fahren unter den Gleisen hindurch und halten uns links. Kurz nach der nächsten Kurve biegen wir nach rechts in einen Waldweg ab, der uns an eine Hauptstraße führt. Wir überqueren die Straße und folgen dem Radweg nur kurz, bis wir nach links auf den nächsten Waldweg abbiegen.

**SPANNENDE TRAILS ZWISCHEN KELTENSCHANZE UND RÖMERSTRASSE** Der Track führt uns kurzzeitig auf die Straße nach Ödenpullach, die wir jedoch schon kurze Zeit später wieder für den nächsten Waldweg verlassen.

Hier erwartet uns neben der alten Römerstraße der nächste spannende Trail – in einer lang gezogenen Kurve kann man das Gravelbike an seine Grenzen bringen. Wer es nicht ganz so rasant mag, drückt besser ein bisschen auf die Bremse.
Hier befinden wir uns in einem Kessel aus in die Höhe ragenden Felsen. Ein toller Abenteuerspielplatz, wenn man steile Abfahrten mit dem Gravelbike ausprobieren möchte.

**TRAUMHAFT RUHIGE WALD- UND WIESENWEGE** Nun erwartet uns eine wirklich ausgedehnte Fahrt über Wald- und Wiesenwege – auf den nächsten elf Kilometern sind wir fast ununterbrochen auf Schotter- und Waldwegen unterwegs.
Der Deininger Weiher und das Deininger Moor bieten sich für eine kurze Verschnaufpause in der Natur an. Hier gibt es auch ein Restaurant – dieses haben wir jedoch nicht getestet, da wir erst in Wolfratshausen Pause gemacht haben.
Vorbei am Moor mit saftigen Wiesen führt uns der Weg nach Dettenhausen – bei gutem Wetter kann man hier einen Blick auf die Berge erhaschen.
Von Egertshausen führt ein ausgedehnter lang geschwungener Schotterweg durch die umliegenden Felder nach Neufahrn.
Wenig später sind wir schon fast in Wolfratshausen. Zuvor überqueren wir die Isar in der Pupplinger Au und setzen unseren Weg auf einem kleinen Singletrail nach Wolfratshausen fort.

**WOLFRATSHAUSEN – IM REVIER VON »HUBERT UND STALLER«** Am Obermarkt von Wolfratshausen gibt es zahlreiche Cafés und Wirtshäuser. Wir sind im Bernhofer Brasserie & Café eingekehrt. Das Café hat ein schönes Ambiente und eine tolle Auswahl an Kuchen und einige warme Speisen. Wer neben einer Pause noch ein Päckchen

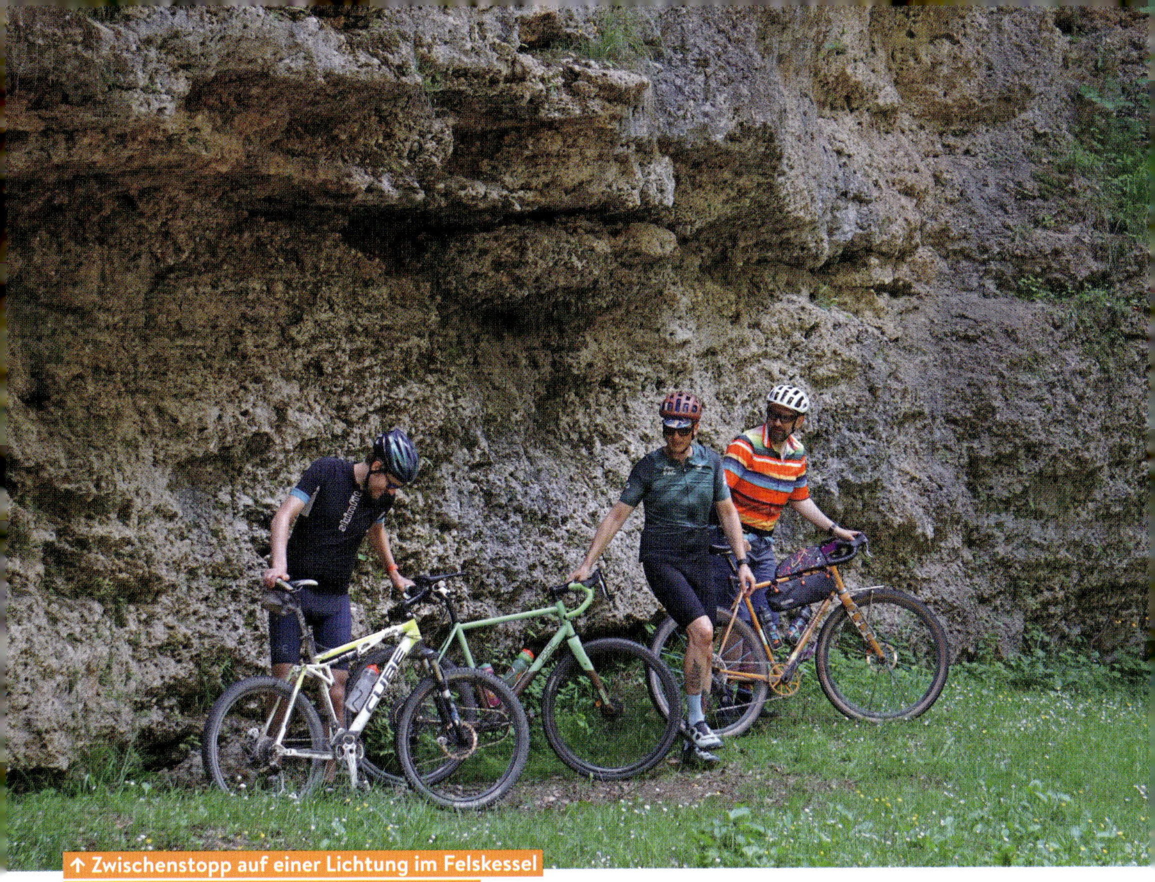

↑ Zwischenstopp auf einer Lichtung im Felskessel

↓ Blick auf das Waldhaus Deininger Weiher

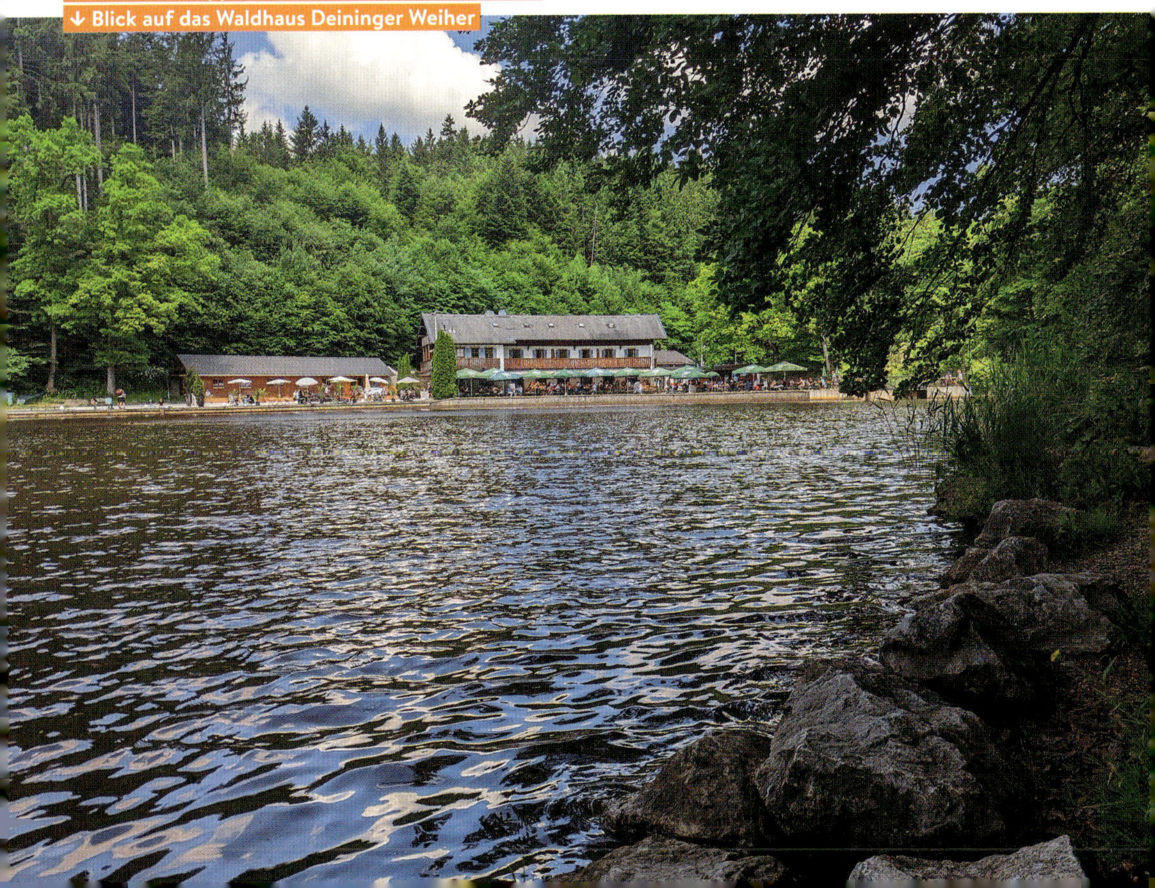

Tipp

### HUBERT UND/OHNE STALLER

In der Krimiserie »Hubert und Staller« (seit 2019 »ohne Staller)« geraten die beiden Wolfratshauser Polizeibeamten oft in Fälle, die außerhalb ihres Kompetenzbereichs liegen. Das Duo zeichnet sich dadurch aus, dass das rationale Handeln des vorschriftstreuen Hubert mit der Intuition von Staller zum Erfolg führt. Die Serie wird bis heute im Bayerischen Rundfunk und der ARD ausgestrahlt. Wer noch mehr über die kultigen Polizeibeamten erfahren möchte, findet auf der Tourismus-Website der Stadt Wolfratshausen Empfehlungen für eine Radtour zu verschiedenen Drehorten (www.tourismus.wolfratshausen.de/mit-dem-drahtesel-zu-den-drehorten-2).

Kaffee in der Trikottasche mit nach Hause nehmen möchte, besucht das Kaffeehaus Velvet.
Nachdem wir in Wolfratshausen neue Kräfte gesammelt haben, verlassen wir den Ort Richtung Münsing.
Über zwei Kilometer zieht sich der Anstieg mit etwa sechs bis acht Prozent über die Münsinger Straße hinauf zum Golfplatz. Auf dem Weg liegt der Bergkramerhof, einer der Drehorte von »Hubert und Staller«.

## VOM GOLFPLATZ ZUR OLYMPIASTRASSE

Der nächste Abschnitt führt uns auf einem Schotterweg über den Golfpatz. Hier ist nicht nur wegen der fliegenden Golfbälle etwas Vorsicht geboten. Im Eifer des Gefechts kreuzt auch der ein oder andere Golfer den Weg, oft sind auch Familien auf dem

Der Weg führt uns über den Bergkramerhof und einen Golfplatz.

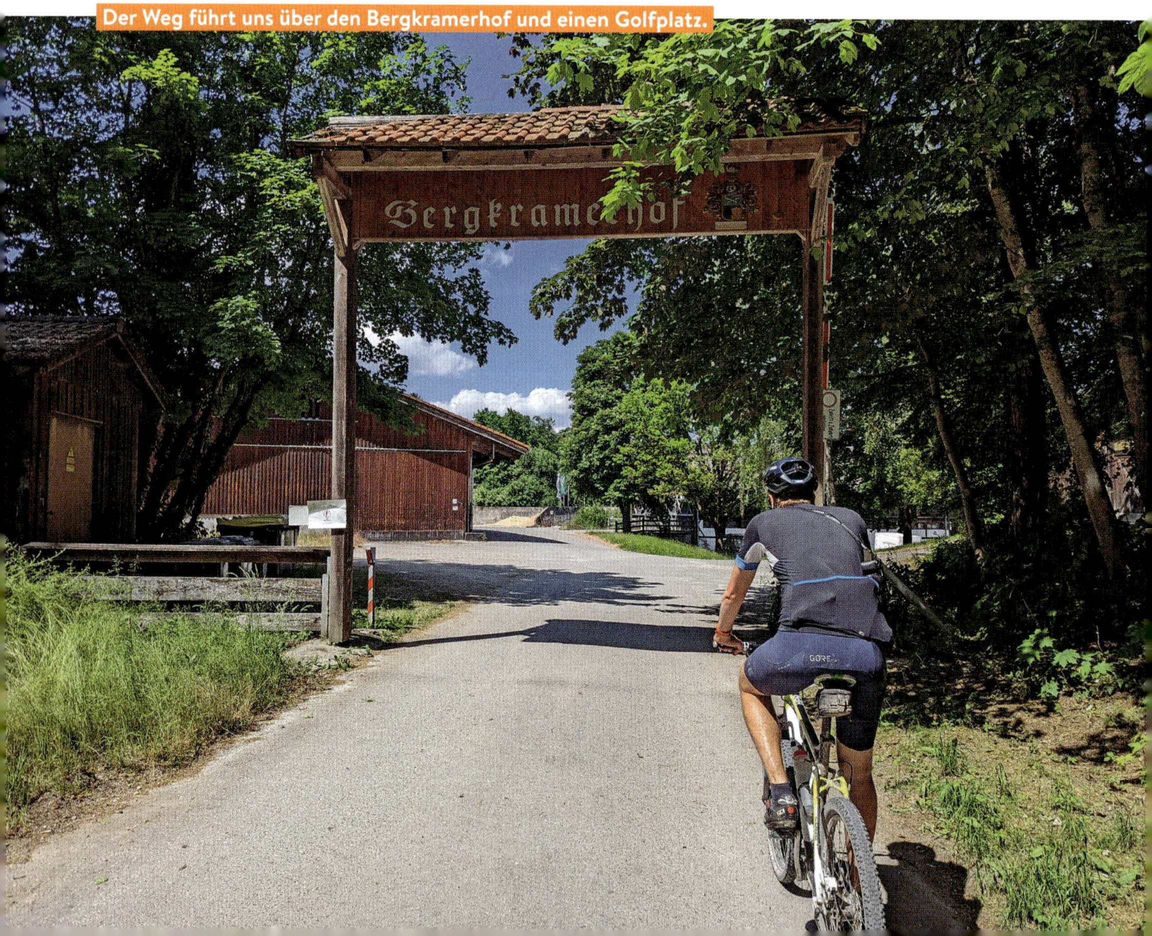

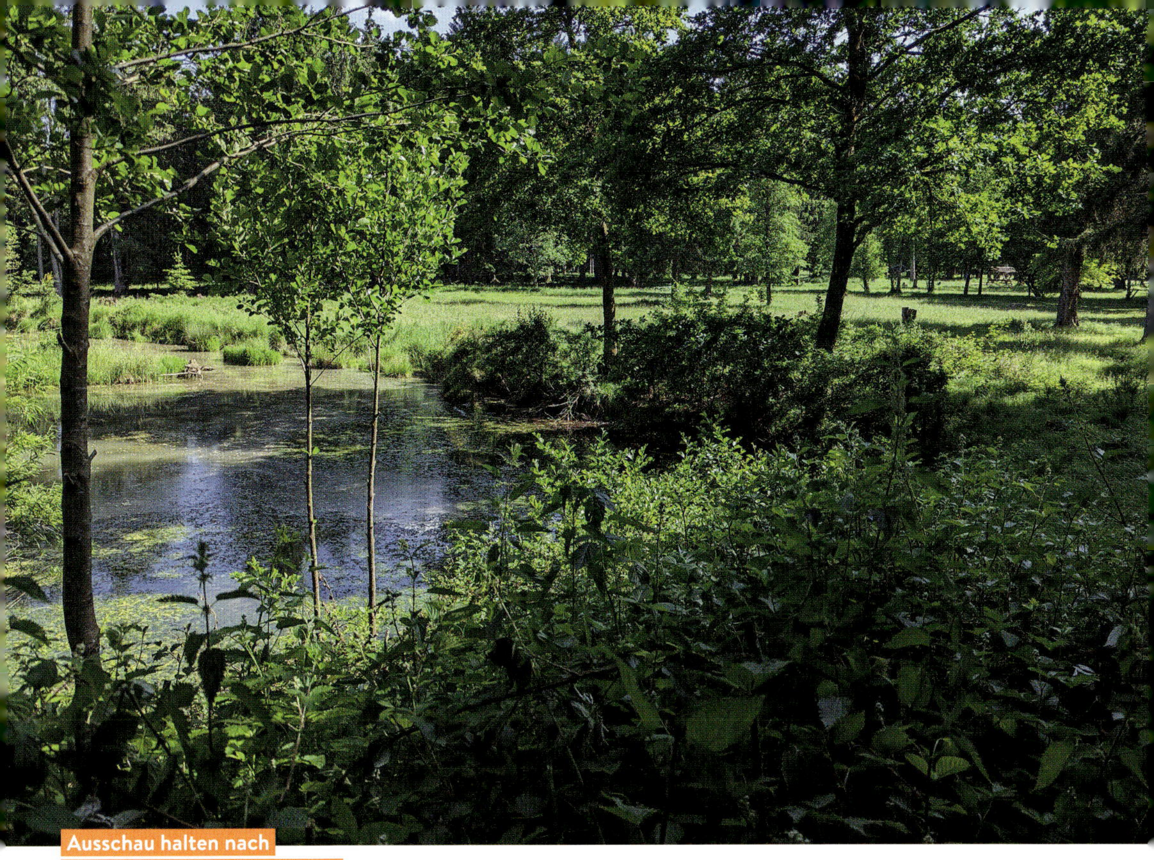

Ausschau halten nach Wildschweinen und Hirschen

Platz, und die Kinder spielen am Wegrand. Dem Schotterweg folgen wir bis nach Dorfen. Von hier geht es abseits der großen Wege nach Höhenrain. Ab hier schlängelt sich unser Weg auf Schotterwegen und wenig befahrenen Landstraßen und Wirtschaftswegen bis zur Olympiastraße.

Auf einem kurzen Abschnitt der Olympiastraße fahren wir nach Wangen. Hier verlassen wir die bei Rennradfahrern beliebte Olympiastraße schon wieder und biegen nach links ab auf die Buchendorfer Straße. Dieser Schotterweg führt uns direkt in den Forstenrieder Park.

Hier folgen wir zunächst dem Hauptweg durch den Wald und später wieder einem Abschnitt der Olympiastraße bis zu einer Unterführung, die es uns ermöglicht, die Fahrt auf der anderen Seite der A 95 im Forstenrieder Park fortzusetzen.

**ZWISCHENSTOPP AN DER WILDBEOBACHTUNGSHÜTTE** Nun überqueren wir ein Wildgatter im Boden, da im Park Hirsche und Wildschweine leben. Nach etwa einem Kilometer gelangen wir zur Wildbeobachtungshütte. Hier gibt es zahlreiche Informationstafeln zu den Pflanzen und Tieren im Forstenrieder Park und mit etwas Glück kann man sogar die scheuen Tiere beim Wühlen im Boden sichten.

Der Hauptweg führt uns in Richtung Isar aus dem Park heraus. Wir überqueren schließlich die Wolfratshauser Straße und setzen unsere Fahrt auf dem Radweg neben dem Waldgasthof Buchenhain fort. Wem die Tour zu lang ist, der kann hier noch im Gasthof einkehren und mit der S-Bahn zurück in die Stadt fahren. Wir folgen dem Weg weiter stadteinwärts, bis wir schließlich an der Waldwirtschaft Großhesselohe bergab

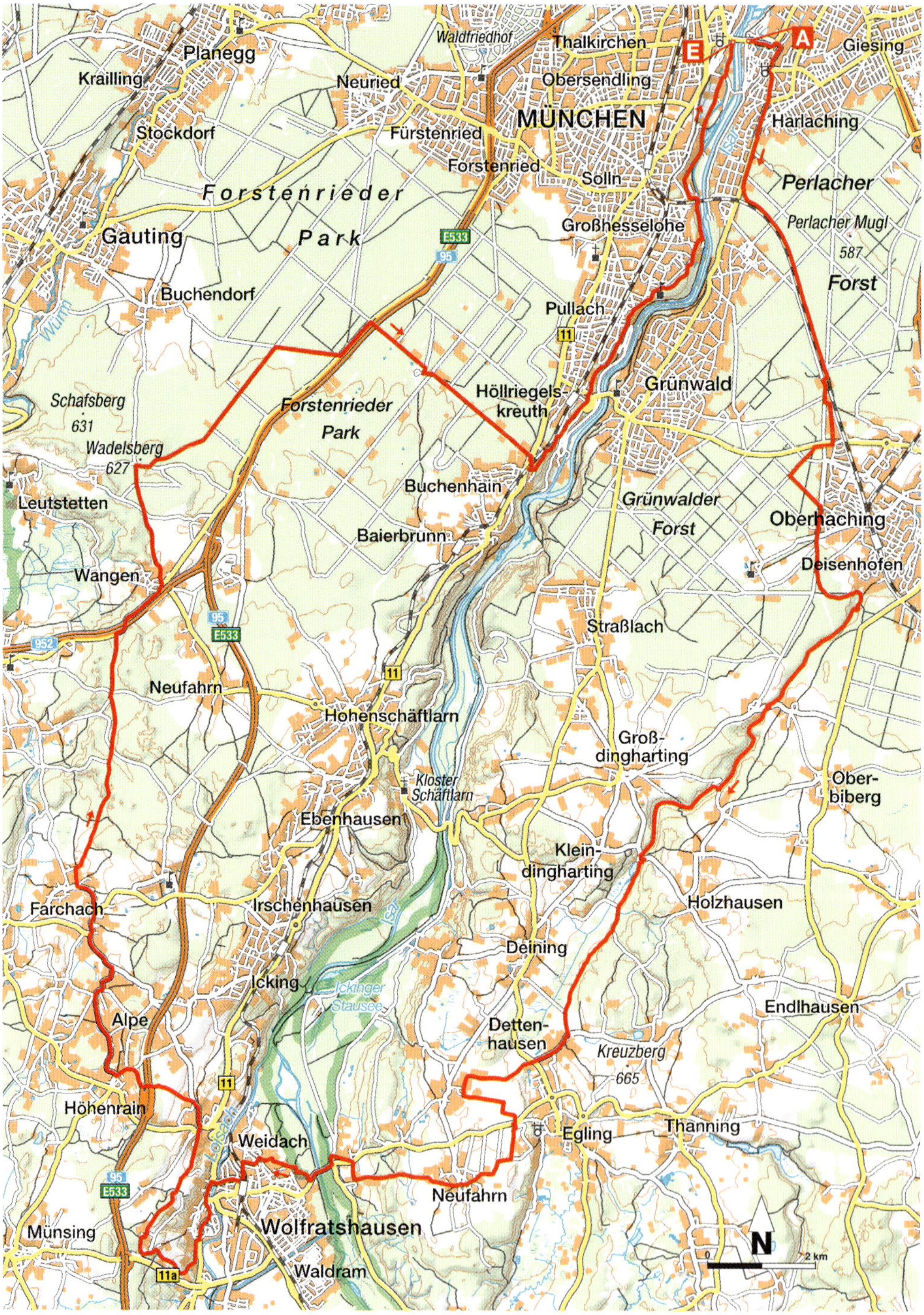

Planegg
Krailling
Neuried
Waldfriedhof
Thalkirchen
Giesing
Obersendling
MÜNCHEN
Harlaching
Stockdorf
Fürstenried
Forstenried
Solln
Perlacher
Forstenrieder
Park
Gauting
Großhesselohe
Perlacher Mugl
587
Forst
Buchendorf
Pullach
Grünwald
Höllriegelskreuth
Schafsberg
631
Forstenrieder
Park
Wadelsberg
627
Leutstetten
Buchenhain
Grünwalder
Forst
Oberhaching
Baierbrunn
Deisenhofen
Wangen
Straßlach
Neufahrn
Hohenschäftlarn
Groß-dingharting
Kloster Schäftlarn
Ober-biberg
Ebenhausen
Klein-dingharting
Farchach
Irschenhausen
Holzhausen
Isar
Deining
Icking
Ickinger Stausee
Alpe
Endlhausen
Detten-hausen
Kreuzberg
665
Höhenrain
Egling
Thanning
Weidach
Loisach
Neufahrn
Münsing
Wolfratshausen
Waldram
N
0
2 km

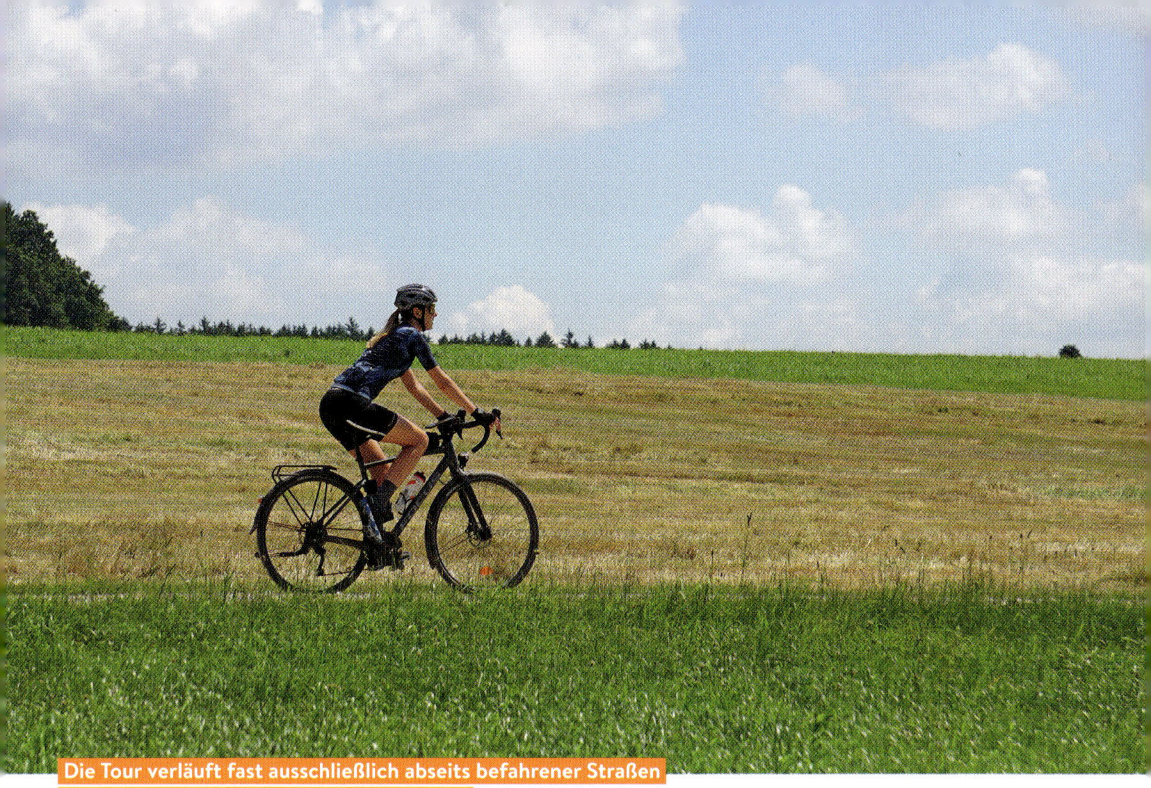

**Die Tour verläuft fast ausschließlich abseits befahrener Straßen und lässt uns die Ruhe der Natur genießen.**

zurück an die Isar gelangen. Achtung, die Abfahrt ist sehr steil und es sind viele Fußgänger unterwegs. Von hier aus folgen wir dem Schotterweg entlang des Isarwerkkanals zurück bis zur Thalkirchner Brücke, an der unsere Tour endet.

## INFO

| Schwer | 78 km | 690 Hm | 5.45 Std. |
|---|---|---|---|

**HIGHLIGHT**
Naturerlebnis, Sehenswürdigkeiten

**TOURENCHARAKTER**
Breites Spektrum vom klassischen Schotterweg bis zum Singletrail. Die technisch anspruchsvolle Tour verläuft auf eher abgelegenen Wegen. Verpflegungsmöglichkeit nach der Hälfte der Tour in Wolfratshausen.

**AUSGANGS-/ENDPUNKT**
Thalkirchner Brücke, Haupteingang Tierpark Hellabrunn

**GPS-DATEN**
48.100605, 11.551470

**ANFAHRT**
Auto: Auf der Tierparkstraße oder der Thalkirchner Straße bis zur Thalkirchner Brücke

ÖPNV: Mit der U-Bahn-Linie U3 oder dem Bus 135; Abkürzung nach der Hälfte der Tour möglich vom Bhf Wolfratshausen mit der S-Bahn-Linie S7

**INFORMATION**
www.c-muc.de/ausfluege/keltenschanzen-suedlich-von-muenchen

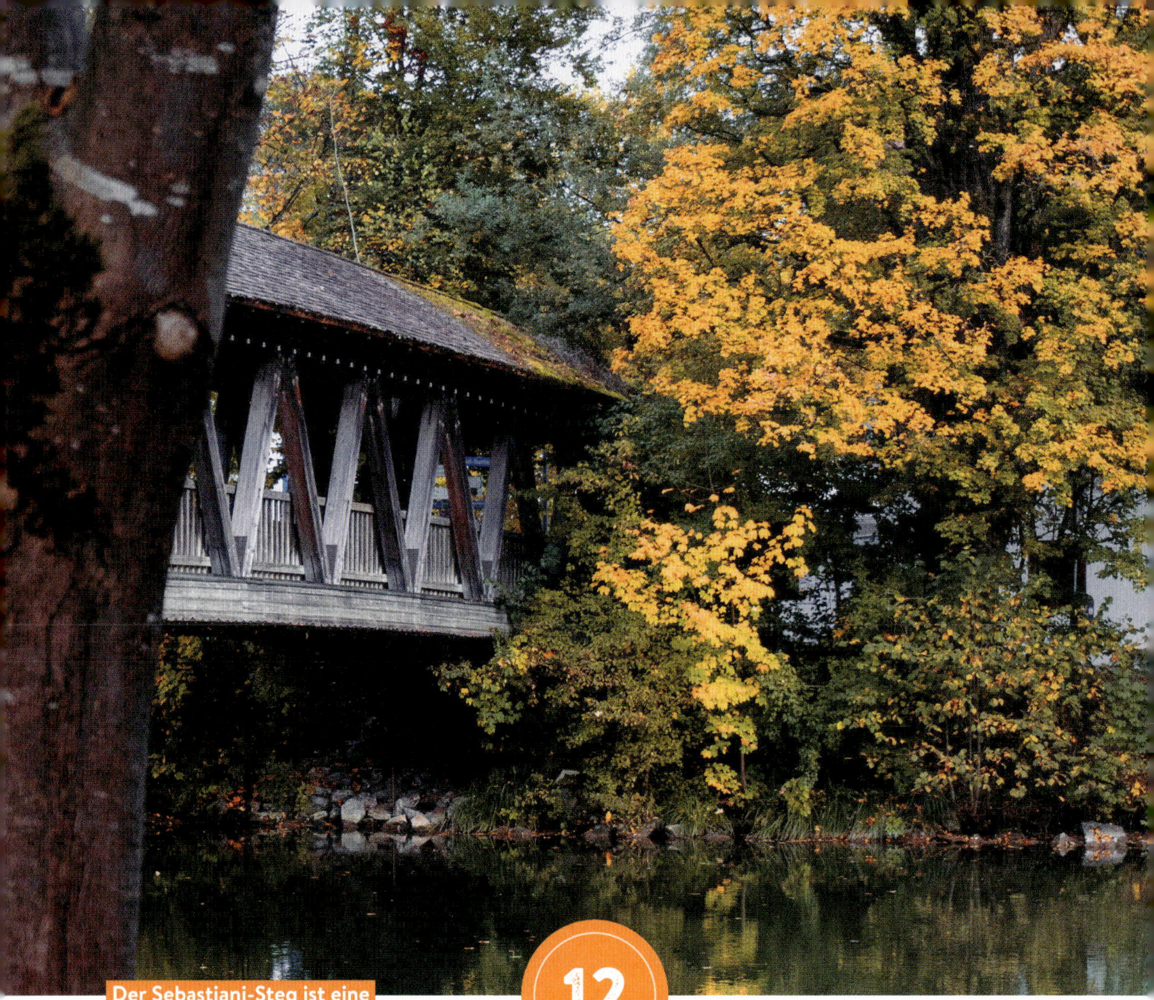

Der Sebastiani-Steg ist eine der schönen Holzbrücken in Wolfratshausen.

12

# GERETSRIED, EURASBURG UND WOLFRATSHAUSEN

## Isarauen – Malerwinkel Königsdorf – Isartalsternwarte – Nantesbuch – Schloss Eurasburg

Herbstliches Gravelvergnügen: Auf dem München-Venedig-Radweg fahren wir nach Geretsried, wo wir vom Malerwinkel aus einen der schönsten Ausblicke auf die Isar genießen dürfen. Im weiteren Verlauf erkunden wir sehr abgelegene Strecken mit viel Schotter- und Waldwegen.

**AUF DEM MÜNCHEN-VENEDIG-RADWEG STADTAUSWÄRTS** Vom Bahnhof in Wolfratshausen folgen wir zunächst dem Radweg entlang der Bahntrasse stadtauswärts zum Ortsteil Waldram. Nachdem wir den Loisach-Isar-Kanal überquert haben, biegen wir direkt nach links ab. Hier führt uns ein Radweg zum bekannten München-Venedig-Radweg, dem wir jetzt ein Stück folgen.

Während uns der Weg durch die Buchberger Almlandschaft führt, können wir immer wieder einen Blick auf die Kiesbänke der Isarauen werfen. Der ein oder andere Zugang zur Isar lädt an warmen Tagen zum Verweilen und Baden ein.

Im Folgenden passieren wir den Geretsrieder Stadtteil Gartenberg – rechts von uns die Stadt, links die waldigen Isarauen. Ein schöner Kontrast.

Nachdem wir die viel befahrene Tattenkofener Straße überquert haben, folgen wir weiterhin dem München-Venedig-Radweg, bevor wir im Wald scharf rechts abbiegen. In dem folgenden Stückchen Wald existiert eine alte Bunkeranlage, in der zu NS-Zeiten hochgefährliche Munition hergestellt wurde. Die Bunkeranlage zu betreten ist jedoch aus Sicherheitsgründen untersagt. Kurz vor der Kleingartenanlage führt ein Weg nach links in den Wald hinein.

*Tipp*

**MALERWINKEL**

Malerwinkel sind Orte, die vor allem bei Malern der Romantik beliebt waren. Häufig handelt es sich um Plätze mit einer schönen Aussicht, die sich in zahlreichen idyllischen Landschaftsmalereien dieser Epoche wiederfinden lassen. Einer dieser sogenannten Malerwinkel befindet sich auf unserem Track an der Isar, kurz hinter Geretsried. Ein Kunstwerk kann in der Pinakothek der Moderne in München betrachtet werden.

Gravelbiken ist auch im Herbst gut möglich. Auf unserer Tour genießen wir das Farbschauspiel zwischen Grün und Orange.

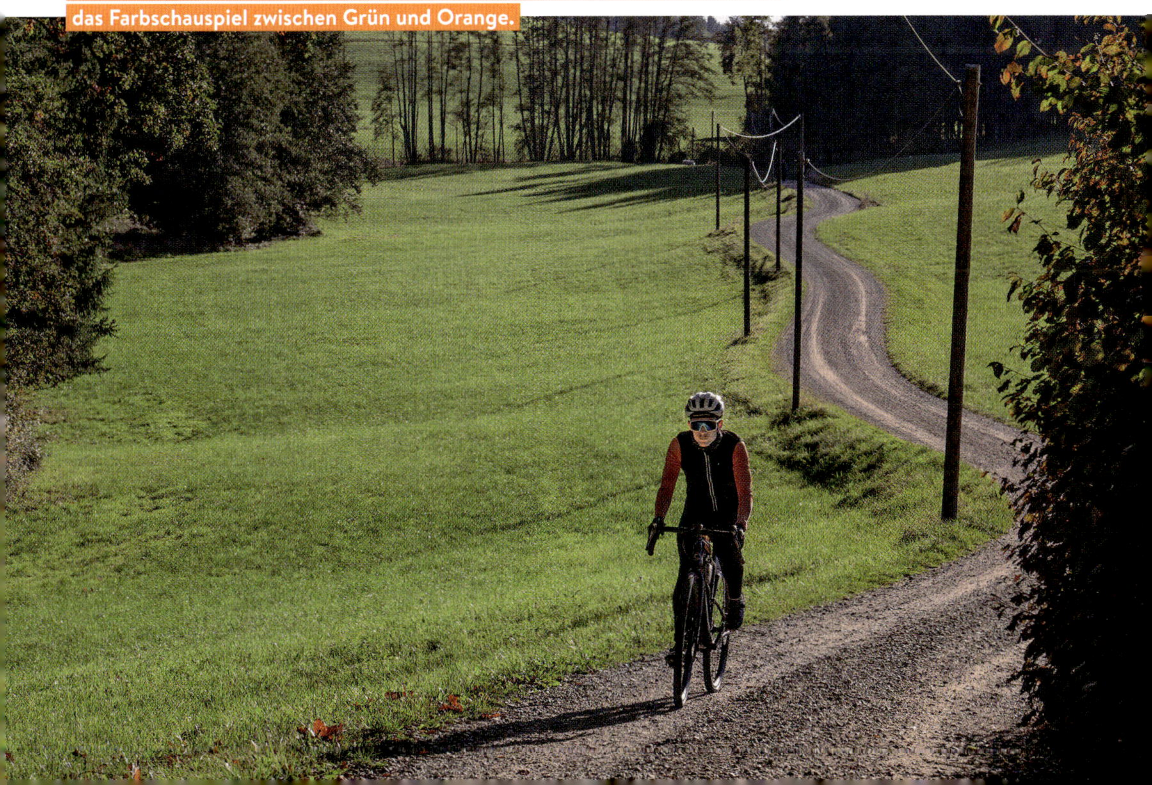

Tipp

### ISARTALSTERNWARTE

Die Isartalsternwarte im oberbayerischen Königsdorf verfügt über ein großes 60-Zentimeter-Spiegelteleskop, mit dem regelmäßig Sternenbeobachtungen für interessierte Gäste angeboten werden. Die Veranstaltungen werden durch den Verein Isartalsternwarte e.V. und seine ca. 80 Mitglieder ehrenamtlich betreut. Es lohnt sich, vor der Tour auf der Website der Sternwarte die Öffnungszeiten und Veranstaltungen abzurufen (www.isartalsternwarte.de).

**AUFFAHRT ZUM MALERWINKEL** Nach einem kurzen, aber steilen und grobgeschotterten Anstieg führt uns dieser Weg nach etwa 1,5 Kilometern zum sogenannten »Malerwinkel«, einem der schönsten Punkte in dieser Tour. Der Malerwinkel liegt ungefähr 30 Meter links des großen Waldwegs, auf dem wir unterwegs sind. Der kleine Abstecher lohnt sich aber auf jeden Fall.

**ZELTEN IN DER JUGENDSIEDLUNG NAHE DER ISARTALSTERNWARTE** Von hier führt der Weg bis nach Rothmühle. Der Ort verfügt über eine idyllische Jugendsiedlung mit großen Zeltwiesen. Wer sein erstes Bikepacking-Abenteuer erleben möchte, kann hier anfragen, ob man übernachten kann. Die Jugendsiedlung wirkt sehr einfach, ist aber top modernisiert.

Wir konnten die Jugendsiedlung im Sommer im Rahmen des Events »Brother in the Wild« kennenlernen und waren von der Pfadfinderatmosphäre begeistert.

Die Isartalsternwarte bringt interessierten Besuchern die Astronomie näher.

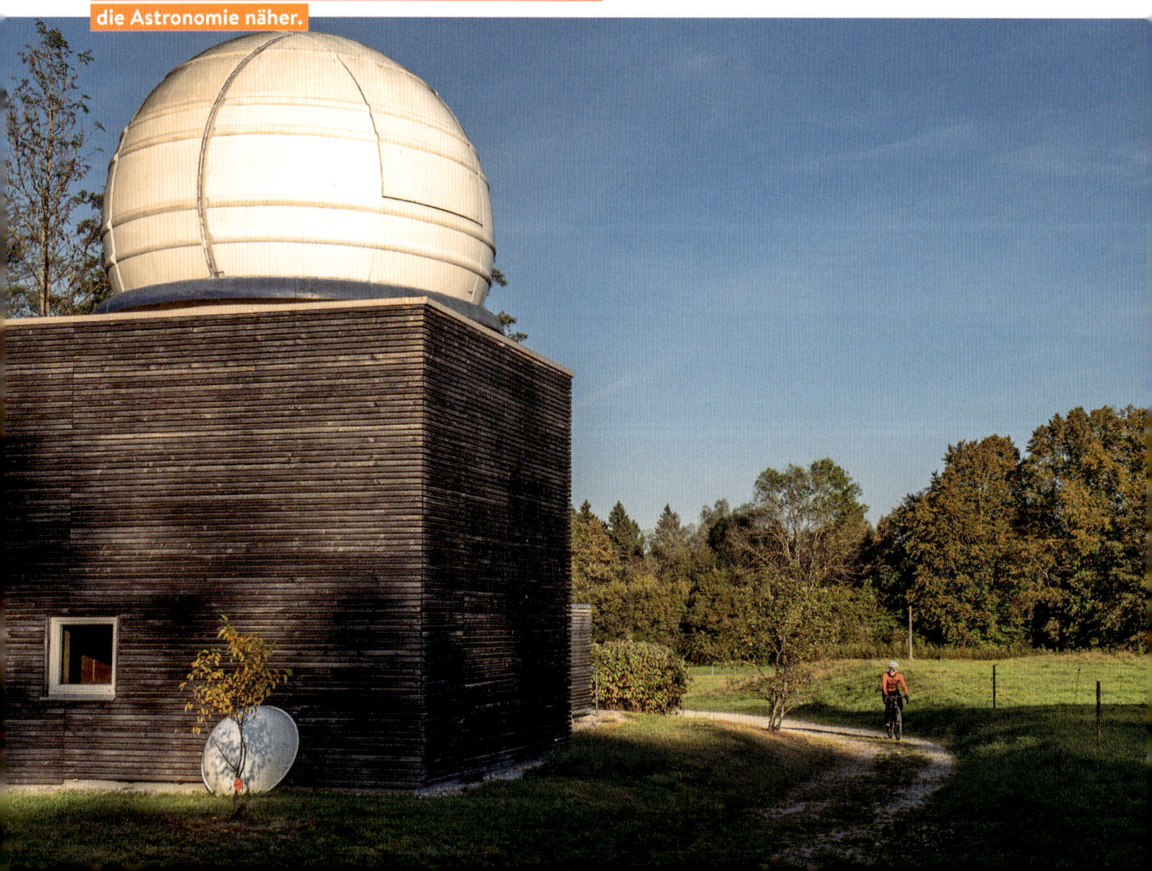

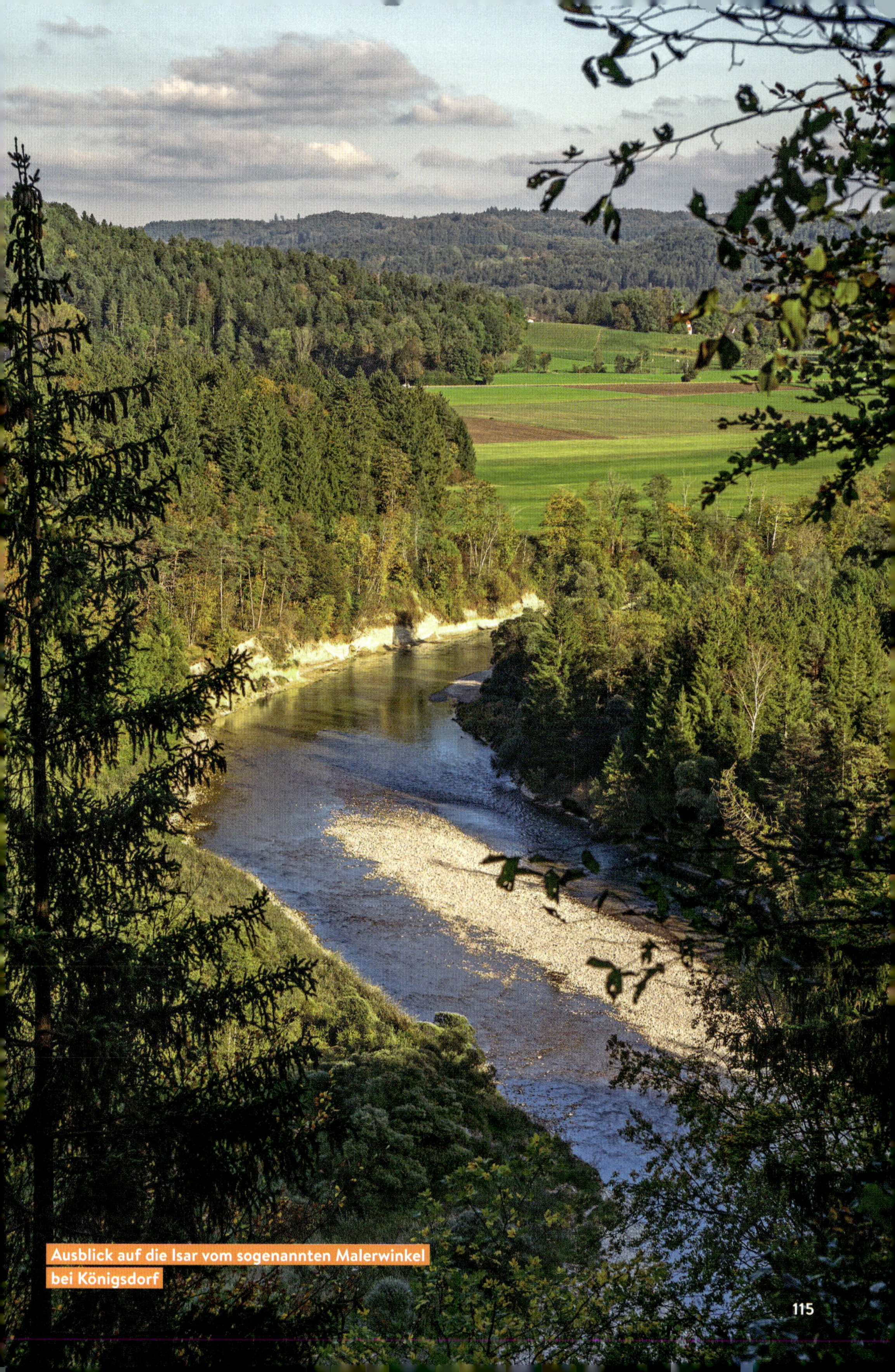

Ausblick auf die Isar vom sogenannten Malerwinkel bei Königsdorf

Tipp

### STIFTUNG KUNST UND NATUR

In Nantesbuch befindet sich die Stiftung Kunst und Natur. Wer hier einen Stopp einlegen möchte, folgt der Straße kurz nach links, statt nach rechts abzubiegen. Die Stiftung wurde 2012 von Susanne Klatten in Nantesbuch gegründet und umfasst zwei von Moor, Wald und Wiesen umgebene Hofgüter, die es ermöglichen sollen, mit Kunst und Natur in Berührung zu kommen. Hier soll die Natur zur Inspirationsquelle werden, um schöpferisch tätig zu werden.

Die Siedlung befindet sich nahe der Isar, sodass man einfach an eine Badestelle gelangt. Außerdem befindet sich hier die Isartalsternwarte in der Nähe. Für alle Sternegucker ist das ein Muss.
Nach Rothmühle bringt uns der Weg erst mal in eine eher abgeschiedene Gegend. Nach einem kurzen Stück Wald geht es auf einer kleinen Straße hinauf nach Rothenrain, von wo man bei gutem Wetter ein wunderschönes Alpenpanorama bewundern kann. Am höchsten Punkt zweigen wir von der Straße ab und bahnen uns unseren Weg durch eine Almlandschaft bis nach Unterbuchen, wo wir am Unterbuchener Weiher vorbeifahren. Dieser eignet sich hervorragend, um das Rad beiseitezustellen und eine kleine Runde schwimmen zu gehen.

Tipp

### KAPELLE GUT NANTESBUCH

In der Radszene hält sich die Urban Legend, dass die kleine Kapelle auf dem Gut Nantesbuch eine kleine Schwester der italienischen Kapelle Madonna del Ghisallo am Comer See ist. Die Kapelle Madonna del Ghisallo wurde 1949 vom Vatikan als Patronin der Radsportler gesegnet. Ob diese Geschichte stimmt, konnten wir jedoch nicht überprüfen.

## NANTESBUCH – EIN ORT VOLL KUNST

In Schönrain umfahren wir die große Hauptstraße mittels einer Unterführung und folgen dem kleinen Weg, der sich schon nach kurzer Zeit in einen Schotterweg verwandelt, entlang der Felder an der Waldgrenze. Wer hier schon in der Früh unterwegs ist, fährt durch Nebel, der am kleinen Bach im Tal hängt.
Ein Anstieg bringt uns nach Nantesbuch. Hier biegen wir nach rechts ab und folgen der Straße bergab, bis wir die Loisach überqueren.

## EINKEHR IM GEMÜTLICHEN MÄRZNHOF

Nach dem Überqueren der Hauptstraße biegen wir links auf den Radweg ab, folgen diesem aber nur bis zum nächsten Abzweig. Hier biegen wir rechts ab und erreichen kurz darauf den schön gelegenen Märznhof, wo wir für eine Pause einkehren. Die Pause ist strategisch gut gelegen, denn von hier an geht es die meiste Zeit bergauf.
Der Märznhof überzeugt durch seine liebevoll in Holz gestaltete Inneneinrichtung und typisch bayerischen Charme. Sowohl der Kuchen als auch die warmen Speisen haben uns außerordentlich gut geschmeckt.
Nach der Pause setzen wir die Fahrt in Richtung Promberg fort. Auf diesem Abschnitt können wir unsere Blicke wieder auf das schöne Alpenpanorama richten.
Von Promberg folgen wir einem Schotterweg entlang von Feldern durch ein Waldstück und einem kurzen Stück Singletrail über Faistenberg, bis wir der Autobahn sehr nahe kommen.

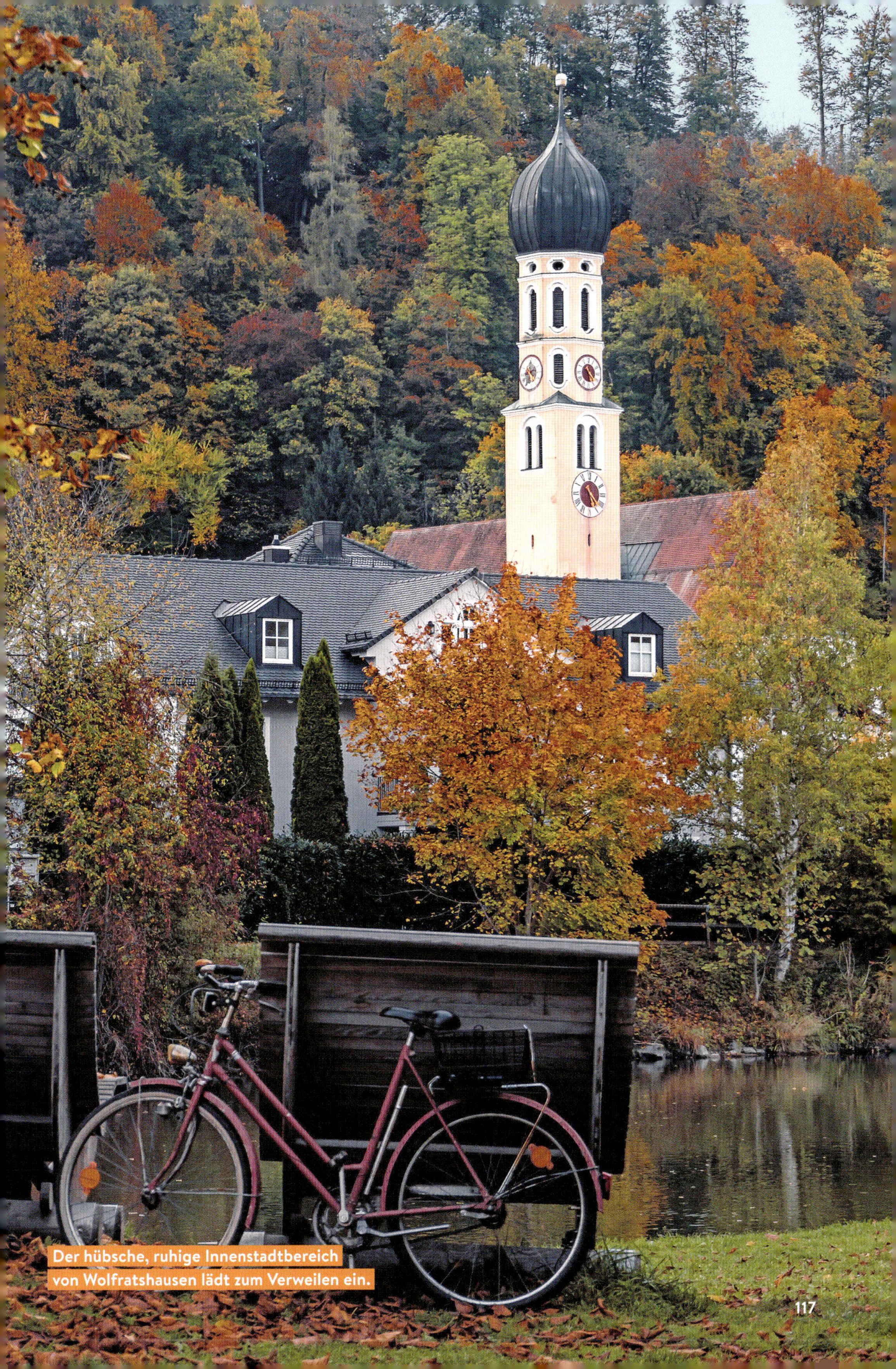

Der hübsche, ruhige Innenstadtbereich von Wolfratshausen lädt zum Verweilen ein.

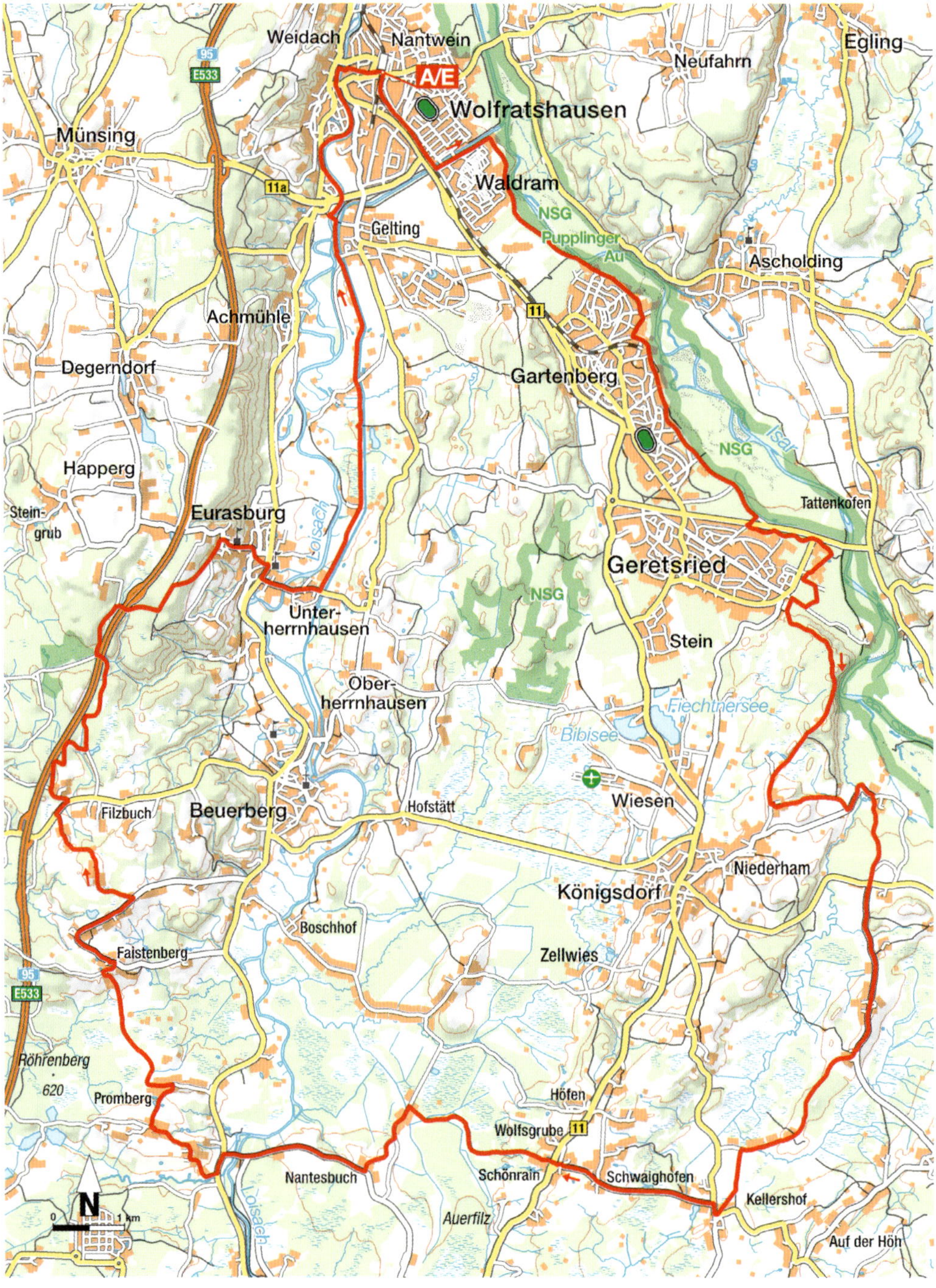
Weidach
Nantwein
Egling
Neufahrn
A/E
Wolfratshausen
Münsing
Waldram
NSG
Pupplinger Au
Gelting
Ascholding
Achmühle
Degerndorf
Gartenberg
Isar
Happerg
Tattenkofen
Stein-grub
Eurasburg
Loisach
Geretsried
Unter-herrnhausen
Stein
Ober-herrnhausen
Fiechtnersee
Bibisee
Wiesen
Filzbuch
Beuerberg
Hofstätt
Niederham
Königsdorf
Boschhof
Faistenberg
Zellwies
Röhrenberg
620
Promberg
Höfen
Wolfsgrube
Nantesbuch
Schönrain
Schwaighofen
Kellershof
Auerfilz
Auf der Höh
N
0
1 km
95
E533
11a
11

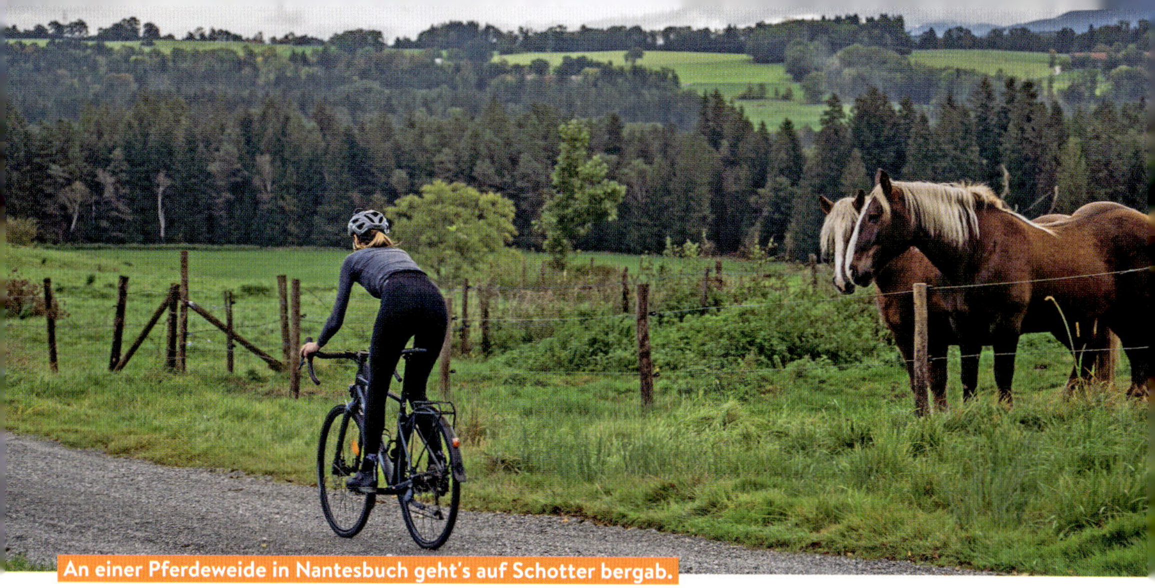

An einer Pferdeweide in Nantesbuch geht's auf Schotter bergab.

Hier schlängelt sich der Weg entlang der Autobahn durch den Wald bis zum höchsten Punkt kurz vor Eurasburg. Kurz bevor es die steile Straße hinabgeht, können wir das Schloss Eurasburg bestaunen und ein letztes Mal die Aussicht genießen.

## BIBERSPUREN ENTLANG DER LOISACH

Unten im Ort angekommen, überqueren wir den Mühlbach und die Loisach über die Unterherrnhauser Straße. Kurz vor der Überfahrt des Loisach-Isar-Kanals biegen wir nach links ab und folgen dem Kanal auf einem Schotterweg für fast acht Kilometer bis nach Wolfratshausen. Entlang des Kanals kann man oft Biberspuren sehen, Schwäne beobachten und so manch andere Tiere erspähen.

Kurz hinter Gelting überqueren wir die Loisach auf der markant blauen Loisachbrücke und fahren hinter dem Gewerbepark An der Loisach bis nach Wolfratshausen hinein. Nach der Unterführung biegen wir rechts ab und gelangen so über den Sebastiani-Steg vorbei an der Loisachhalle wieder bis zur S-Bahn-Station in Wolfratshausen.

## INFO

| Mittel | 56 km | 450 Hm | 4.00 Std. |
|---|---|---|---|

### HIGHLIGHT
Naturerlebnis, Sehenswürdigkeiten

### TOURENCHARAKTER
Ein Mix aus wenig befahrenen asphaltierten Straßen, gepflegten Radwegen, einsamen Schotter- und Waldwegen sowie einem kurzen Singletrail

### AUSGANGS-/ENDPUNKT
S-Bahn-Station Wolfratshausen

### GPS-DATEN
47.914920, 11.427155

### ANFAHRT
Auto: Über die A95 Abfahrt Wolfratshausen oder die B11 nach Wolfratshausen
ÖPNV: Mit der S-Bahn-Linie S7

### INFORMATION
www.jugendsiedlung-hochland.de

# ZWISCHEN AMMERSEE UND LECH

## Herrsching – Utting – Apfeldorf – Fischen

Diese Route verbindet den drittgrößten See Bayerns, den Ammersee, sowie das reizvolle Lechtal südlich von Landsberg am Lech in einer Rundtour. Auf der Route lassen sich sowohl der Seetrubel als auch einsame Wege in der Natur erleben. Ein weiteres Highlight ist die Strecke entlang des Lechs, der mit herrlichen Wegen entlang des Hochufers und seiner kristallblauen Farbe beeindruckt.

13

Start mit Blick auf den Ammersee

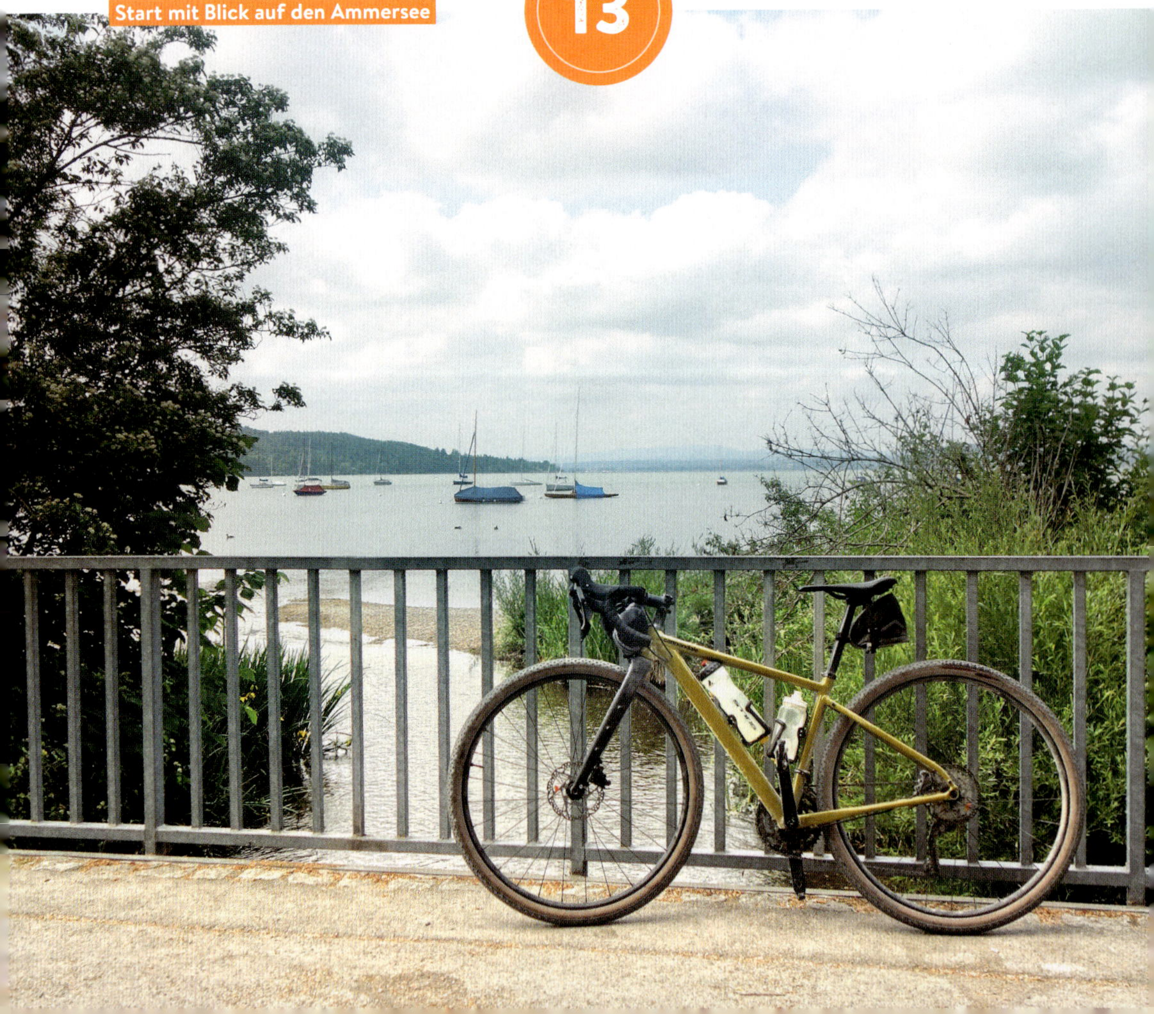

**VOM SEE ZUM FLUSS** Wir verlassen Herrsching entlang der Bahngleise, wo ein kleiner Radweg entlangführt. Anschließend gelangen wir an einen Bahnübergang und biegen nach links ab. Kurz danach erwartet uns auf einer kleinen Promenade der erste Blick auf den Ammersee. Nach dieser halten wir uns rechts in Richtung Breitbrunn und Inning.

Es ist der erste Anstieg nach Rausch zu bewältigen. Im Ort verlassen wir kurz den Radweg nach rechts und fahren links einen kleinen Trail entlang einer Weide. Dieser bringt uns wieder schnell zu einer asphaltierten Straße nach Ellwang und dann weiter Richtung Breitenbrunn, wo eine erste Abfahrt mit Aussicht wartet.

Wir durchfahren die Ortschaft und nehmen den Radweg weiter nach Buch und ab dort weiter Richtung Inning. Kurz vor der Ortseinfahrt Inning biegen wir links ab und folgen dem Radweg an einem Sportplatz vorbei Richtung Landsberg am Lech. Wir gelangen nach Stegen, vorbei am Seebad. Nun geht es weiter auf dem Radweg nach Utting am Ammersee.

Dort biegen wir rechts ab und fahren weiter Richtung Windachspeicher/Finning und verlassen vorerst die Gefilde des Ammersees. Es folgt ein hügeliger Gravelweg durch den schattigen Wald und entlang von Feldern. Anschließend fahren wir ein kleines Stück auf der Hauptstraße nach rechts, bis wir links auf einen ruhigen Wirtschaftsweg abbiegen.

Wir radeln weiter auf Schotterwegen und kurzen Trail-Abschnitten Richtung Hofstetten und weiter durch Lengenfeld und Ummendorf, dem Radweg Richtung Landsberg am Lech folgend. Manche Abschnitte können nach Regen etwas matschig sein. Wir biegen nach links auf eine Hauptstraße ab, die wir aber kurz danach wieder nach rechts auf einen Waldweg verlassen.

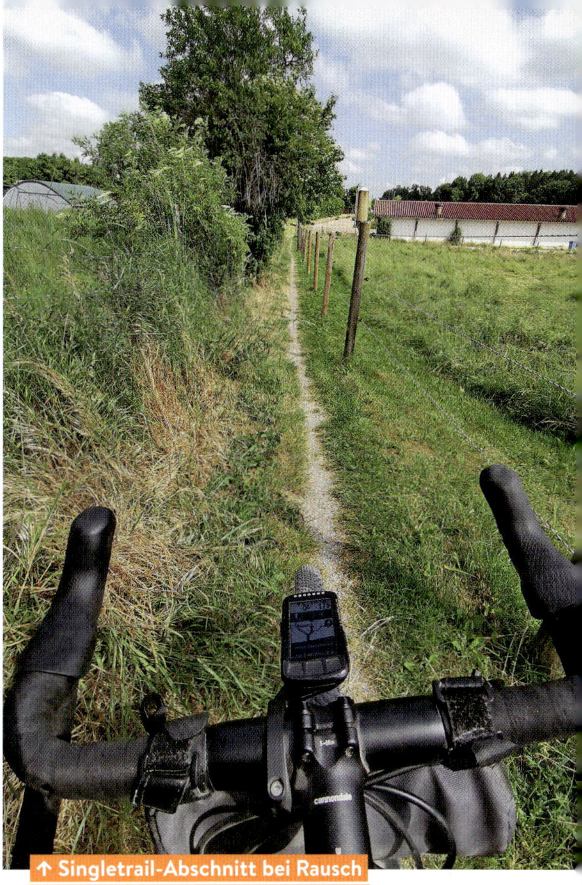

↑ Singletrail-Abschnitt bei Rausch

↓ Rast am Marterl bei Ummendorf

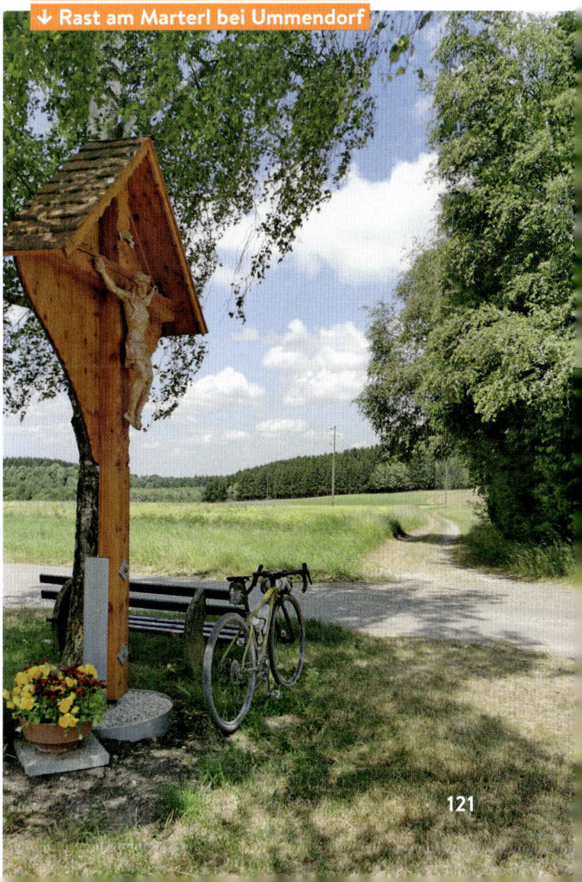

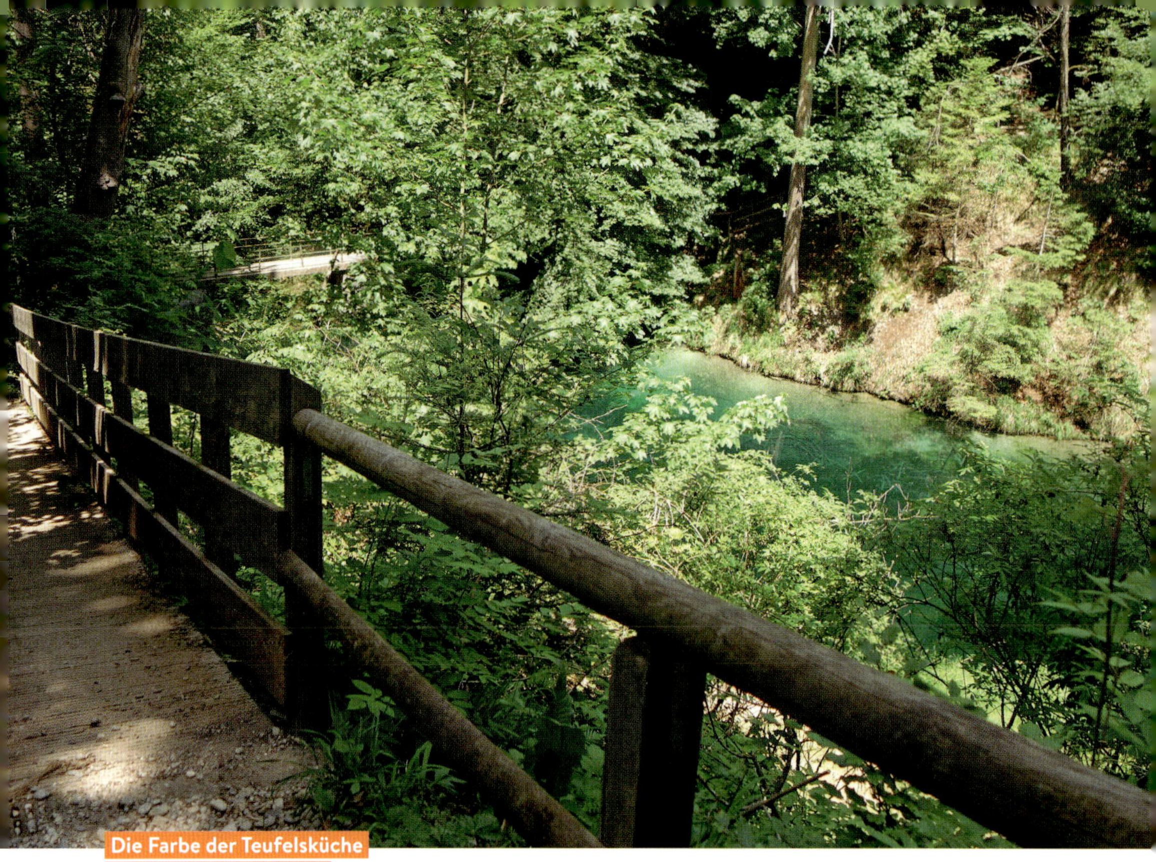

Die Farbe der Teufelsküche erinnert an die Karibik.

Tipp

### VOGELSCHUTZGEBIET AMMERSEE-SÜDUFER

Abseits des Trubels der Strandbäder und Promenaden des Ammersees liegt zwischen Dießen am Ammersee und Aidenried die Vogelfreistätte Ammersee-Südufer, die zu den bedeutendsten Feuchtgebieten Bayerns zählt. Das etwa 604 Hektar große Gebiet steht seit 1979 unter Naturschutz, nachdem der Bau eines Jachthafens verhindert werden konnte. Rund um das Ufergebiet und die Mündung der Ammer in den Ammersee lassen sich im Jahresverlauf über 300 verschiedene Vogelarten beobachten, wie zum Beispiel Kormorane und Weißstörche.

**AB IN DIE TEUFELSKÜCHE** Wir kommen an einem kleinen Stausee, der sogenannten Teufelsküche, vorbei, der mit seiner türkisen Farbe an die Karibik erinnert. Es lohnt sich ein kurzer Stopp, um sich den See aus nächster Nähe anzusehen. Wir folgen dem Weg weiter geradeaus und erblicken nun zum ersten Mal den Lech von einem eindrucksvollen Ausblickspunkt.

Der Lech wird uns nun für den nächsten Abschnitt begleiten. Nach einer Kehrtwende fahren wir weiter nach rechts. Nach der Ortschaft Pitzling geht es nun hügelig mit ein paar steileren Anstiegen auf Schotterwegen entlang des Lechs bis nach Mundraching. Dort überqueren wir den Fluss und fahren auf der Westseite weiter Richtung Süden, zunächst auf einem Radweg. Bei der nächsten Kreuzung geht es nach links weiter auf dem Radweg nach Kinsau/Epfach. Wir genießen

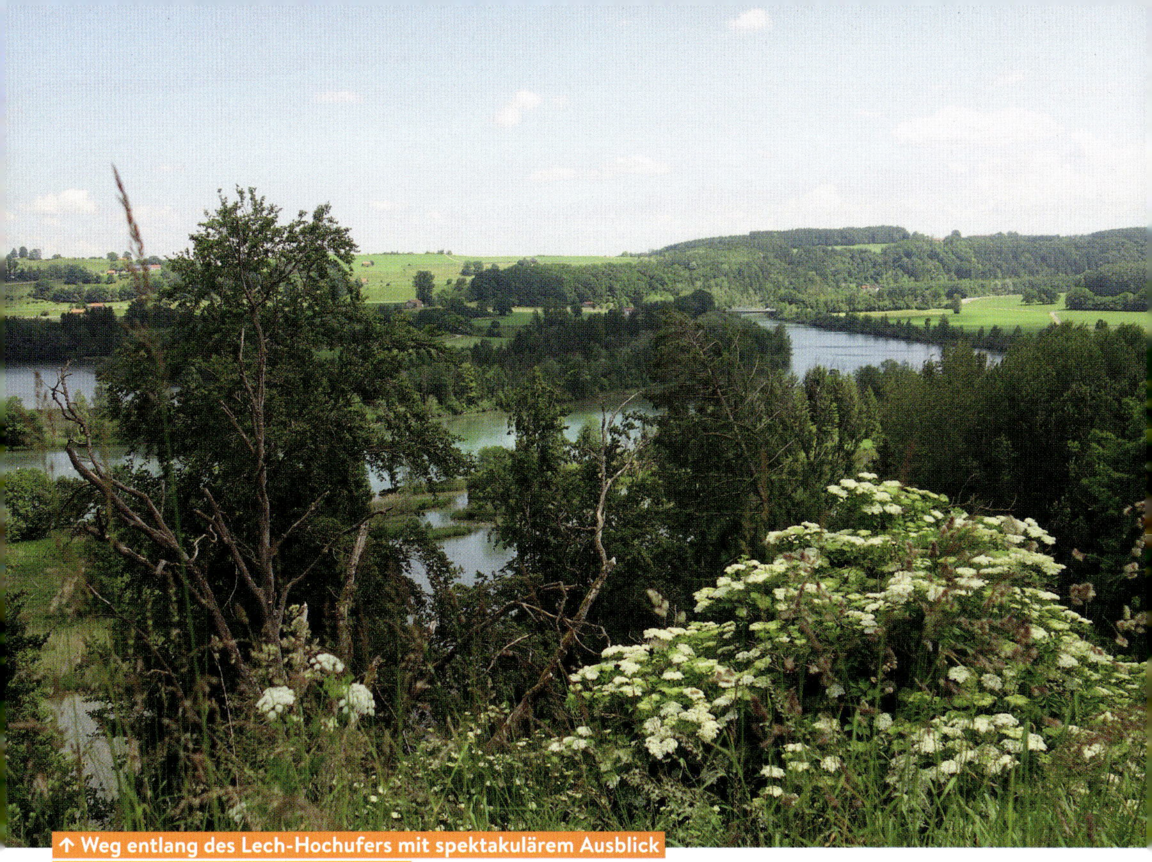

↑ Weg entlang des Lech-Hochufers mit spektakulärem Ausblick
↓ Gravelroute durch Wald im Lechtal

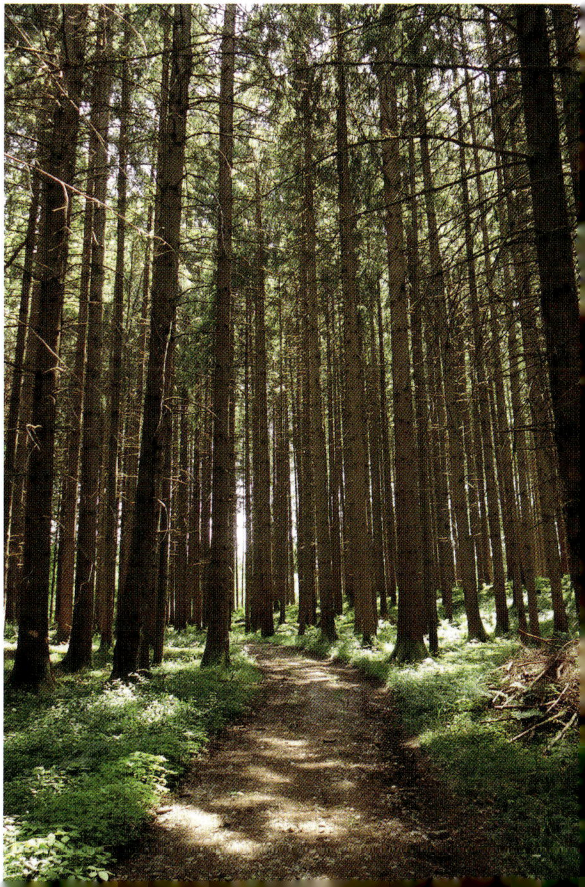

eine Abfahrt mit Alpenpanorama. Nun geht es auf dem asphaltierten Radweg immer weiter auf dem Lech-Hochweg über Epfach bis nach Kinsau, mit Blick auf den schluchtartigen Lech. Einer Abfahrt nach Kinsau folgt eine kurze steile Rampe mit Überquerung der Hauptstraße, hier am besten kurz schieben. Wir verlassen den Ort über Wirtschaftswege und gelangen zur Kinsauer Kapelle, die mit einem imposanten Ausblick auf das Lechtal und einer Bank zu einer Pause einlädt.

## GENUSSRADELN MIT ALPENPANORAMA

Anschließend fahren wir nun rechts eine technische Abfahrt zum Stauwerk hinab. Hier ist Fahrtechnik gefragt aufgrund der Steilheit und Wegbeschaffenheit. Andernfalls hier am besten kurz absteigen und schieben. Im Anschluss fahren wir weiter

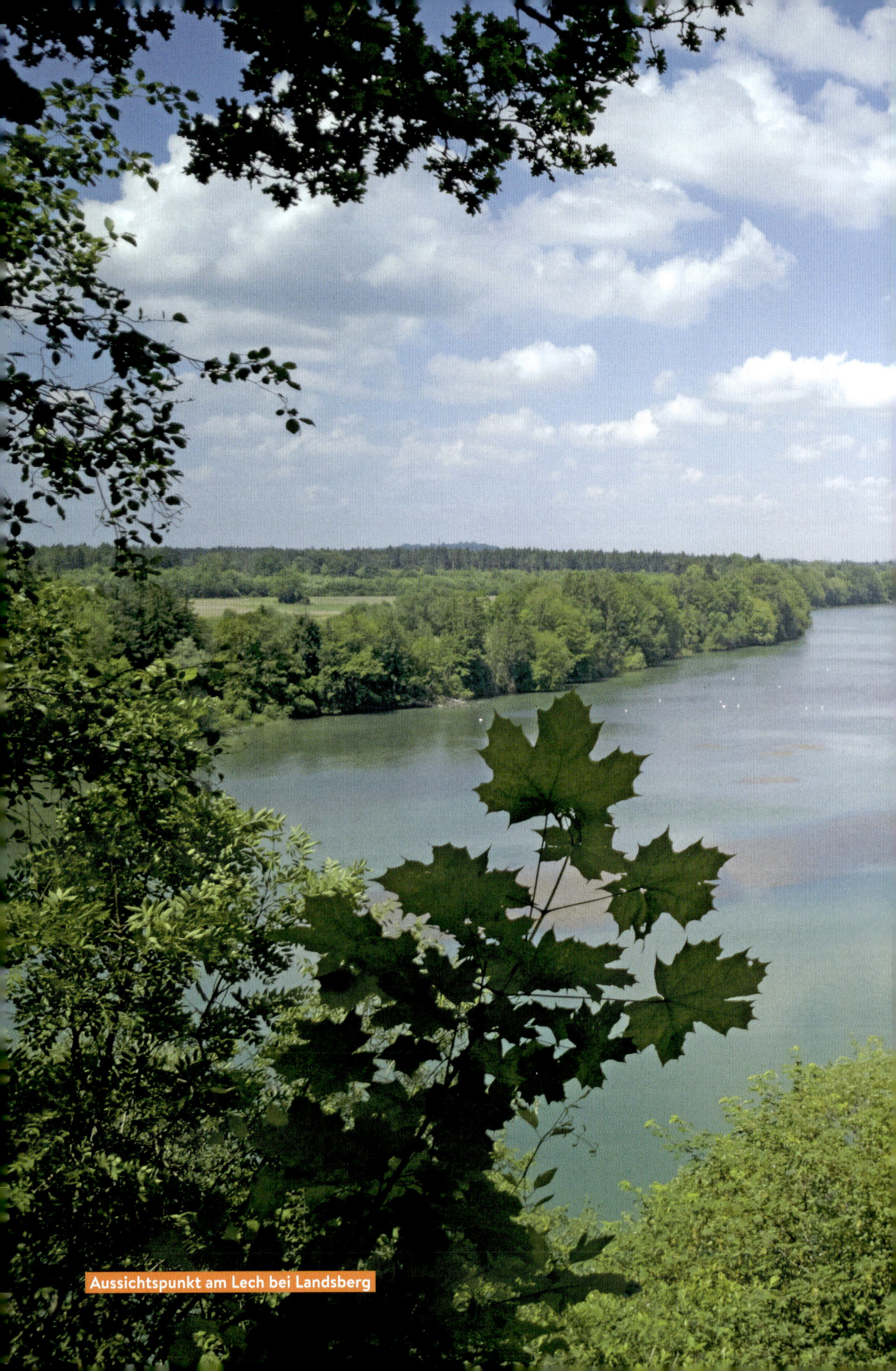

Aussichtspunkt am Lech bei Landsberg

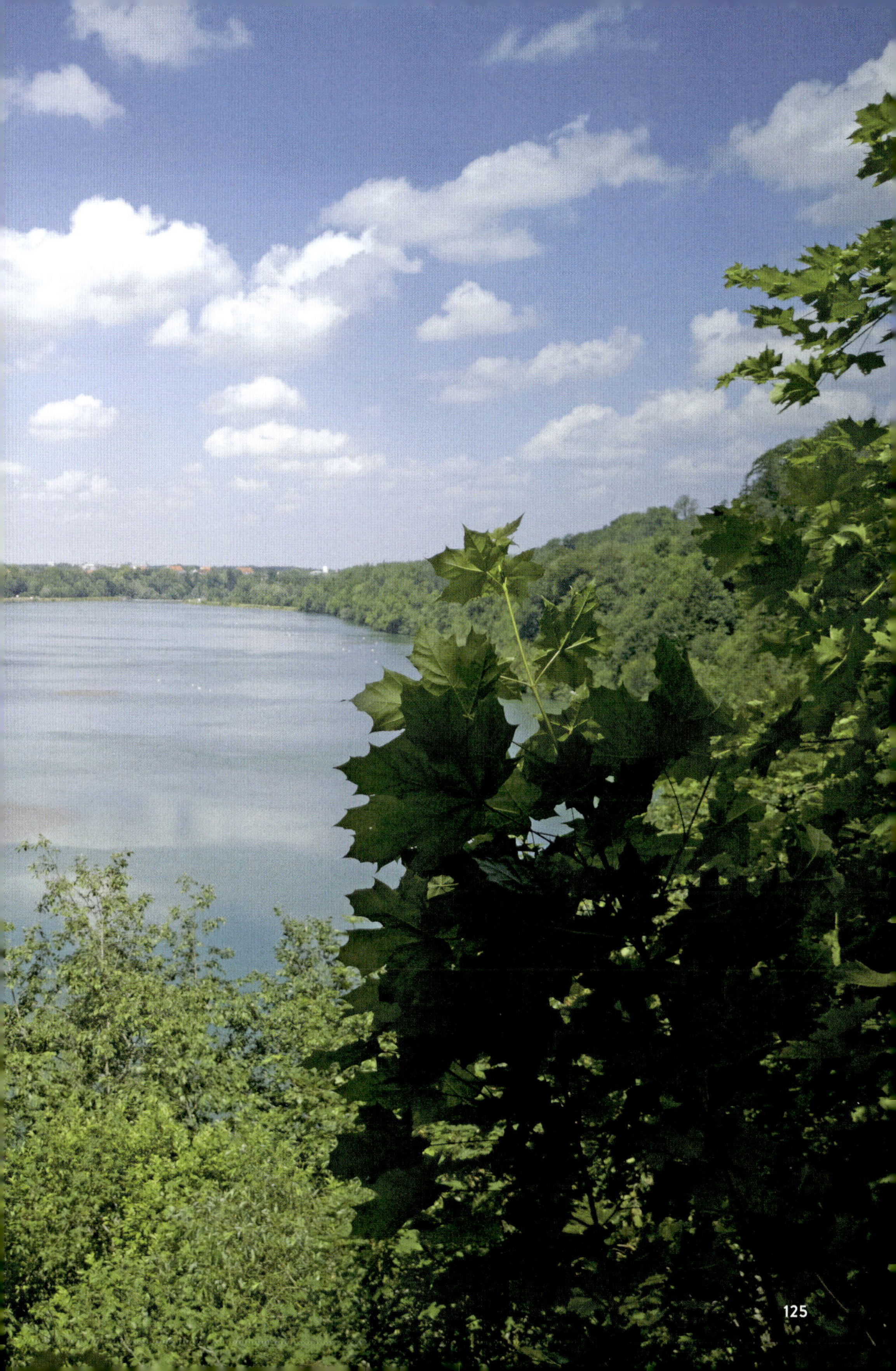

Tipp

### HOFBIERGARTEN STILLERN

Der Hofbiergarten Stillern bietet eine hervorragende Möglichkeit, sich für den Endspurt der Tour zu stärken. In herrlicher Natur gelegen, besticht der weitläufige Biergarten mit typischer Biergartenatmosphäre, zu der auch Sitzgelegenheiten unter Kastanienbäumen gehören. Zudem gibt es hier oft Livemusik zu hören, regelmäßig treten verschiedene Bands und Kapellen auf und sorgen für ausgelassene Stimmung. Neben typisch bayerischen Gerichten hat der Biergarten auch vegetarische und vegane Speisen im Angebot.

nach Apfeldorf und überqueren den Lech ein letztes Mal. Dort angekommen, folgen wir einem weiteren Anstieg Richtung Wessobrunn/Engelsrieder See, der mit einem Bergblick belohnt wird. Im Dorf angekommen biegen wir nach rechts auf die Hauptstraße ab, um dann links dem Weg Richtung Raisting zu folgen. Es geht weiter mit einer Abfahrt mit Alpenpanorama. Wir folgen dem Fahrradwegschild und biegen nach links in einen Schotterweg ab. Es wird durch einen Wald gerollt, bevor wir beim Hofbiergarten Stillern vorbeikommen.

Wir fahren weiter durch Raisting und folgen dem Weg Richtung Weilheim/Fischen. Danach biegen wir links ab Richtung Fischen/Herrsching, wo es ein Stück an der schönen Ammer mit idyllischen Uferbereichen entlanggeht. Wir gelangen zum südlichen Ende des Ammersees und fahren Richtung Norden am See entlang zurück zum Ausgangspunkt Herrsching mit einigen Bademöglichkeiten am Weg.

Entlang der Ammer zurück nach Herrsching

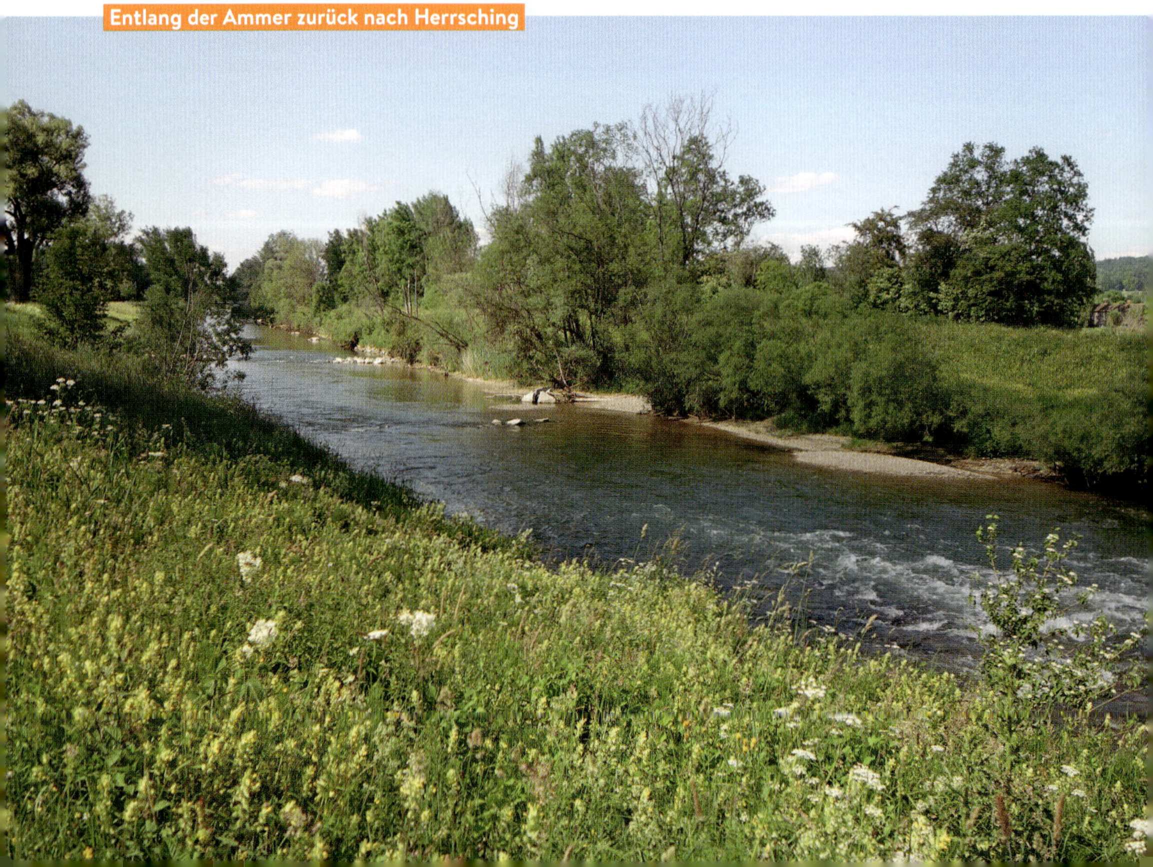

## INFO

Schwer | 98 km | 900 Hm | 6.00 Std.

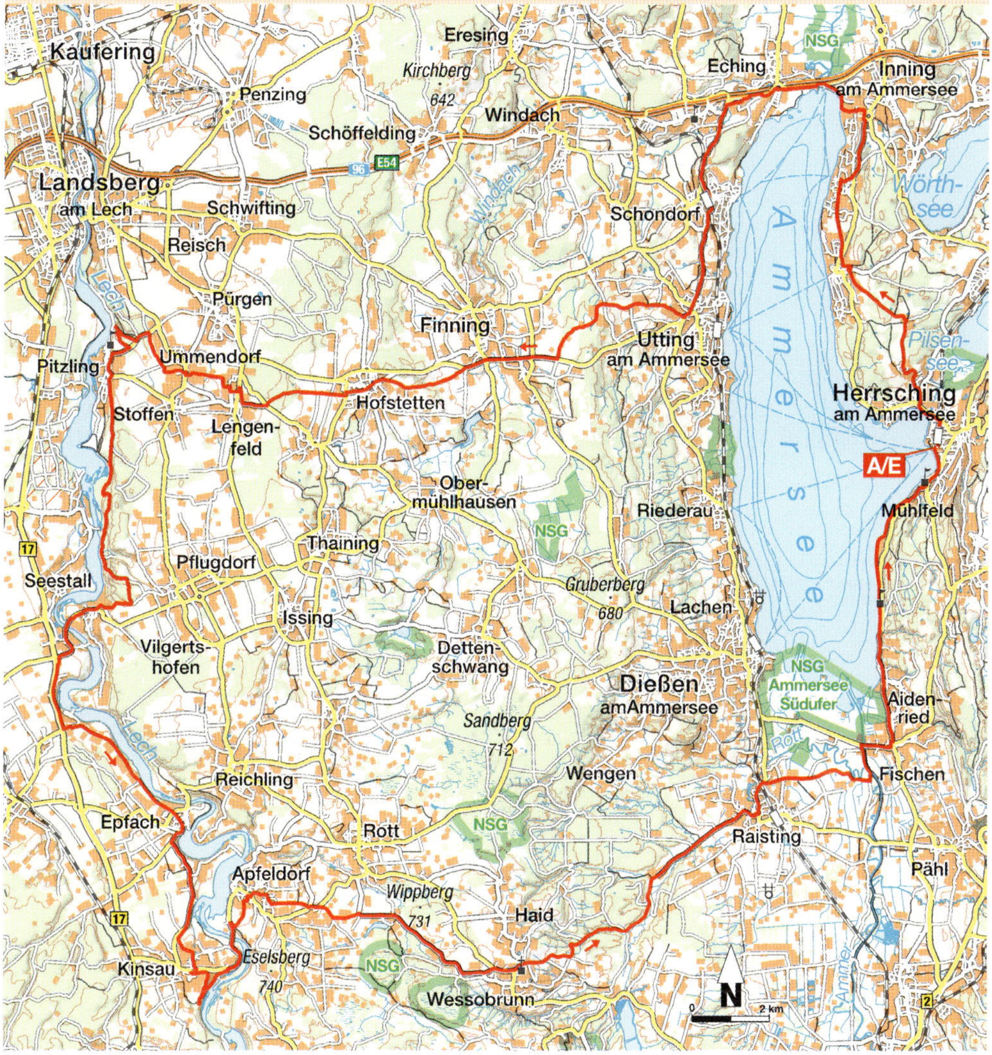


### HIGHLIGHT

Naturerlebnis

### TOURENCHARAKTER

Lange Tour mit Höhenmetern und hohem Gravelanteil am unberührten (Hoch-)Ufer entlang des Lechs; Ammersee mit zahlreichen Bademöglichkeiten

### AUSGANGS-/ENDPUNKT

Bahnhof Herrsching

### GPS-DATEN

47.999027, 11.170554

### ANFAHRT

Auto: Auf der A 96 bis zur Abfahrt Wörthsee und über Seefeld am Pilsensee nach Herrsching. Parkplätze am Bahnhof kostenpflichtig (8–10 €)
ÖPNV: Mit der S-Bahn-Linie S8 oder der Regionalbahn

### INFORMATION

www.tourismus-landsberg-ammersee-lech.de

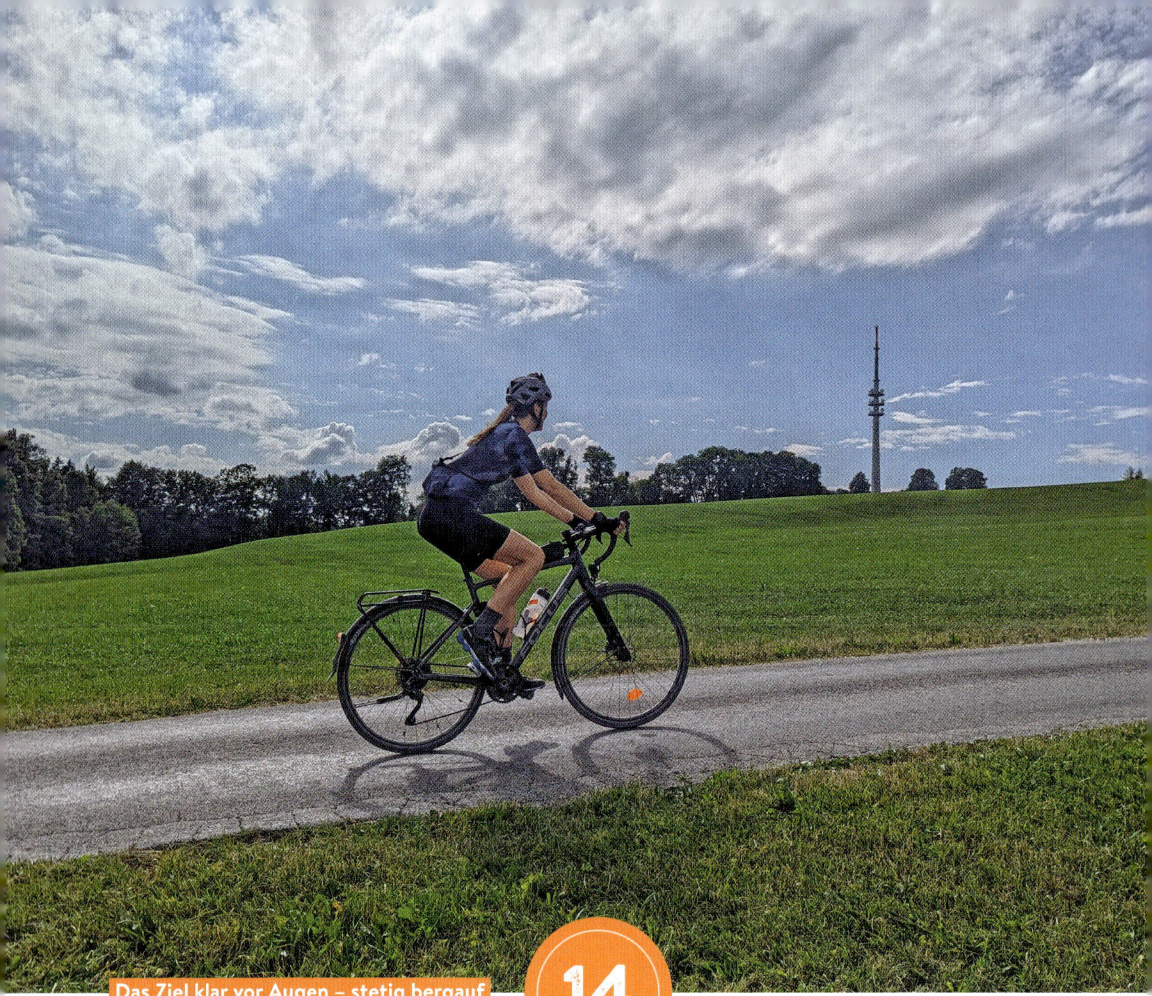

Das Ziel klar vor Augen – stetig bergauf zum »Mont Ventoux« von Bayern

14

# AUF DEN HOHEN PEISSENBERG

## Weilheim – Peißenberg – Raisting – Herrsching

Von der Seepromenade des Ammersees geht es auf Schotterwegen nach Weilheim. Von dort erklimmen wir einen der beliebtesten Radfahrerberge der Region: den Hohen Peißenberg. Die Antenne auf seiner Spitze hat ihm den Spitznamen »Bayerischer Mont Ventoux« eingebracht. Nach einer rasanten Abfahrt können wir auf dem Rückweg die Natur in einer herrlichen Moorlandschaft genießen.

**ANREISE ZUM AMMERSEE** Unser Startpunkt in Herrsching am Ammersee ist von München aus gut mit öffentlichen Verkehrsmitteln zu erreichen. Die Bayerische Oberlandbahn (BOB) fährt vom Münchner Hauptbahnhof bis Herrsching. Hier ist jedoch zu beachten, dass es am Wochenende sehr voll werden kann, da der Zug bis in die Berge fährt. Die Fahrradmitnahme kann dann mit einer kleinen Geduldsprobe verbunden sein.

**SEEPANORAMA UND BLICK AUF DIE MARKANTE ANTENNE** Der Bahnhof befindet sich in unmittelbarer Nähe zum See, und so können wir schon nach kurzer Zeit einen Blick auf die Seepromenade erhaschen. Trotzdem bleiben wir zunächst auf der Nebenstraße, die parallel zum See verläuft, und folgen dem Radweg, der neben der Hauptstraße aus dem Ort führt.
Nach kurzer Zeit können wir jedoch nach rechts auf einen Weg abbiegen, der wieder zurück an den See führt. Auf einem schmalen Schotterweg (Achtung Gegenverkehr) fahren wir am Ufer des Sees entlang und können bei gutem Wetter schon einen ersten Blick auf den Hohen Peißenberg werfen.
Die Antenne auf dem Hohen Peißenberg gibt ihm sein markantes Profil und hat ihm umgangssprachlich den Namen »Bayerischer Mont Ventoux« gegeben, was auch daran liegt, dass der Berg bei Radfahrern außerordentlich beliebt ist.

**ENTLANG DER AMMER NACH WEILHEIM**
Der Track führt uns nun erst einmal weg vom Ammersee zu einem Radweg, der uns entlang der Ammer nach Weilheim führen wird.
Beim Überfahren der Brücke ist etwas Vorsicht geboten, da der Track scharf in einer Kurve unter der Brücke hindurchführt.
Nach kurzer Zeit kann der Weg nach links verlassen werden, um hinter einer Schranke direkt an der Ammer entlang nach Weilheim

Ein schöner Kiesweg führt uns entlang des Ammersees. Schon hier können wir die markante Spitze erkennen.

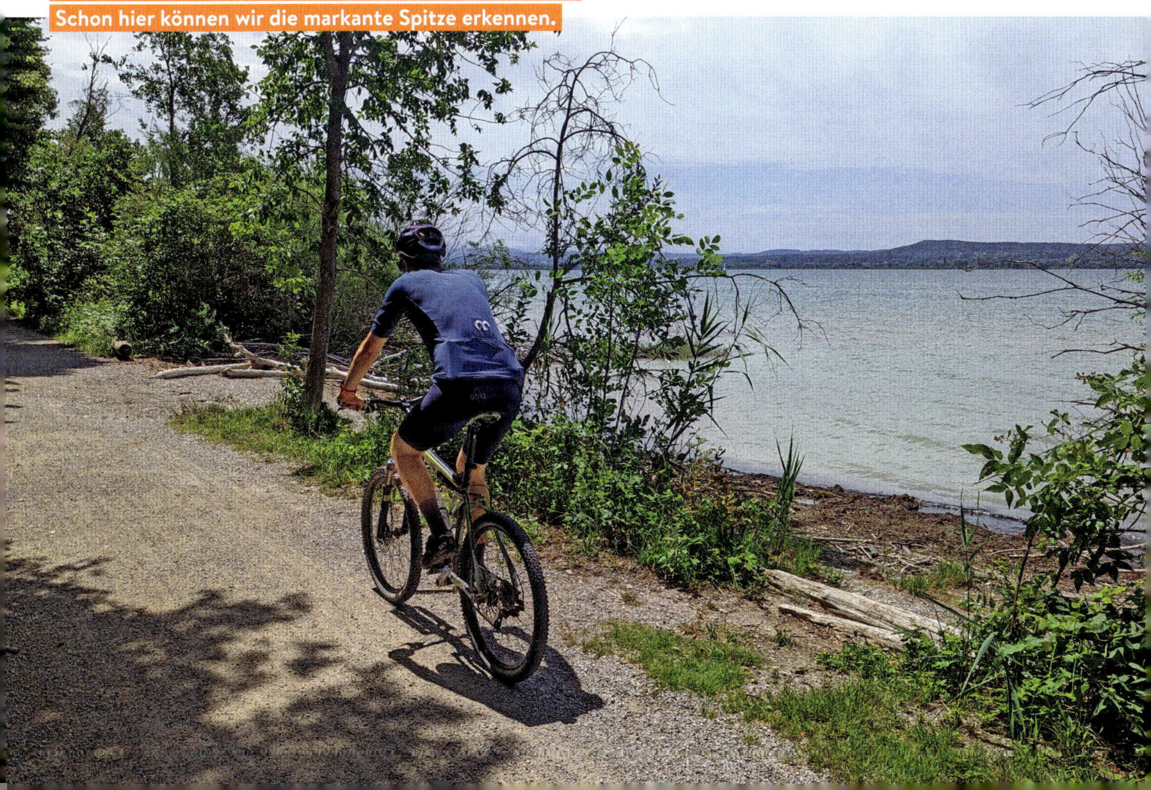

Tipp

**HOHER PEISSENBERG**

Der Hohe Peißenberg hat eine Höhe von 988 Metern und liegt im Landkreis Weilheim-Schongau im Pfaffenwinkel. Auf seinem Gipfel befindet sich die Wallfahrtskirche Mariä Himmelfahrt mit einer Kapelle aus dem Jahr 1514. Außerdem steht ein Meteorologisches Observatorium (die Antenne) auf dem Berg, die u. a. der Wetterforschung dient. Die Wetterstation gilt als älteste Bergwetterstation der Welt.

zu fahren. Man kann aber auch dem gut ausgebauten Schotterweg folgen. Die Fahrt direkt an der Ammer empfehlen wir ausdrücklich nur während der Sommermonate und nicht nach starken Regenfällen. Da an den Wegrändern teilweise Dornenbüsche stehen, sollte auch ein Ersatzschlauch in der Tasche nicht fehlen.

Dafür ist der Weg abgeschieden und bietet einen wundervollen Einblick in die Landschaft. Die Alternative auf dem breiten Schotterweg ist weniger wild und daher auch sehr beliebt bei anderen Radfahrern und E-Bikern.

**VON WEILHEIM IN DEN ANSTIEG ZUM PEISSENBERG** In Weilheim überqueren wir die Ammer an einer Bahnbrücke mit Radweg (auch hier ist Vorsicht geboten, da der Weg sehr eng ist). Der Weg führt uns auf einem Radweg kurz entlang der Hauptstraße bis nach Peißenberg.

Entlang der Ammer erhaschen wir immer wieder einen wundervollen Ausblick auf das Flussufer.

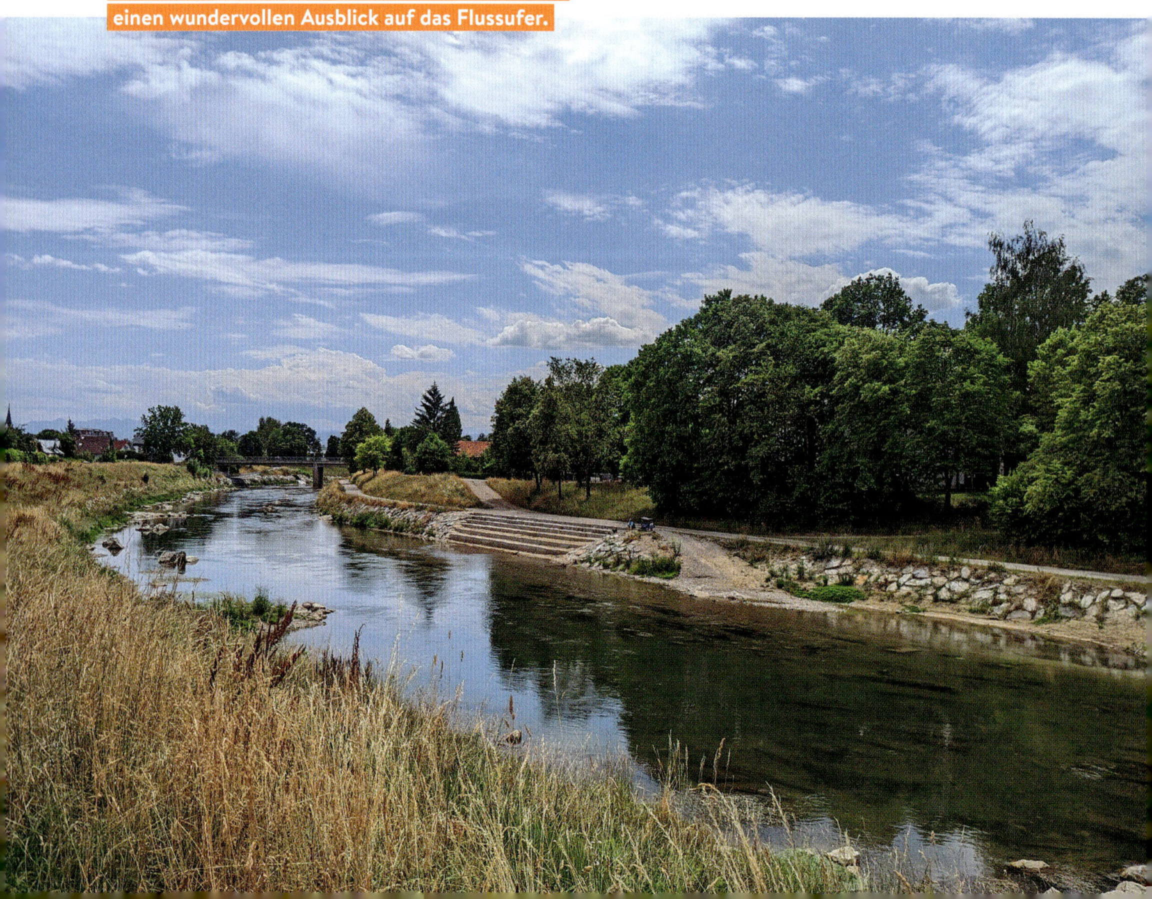

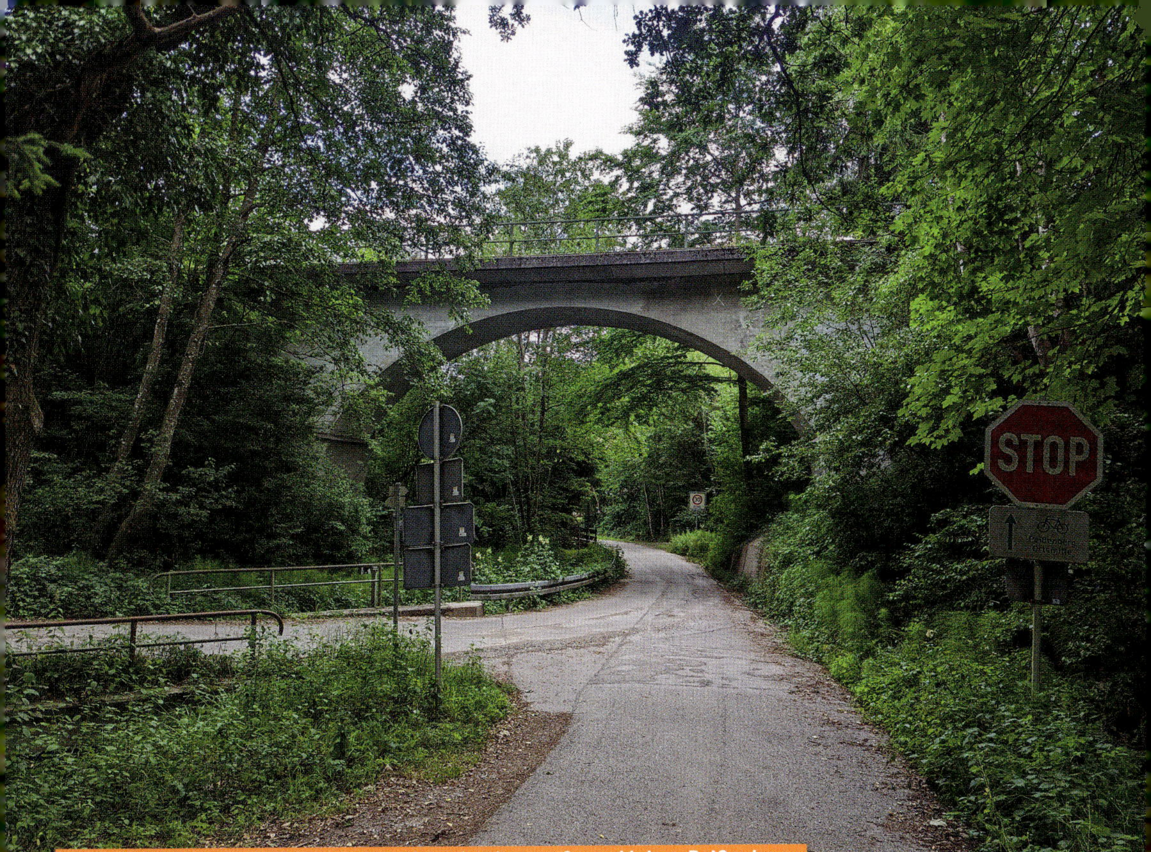


↑ Direkt nach der Brücke geht es nach rechts bergauf zum Hohen Peißenberg.

↓ Typisch bayerische Ortschaften mit Kapelle, Maibaum und Geranien an den Fenstern

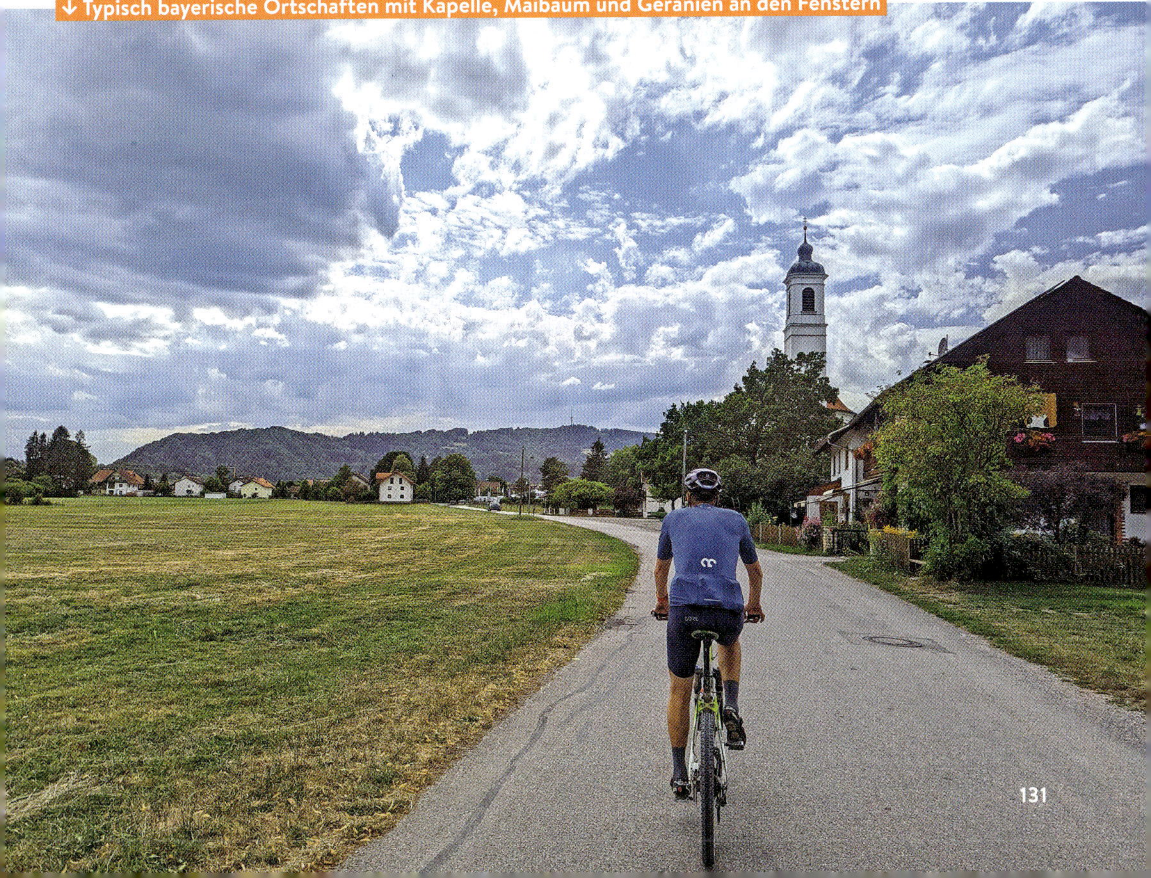

Kurz vor dem Ortsausgang von Peißenberg biegen wir in die Unterbaustraße ab.
Nach einer markanten alten Unterführung folgen wir einem schmalen asphaltierten Weg nach rechts und starten in den Anstieg zum Hohen Peißenberg. Zunächst führt der Weg durch einen Wald, später entlang kleiner Höfe. Zwischendurch kann man bei gutem Wetter ein traumhaftes Panorama mit herrlichem Bergblick genießen.

## HIMBEERPAUSE FÜR GIPFELSTÜRMER

Auf der rechten Seite lädt eine kleine Bank vor einem der Höfe mit einer hohen Himbeerhecke zu einer Rast ein. Die Bank wurde vom Grundstückseigentümer privat für rastende Radfahrer aufgestellt. Dabei gilt: Wer hier eine Pause macht, nimmt seinen Müll wieder mit, da es keine Tonne für die Entsorgung gibt und keine städtische Reinigung stattfindet.
Nach einem großen Pferdehof geht es ein Stück bergab, kurz vor dem erneuten Anstieg biegt ein Weg nach rechts ab. Diesem folgen wir, um den Gipfel des Hohen Peißenbergs zu erreichen.
Auch hier gibt es eine schattige Bank mit Panoramablick für eine kurze Rast. Der Weg führt uns entlang der Felder zur Hauptstraße auf den Hohen Peißenberg.
Auf diese biegen wir in einer scharfen Rechtskurve ab und folgen der Straße etwa 700 Meter hinauf zum Parkplatz des Gipfels. Oben befinden sich ein Restaurant und eine Kirche. Neben der Kirche gibt es eine kostenlose öffentliche Toilette. An dem Wasch-

Schon auf dem Weg zum Hohen Peißenberg können wir nicht genug vom Bergblick bekommen.

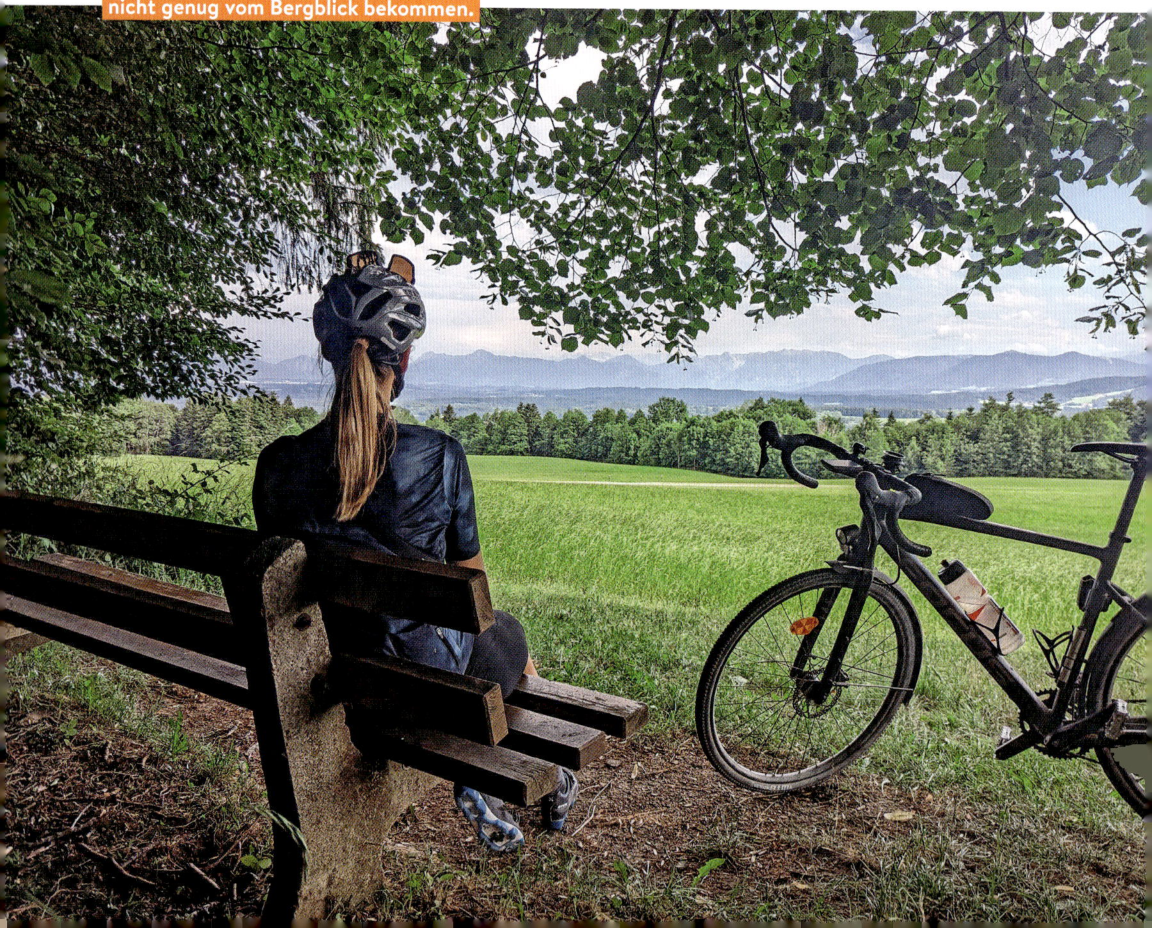

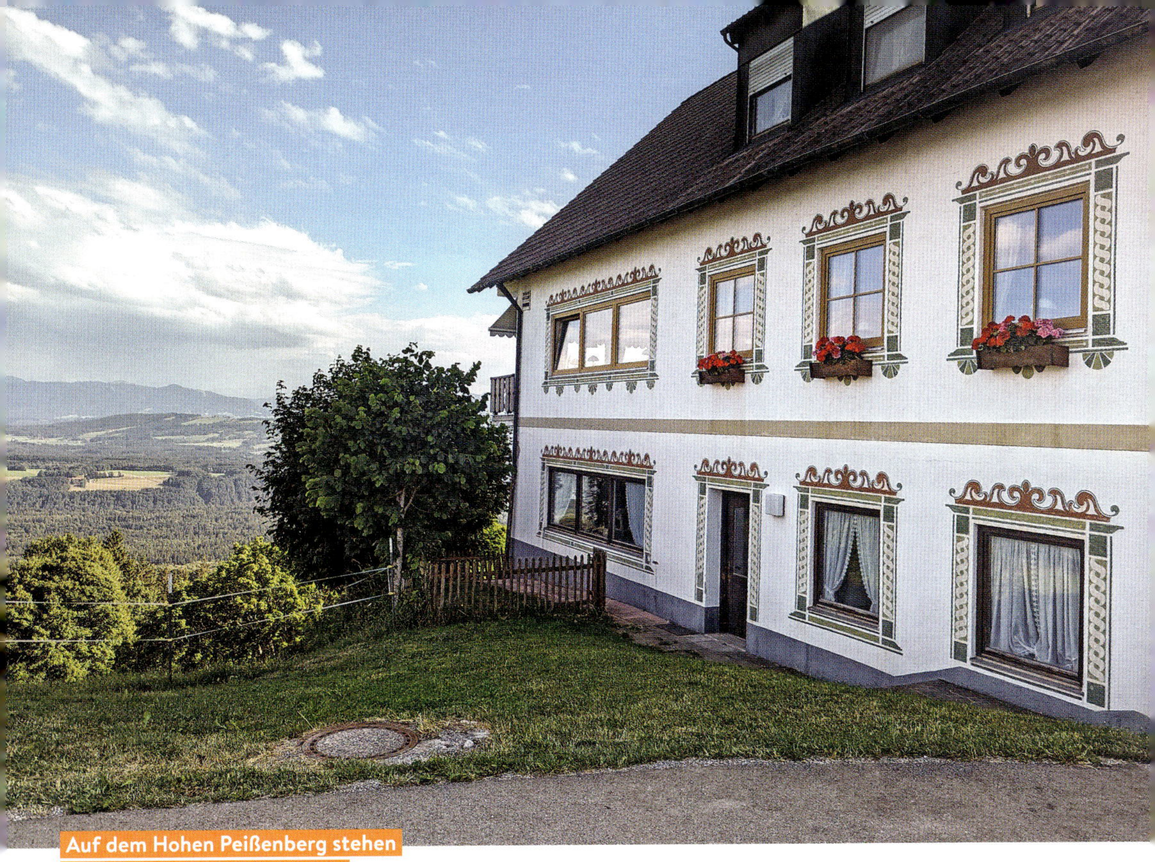

Auf dem Hohen Peißenberg stehen eine Kirche und ein Gasthaus.

becken können wir auch die Trinkflasche befüllen.

### ABFAHRT MIT BESUCH DER ANTENNE

Für die Abfahrt verlassen wir die Hauptstraße schon nach etwa 300 Metern wieder nach links. Auf diesem Weg kann man der Antenne noch einen kurzen Besuch abstatten. Der Weg biegt nach links in ein Waldstück ab – Achtung, hier ändert sich der Belag von Asphalt zu Schotter.
Nach ungefähr 800 Metern wandelt sich der Weg jedoch wieder in einen asphaltierten Landwirtschaftsweg. Hier kann man das Rad ein bisschen laufen lassen und die Geschwindigkeit bei der Abfahrt genießen.
Am Ende der Abfahrt biegen wir nach rechts auf eine breitere Straße ab, nur um kurz danach wieder nach links in ein Waldstück abzubiegen.
Nach dem Gravelvergnügen gelangen wir wieder auf eine asphaltierte Straße.
Kaum haben wir den Ort Forst verlassen, erwartet uns eine weitere Abfahrt, diesmal auf perfektem Asphalt. Die Kurven haben eine gut befahrbare Breite, sodass man die Geschwindigkeit auskosten und den Fahrtwind genießen kann. Wir rollen bis in den Ort Zellsee.

**RÜCKWEG AUF DER RUHIGEN MAUTSTRASSE DURCHS MOORGEBIET** Der Rückweg führt über eine gut asphaltierte Mautstraße durch ein Moorgebiet. Radfahrer dürfen die Mautschranke laut Auskunft der Gemeinde umfahren, ohne Maut zahlen zu müssen. In dem Moor können mit etwas Glück zahlreiche Vögel und Rehe beobachtet werden. Auf dem Weg befindet sich außerdem ein schöner Biergarten, der zur Einkehr

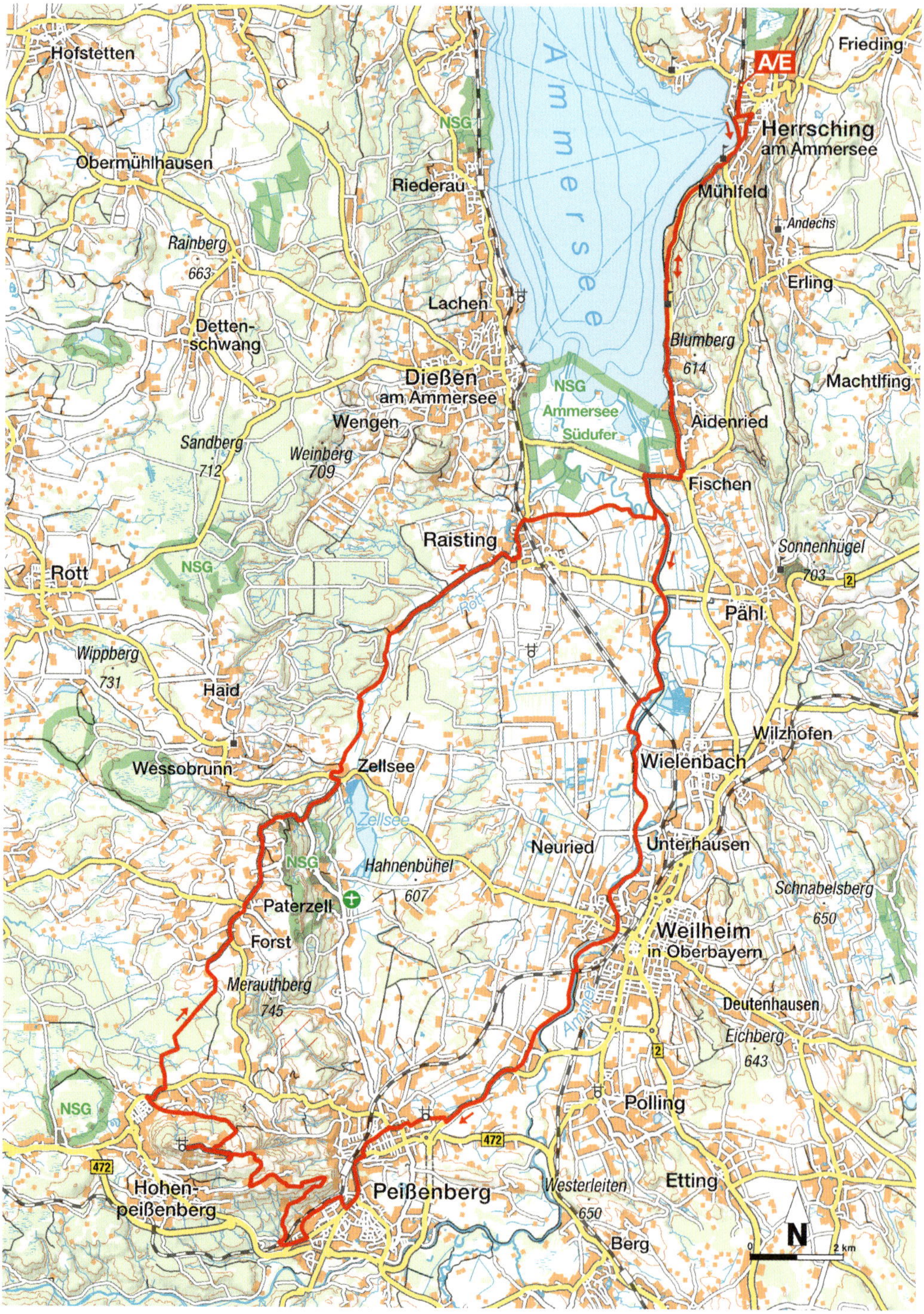
Hofstetten
Friedling
A/E
Ammersee
NSG
Herrsching
am Ammersee
Obermühlhausen
Riederau
Mühlfeld
Andechs
Rainberg
663
Erling
Lachen
Detten-
schwang
Blumberg
614
Dießen
am Ammersee
Machtlfing
NSG
Ammersee
Südufer
Wengen
Aidenried
Sandberg
712
Weinberg
709
Fischen
Raisting
Sonnenhügel
703
Rott
NSG
Rott
Pähl
Wippberg
731
Haid
Wilzhofen
Wessobrunn
Zellsee
Wielenbach
Zellsee
Neuried
Unterhausen
NSG
Hahnenbühel
607
Schnabelsberg
650
Paterzell
Forst
Weilheim
in Oberbayern
Merauthberg
745
Deutenhausen
Eichberg
643
Ammer
NSG
Polling
472
472
Hohen-
peißenberg
Peißenberg
Westerleiten
650
Etting
Berg
N
0
2 km

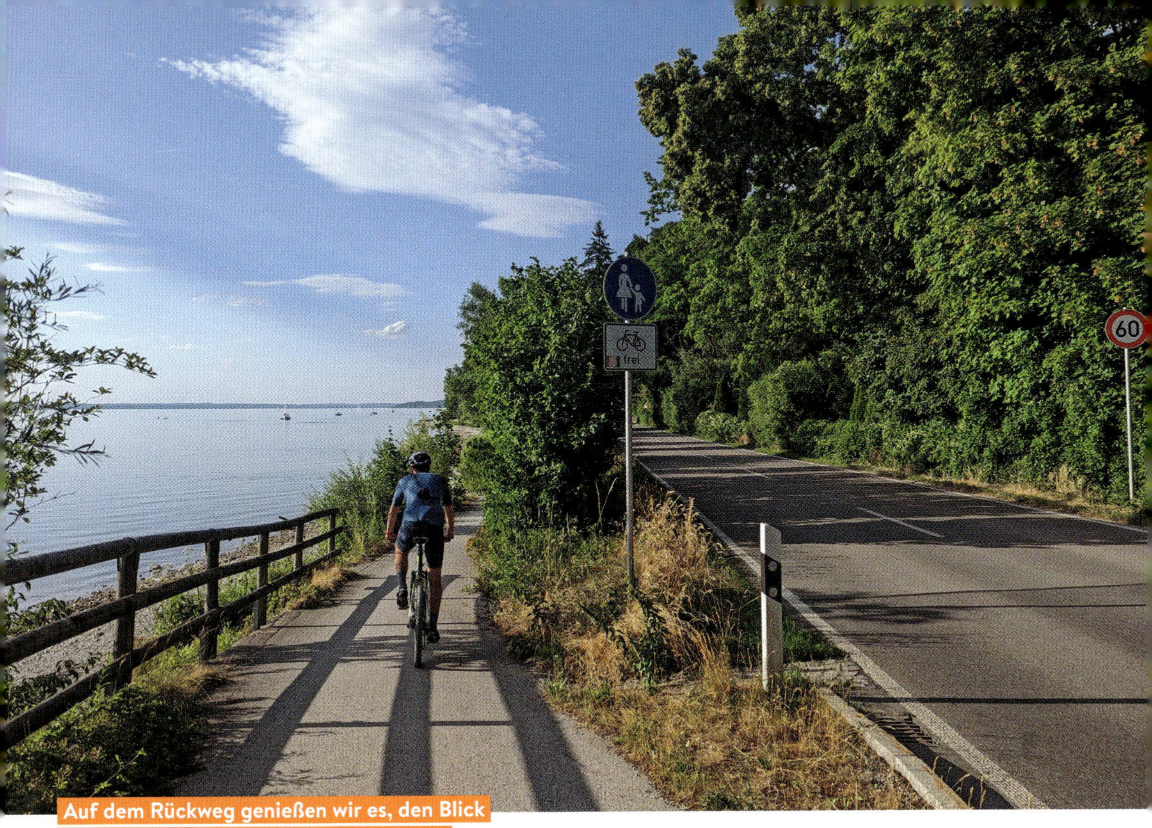


Auf dem Rückweg genießen wir es, den Blick über den Ammersee schweifen zu lassen.

einlädt. In einem Waldstück gibt es einen Abschnitt von etwa einem Kilometer auf Schotter. Hier kann es staubig werden, wenn zufällig gerade ein Auto vorbeifährt.

Der Weg führt uns zurück an den Ammerradweg. Wir fahren nun auf dem Weg, den wir schon vom Beginn der Tour kennen, zurück nach Herrsching.

## INFO

| Mittel | 75 km | 630 Hm | 5.45 Std. |
|---|---|---|---|

**HIGHLIGHT**
Naturerlebnis

**TOURENCHARAKTER**
Auf gut ausgebauten Wegen folgt man der Ammer bis zum Hohen Peißenweg. Der Anstieg hinauf erfordert Kondition, dann ist ein Großteil der Höhenmeter überwunden.

**AUSGANGS-/ENDPUNKT**
Bahnhof Herrsching

**GPS-DATEN**
47.999027, 11.170554

**ANFAHRT**
Auto: Auf der A96 bis zur Abfahrt Wörthsee und über Seefeld am Pilsensee nach Herrsching.

Parkplätze am Bahnhof kostenpflichtig (8–10 €)
ÖPNV: Mit der S-Bahn-Linie S8 oder der Regionalbahn

**INFORMATION**
www.bayregio.de/freizeit/hoher-peissenberg;
www.tourismus-landsberg-ammersee-lech.de

# STAFFELSEE UND OSTERSEEN

## Tutzing – Uffing – Murnau – Iffeldorf – Seeshaupt

Auf dieser Tour erleben wir die Bilderbuchlandschaft des Oberlands im Münchner Süden. Nach dem Start in Tutzing am Starnberger See radeln wir Richtung Weilheim und gelangen weiter südlich in das Blaue Land in der Gegend um Murnau. Vom Staffelsee geht es wieder zurück nach Norden, zu den Osterseen und weiter zurück nach Tutzing. Es geht wellig auf und ab, allerdings auf vielen Abschnitten auf Asphalt.

15

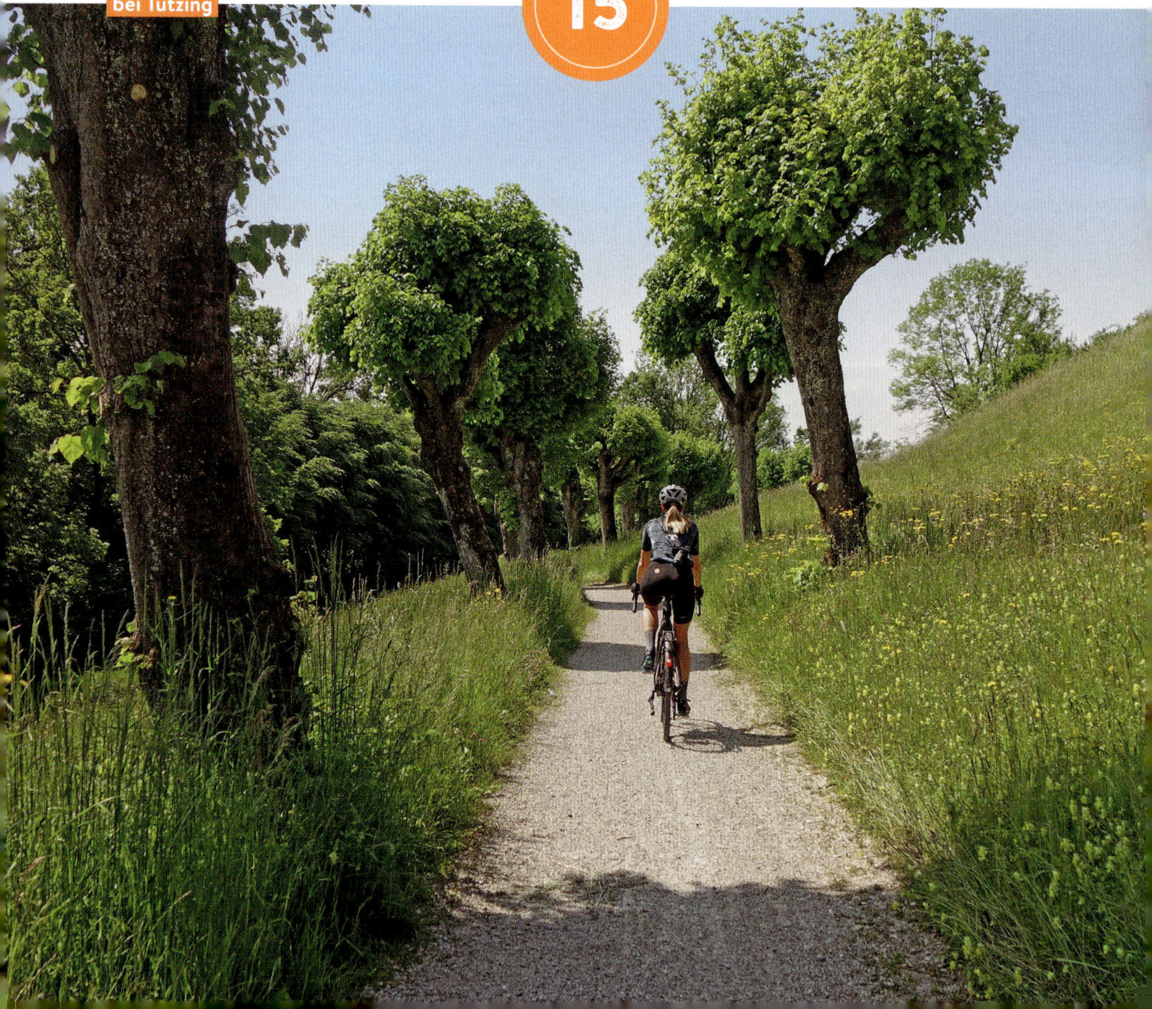

Gravelallee am Starnberger See bei Tutzing

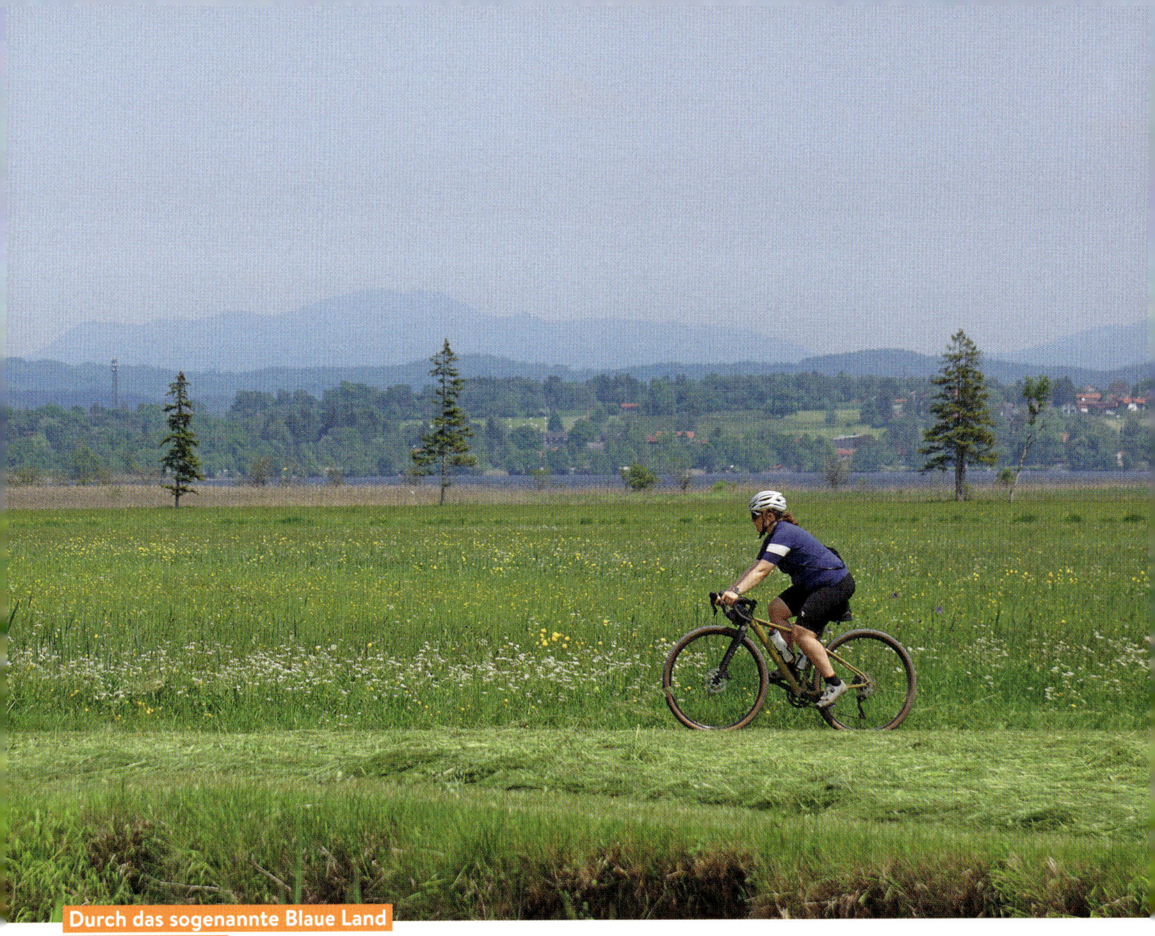

Durch das sogenannte Blaue Land vor Alpenkulisse

**MIT ALPENPANORAMA GEN SÜDEN** Wir starten am S-Bahnhof in Tutzing am Starnberger See und verlassen die Ortschaft auf dem Fahrradweg Richtung Weilheim. Es geht zunächst bergauf auf einem Fahrradweg an einer Hauptstraße entlang. Bald erblicken wir den Fahrradwegweiser mit der Abzweigung nach Kampberg links, welchem wir folgen. Wir passieren einen Bahnübergang und fahren weiter geradeaus Richtung Weilheim/Haunshofen. In Haunshofen geht es links Richtung Wielenbach/Wietzendorf eine Abfahrt hinunter.
Nun fahren wir flott über herrliche Wirtschaftswege nach Deutenhausen. Dort radeln wir weiter Richtung Eberfing. Es geht durch Etting und dann weiter nach Huglfing. Nach

*Tipp*

### KIOSK BUCHT 27 AM STAFFELSEE

Auf halber Strecke der Tour lädt der Kiosk Bucht 27 zu einem Stopp am Staffelsee ein. Neben einer Erfrischung oder Stärkung auf der Terrasse unter den Sonnenschirmen kannst du dich bei gutem Wetter auch im Wasser abkühlen oder einfach auf der Liegewiese entspannen und den Seeblick genießen. Neben diversen Getränken gibt es auch einige kiosktypische Speisen wie Currywurst und Pommes oder auch Pizza zu genießen. Die Öffnungszeiten des Kiosks richten sich nach dem Wetter.

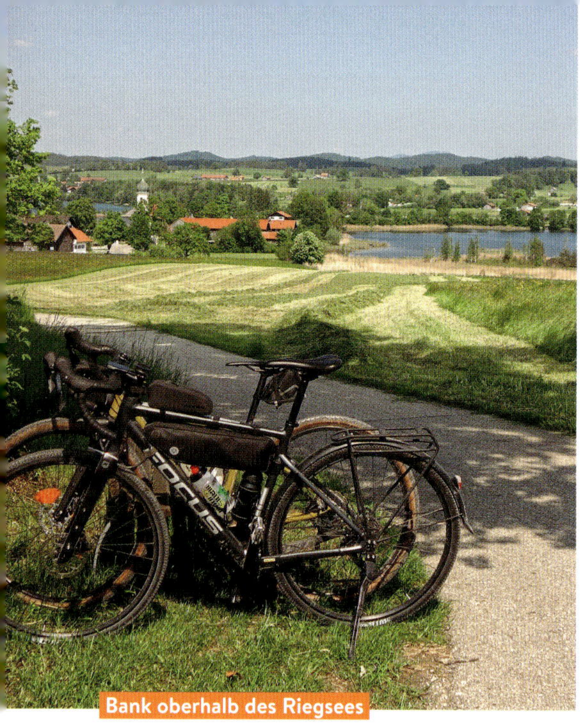

Bank oberhalb des Riegsees

einem kurzen Stück an der Hauptstraße erreichen wir Huglfing, wo wir dem Hungerbach ein Stück folgen, und setzen die Fahrt Richtung Uffing am Staffelsee fort. Es geht durch eine hügelige idyllische Alm- und Weidelandschaft, wo wir bei guter Fernsicht permanent den Blick auf die Berge genießen können.

**GRAVELGENUSS IM BLAUEN LAND** Wir erreichen nun die Gefilde des Blauen Lands, durchqueren Uffing am Staffelsee und halten uns weiter Richtung Bad Kohlgrub. Nach einem kleinen Anstieg blicken wir zum ersten Mal auf den Staffelsee, der nun mit dem Panorama des Ammergebirges vor uns liegt, und nähern uns dem Ufer. Nun folgen wir dem Uferweg in rechter Richtung, die Fahrradwegschilder leiten uns. Es geht nun durch die naturbelassene Landschaft des Staffelsees, wir folgen der Route weiter nach links gegen den Uhrzeigersinn um den See herum. Der Weg ist nun geschottert, aber immer noch gut fahrbar. Durch die Moorlandschaft hindurch gelangen wir zum Weg entlang des Südufers des Staffelsees, mit Blick auf die Seeinseln und das blau schimmernde Wasser. Der Staffelsee ist ein beliebtes Ausflugsziel unter Radfahrern und Spaziergängern; daher ist auf den Wegen rücksichtsvolles Fahren gefragt. Am Ende des Uferwegs erblicken wir auf der linken Seite ein Seebad mit Kiosk, der sich für eine kleine Erfrischung anbietet.

Nach dem Kiosk geht es eine kleine Rampe hinauf in Richtung des Murnauer Ortskerns, den wir durchqueren. Nach einem kurzen Abstecher in die Murnauer Fußgängerzone halten wir uns weiter Richtung Froschhausen. Es erwartet uns eine rasante Abfahrt zwischen zwei weiteren Seen, dem Riegsee und dem Froschhauser See, wo wir uns weiter geradeaus halten. Nun geht es noch mal bergauf, aber asphaltiert. Wir fahren durch eine herrliche verkehrsarme Höhlmühler Almlandschaft und können auch schon bald die Abfahrt genießen. Jetzt gelangen wir nach Habach und auf der Hauptstraße weiter nach Antdorf.

*Tipp*

### NATURSCHUTZGEBIET OSTERSEEN

Die Osterseen sind ein beliebtes Ausflugsziel und auch ein bedeutsames Naturgebiet, seit 1981 haben die über 1000 Hektar den Status Naturschutzgebiet. Seinen Ursprung hat das Areal, das als Eiszerfallslandschaft gilt, in der letzten Eiszeit. Neben circa 20 Seen und Wäldern beheimatet die Gegend eine einzigartige und artenreiche Flora und Fauna, die es in der vielfältigen Landschaft zu erkunden gibt. Fahrradfahrer und Spaziergänger profitieren von einem umfangreichen Wegenetz, mit dem die Landschaft erlebt werden kann.

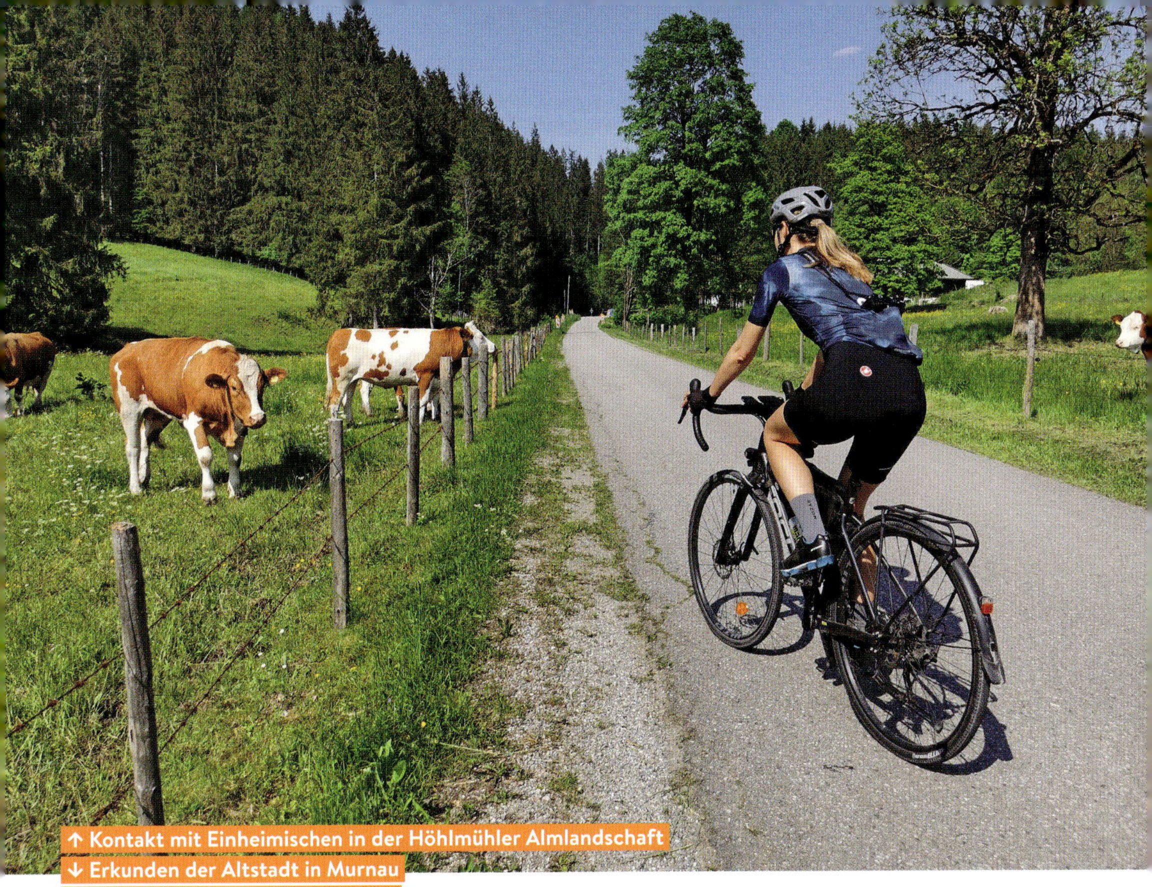

↑ Kontakt mit Einheimischen in der Höhlmühler Almlandschaft
↓ Erkunden der Altstadt in Murnau
↘ Historischer Brunnen in Iffeldorf

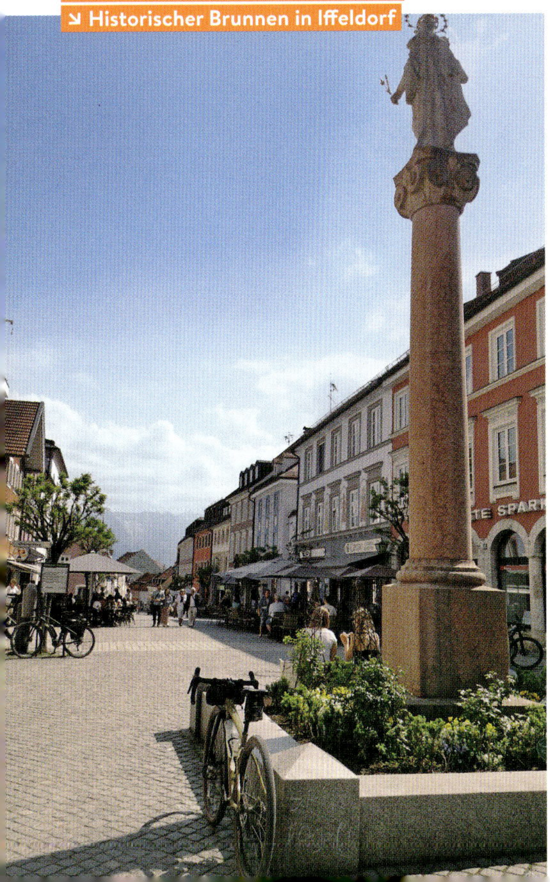

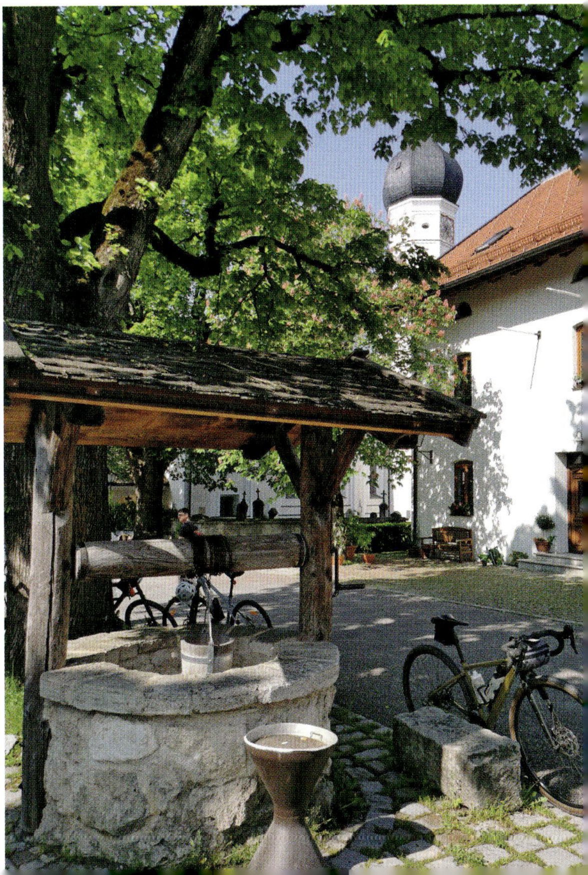

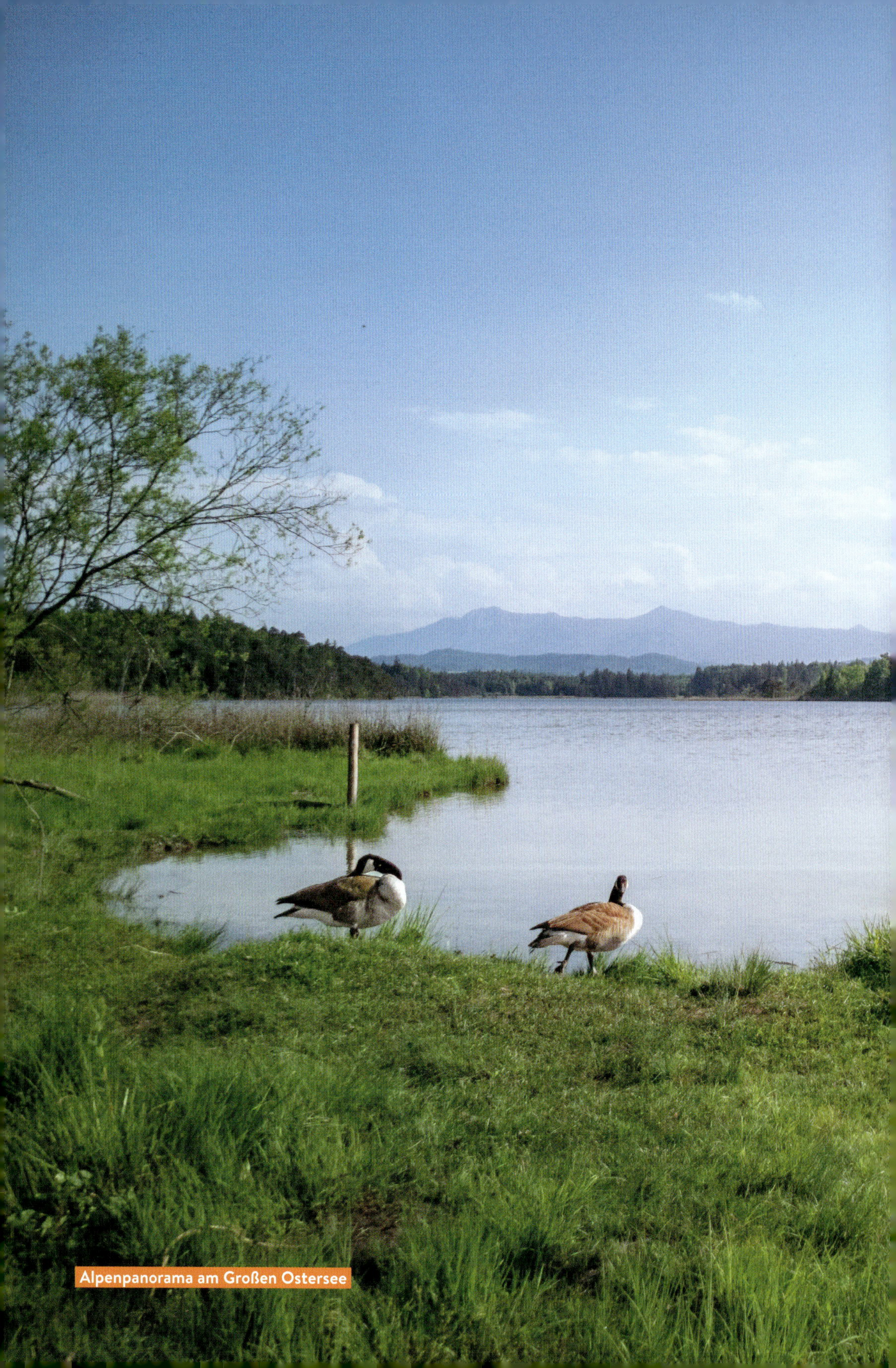

Alpenpanorama am Großen Ostersee

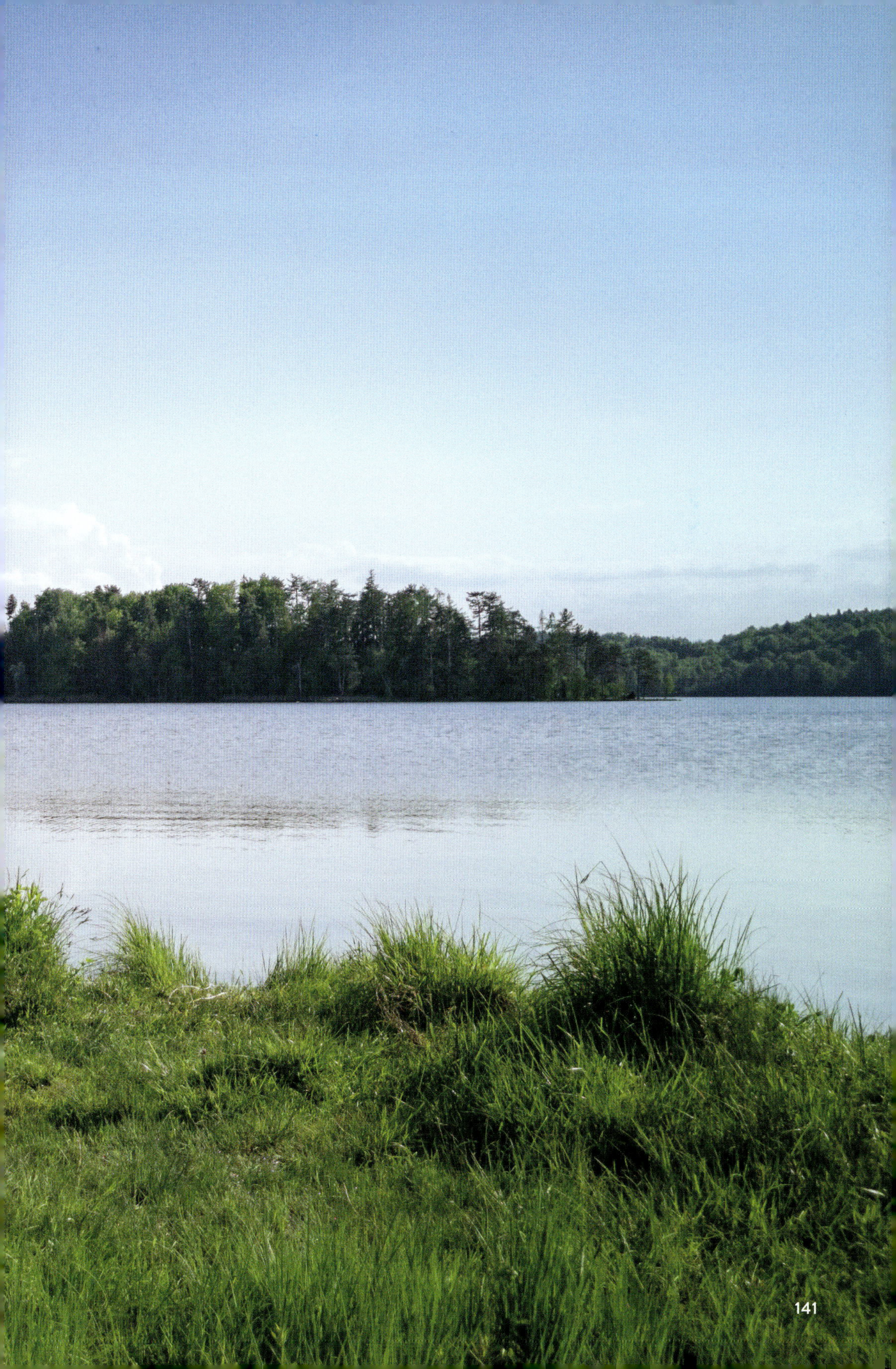

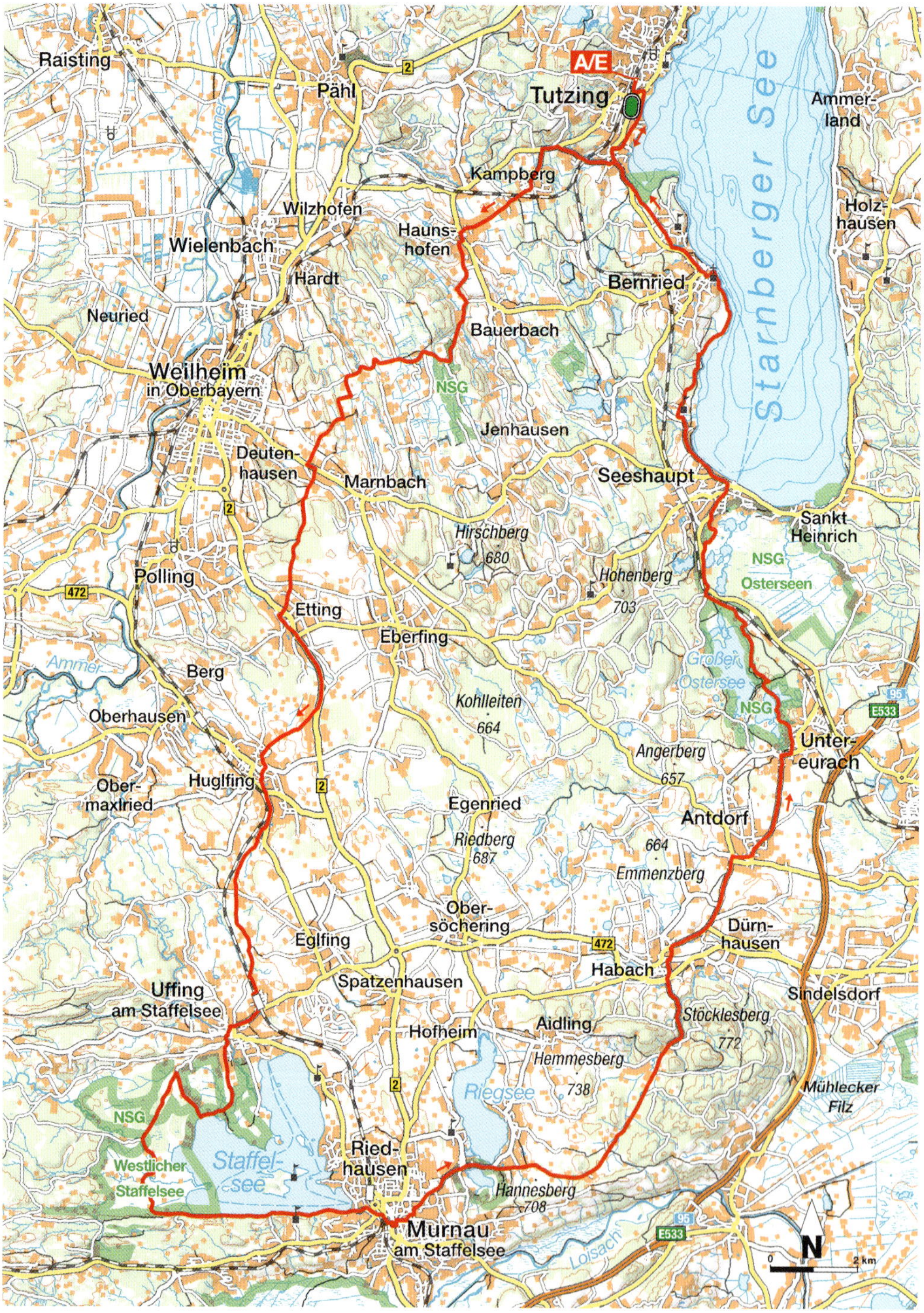
A/E
Tutzing
Starnberger See
Ammerland
Holzhausen
Raisting
Pähl
Kampberg
Wilzhofen
Haunshofen
Wielenbach
Hardt
Bernried
Neuried
Bauerbach
Weilheim in Oberbayern
NSG
Jenhausen
Deutenhausen
Marnbach
Seeshaupt
Sankt Heinrich
Hirschberg 680
NSG Osterseen
Hohenberg 703
Polling
Etting
Eberfing
Großer Ostersee
Berg
Kohlleiten 664
NSG
Oberhausen
Angerberg 657
Unter-eurach
Ober-maxlried
Huglfing
Egenried
Antdorf
Riedberg 687
664
Emmenzberg
Ober-söchering
Eglfing
Dürnhausen
Habach
Uffing am Staffelsee
Spatzenhausen
Sindelsdorf
Stöcklesberg 772
Hofheim
Aidling
Hemmesberg 738
Riegsee
Mühlecker Filz
NSG
Westlicher Staffelsee
Staffelsee
Riedhausen
Hannesberg 708
Murnau am Staffelsee
Loisach
E533
N
0
2 km

**ZU DEN OSTERSEEN** Im Ort fahren wir an der abknickenden Vorfahrtsstraße nach links und anschließend nach rechts. Dann folgen wir nach links der Beschilderung Richtung Iffeldorf. Nun geht es entspannt am Fahrradweg Richtung Iffeldorf. In Iffeldorf angekommen biegen wir nach links ab und erblicken zum ersten Mal einen Teil der Osterseen. Wir radeln weiter mit Blick auf den Sengsee linkerseits von uns und durchqueren den Campingplatz Fohnsee mit dem gleichnamigen See links. Nun geht es auf gut fahrbaren Gravelwegen weiter durch die Seenlandschaft, bis wir einen Holzsteg erreichen.

Diesen gilt es zu überqueren, wegen der Stufen muss das Fahrrad hier kurz getragen werden. Nach dem kleinen Abenteuer geht es am Ostufer des Großen Ostersees weiter. Anschließend lassen wir den See hinter uns und fahren nach Überquerung der Bahngleise auf der Straße links weiter nach Norden Richtung Seeshaupt. Nun befinden wir uns am Südende des Starnberger Sees. In Seeshaupt halten wir uns links, um dann die Abzweigung nach rechts zu nehmen, wo der Seefahrradweg Richtung Norden führt. Wir fahren an Bernried vorbei und halten uns weiter Richtung Norden. Es geht wellig auf Schotterwegen weiter, bevor wir schließlich wieder in Tutzing ankommen.

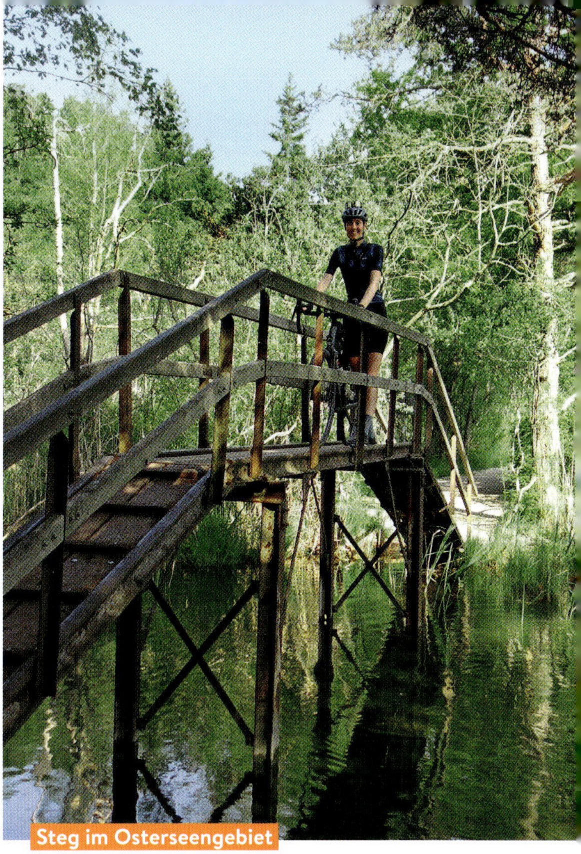
Steg im Osterseengebiet

## INFO

| Mittel | 85 km | 730 Hm | 6.30 Std. |
|---|---|---|---|

**HIGHLIGHT**
Naturerlebnis, Sehenswürdigkeiten

**TOURENCHARAKTER**
Technisch wenig anspruchsvolle Rundtour überwiegend auf Asphalt; einmalige Moorlandschaften vor Bergpanorama

**AUSGANGS-/ENDPUNKT**
Bahnhof Tutzing

**GPS-DATEN**
47.907123, 11.273106

**ANFAHRT**
Auto: Auf der A 95 Richtung Garmisch-Partenkirchen, Abfahrt auf die B 2 Richtung Tutzing
ÖPNV: Mit der S-Bahn-Linie S6 oder Regionalbahn nach Tutzing

**INFORMATION**
www.dasblaueland.de

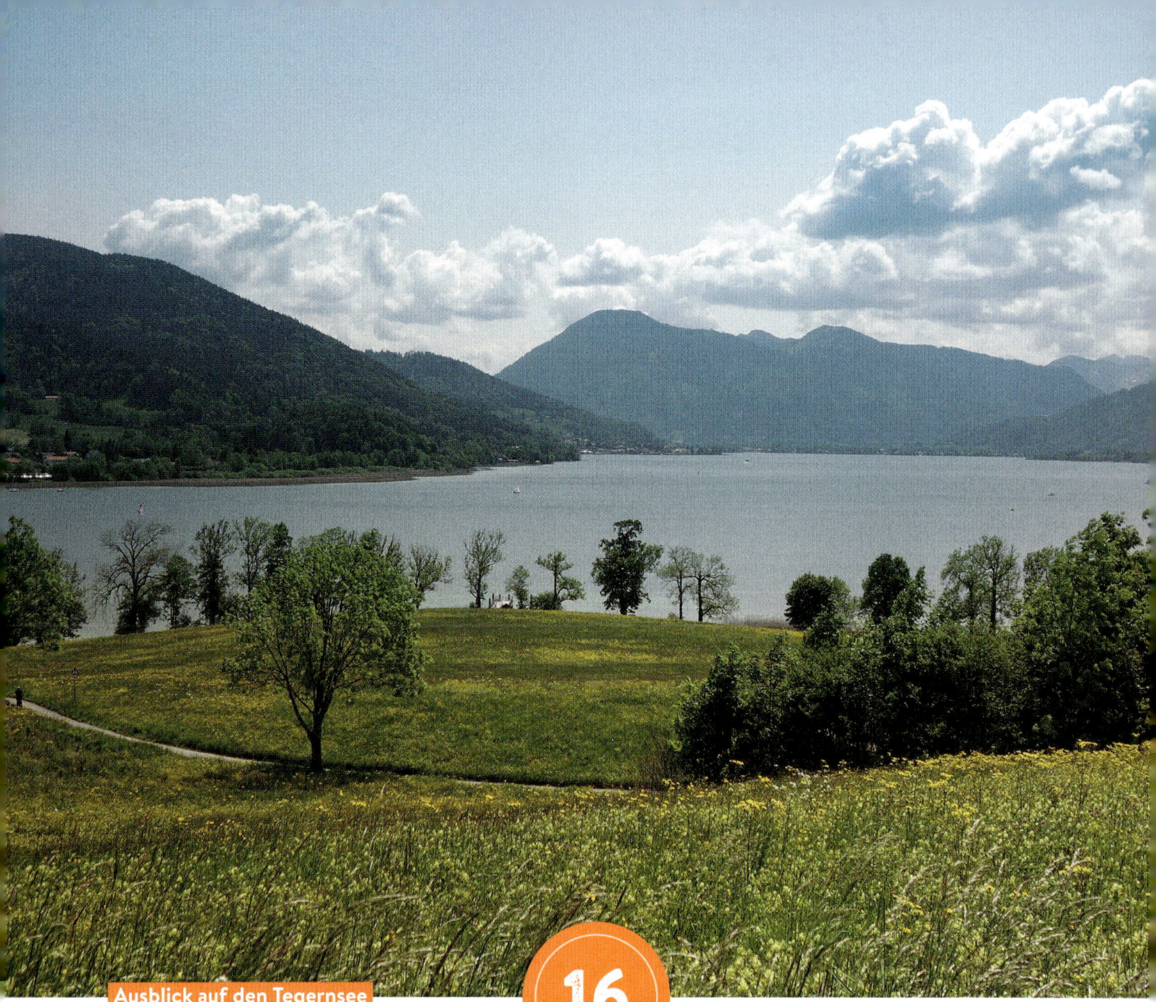

Ausblick auf den Tegernsee

16

# TEGERNSEE UND SCHLIERSEE

## Holzkirchen – Gmund – Hausham – Neuhaus – Fischbachau – Miesbach

Diese Route kombiniert den bekannten Tegernsee und den Schliersee über Gravelwege zu einer erstklassigen Route durch das Oberland mit einigen Höhenmetern. Wir erkunden dabei das wenig frequentierte Leitzachtal und kehren abschließend entlang der Mangfall zurück zum Ausgangspunkt Holzkirchen.

## VON HOLZKIRCHEN ZUM TEGERNSEE

Am Bahnhofsplatz von Holzkirchen starten wir und fahren links auf den Fahrradweg, um den Ort zu verlassen. Es geht nun Richtung Süden vorbei an den Ortschaften Locham und Oberwarngau. Bis Reitham geht es stetig bergauf, anschließend gibt es eine erste Abfahrt, bei der die Hauptstraße gekreuzt wird. Wir rauschen nun durch einen Wald vorbei an einem Reithof nach Schaftlach. Dort biegen wir zunächst nach rechts und anschließend nach links ab und halten uns im Kreisverkehr Richtung Kammerloh. Nun folgen wir dem Radweg nach Marienstein und biegen im Ort nach rechts ab Richtung Golfplatz. Wir erklimmen jetzt den ersten Anstieg mit bis zu zwölf Prozent Steigung. Oben angekommen, passieren wir eine Hotelanlage sowie einen Golfplatz und nehmen die Abfahrt Richtung Tegernsee. Nach einer Rechtskurve geht es über Weideflächen auf einem asphaltierten und beschilderten Radweg Richtung Gmund. Es wird trubeliger und wir genießen die erste Aufsicht auf den Tegernsee und die umliegenden Berge. Nach einem kurzen Abstecher zur Uferpromenade, mit Möglichkeit zu einer

Tipp

### LA STAZIONE

Auf der Hälfte der Tour bietet das La Stazione kurz vor Neuhaus eine super Einkehrgelegenheit. Das Lokal, das im Bahnhof Fischhausen-Neuhaus liegt, kombiniert bayerische Biergartengemütlichkeit mit italienischem Dolce-Vita-Flair. Je nach Tageszeit gibt es verschiedene italienische Spezialitäten wie etwa Antipasti, aber auch Tagesgerichte sowie Kaffee und Kuchen zu genießen. Besonders ist auch das gemütliche Interieur des Cafés mit vielen Antiquitäten. Bei gutem Wetter lässt es sich im großzügigen Außenbereich gut aushalten.

↓ Traditionelle Bauweise in Reitham entdecken

↘ Rastplatz auf dem höchsten Punkt der Tour zwischen Tegernsee und Schliersee

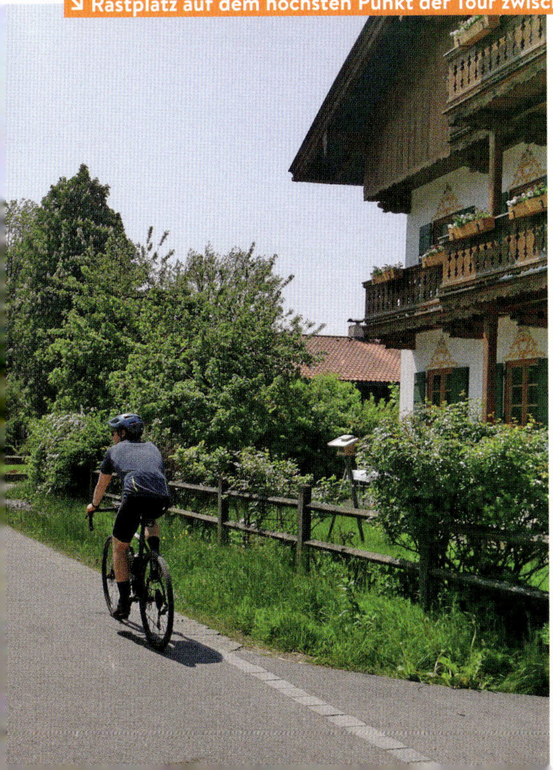

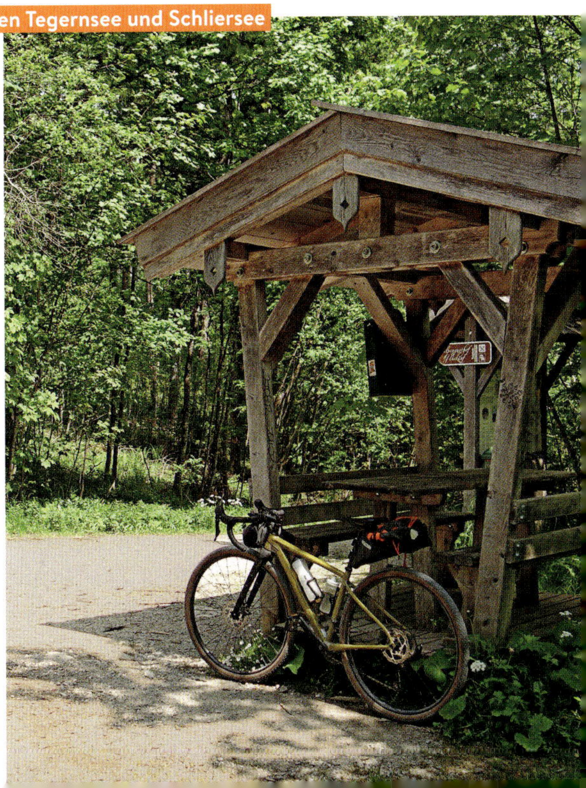

Tipp

**LEITZACHTAL**

Abseits des Treibens am viel frequentierten Tegernsee und Schliersee führt die Tour durch das hügelige Leitzachtal mit einem Abschnitt durch das sogenannte Drachenthal. Hier geht es entlang der Leitzach, die mit nur 33,5 Kilometern ein recht kurzer Fluss ist und in die Mangfall mündet. Dieser Abschnitt ist besonders naturbelassen und genussvoll und besticht durch gut fahrbare Gravelwege entlang der klaren und türkisen Leitzach sowie Wirtschaftswege, die an traditionellen Almwirtschaften vorbeiführen.

Erfrischung an einem Kiosk, überqueren wir die Bahngleise vor einem Kreisverkehr und folgen der Hauptstraße ein Stück geradeaus bergan, bevor nach rechts abgebogen wird.

**IDYLLISCHER WIRTSCHAFTSWEG ZUM SCHLIERSEE** Es geht nun stetig bergauf durch malerische Dörfer. Weiter nach Osten folgend, wechselt der Straßenbelag nun zu Gravel und wir fahren durch einen idyllischen Wald, dem Eckerbach folgend zum Scheitel des Anstiegs. Hier lädt eine Holzbank zu einer kurzen Rast ein, bevor es rasant bergab nach Hausham geht.

Wir biegen nach rechts ab, folgen kurzzeitig der Tegernseer Straße und fahren bald nach rechts und folgen dem Weg an der Schlierach entlang. So gelangen wir zum Westufer des Schliersees. Hier wird es wieder belebter; diese Strecke ist unter Ausflüglern sehr beliebt, daher ist gegenseitige Rücksichtnahme gefragt. Entlang des Ufers laden

Malerisch eingebettet in die Landschaft steht die kleine Kapelle bei Hausham.

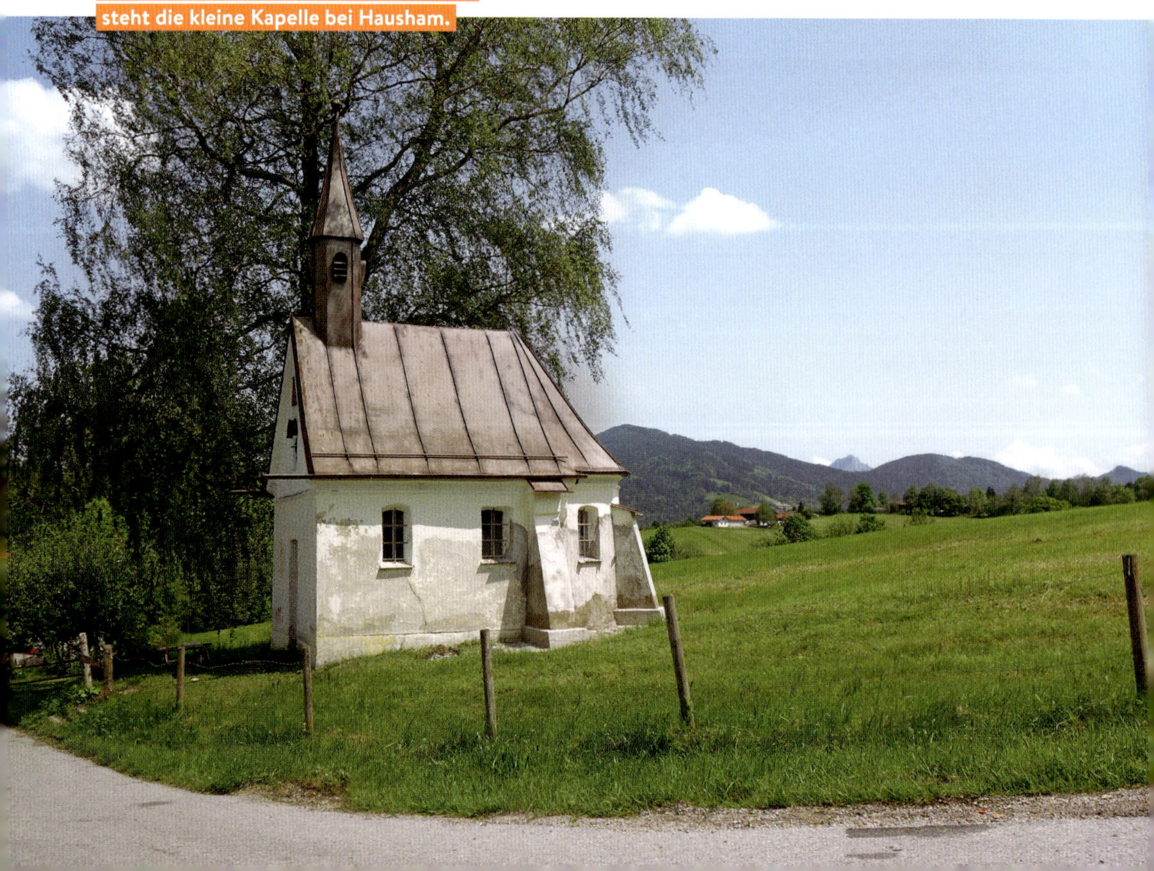

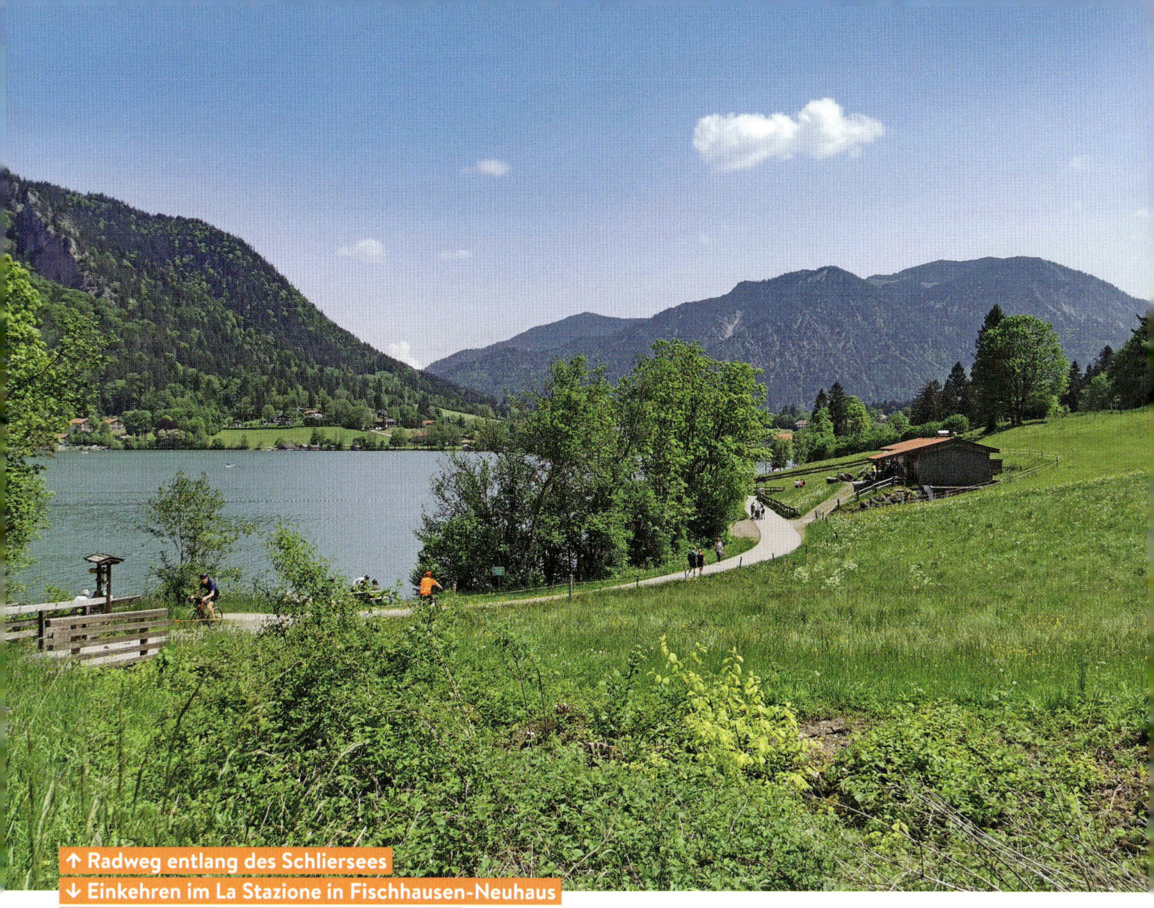

↑ Radweg entlang des Schliersees
↓ Einkehren im La Stazione in Fischhausen-Neuhaus
↘ Traumhafter Gravelweg im Drachenthal

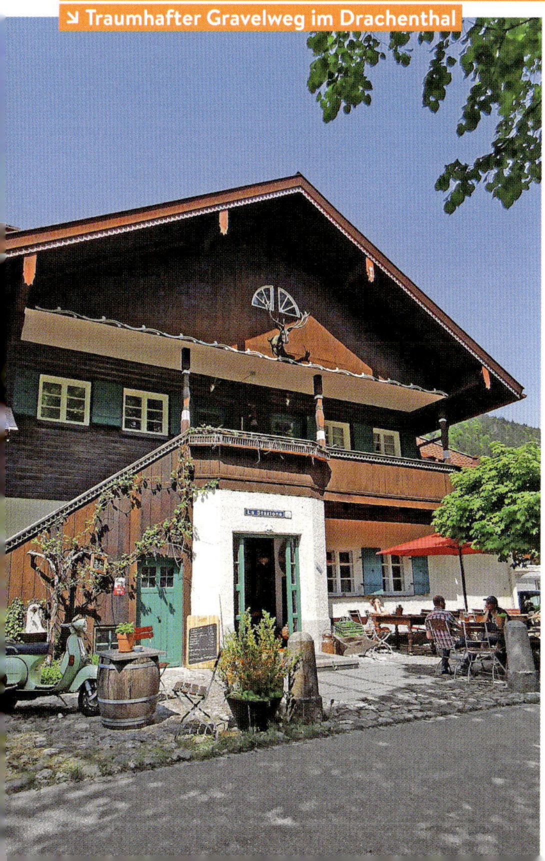

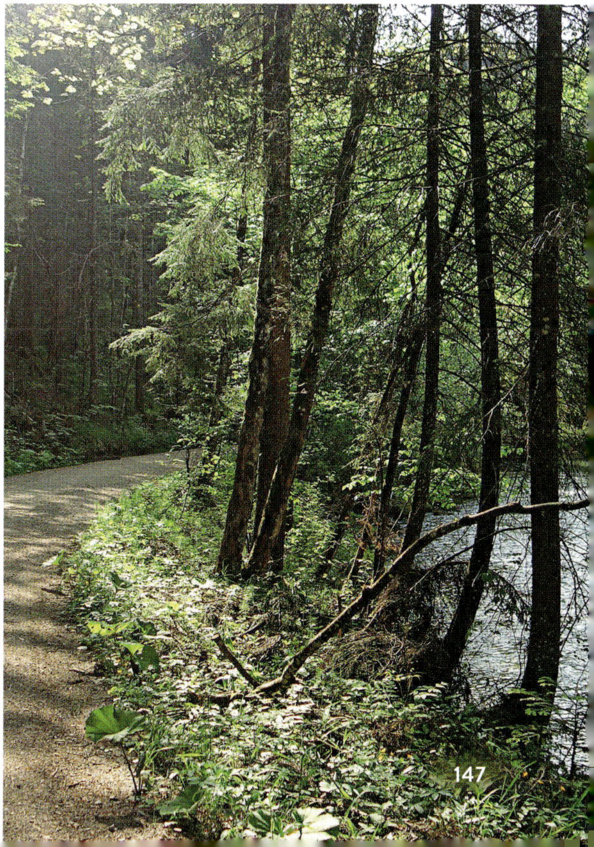

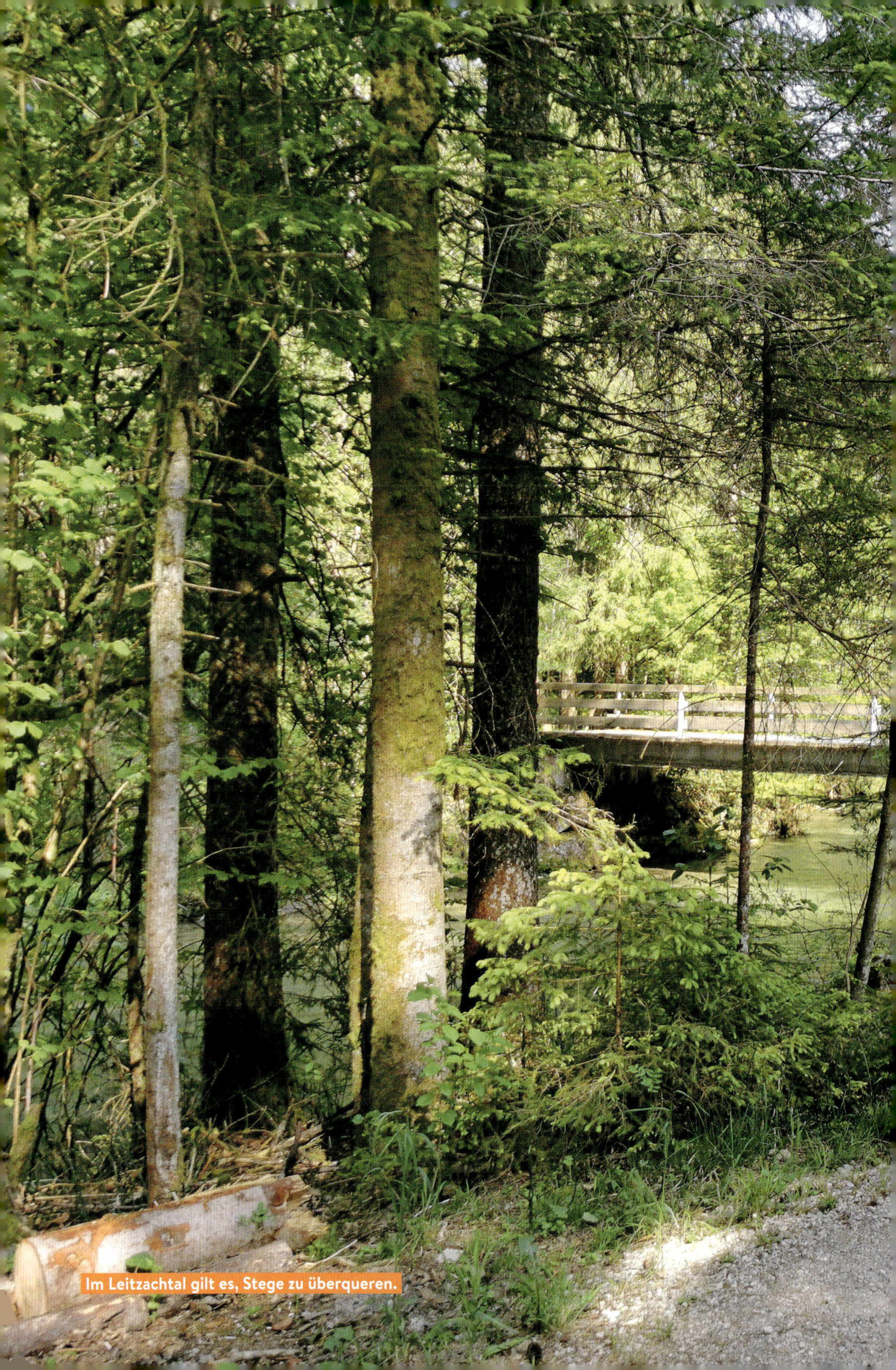

Im Leitzachtal gilt es, Stege zu überqueren.

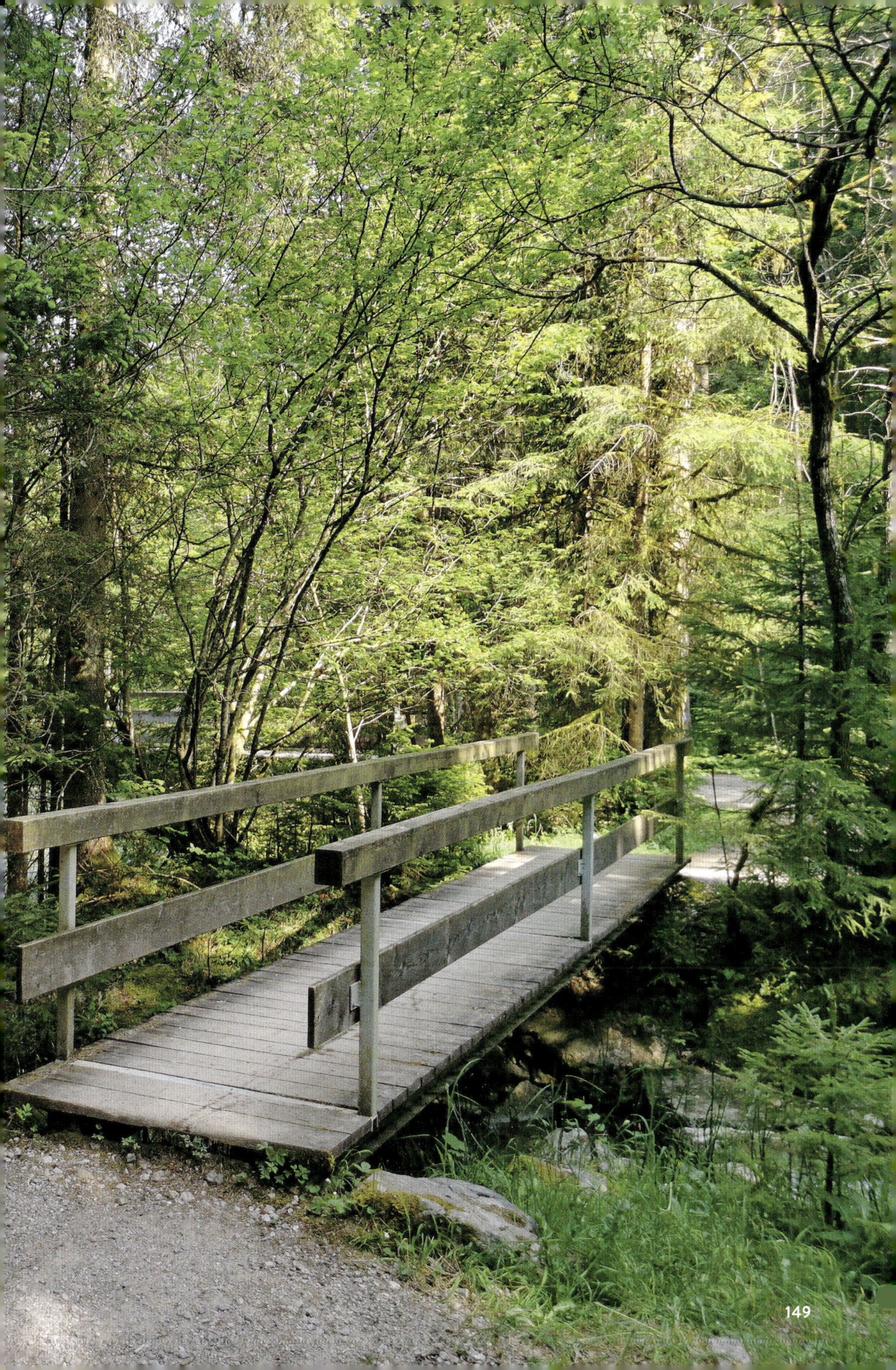

Liegewiesen zu einer Erfrischung im See ein. An der Südspitze des Sees angekommen biegen wir nach rechts ab und durchfahren Neuhaus.
Kurz nach dem Ortsende biegen wir nach links in die Aurachstraße ab. Wir treffen auf einen idyllischen Gravelweg durch Wildblumenwiesen mit tollem Ausblick auf den Wendelstein. Wir radeln weiter durch Aurach und biegen auf der Hauptstraße nach links Richtung Stauden ab und folgen anschließend den Schildern nach links nach Fischbachau. Es geht über verkehrsarme asphaltierte Straßen durch die hügelige Voralpenlandschaft.

**SPORTLICHE ANSTIEGE** Nun gelangen wir in das traumhafte Drachenthal entlang der Leitzach, wo der Untergrund nun auch wieder auf Schotter wechselt. Im Dorf Wörnsmühl angekommen geht es dann links weiter, bevor wir gleich wieder nach rechts abbiegen. Nun gilt es, den knackigsten Anstieg der Tour mit durchgängig zweistelligen Prozenten Steigung auf Asphalt zu bewältigen. Oben angekommen, genießen wir einen tollen Rundumblick. Es geht hügelig weiter über ruhige Straßen nach Parsberg. In Parsberg angekommen, folgen wir dem Radweg entlang der Hauptstraße gen Westen nach Miesbach. Wir durchqueren Miesbach und verlassen den Ort Richtung Norden. Es geht nun auf dem Gravelpfad entlang der Bahngleise zum idyllischen Mangfall-Radweg, durch Wälder immer wieder mit Blick auf den Fluss, dem wir bis nach Weyarn folgen.
Wir verlassen den Mangfall-Radweg nach einer Schranke und treffen auf die Hauptstraße. Es folgt ein letzter Anstieg Richtung Weyarn in rechter Richtung. Oben angekommen, nehmen wir eine Abzweigung nach links. Wir treffen auf eine Brücke über die Mangfall, die unterhalb der Autobahnbrücke verläuft, und haben nun einen Tiefblick auf das Mangfalltal. Auf dem letzten Abschnitt geht es nun flott auf Asphalt durch Mitterdarching und Oberlaindern auf asphaltierten Radwegen zurück zum Ausgangspunkt Holzkirchen.

↓ Verschnaufpause am Marterl bei Aigen
↘ Graveln auf dem Mangfallradweg

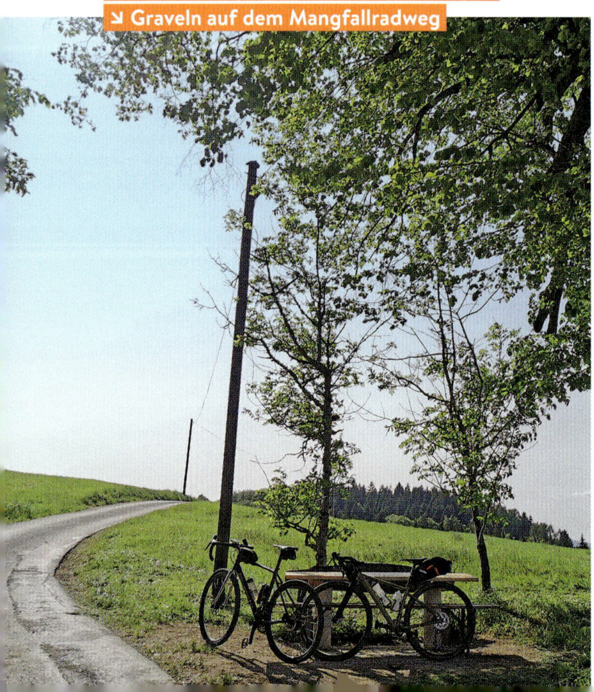

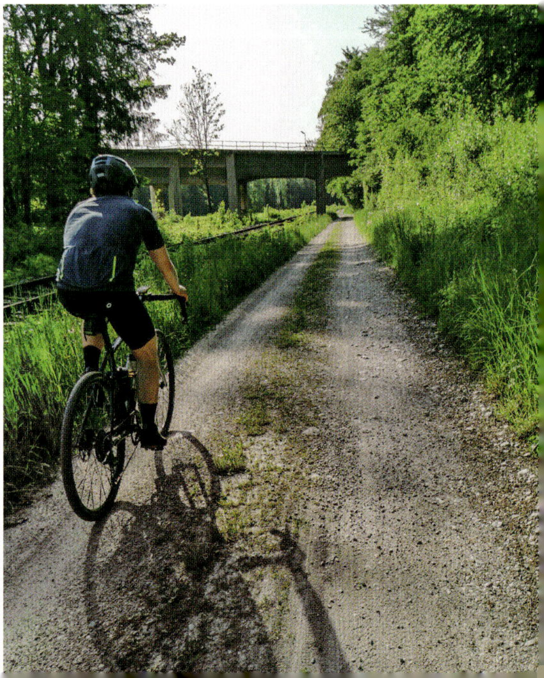

## INFO

Schwer | 85 km | 960 Hm | 6.00 Std.

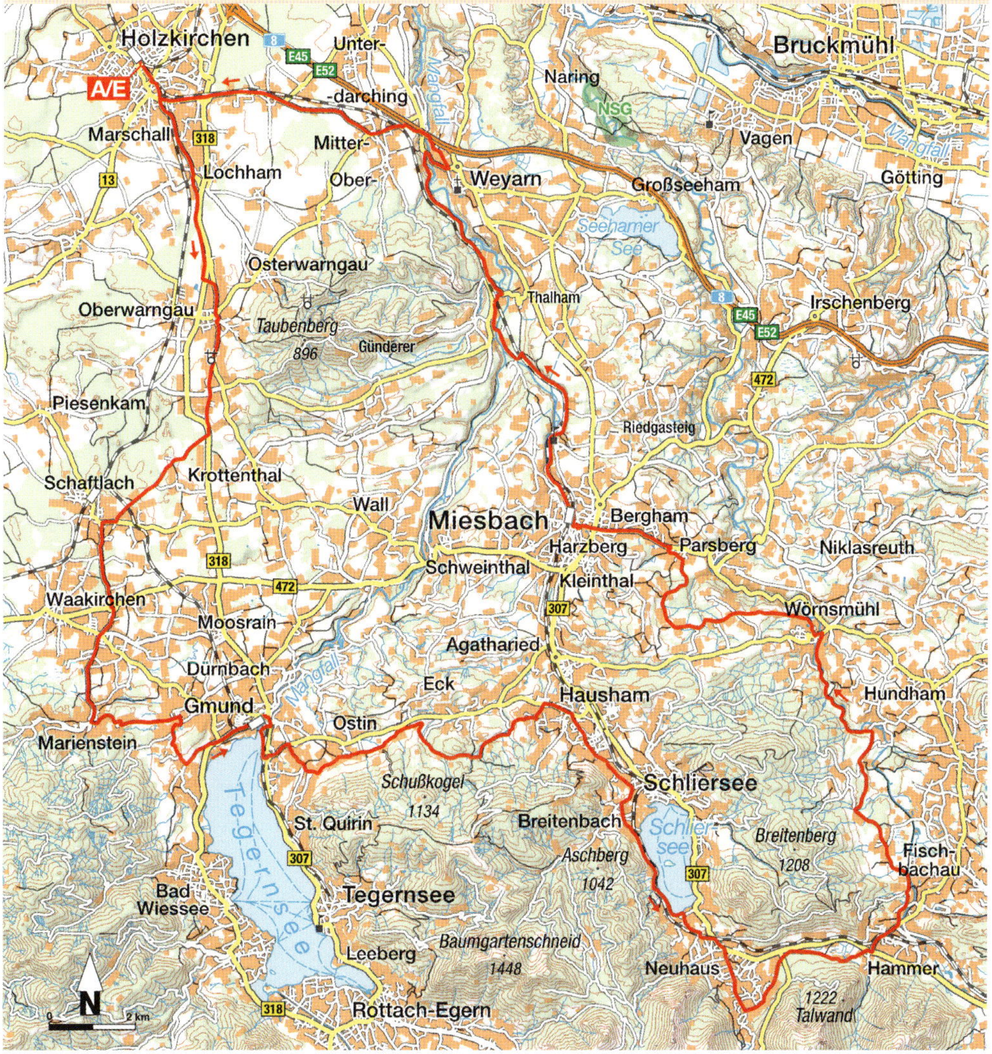


### HIGHLIGHT
Naturerlebnis

### TOURENCHARAKTER
Anspruchsvolle und vielfältige Tour durch das Oberland mit mittlerem Gravelanteil und vielen Höhenmetern; Buntes Treiben und Baden an den Uferpromenaden von Tegernsee und Schliersee mit Alpenkulisse

### AUSGANGS-/ENDPUNKT
Bahnhof Holzkirchen

### GPS-DATEN
47.884354, 11.697135

### ANFAHRT
Auto: Auf der A 8 zur Ausfahrt Holzkirchen, dann auf der B 318 nach Holzkirchen
ÖPNV: Mit der S-Bahn-Linie S3 oder Regionalbahnen

### INFORMATION
www.tegernsee-schliersee.de

# ÜBER DEN IRSCHENBERG UND DIE MANGFALL ENTLANG

## München – Irschenberg – Sauerlach

Durch den relativ hohen Asphaltanteil eignet sich diese Rundtour hervorragend dafür, sich an längere Distanzen heranzutasten. Mit Start in München führt die Route Richtung Alpen zum Irschenberg. Nach dem Anstieg rollen wir auf schönen Schotterwegen an der malerischen Mangfall und durch den Hofoldinger Forst zurück in die Stadt.

17

Kapelle Sankt Joseph mit außergewöhnlicher Architektur

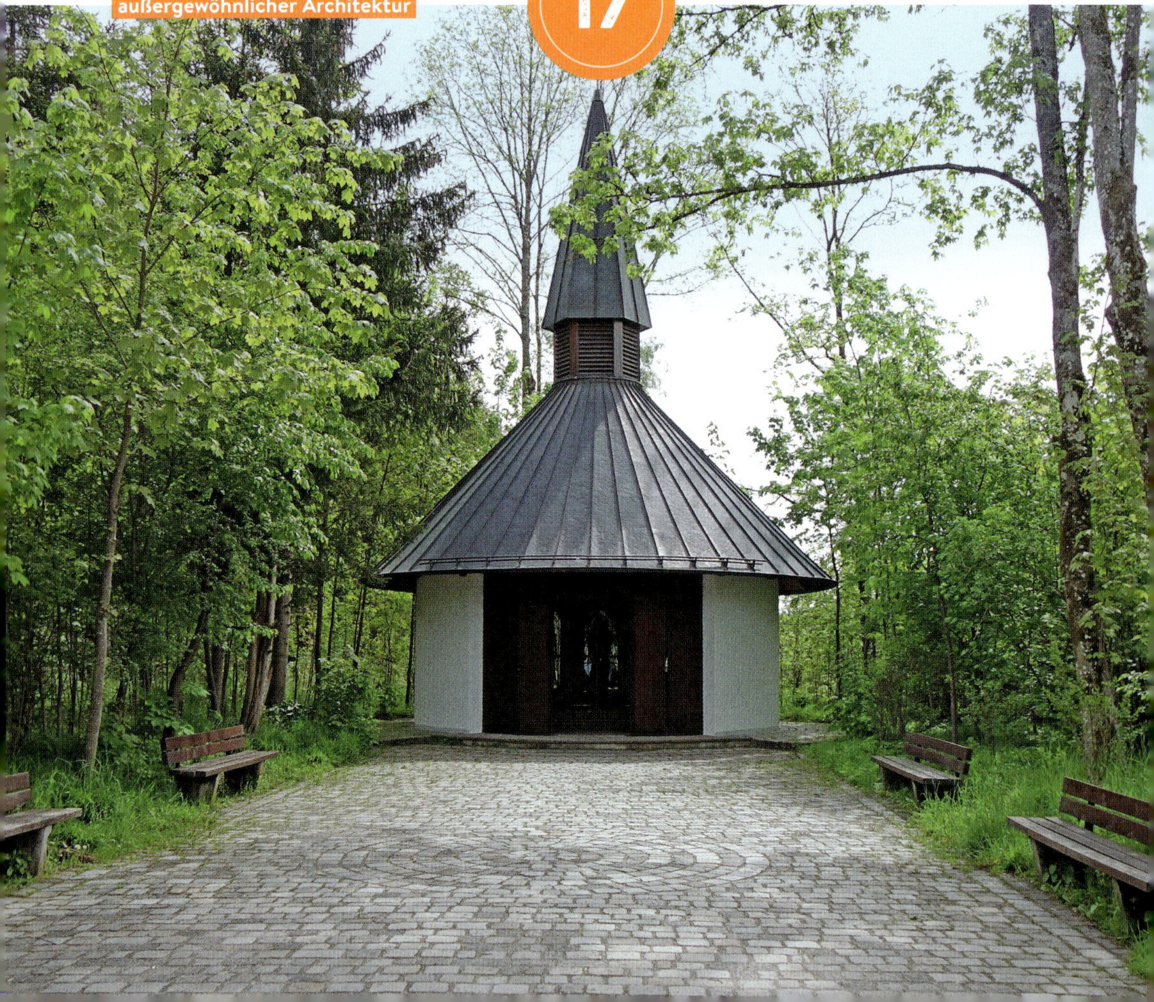

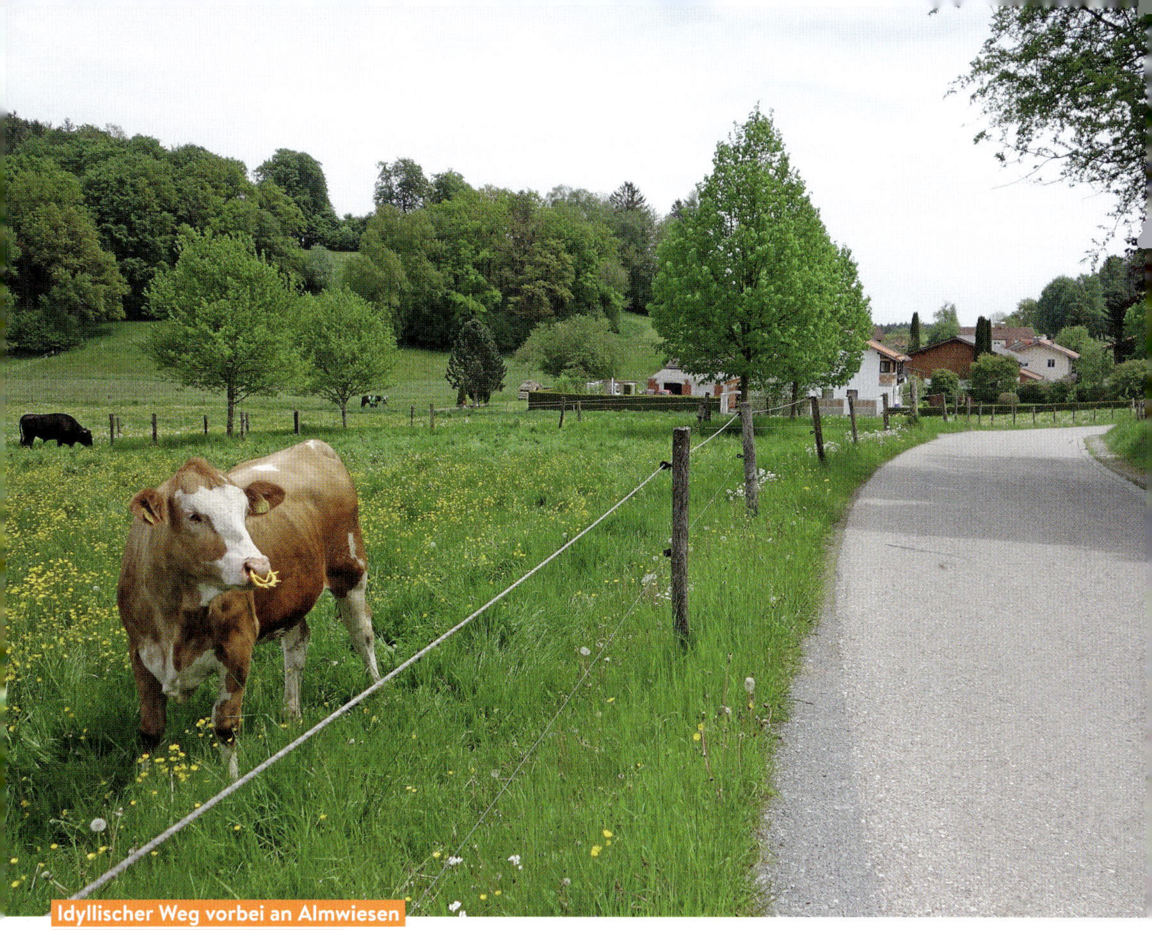

Idyllischer Weg vorbei an Almwiesen auf dem Weg nach Bruckmühl

**HINAUS AUS DER STADT** Startpunkt der Rundtour ist am Ostbahnhof im Münchner Stadtteil Haidhausen. Am Bahnhofsplatz fahren wir zunächst nach links und biegen dann wieder links auf die Rosenheimer Straße ab. An der nächsten großen Kreuzung geht es nach links und wir folgen der Straße, bis wir auf den Ostpark treffen.
Wir durchqueren den Park und nehmen den kleinen Anstieg zum Aussichtspunkt des Ostparks mit, wo es bei guter Fernsicht schon das erste Alpenpanorama zu erblicken gibt. Nach Verlassen des Parks geht es rechts und durch Neuperlach geradeaus, anschließend fahren wir nach links auf die Putzbrunner Straße. Hier biegen wir nach links ab und danach auf einen Waldweg nach rechts, wo wir auf einen trailartigen und wurzeligen Weg kommen. Vor der Kapelle geht es weiter nach rechts, bevor wir nach links erneut dem Fahrradweg folgen.

**ZUR MANGFALL** Nach einem Stück fahren wir rechts nach Süden Richtung Hohenbrunn vorbei an einer Streuobstwiese. Der S-Bahn-Strecke folgend, fahren wir weiter bis nach Aying. Hier bietet sich ein kurzer Stopp im Ayinger Bräustüberl an. Hügelig geht es nun weiter nach Kleinhelfendorf und dann mit einer ersten flotten Abfahrt Richtung Feldkirchen-Westerham, vorbei am Bergtierpark Blindham.
In Feldolling treffen wir nun zum ersten Mal auf die Mangfall, an deren linker Uferseite wir weiterradeln bis nach Bruckmühl, immer leicht bergab. Hier treffen nun Mangfall,

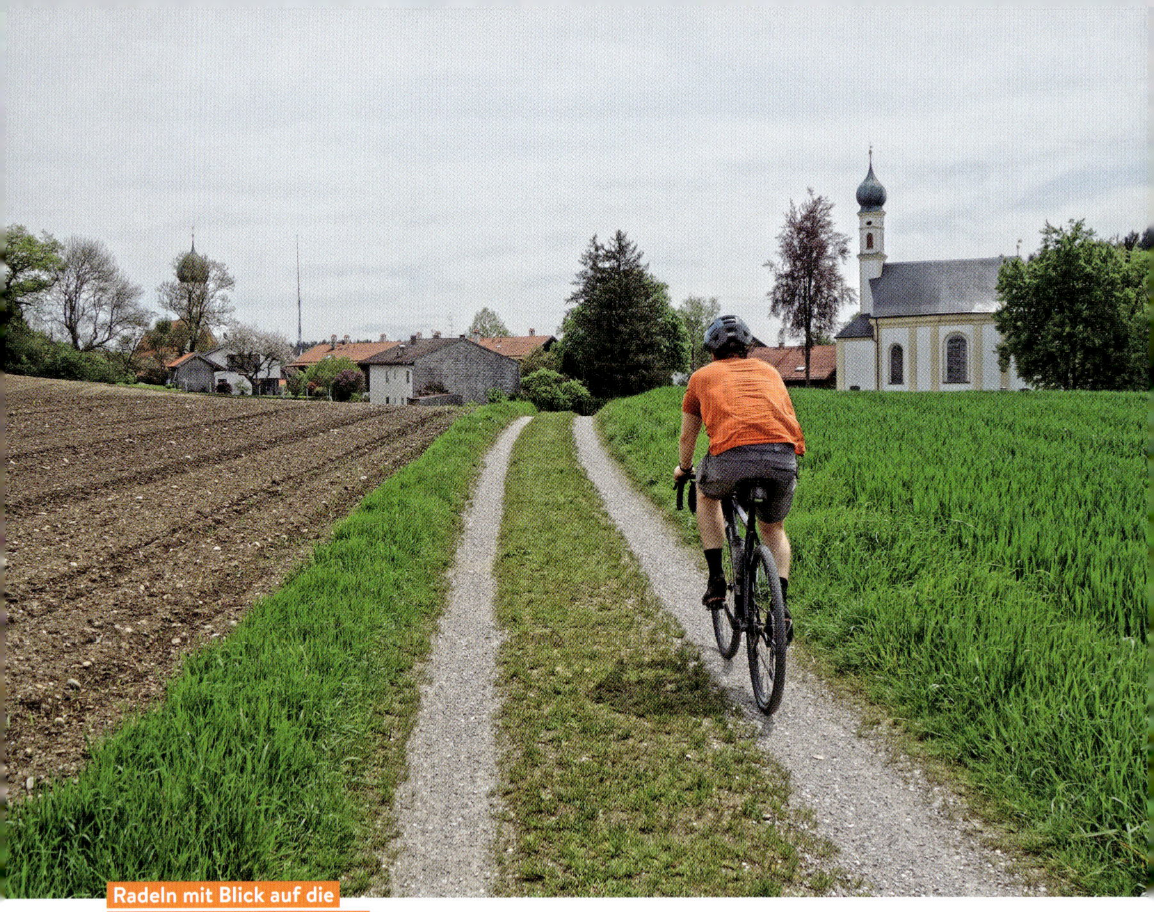

Radeln mit Blick auf die Wallfahrtskirche Oberreith

Tipp

### CAFÉ DINZLER IRSCHENBERG

Das Café Dinzler am Irschenberg hat sich bereits überregional einen Namen gemacht. Neben dem Lokal befindet sich dort auch die hauseigene Kaffeerösterei, in der die Kaffeebohnen über die Langzeitröstung für die Kaffeezubereitung vorbereitet werden. Kaffeeliebhaber haben hier die Auswahl aus einer Vielzahl an Sorten. Neben den Kaffeespezialitäten werden auch Kuchen sowie diverse Speisen angeboten, die sich auf der hauseigenen Terrasse mit Bergblick hervorragend genießen lassen.

Mangfallkanal und der Triftbach aufeinander. Nun wird die Mangfall zweimal auf Brücken überquert, bis wir anschließend wieder auf der linken Uferseite weiterfahren. Schließlich verlassen wir wieder die Gefilde der Mangfall und biegen nach links ab und halten uns Richtung Irschenberg.

**HINAUF ZUM IRSCHENBERG** Nun erwartet uns der Anstieg zum Irschenberg mit knapp 220 Höhenmetern und stellenweise zweistelligen Steigungsprozenten. Wir kurbeln nach oben durch den bewaldeten Weg hindurch und durch das malerische Weideland hinter dem Weiler Fehleiten. Oben angekommen gibt es nun auf der Abfahrt durch das Dorf Zeit zum Durchschnaufen. Wir fahren unter der Autobahn hindurch

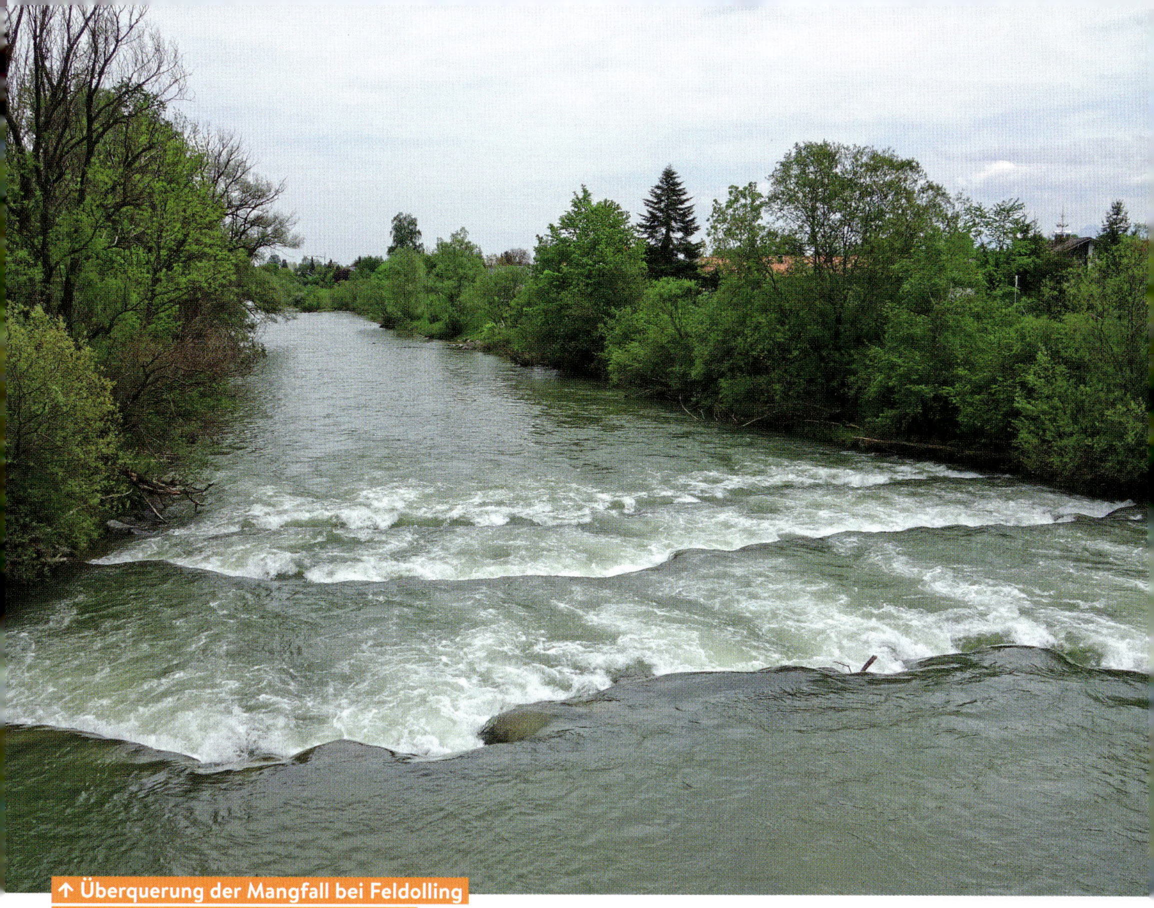

↑ Überquerung der Mangfall bei Feldolling
↓ Spaßige Abfahrt nach Reichersdorf

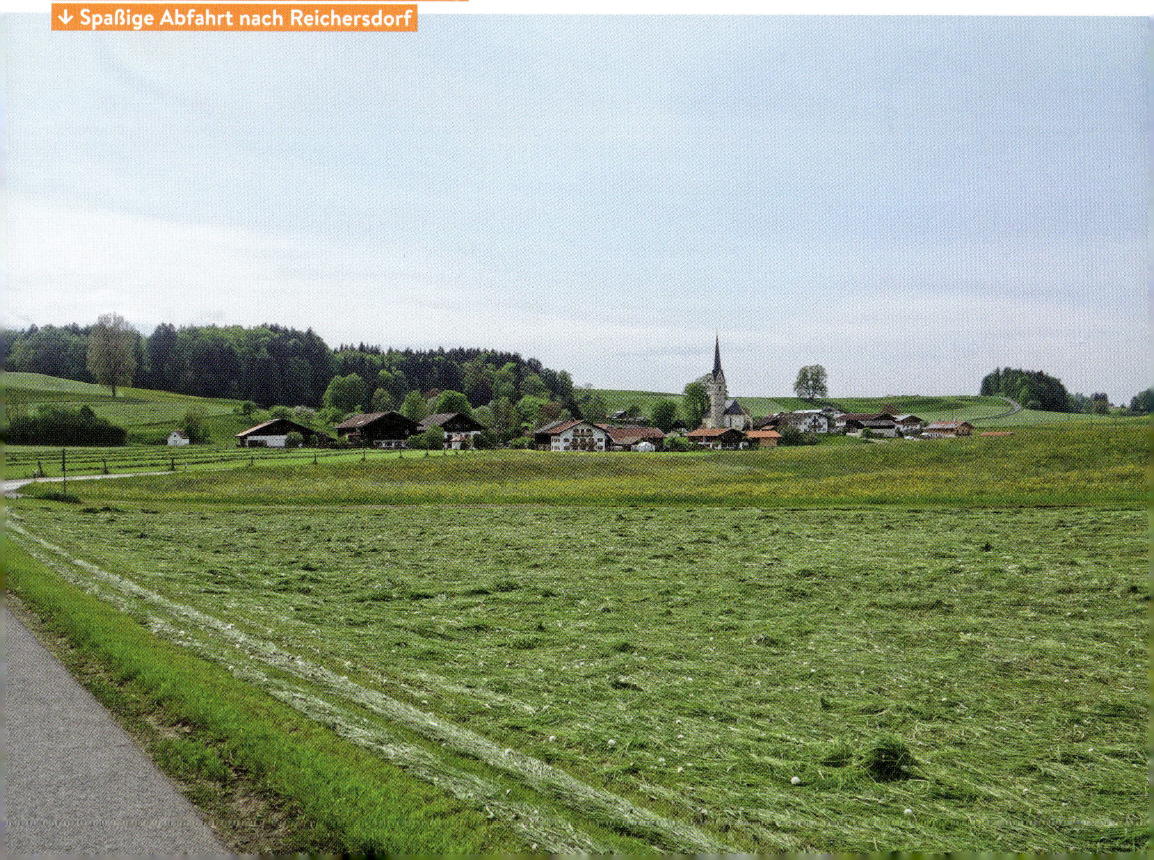

Tipp

**MANGFALL-RADWEG**

Diese Route führt für einen Abschnitt auf dem Mangfall-Radweg entlang, der von München nach Rosenheim geht. Die Mangfall ist ein Abfluss des Tegernsees und mündet in Rosenheim in den Inn und führt somit durch die idyllische oberbayerische Voralpen-Landschaft, die am Fuß des Mangfallgebirges liegt. Auf dem gut ausgebauten, nur teilweise asphaltierten Radweg lässt sich die reizvolle Umgebung bestens auf dem Gravelbike genießen. Dank Renaturierungsmaßnahmen gibt es eine artenreiche Flora und Fauna zu bestaunen.

entlang der Hauptstraße auf dem Fahrradweg. Nun ist Vorsicht geboten: Während der Abfahrt zweigen wir nach rechts Richtung Oberhasling ab, wo die Straße weiter nach unten führt. In Oberhasling biegen wir nach links ab und folgen der Route weiter nach Graßau zum Seehamer See. Dieser Abschnitt enthält den zweiten längeren Anstieg der Tour bis zum Dorf Pfisterer.

**AUF DEN MANGFALL-RADWEG** Dort angekommen rollen wir nun entspannt nach Reichersdorf, wo wir links abbiegen und anschließend nach Thalham gelangen. Wir biegen rechts auf die Hauptstraße ein und nehmen an der kommenden Kreuzung die Straße nach links. Nun bringt uns eine

Ruhige Allee entlang an Feldern nach Unterdarching

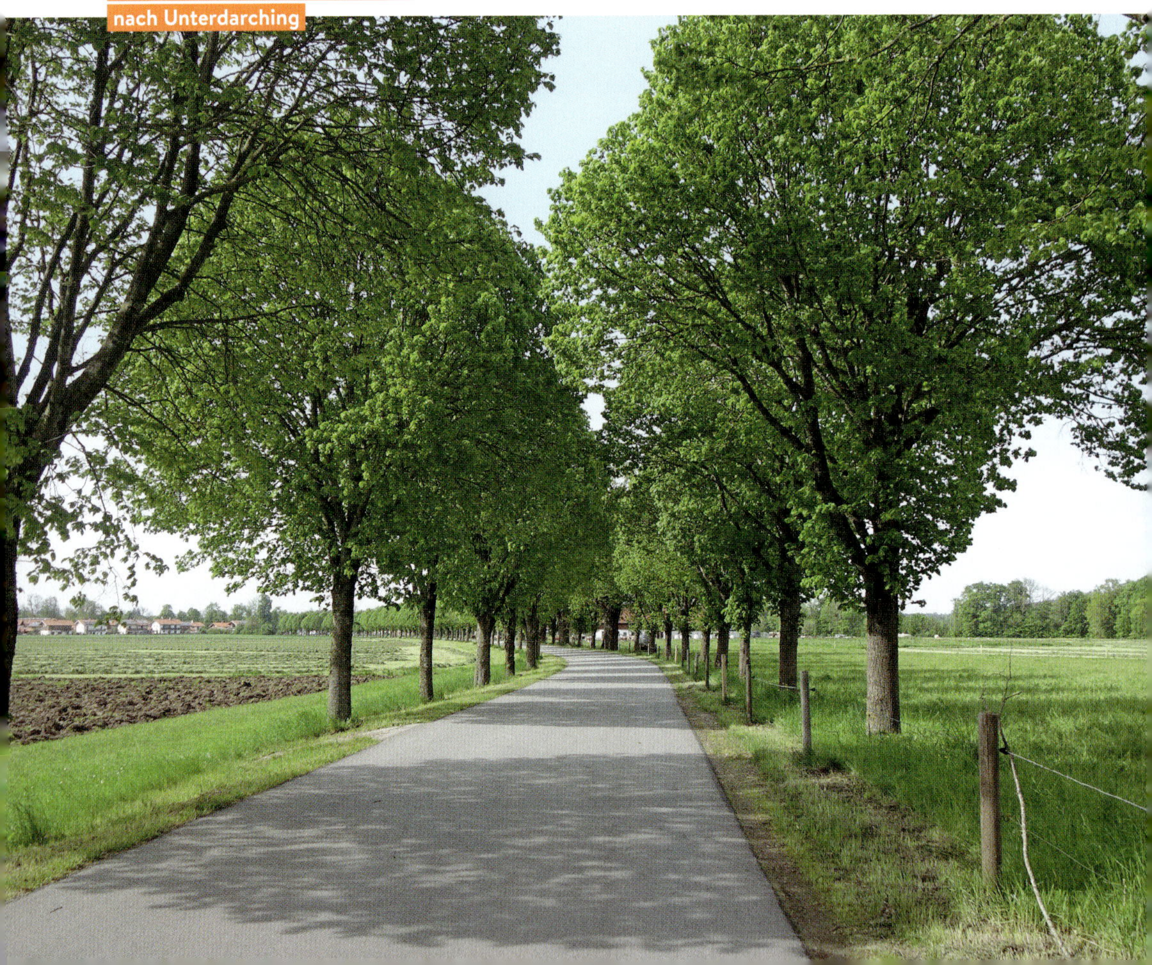

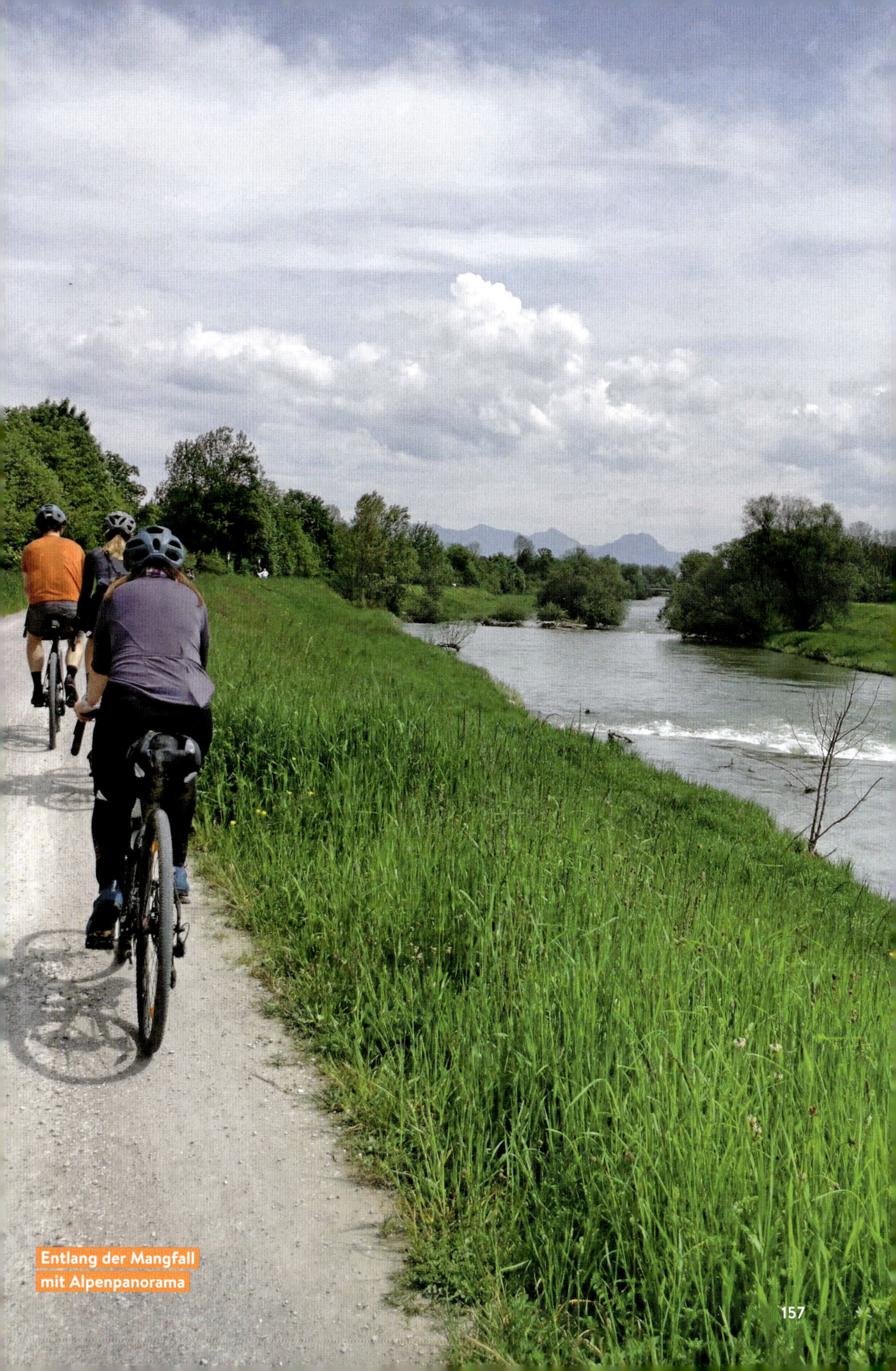

Entlang der Mangfall
mit Alpenpanorama

weitere flotte Abfahrt über die Mangfall und hin zum Mangfall-Radweg. Es geht nun hügelig auf einem geschotterten Radweg durch lauschige Wälder entlang der blauen Mangfall, bis wir das Mühltal erreichen. Wir biegen nach links ab und nach einem kurzen Stück an der Hauptstraße fahren wir nach rechts auf den Quellweg, dem wir eine Weile folgen. Anschließend biegen wir nach links ab und erklimmen eine letzte steile Rampe nach oben. Nun geht es weiter nach rechts durch eine Allee Richtung Unterdarching.

**DURCH DEN HOFOLDINGER FORST ZURÜCK** Wir fahren weiter nach rechts über eine Nebenstraße nach Sollach und weiter auf einem Radweg bergab nach Kreuzstraße. Nach Überquerung der Bahngleise und einem kurzen Anstieg vorbei an einer Kapelle biegen wir zunächst nach links und anschließend nach rechts ab Richtung Otterfing. Nun erwartet uns eine genussvolle Gravelstrecke immer geradeaus durch den Hofoldinger Forst. Im Anschluss geht es nach links Richtung Sauerlach. Wir verlassen den Ort entlang der Bahngleise auf dem asphaltierten Fahrradweg nach Deisenhofen. Es geht nun weiter immer geradeaus der Bahn folgend zum Perlacher Forst, wo wir wieder das Münchner Stadtgebiet erreichen. Wir fahren am Tierpark Hellabrunn vorbei hinunter zur Isar und folgen dem Isarradweg bis zur Ludwigsbrücke. Hier fahren wir nach rechts und nehmen links vom Gasteig entlang die Preysingstraße, der wir wieder zurück zum Ostbahnhof folgen.

Gravelgenuss im Hofoldinger Forst

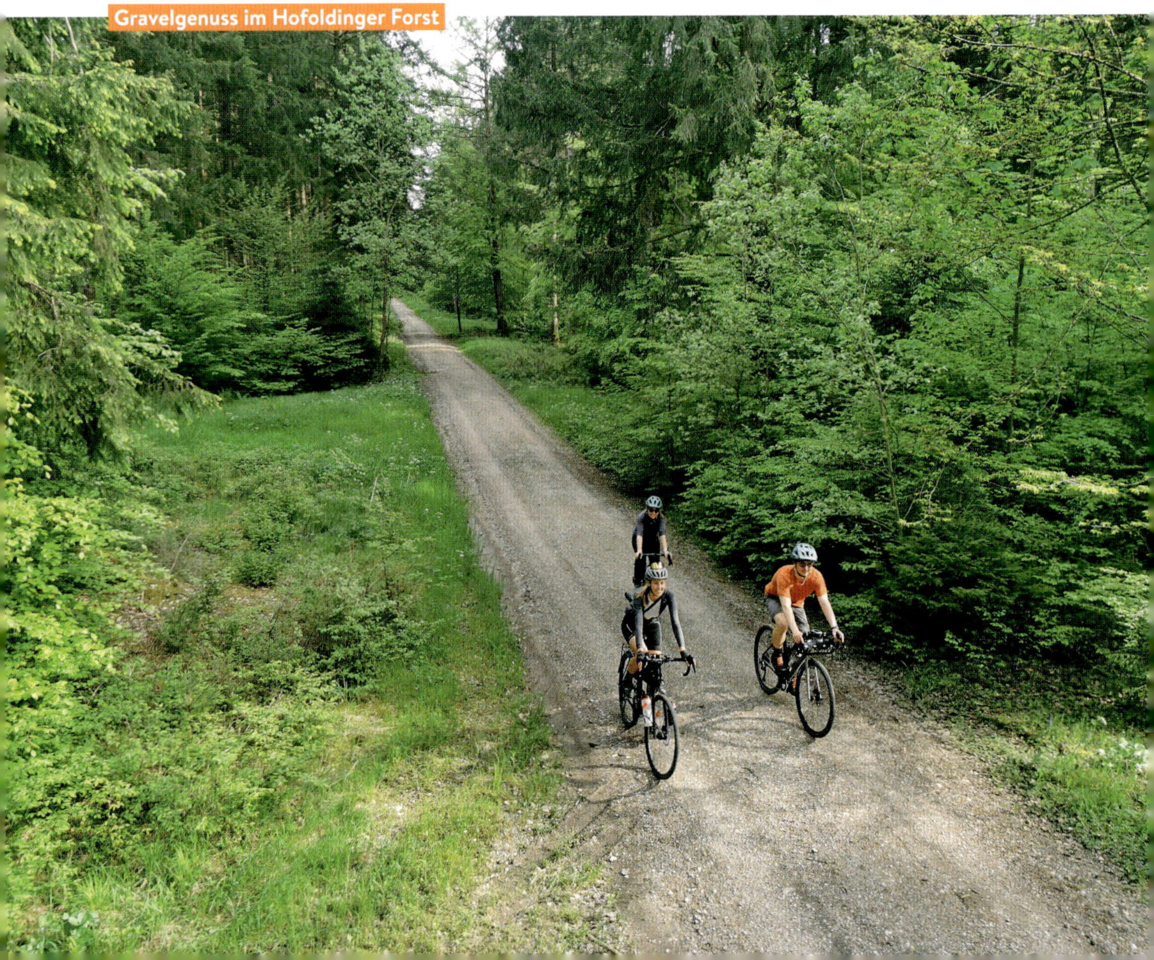

## INFO

Schwer | 117 km | 870 Hm | 7.30 Std.

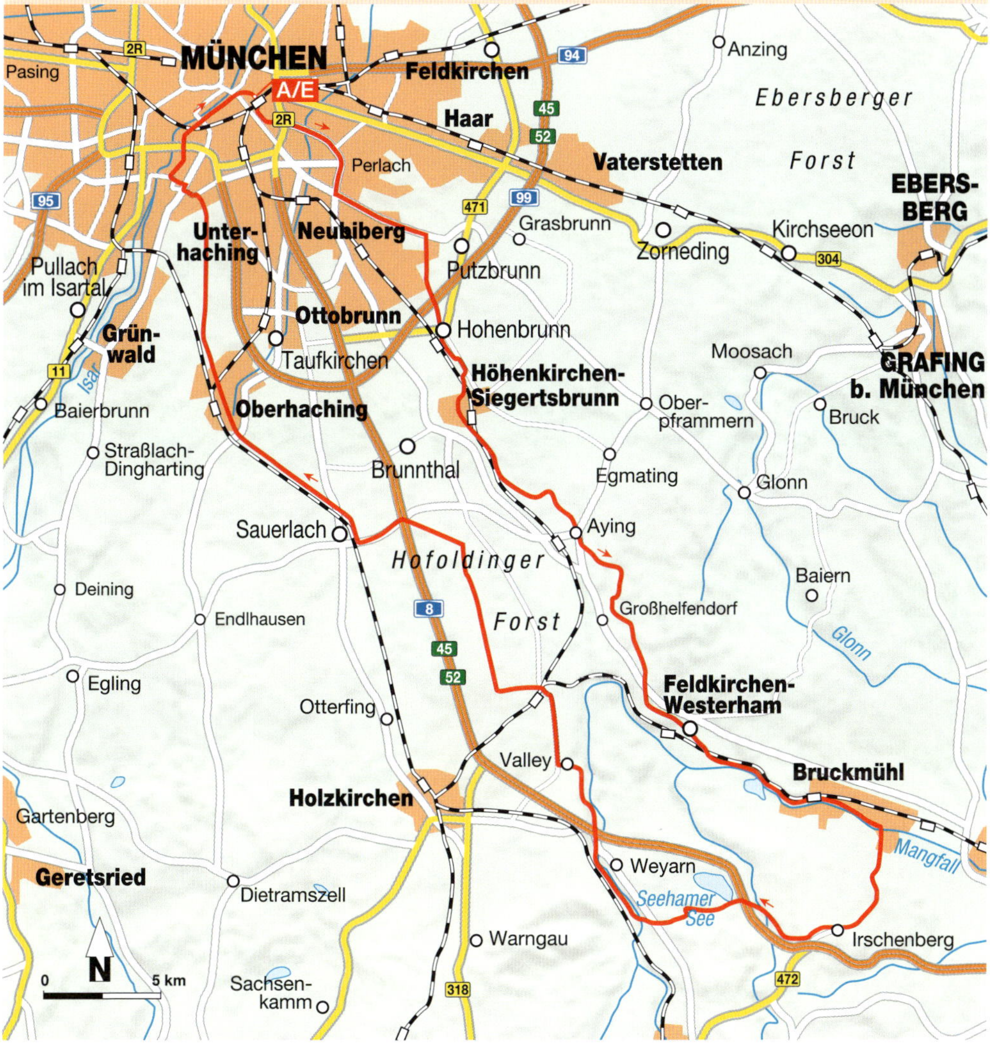


### HIGHLIGHT

Naturerlebnis

### TOURENCHARAKTER

Lange Rundtour, die überwiegend auf Asphalt bis an den Fuß der Alpen führt, mit punktuellen Anstiegen; Teilabschnitt auf dem M-Wasserweg.

Hier geht es idyllisch an der Mangfall entlang mit Informationen zur Münchner Trinkwasserversorgung.

### AUSGANGS-/ENDPUNKT

Ostbahnhof/München Ost

### GPS-DATEN

48.128191, 11.604000

### ANFAHRT

Auto: Auf der 2R zum Ostbahnhof
ÖPNV: Mit diversen S-Bahn-Linien, der U-Bahn-Linie U5 oder Regionalbahn

### INFORMATION

www.chiemsee-alpenland.de/entdecken/tourenportal

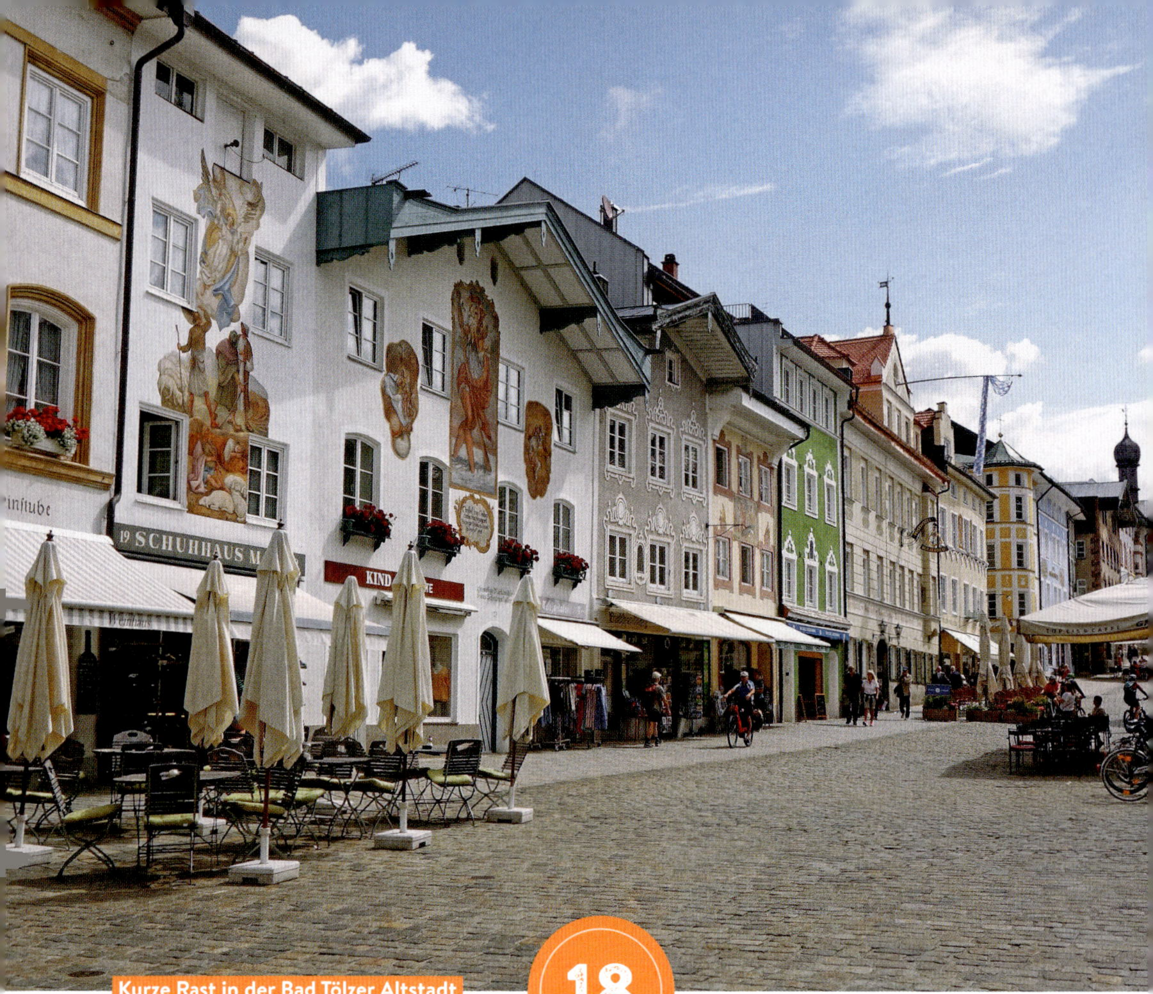

Kurze Rast in der Bad Tölzer Altstadt

18

# ZUM ISARURSPRUNG

## Wolfratshausen – Bad Tölz – Sylvensteinspeicher – Scharnitz

Dieser Klassiker, der häufig als Mehrtagestour gefahren wird, lässt sich mit dem Gravelbike auch gut als One-Way-Tour an einem Tag bewältigen. Entlang des Isarradwegs nähern wir uns Stück für Stück den Alpen, immer der idyllischen Isar folgend bis nach Scharnitz in Tirol. Angenehme Gravelwege und tolle Landschaften machen diese Route zu einer besonderen Genussausfahrt.

**DEN ISARRADWEG ENTLANG BIS BAD TÖLZ** Wir starten am Bahnhof in Wolfratshausen, der durch die S-Bahn ab München angebunden ist. Mögliche alternative Startpunkte für eine verkürzte, aber nicht minder schöne Tour sind Bad Tölz und Lenggries, die per Regionalbahn zu erreichen sind. Genauso gut ist auch der Start in München möglich.

In Wolfratshausen verlassen wir den Bahnhofsplatz nach links und gelangen schon bald auf den beschilderten Isarradweg, der sich am Fluss entlangschlängelt. An der Unterführung sind im Sommer oft Flößer zu beobachten.

Es geht stimmungsvoll durch die Isarauen, immer am Isarradweg entlang Richtung

*Tipp*

### ALTSTADT BAD TÖLZ

Ein Stopp in der Altstadt von Bad Tölz ist absolut lohnend. Besonders herausragend ist die Marktstraße, eine Fußgängerzone, die von beeindruckenden farbenfrohen Gebäuden mit traditioneller Architektur und Fassaden verziert mit Lüftlmalerei gesäumt ist. Diese wird oftmals auch als der »schönste Festsaal des Oberlands« bezeichnet. Auch die kleinen Nebengassen laden zu einem kurzen Bummel ein. Abgerundet wird der Abstecher durch die Möglichkeiten zur Einkehr, von bayerischer Küche bis hin zur italienischen Eisdiele.

Blick auf die Isar in Bad Tölz mit Kalvarienbergkirche

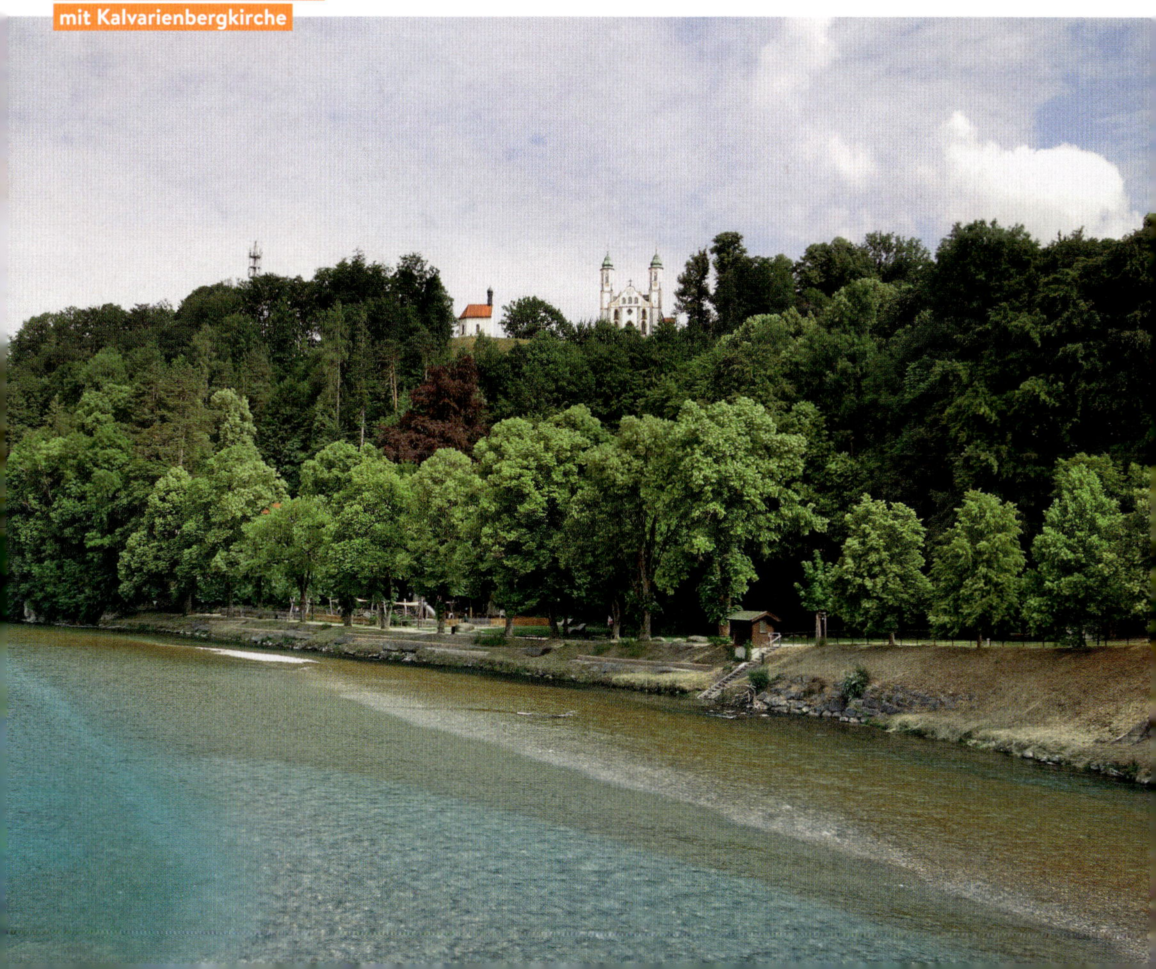

Tipp

**SYLVENSTEINSPEICHER**

Der Sylvensteinspeicher wurde zwischen 1954 und 1959 als künstlicher Stausee errichtet, um das Isartal vor Hochwasser zu schützen. Zudem bedient er zwei Wasserkraftwerke. Vor dem Bau befand sich das Dorf Fall im Gebiet des Sees, das vor der Flutung abgerissen und wieder neu errichtet wurde. Der Sylvensteinspeicher ist je nach Wasserstand etwa 26 Meter tief. Er ist mit seiner einzigartigen Landschaft Teil eines Landschaftsschutzgebiets und ein beliebtes Ausflugsziel zum Wandern, Baden und Stand-up-Paddeln.

Geretsried/Bad Tölz. In Geretsried biegen wir am Sportplatz links ab und nehmen eine steile Schotterrampe hoch, die zu einem Wirtschaftsweg durch einen Forst führt.

Radweg mit Panorama auf die türkise Isar

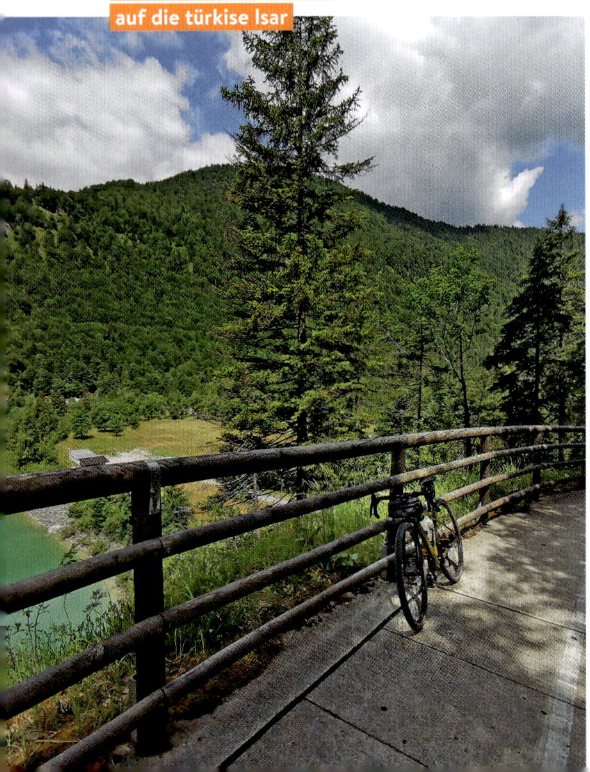

Für den nächsten Abschnitt entfernen wir uns ein Stück vom Fluss.
Wir fahren weiter Richtung Bad Tölz und anschließend biegen wir nach links Richtung Rothenrain ab. Hier geht eine verkehrsarme und asphaltierte Straße hügelig zwischen Weidewiesen hindurch. In Rothenrain bietet sich das gemütliche Café-Bleib steh' für eine erste kurze Pause an. Danach folgen eine flotte Abfahrt und ein erneuter Anstieg, bevor wir nach Oberfischbach einrollen, wo wir erneut auf die Isar treffen. Hier wird der Fluss aufgestaut und ist daher sehr breit. Wir fahren weiter am Ufer entlang und gelangen schließlich nach Bad Tölz. Hier lohnt sich ein kurzer Abstecher in die Altstadt, die, über die große Brücke erreichbar, auf der östlichen Seite der Isar liegt. Die Route führt weiter am Westufer der Isar entlang durch eine herrliche Auenlandschaft mit Blick auf die bekannten Münchner Hausberge Blomberg und Brauneck.

**SYLVENSTEINSPEICHER UND MAUTSTRASSE NACH WALLGAU** Kurz vor Lenggries überqueren wir eine Brücke und folgen dem Radweg am Ostufer weiter Richtung Süden. Wir halten uns auf dem Radweg, der sich nun ein Stück von der Isar entfernt, und nehmen an Höhe zu. Es geht nun bergauf Richtung Sylvensteinspeicher. Dieser Abschnitt ist abenteuerlich, da der Radweg sich direkt am Berg entlang hinaufschlängelt und tolle Tiefblicke bietet. Kurz vor dem See erwartet uns ein kurzer Tunnel, in dem es kurzzeitig dunkel wird. Oben angekommen verlassen wir den Tunnel und genießen den spektakulären Ausblick auf den Sylvensteinspeicher. Die aufgestaute Isar mit dem Panorama des Karwendelgebirges ist hier besonders beeindruckend. Wir überqueren den Sylvensteindamm in rechter Richtung und biegen dann nach links ab. Ein weiteres Highlight erwartet uns mit der Faller-Klamm-Brücke, die erneut einen atemberaubenden Ausblick bietet. Wir fahren nun weiter auf der asphaltierten Straße, mit der wilden Isar auf der rechten Seite. Es geht weiter auf und ab bis Vorderriss, und hier nehmen wir nun, vorbei an der Mautstelle (gebührenpflichtig nur für motorisierten Verkehr), den Weg Richtung Wallgau. Die Straße führt nahe an der Isar durch die traumhafte Wildflusslandschaft.

Kurz vor Wallgau biegen wir nach links ab und durchfahren das Gelände des lokalen Golfclubs mit Blick in das Karwendel. Nach Passieren des Geländes halten wir uns weiter rechts und treffen hier wieder auf die wilde Isar, der wir weiter folgen, zunächst am westlichen Ufer. Auf Höhe Krün überqueren wir eine Brücke und radeln am linken Ostufer weiter.

**DURCHS KARWENDEL ZU DEN ISARQUELLEN** Der Weg ist nun geschottert und aufgrund einiger Anstiege etwas anspruchsvoller. Wir gelangen schließlich auf den Radweg, der durch Mittenwald führt. Hier treffen wir wieder auf die Isar und durchfahren die Ortschaft. Nun folgen wir weiter dem Isarradweg Richtung Scharnitz durch das Naturschutzgebiet Riedboden. Wir passieren die Landesgrenze und die Ortschaft Scharnitz.

Nun erreichen wir das Hinterautal, der Ursprung kommt immer näher. Das Tal besticht durch die einzigartige und beeindruckende Bergkulisse, durch die sich die Isar schlängelt. Wir fahren weiter bergan auf gut fahrbaren Schotterwegen, bis wir am Ziel ankommen, das durch ein Gatter zu erkennen ist. Nun trennt uns nur ein kurzer beschilderter Spaziergang von den Quellen. Anschließend geht es auf dem gleichen Weg wieder zurück nach Scharnitz, wo wir den Zug zurück nach München nehmen.

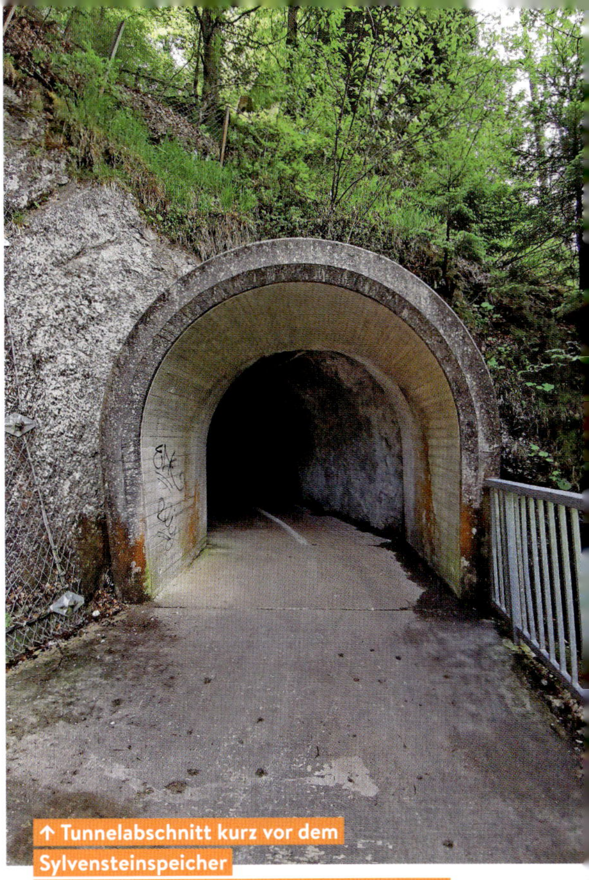

↑ Tunnelabschnitt kurz vor dem Sylvensteinspeicher

↓ Wilde Isar an der Mautstraße bei Wallgau

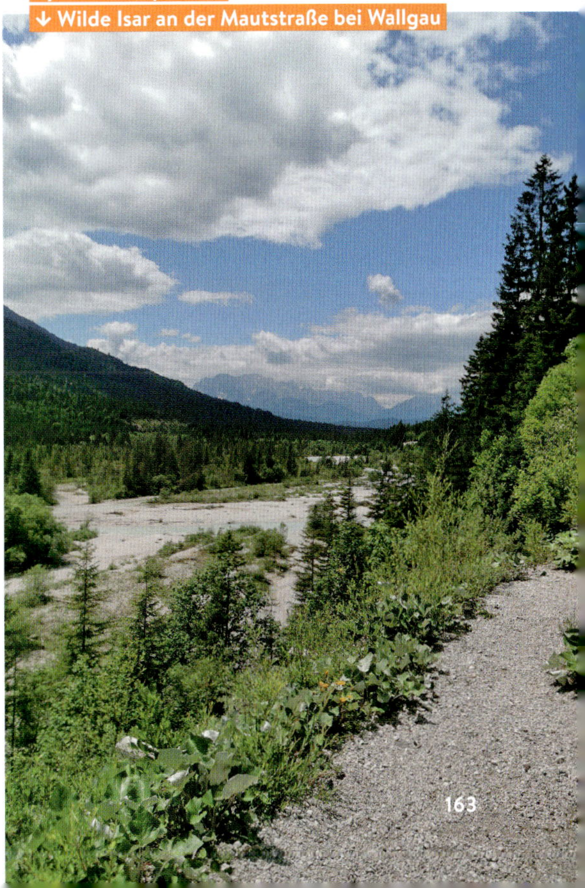

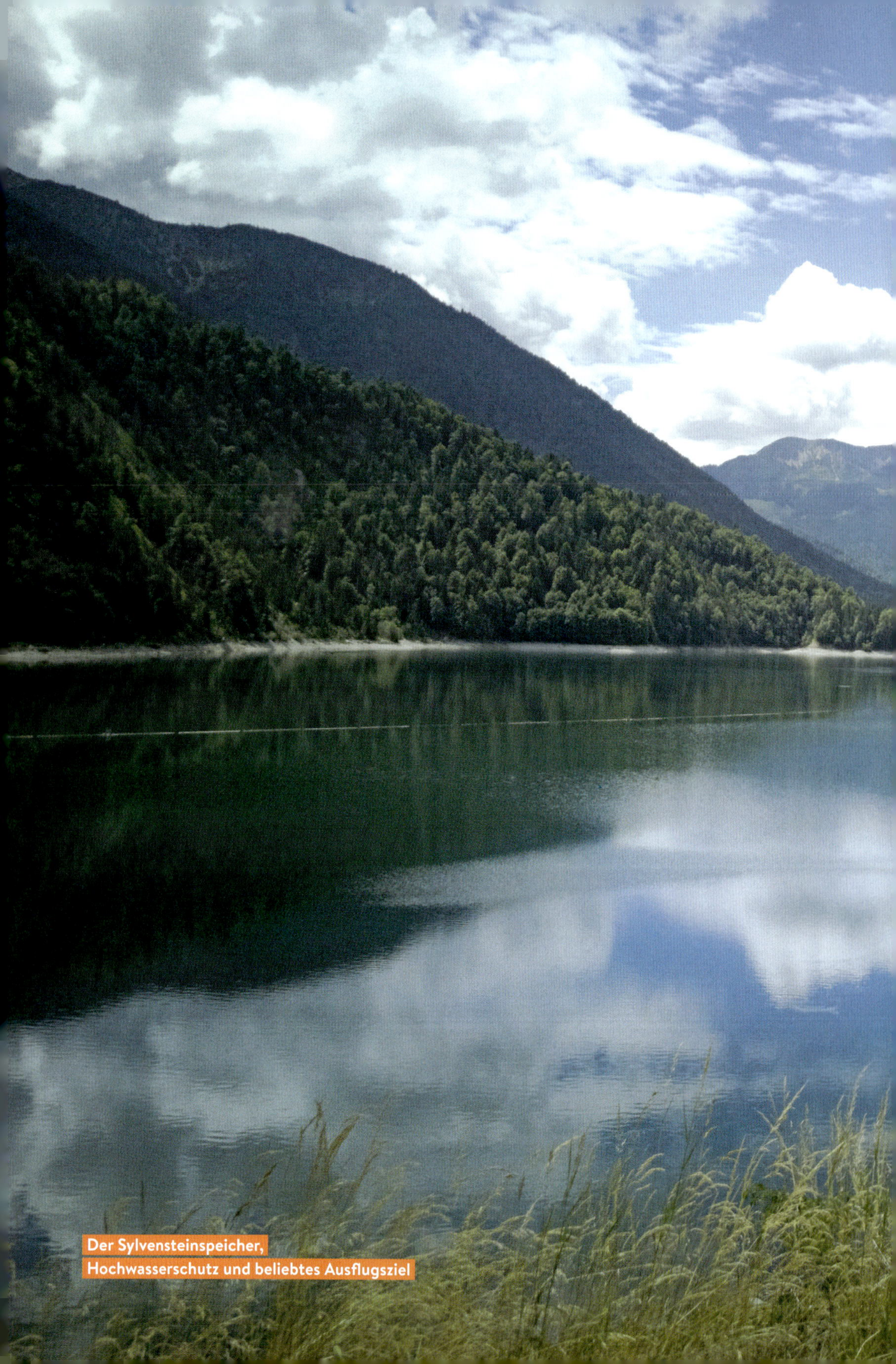

Der Sylvensteinspeicher,
Hochwasserschutz und beliebtes Ausflugsziel

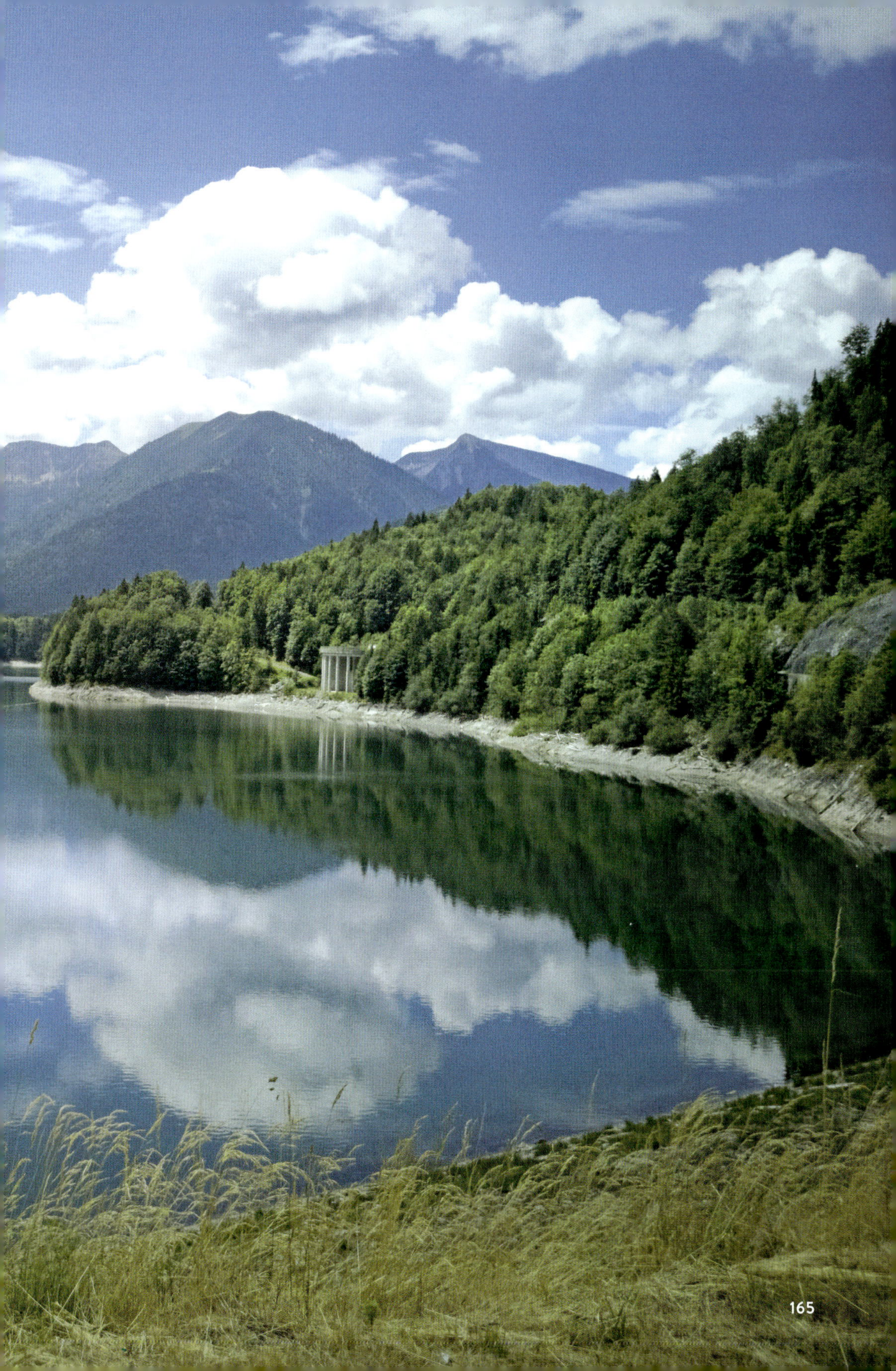

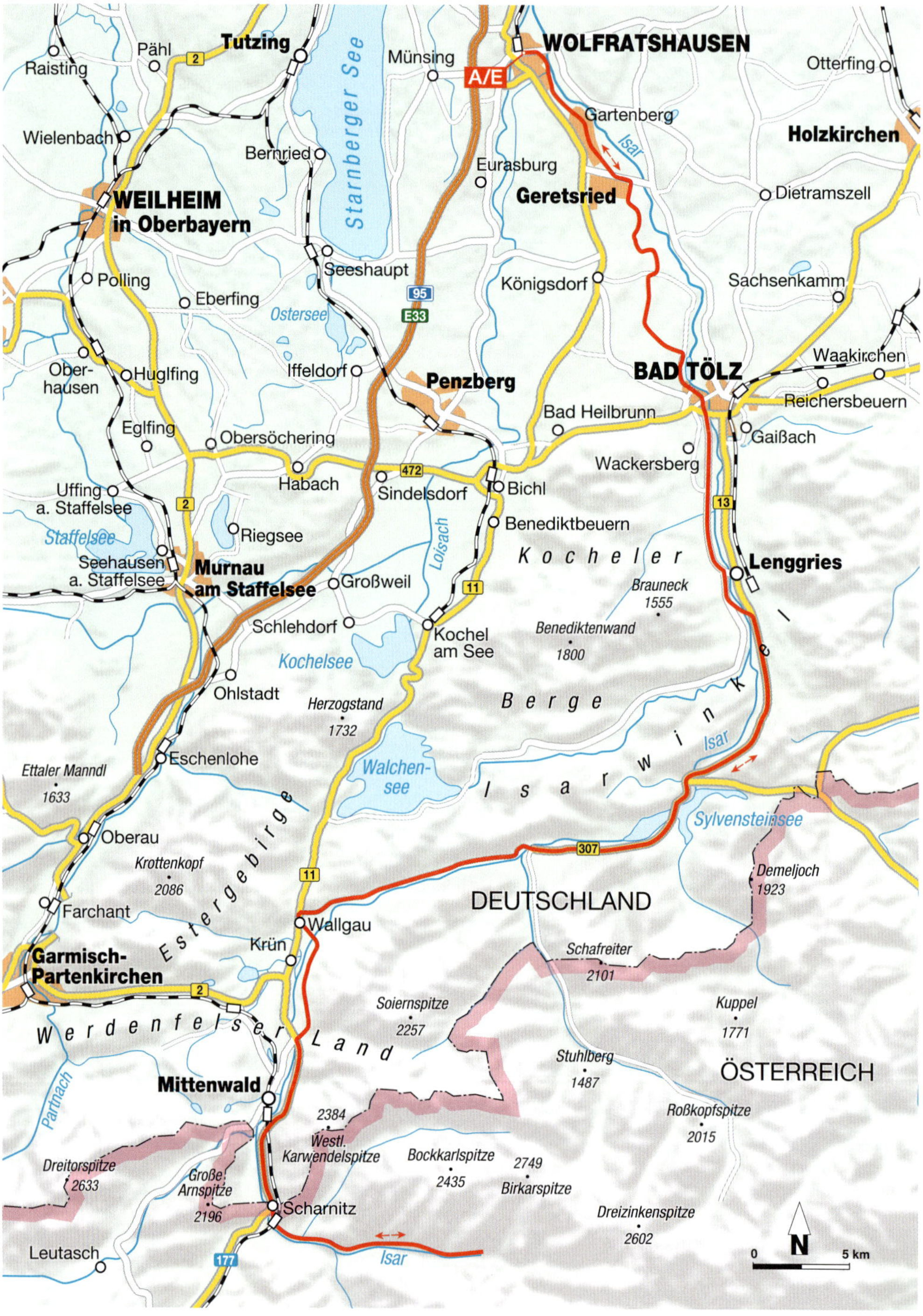
Raisting
Pähl
Tutzing
Münsing
A/E
WOLFRATSHAUSEN
Otterfing
Starnberger See
Gartenberg
Isar
Holzkirchen
Wielenbach
Bernried
Eurasburg
Geretsried
Dietramszell
WEILHEIM
in Oberbayern
Seeshaupt
Königsdorf
Sachsenkamm
Polling
Eberfing
95
E33
Ostersee
Ober-
hausen
Huglfing
Iffeldorf
Penzberg
BAD TÖLZ
Waakirchen
Reichersbeuern
Eglfing
Obersöchering
Bad Heilbrunn
Gaißach
Wackersberg
Uffing
a. Staffelsee
Habach
472
Sindelsdorf
Bichl
Staffelsee
Riegsee
Benediktbeuern
Loisach
Seehausen
a. Staffelsee
Murnau
am Staffelsee
Großweil
Kocheler
Lenggries
Brauneck
1555
Schlehdorf
Kochel
am See
Benediktenwand
1800
Kochelsee
Ohlstadt
Herzogstand
1732
Berge
Isarwinkel
Eschenlohe
Ettaler Manndl
1633
Walchen-
see
Sylvensteinsee
Oberau
Krottenkopf
2086
Estergebirge
307
Demeljoch
1923
Farchant
DEUTSCHLAND
Wallgau
Garmisch-
Partenkirchen
Krün
Schafreiter
2101
Soiernspitze
2257
Kuppel
1771
Werdenfelser Land
Stuhlberg
1487
ÖSTERREICH
Partnach
Mittenwald
2384
Roßkopfspitze
2015
Westl.
Karwendelspitze
Bockkarlspitze
2435
2749
Birkarspitze
Dreitorspitze
2633
Große
Arnspitze
2196
Scharnitz
Dreizinkenspitze
2602
Leutasch
177
N
0
5 km
2
11
13

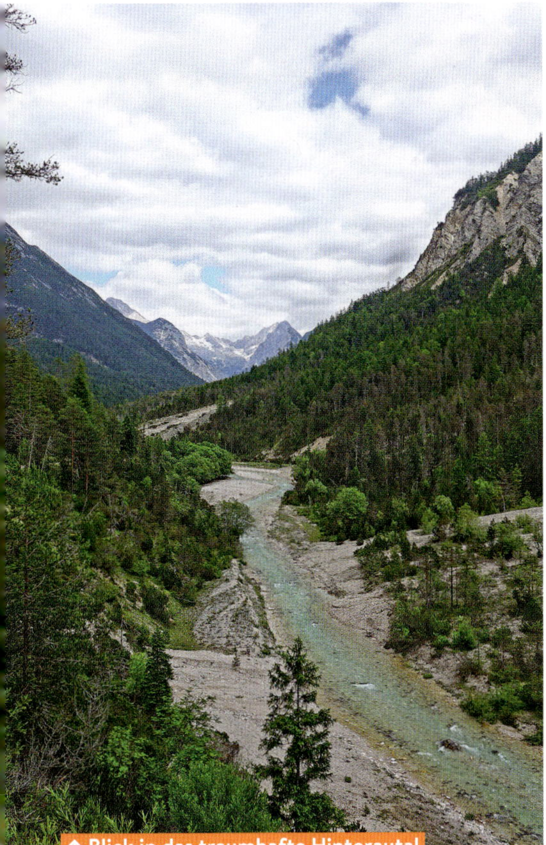

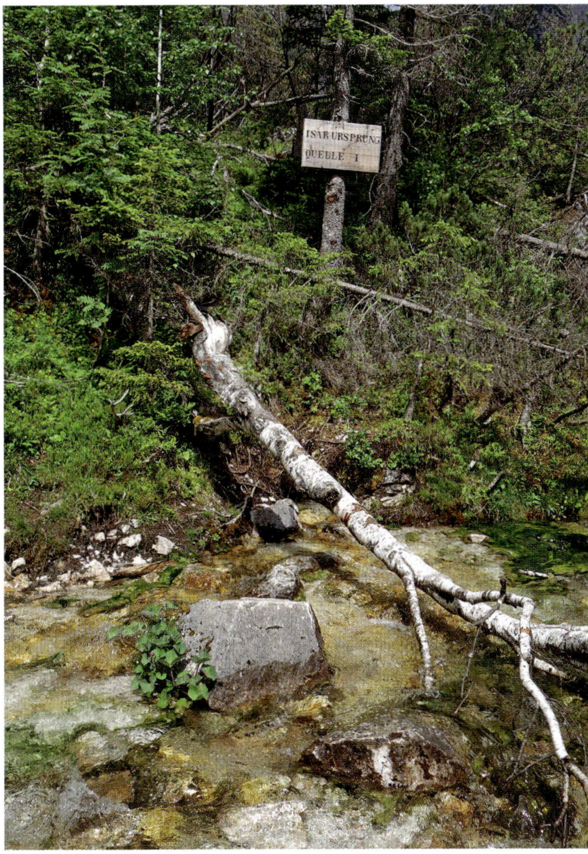


↑ Blick in das traumhafte Hinterautal
↗ Am Ziel angekommen, eine der Isarquellen

## INFO

| Schwer | 118 km | 1050 Hm | 8.00 Std. |
|---|---|---|---|

### HIGHLIGHT
Naturerlebnis
Sehenswürdigkeiten

### TOURENCHARAKTER
Lange Tour mit vielen Höhenmetern und sehr hohem Gravelanteil durch das Oberland bis in das Karwendelgebirge in Tirol

### AUSGANGSPUNKT
Bahnhof Wolfratshausen

### ENDPUNKT
Bahnhof Scharnitz in Tirol

### GPS-DATEN
47.914920, 11.427155

### ANFAHRT
Auto: Über die A95 Abfahrt Wolfratshausen oder die B11 nach Wolfratshausen
ÖPNV: Mit der S-Bahn-Linie S7

### RÜCKFAHRT
Mit der Regionalbahn ab Scharnitz

### INFORMATION
www.karwendel.org/isarursprung

# KARWENDELRUNDE

## Mittenwald – Scharnitz – Karwendelhaus

Wer Höhenmeter nicht scheut, erlebt auf dieser Tour die volle Pracht des Naturparks Karwendel auf Gravelpfaden. Mit Start in Mittenwald führt diese alpine Rundtour zum atemberaubend gelegenen Karwendelhaus und belohnt mit grandioser Aussicht. Nach einer technisch anspruchsvollen Abfahrt mit Blick auf die Laliderer Wände geht es weiter in und durch die Eng, bevor nochmals Höhenmeter gesammelt werden auf dem Weg zurück zum Ausgangspunkt Mittenwald.

Alpenidylle mit Almwiesen im Karwendeltal

19

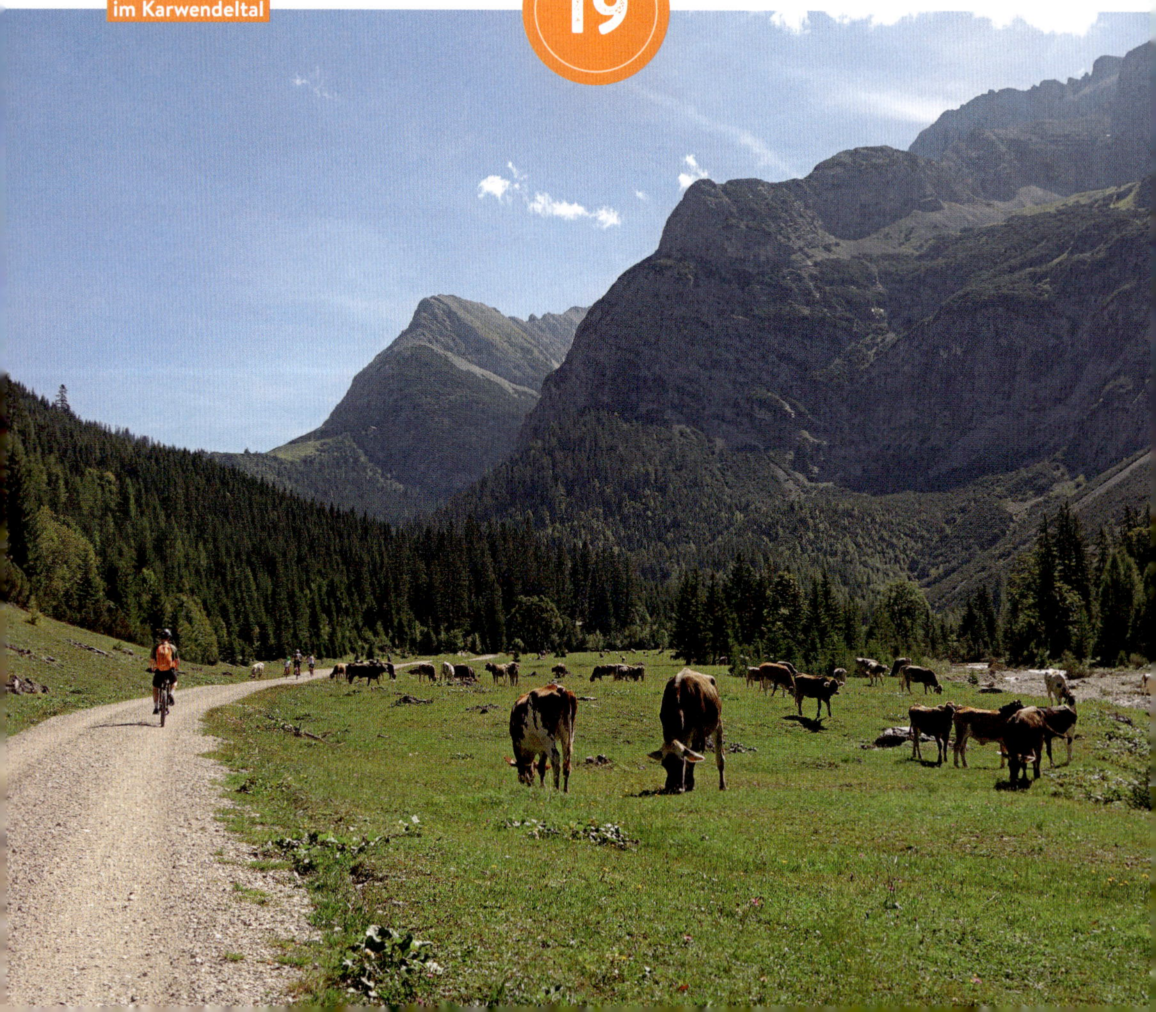

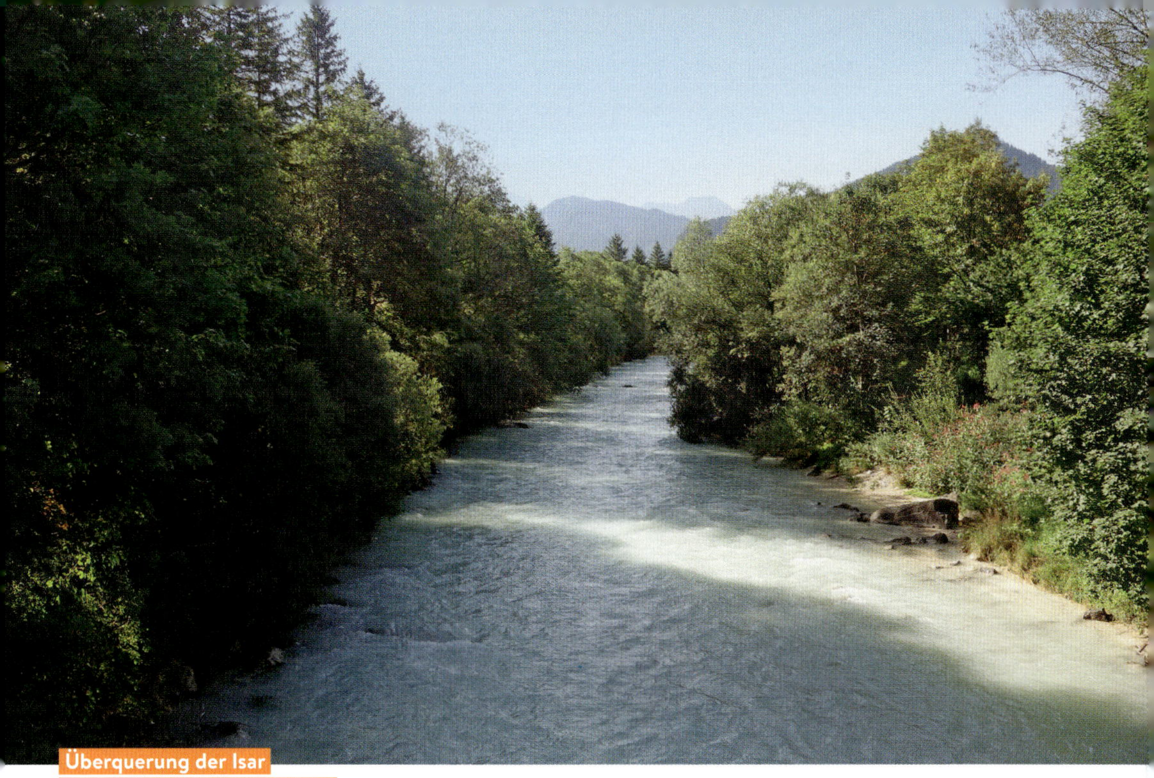

Überquerung der Isar auf dem Weg nach Scharnitz

## HOCH HINAUF ZUM KARWENDELTAL

Wir verlassen den Bahnhof zunächst in rechter Richtung, um hinter dem Bahnübergang den Radweg, der an der kristallblauen Isar entlangführt, nach links zu nehmen. Die nächste Brücke überqueren wir, um nun auf der linken Seite der Isar aus dem Ort hinauszufahren, immer den Radwegschildern folgend. Wir verlassen Mittenwald und halten uns auf dem Isarradweg Richtung Scharnitz, der nun auf Gravelpfaden durch eine bewaldete Strecke führt. Links begleitet uns das imposante Panorama der Mittenwalder Hausberge. Vor Scharnitz überqueren wir die Staatsgrenze und biegen nach rechts ab, um die Unterführung unterhalb der Bundesstraße zu nehmen.

Nach einem Stück an der Isarpromenade überqueren wir die Dorfstraße vor einer Brücke und folgen der Route weiter geradeaus. Nach einer kurzen, steilen Rampe durchfahren wir die Ortschaft. An einer Brücke vorbei kommend halten wir uns weiter auf der linken Seite des Flusses. Erste Schilder weisen den Weg Richtung Karwendeltal bzw. Karwendelhaus, denen wir folgen. Weiter bergan verlassen wir Scharnitz und radeln nun auf gut fahrbaren Forstwegen in das Karwendeltal hinein. Diese Strecke ist sowohl unter Radfahrern und Wanderern beliebt, nicht zuletzt, weil sie zum Karwendelhaus sowie zur Birkkarspitze, mit 2749 Metern dem höchsten Gipfel des Karwendels, führt. Es geht nun konstant, aber noch moderat nach oben. Rechts am Weg entlang plätschert der Karwendelbach, der für eine abwechslungsreiche Landschaft sorgt. Ebenso gibt es beeindruckende Wasserfälle zu entdecken. Nach einem kurzen steileren Stück mit bis zu 8 Prozent Steigung erreichen wir eine malerische Hochebene, die von den umliegenden Karwendelmassiven umsäumt wird. Diese wird im Sommer als Almland genutzt, daher kann es passieren,

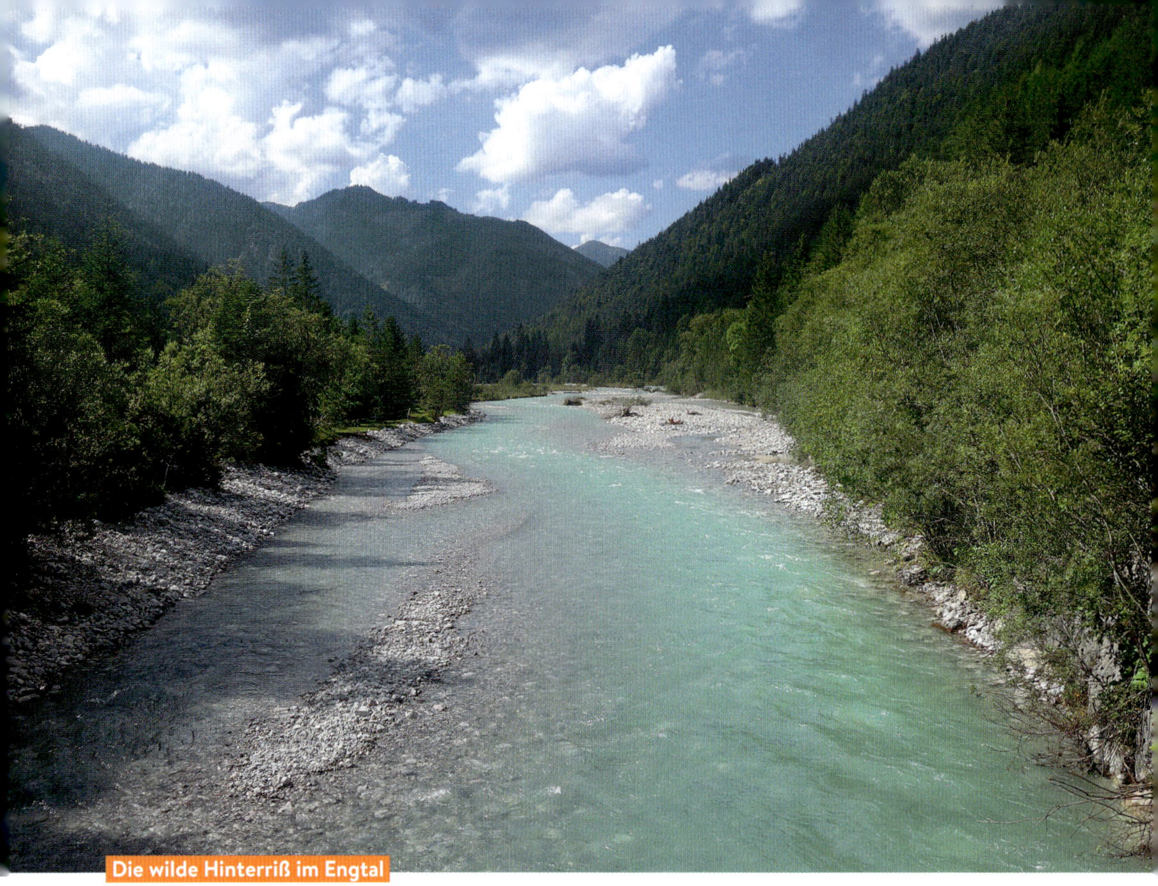

Die wilde Hinterriß im Engtal

Tipp

### KARWENDELHAUS

Das Karwendelhaus ist eine urige Alpenhütte, die mit einer traumhaften Lage zur Einkehr lockt. Auf der Terrasse mit beeindruckendem Karwendelpanorama schmeckt der Kaiserschmarren besonders gut. Gleichzeitig ist die Hütte ein wichtiger Stützpunkt für diverse Bergtouren. Wer die Tour zu einer Mehrtagestour ausdehnen möchte, kann auch eine Übernachtung auf der Hütte in Betracht ziehen oder sogar weitere Tage für eine Wanderung einplanen. Die Hütte ist zwischen Juni und Oktober geöffnet, dies kann sich wetterbedingt allerdings auch kurzfristig ändern (www.karwendelhaus.com).

dass Kühe kreuzen. Wir genießen ein paar letzte entspannte Kilometer, bevor wir den finalen Abschnitt zum Karwendelhaus fahren, das nun schon sichtbar ist und wie ein Adlerhorst im Bergstock liegt. Der Weg wird steiler mit stellenweise zweistelligen Steigungsprozenten. Mit ein paar Kehren überwinden wir die letzten knapp 350 Höhenmeter zur Hütte. Oben angekommen lädt das Karwendelhaus zu einer Rast ein. Danach wartet der technisch anspruchsvollste Teil der Tour. Der Schotter wird gröber, eventuell muss man kurz schieben, um zum höchsten Punkt der Tour auf knapp 1800 Metern zu kommen.

**ABFAHRT INS ENGTAL** Danach erwarten uns knapp 13 Kilometer Abfahrt. Hier ist allerdings Vorsicht geboten, da es relativ steil bleibt (zwischen ca. 7 und 12 Prozent) und

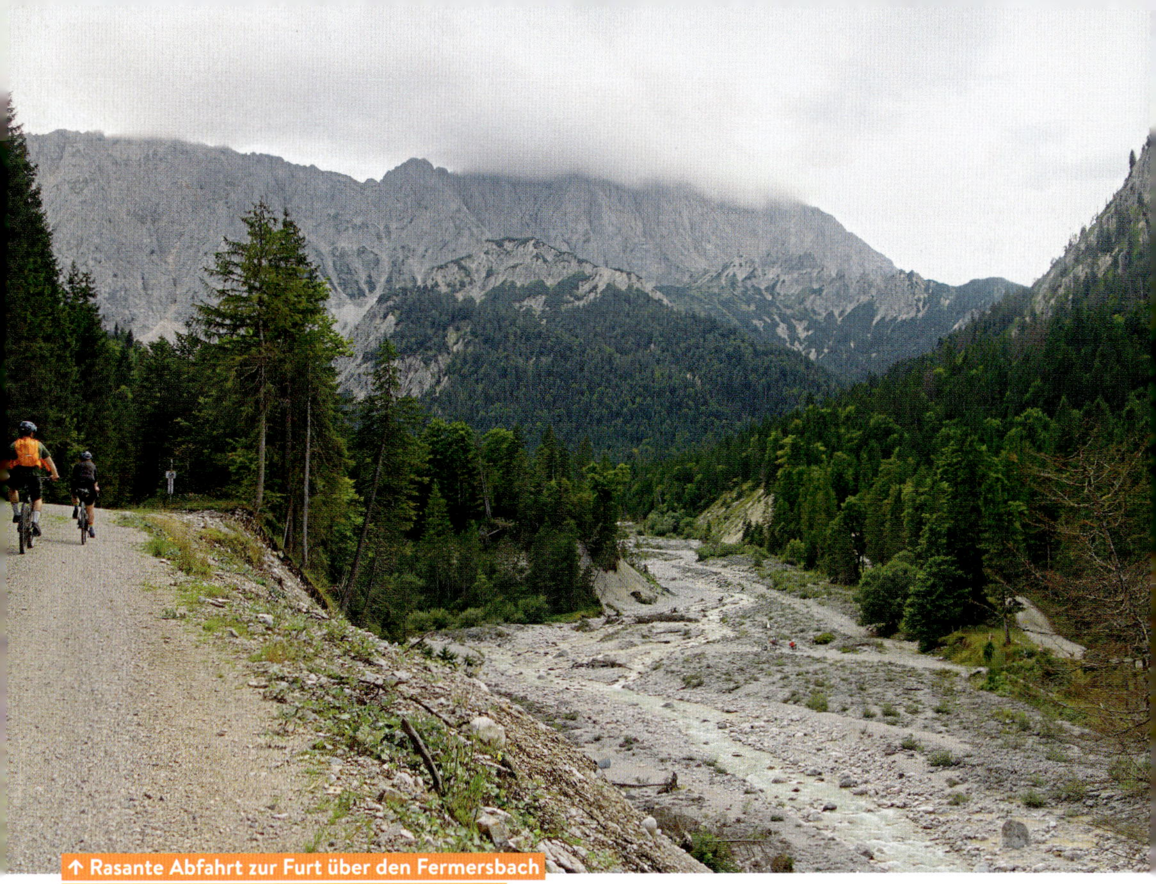

↑ Rasante Abfahrt zur Furt über den Fermersbach

↓ Einmalige Alpenaussicht am Karwendelhaus

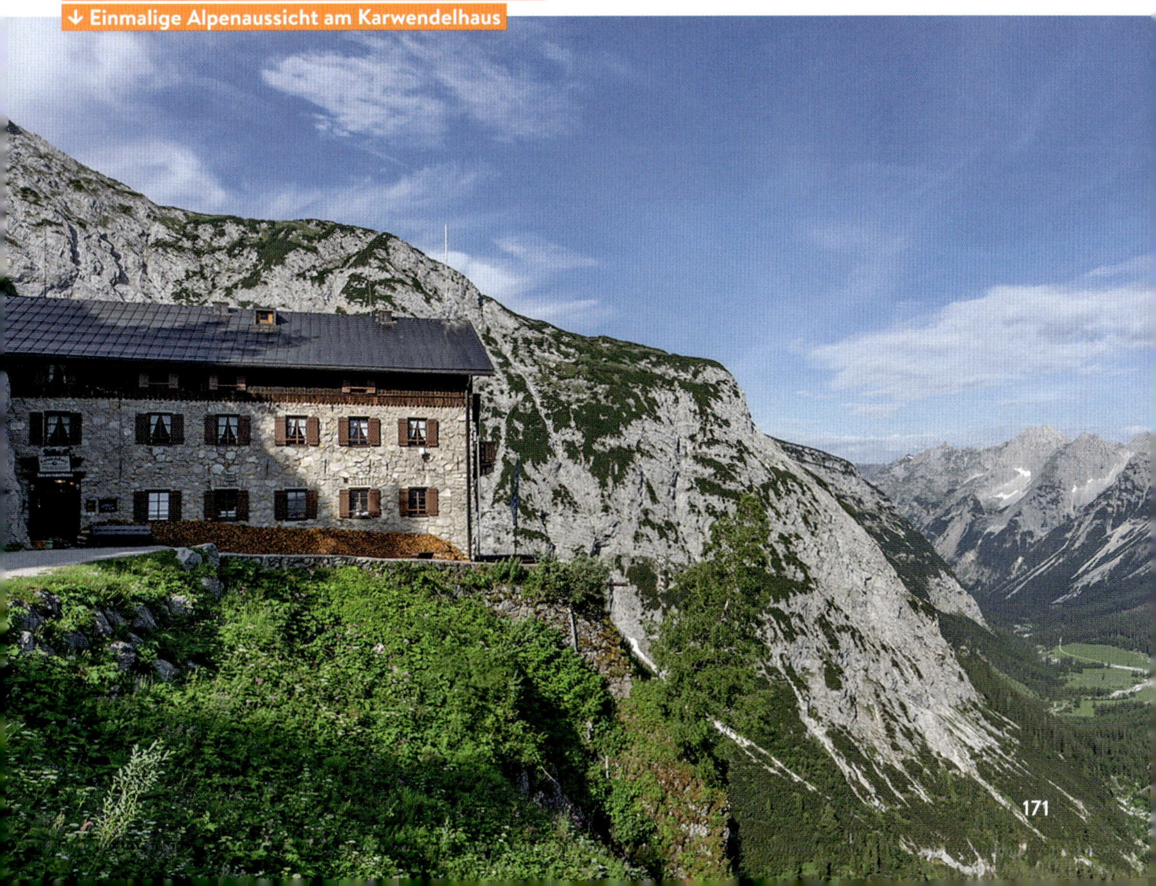

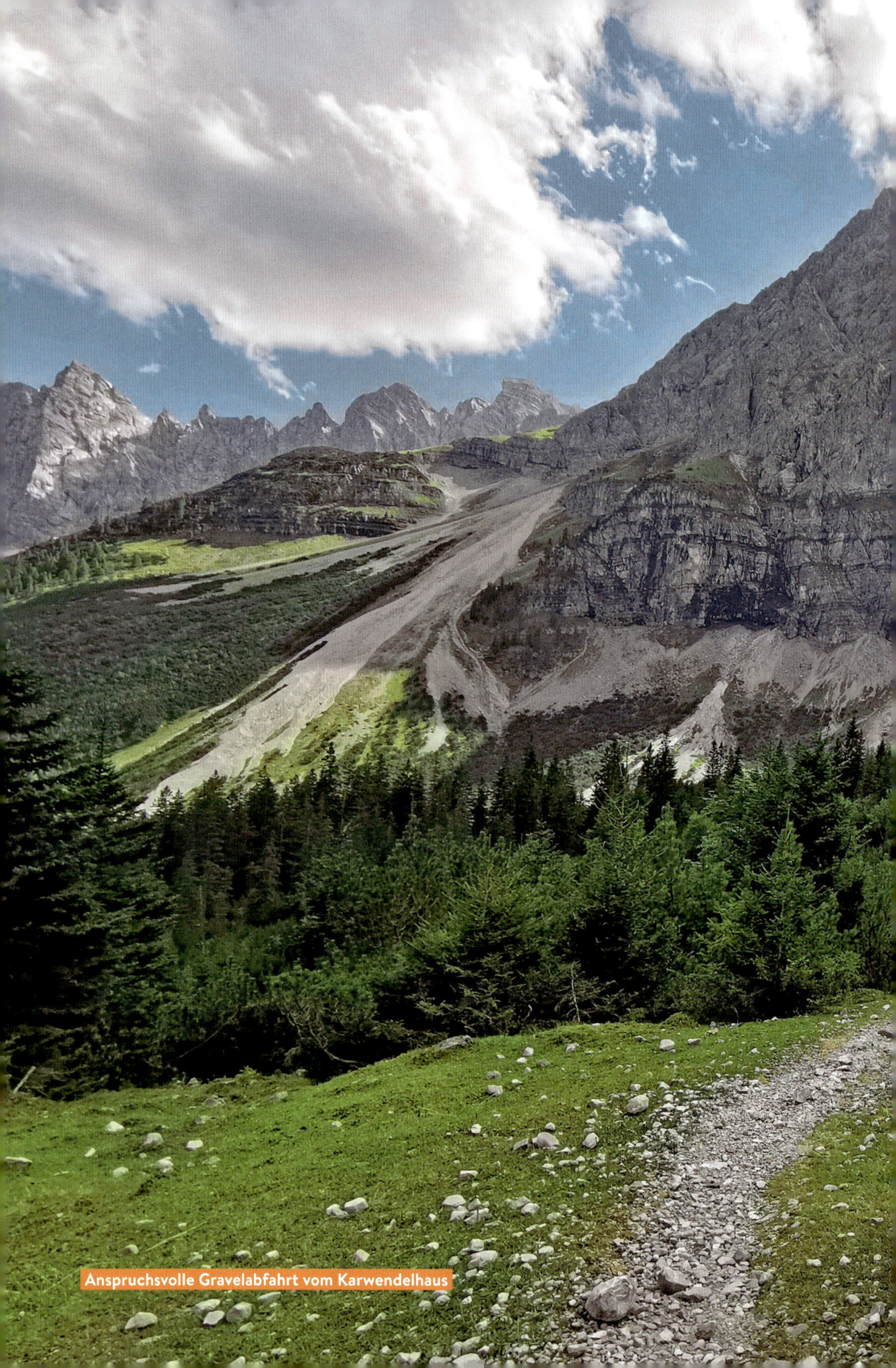

Anspruchsvolle Gravelabfahrt vom Karwendelhaus

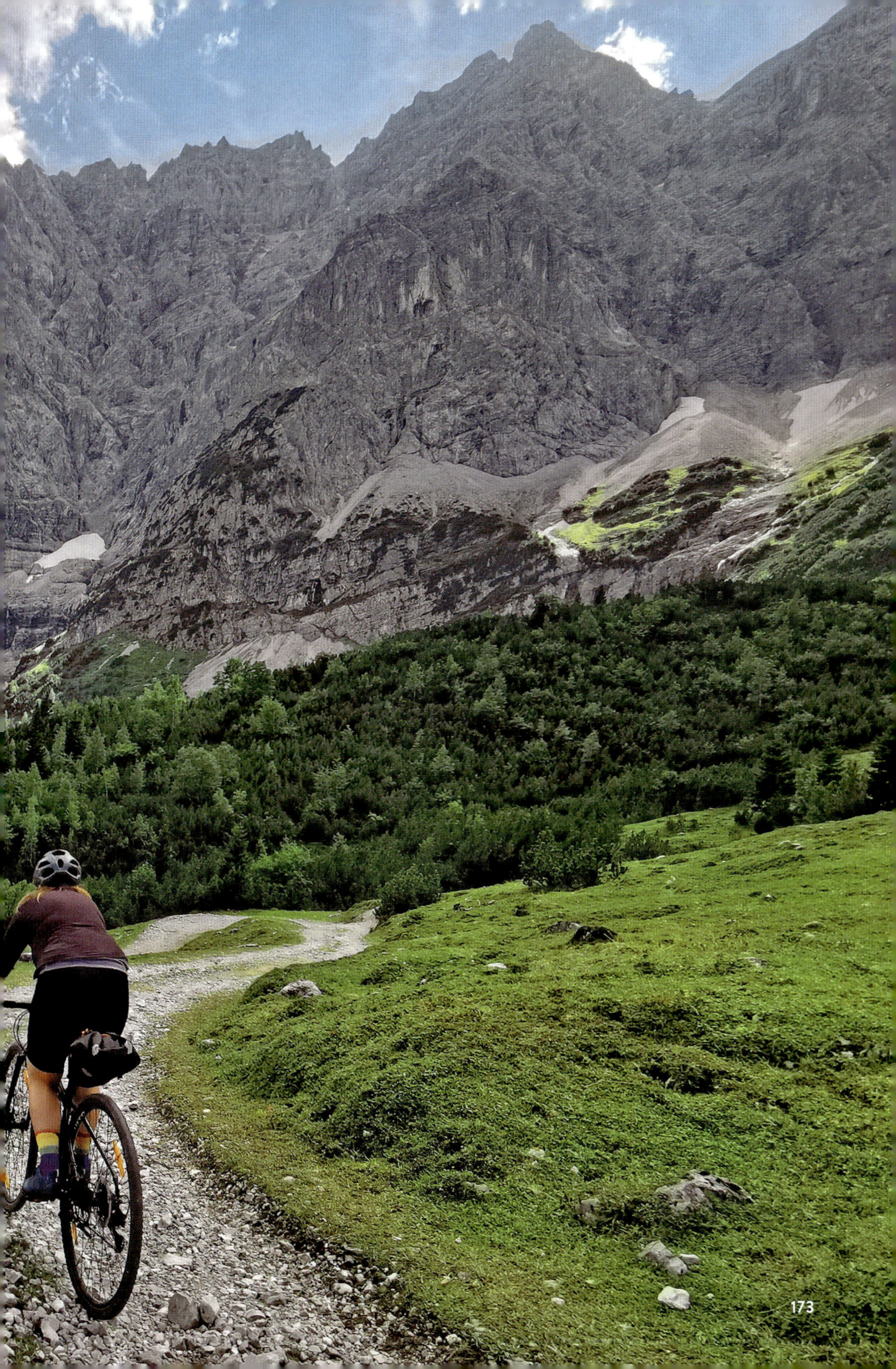

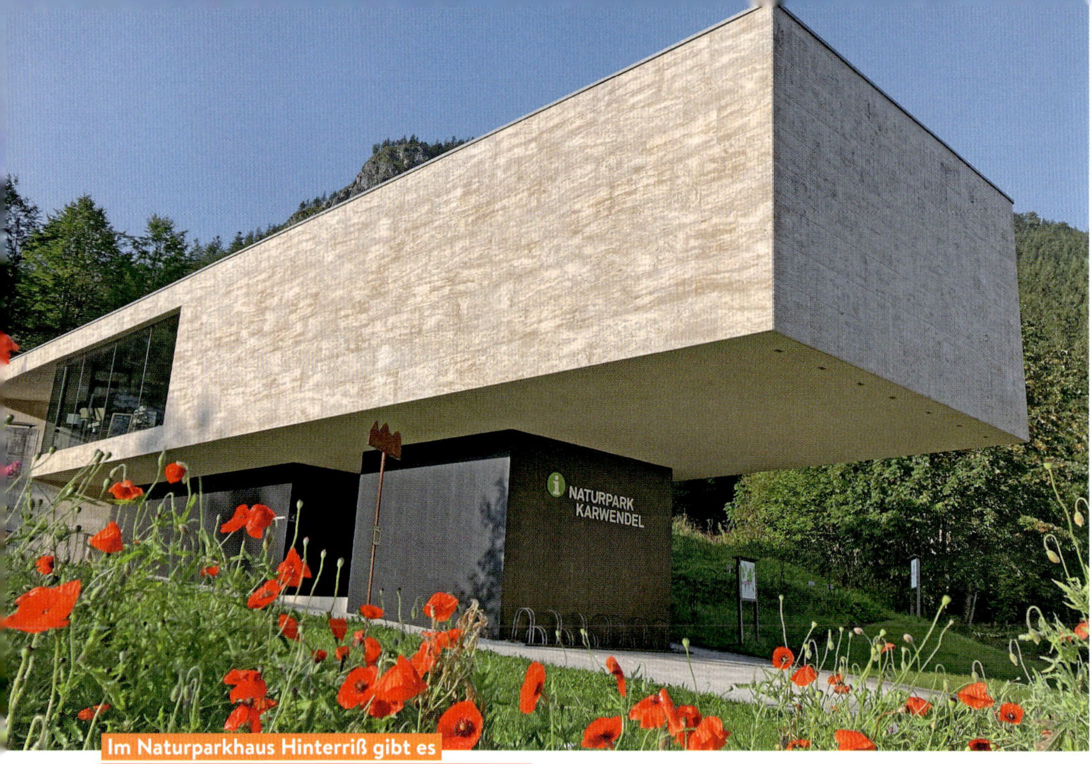


Im Naturparkhaus Hinterriß gibt es spannende Infos zur Geschichte der Gegend.

der grobe Schotter erhalten bleibt. Mit sicherem Fahrkönnen und genug Reifenbreite kann hier abgefahren werden, bei Unsicherheit empfiehlt es sich, zu schieben. Wir genießen die Abfahrt mit Blick auf die imposanten Laliderer Wände. Der Pfad führt immer bergab, bis wir bei einer Gruppe privater Hütten ankommen. An dieser Kreuzung biegen wir rechts ab und folgen weiter dem Forstweg, der am Flussbett des Johannesbachs entlangführt in Richtung Hinterriß, das nun auch schon beschildert ist. Nach einer weiteren Abfahrt verlassen wir den Forstweg und folgen geradeaus in den sogenannten Schluchtweg. Auf einem schmalen Pfad mit Blick auf den Johannesbach von oben fahren wir nun weiter bergab und kommen im Engtal an. Nach der Überquerung des Rißbachs geht es nach links weiter auf der asphaltierten Mautstraße nach Hinterriß.

*Tipp*

### NATURPARKHAUS HINTERRISS

In Hinterriß lohnt sich ein Besuch im Naturparkhaus Hinterriß. In diesem modernen Museum können Interessierte mehr über die Geschichte der Natur und des Menschen im Karwendel erfahren. Die Exponate stellen unter anderem die Bedeutung der Jagd in der Vergangenheit dar. Zudem gibt es zahlreiche Schauwände, die auf den Arten- und Wasserreichtum des Karwendels eingehen, das aufgrund seiner besonderen geografischen Lage und seiner zwei Wildflüsse in Europa einzigartig ist.

**ZWEI LETZTE ANSTIEGE NACH MITTENWALD** Wir durchfahren Hinterriß und nehmen kurz nach Ortsende einen beschilderten

Gravelweg nach links Richtung Vereiner Alm. Hier gilt es, den ersten von zwei steilen Anstiegen mit durchgängig zweistelligen Steigungsprozenten zu absolvieren.

Nach einer flotten Abfahrt erwartet uns eine Furt ohne Brücke. Hier heißt es Schuhe ausziehen und das Fahrrad auf die andere Seite bringen. Nach starken Regenfällen ist Vorsicht geboten. Bevor die Vereiner Alm zu einer Erfrischung einlädt, gibt es noch den letzten Anstieg der Tour mit knackigen Steigungen zu bewältigen. Hier hat man sich eine Rast mehr als verdient.

Im Anschluss erwartet uns eine genussvolle Gravelabfahrt zurück nach Mittenwald, wo wir schnell wieder den Bahnhof erreichen.

## INFO

Schwer | 69 km | 1710 Hm | 7.30 Std.

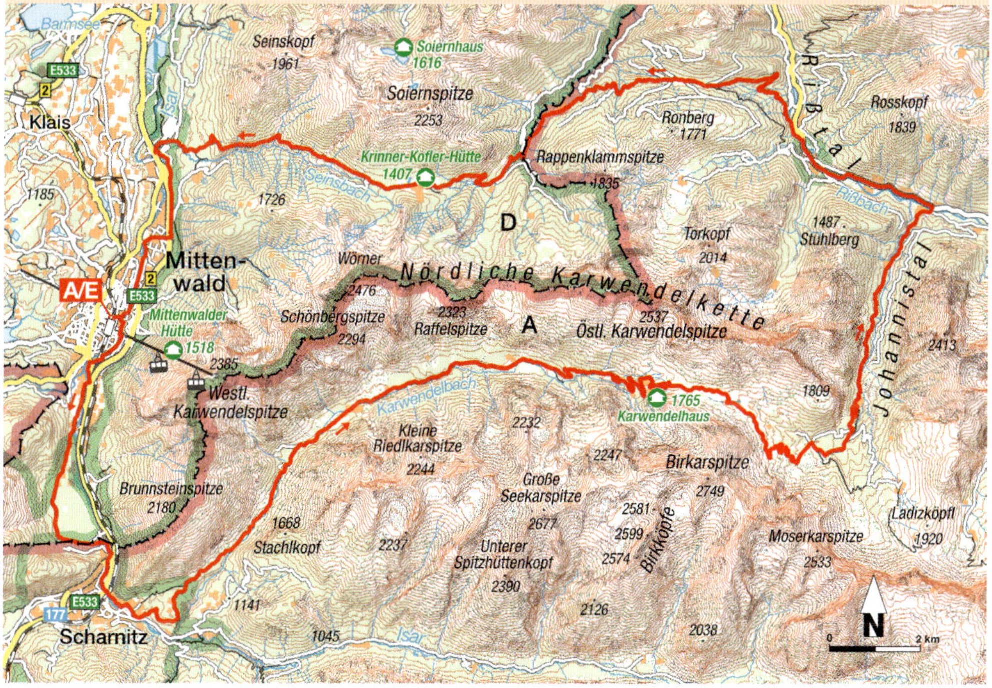


**HIGHLIGHT**
Alpines Naturerlebnis, Sehenswürdigkeiten

**TOURENCHARAKTER**
Lange alpine Rundtour auf Wirtschaftstraßen und Mountainbike-Radwegen, teilweise technisch anspruchsvoll. Sehr hoher Gravelanteil. Im Frühjahr und Herbst Schneesituation in den Höhen beachten

**AUSGANGS-/ENDPUNKT**
Bahnhof Mittenwald

**GPS-DATEN**
47.440603, 11.265668

**ANFAHRT**
Auto: Auf der A 95 Richtung Garmisch-Partenkirchen, Abfahrt auf die B 2 nach Mittenwald
ÖPNV: Mit der Regionalbahn nach Mittenwald

**INFORMATION**
www.karwendel.org

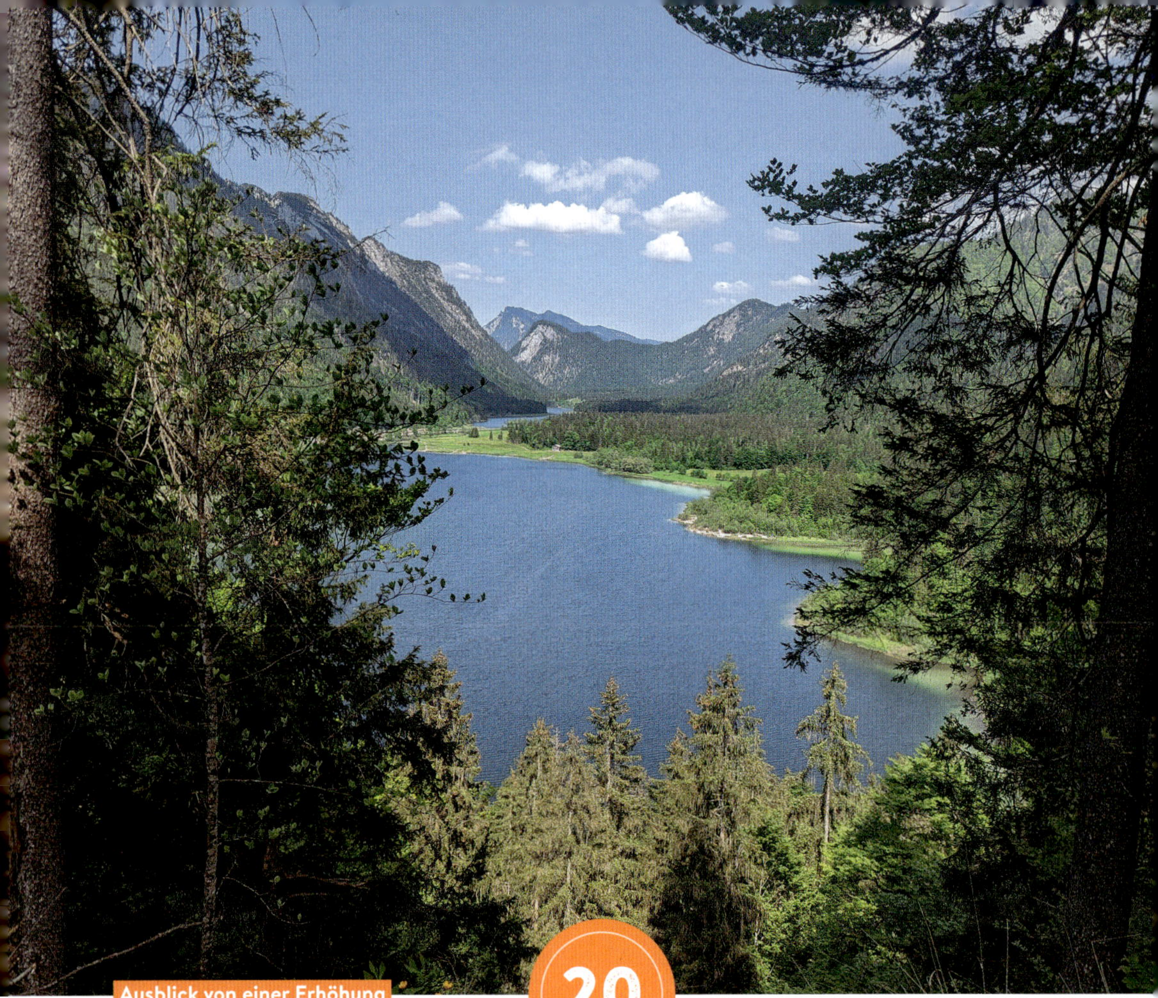

Ausblick von einer Erhöhung über dem Weitsee

20

# PANORAMARUNDE IM CHIEMGAU

## Übersee – Ruhpolding – Weitsee – Reit im Winkl – Marquartstein

Zu dieser Tour ins Chiemgau haben wir uns vom Instagramkanal der wunderbaren @henricyclinginparadise inspirieren lassen. In diese Landschaft mit ihren Seen und Bergen muss man sich einfach verlieben. Es werden einige Höhenmeter gesammelt, die aber mit beeindruckendem Panorama belohnt werden.

**TRAUMLANDSCHAFT SCHON ZU BEGINN** Unsere Tour führt vom Bahnhof Übersee über Feldwies hinaus durch das Naturschutzgebiet an der Mündung der Tiroler Achen. In der Umgebung gibt es einige Filze und Moose, die eine Heimat für zahlreiche Bodenbrüter sind.

Wir folgen dem Radweg von Winkl bis Grabenstätt, wo wir nach rechts in die Eichbergstraße abbiegen und in den sachten Anstieg gehen. Bei gutem Wetter beeindruckt die Umgebung schon hier mit Panoramalandschaften. Von Bernhaupten führt uns der Weg weiter nach Siegsdorf.

Bis hier verläuft die Tour überwiegend auf asphaltierten Straßen. Kurz nach einer Autobahnunterführung führt uns der Weg zu einem atemberaubenden Panorama mit einer Bank, die zu einem kurzen Stopp einlädt.

**ALPENFEELING** Kurz nach Siegsdorf wird diese Tour so richtig schön. Wir folgen einem Radweg entlang der Weißen Traun und queren den Fluss bei Höpfling. Wir folgen kurzzeitig dem Radweg an der Hauptstraße, um hinter Wiesen nach links in die Hörgeringer Straße abzubiegen. In leichten Wellen führt uns der Weg entlang der Weißen

Tipp

**DREILÄNDERECK**

In unserer Tour bewegen wir uns unweit des Chiemgauer Dreiländerecks. Auf dem Scheibelberg im Gebiet der Winklmoos-Alm treffen sich nicht nur Deutschland und Österreich, es treffen ebenfalls die Bundesländer Bayern, Tirol und Salzburg aufeinander. Die Winklmoos-Alm ist auch bei Rennradfahrern sehr beliebt, da eine etwa 4,7 Kilometer lange asphaltierte Straße zur Alm hinaufführt. Wer ein paar Extrakilometer einlegen möchte, kann von Seegatterl zur Winklmoos-Alm fahren.

Schon in Übersee bezaubert uns der Bergblick

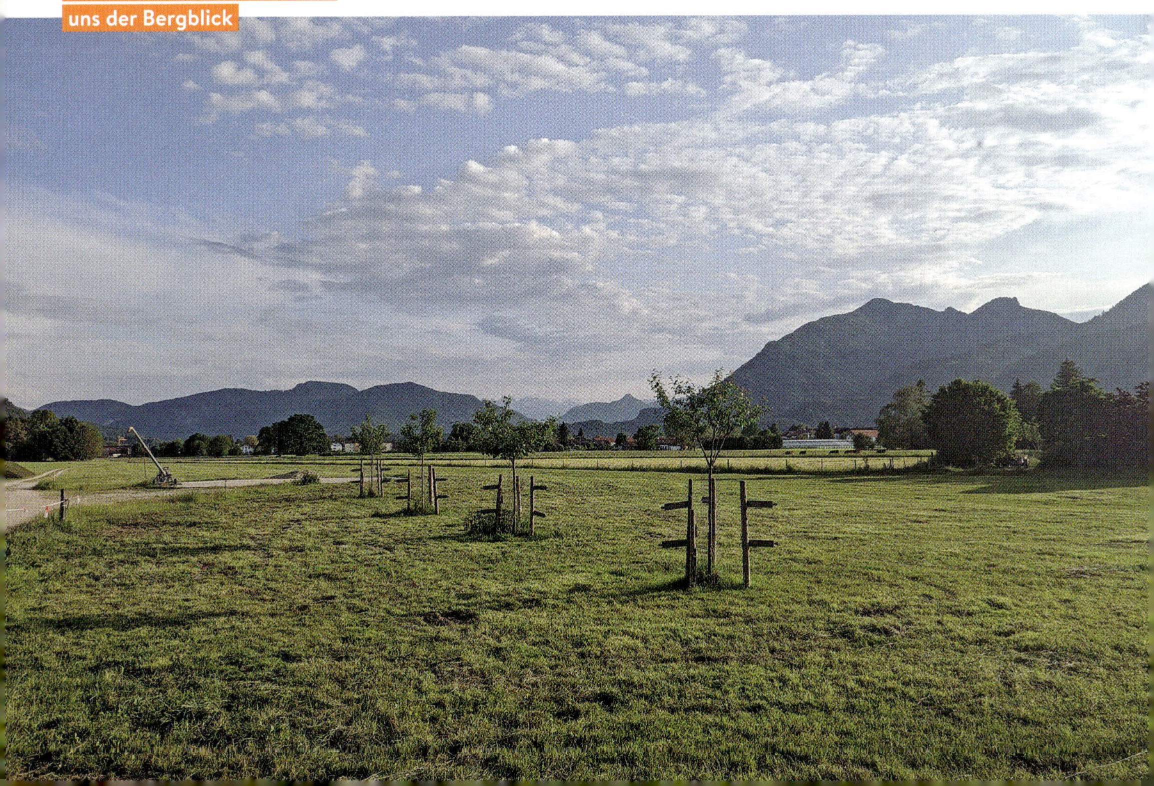

Tipp

### KENDLMÜHLFILZEN

Unweit von unserem Track befindet sich das größte Hochmoor in Südostbayern – die Kendlmühlfilzen. Das ehemalige Torfabbaugebiet wurde 1992 zu einem Naturschutzgebiet erklärt. Im Museum Salz & Moor und im Torfbahnhof kann mehr über Flora und Fauna gelernt werden. Wer die Tour um ein paar Kilometer erweitern möchte, sollte unbedingt den Kendlmühlfilzen mit seinen kleinen Pfaden und hölzernen Stegen einen Besuch abstatten.

Traun nach Ruhpolding. Wir gelangen an einen Kreisverkehr und durchqueren den Ort entlang des Flusses.

Kurz nach Ruhpolding, ab Brandstätt, beginnt die Steigung, die uns zu den Röthelmoos Almen hinaufbringt. Hier kommen wir auch am Freizeitpark Ruhpolding vorbei und können einen Blick auf die kunstvoll geschnitzten Märchenfiguren erhaschen.
In Brand überqueren wir einen Fluss und folgen der Urschlauer Achen in Richtung Urschlau. Nach etwa vier Kilometern überqueren wir den Fluss erneut und starten auf dem Schotterweg in den steilsten Abschnitt des Aufstiegs. Für ca. drei Kilometer geht es bergauf bis zu den Röthelmoss Almen. Wem die 300 Meter mit 10 bis 14 Prozent Steigung zu steil sind, der kann auch schieben.

**KULINARISCHE ALMHÜTTEN** Oben angekommen, wird man zunächst mit einem fabelhaften Ausblick belohnt. In unmittelbarer Nähe befinden sich zwei bewirtschaftete

Wir kommen am Eingang des Freizeitparks Ruhpolding vorbei. Der Park ist in einem Märchenthema gehalten.

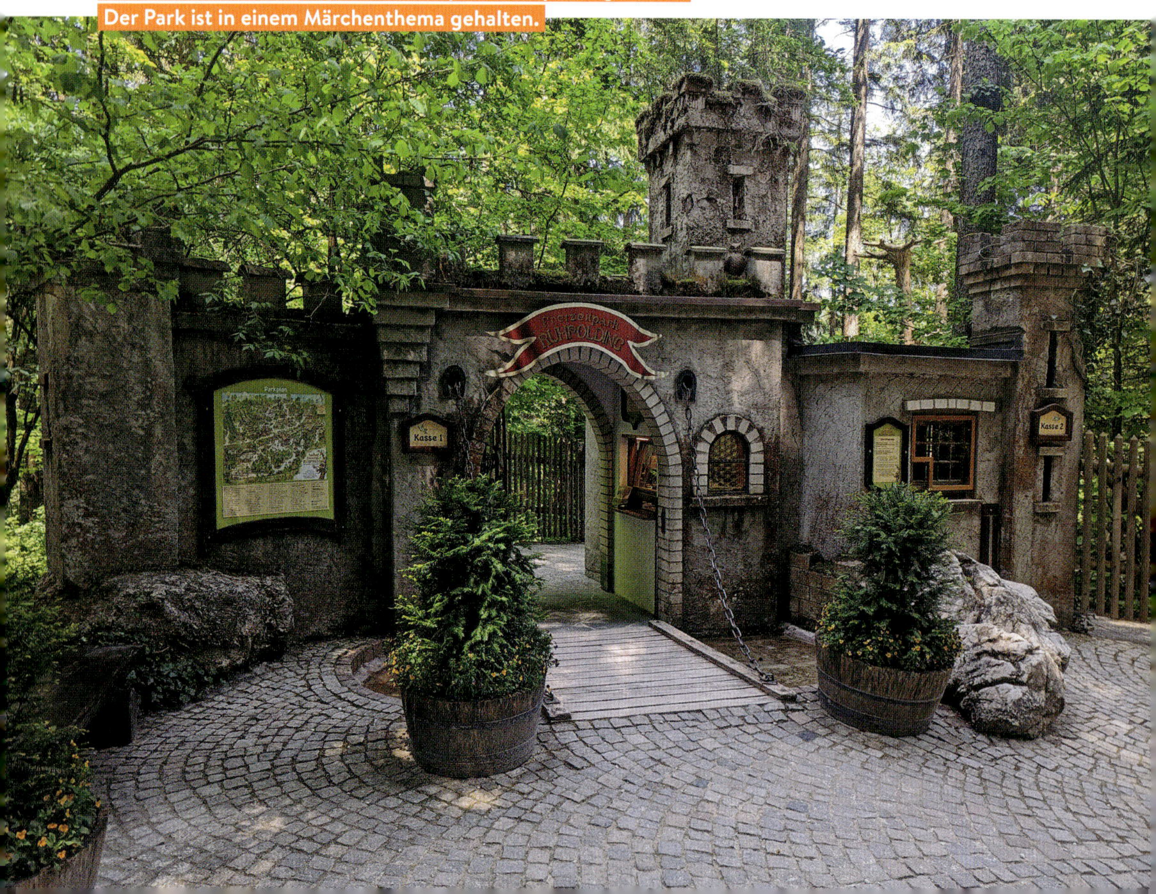

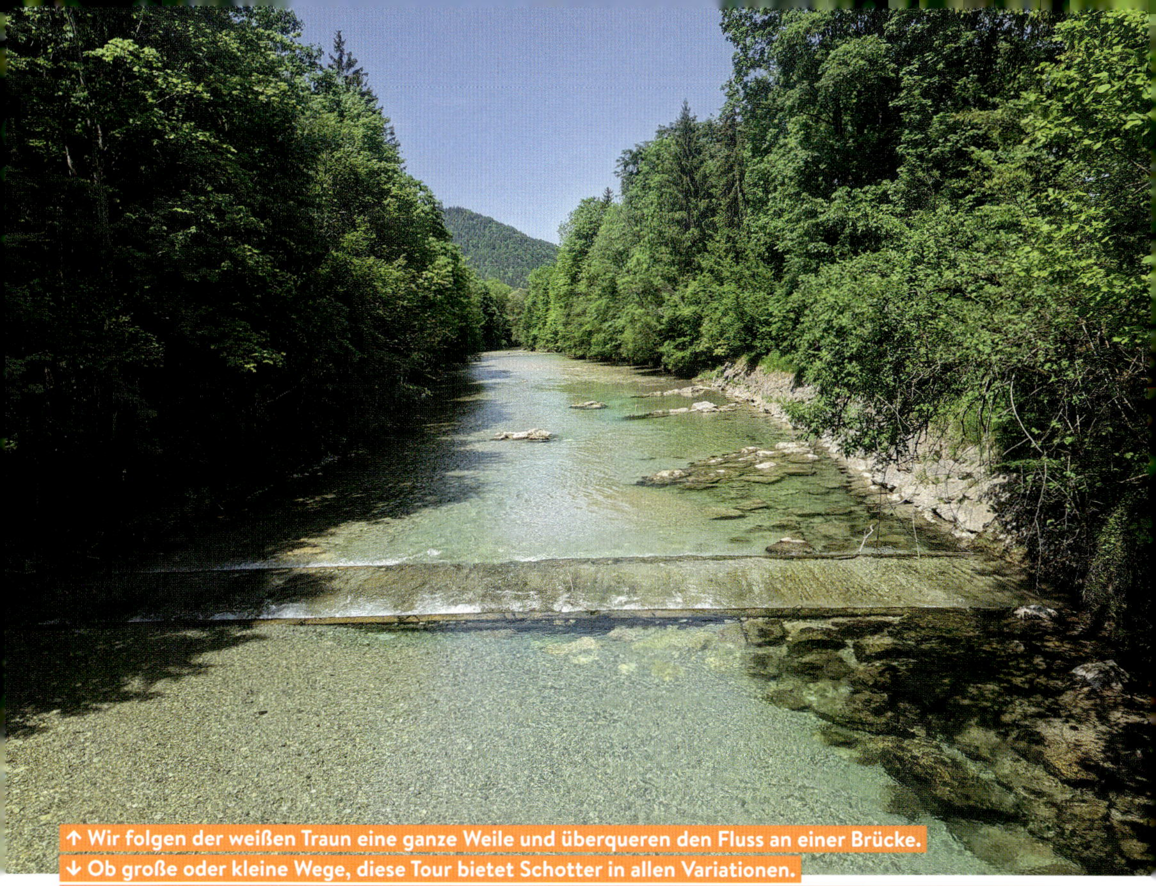

↑ Wir folgen der weißen Traun eine ganze Weile und überqueren den Fluss an einer Brücke.
↓ Ob große oder kleine Wege, diese Tour bietet Schotter in allen Variationen.
↘ Bergauf geht's zur Alm. Ein Tiergatter sorgt dafür, dass die Kühe die Alm nicht einfach verlassen können.

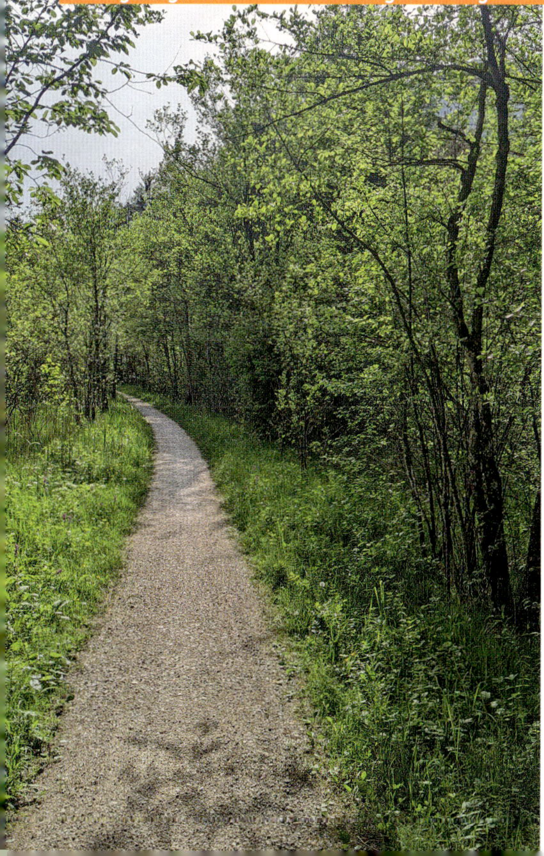

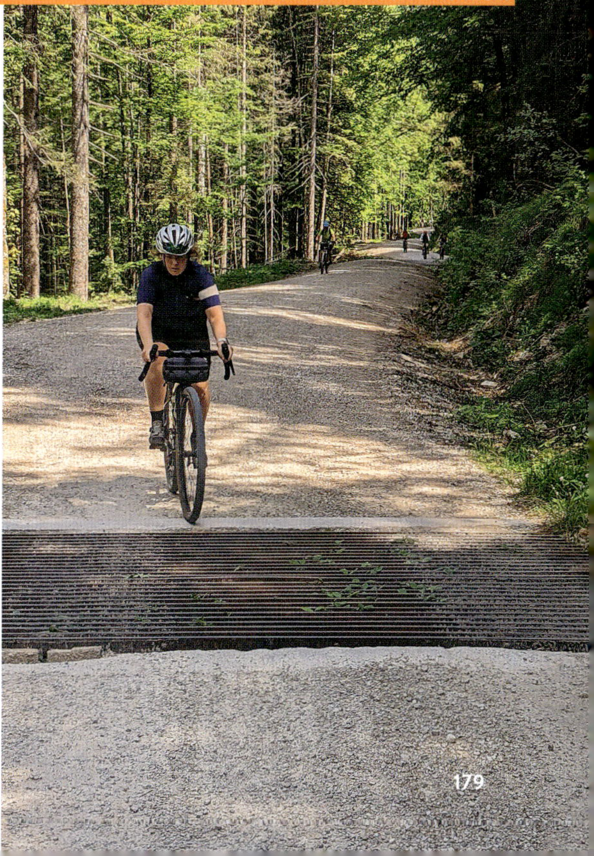

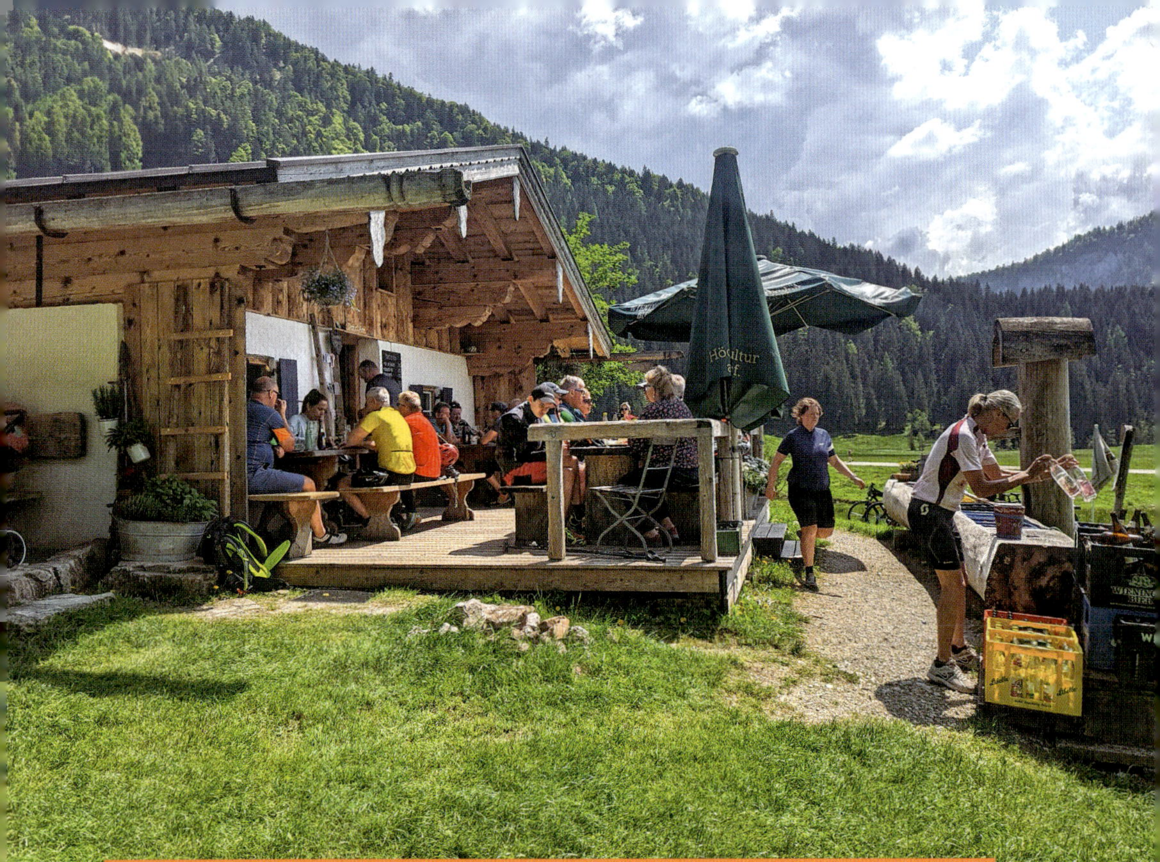

↑ Auf der Dandl-Alm geht's gesellig zu. Die Getränke sind in der alten Kuhtränke kaltgestellt.

↓ Auf dem Anstieg zum Roßkopf finden wir diese kleine Bank, die zu einer Verschnaufpause einlädt.

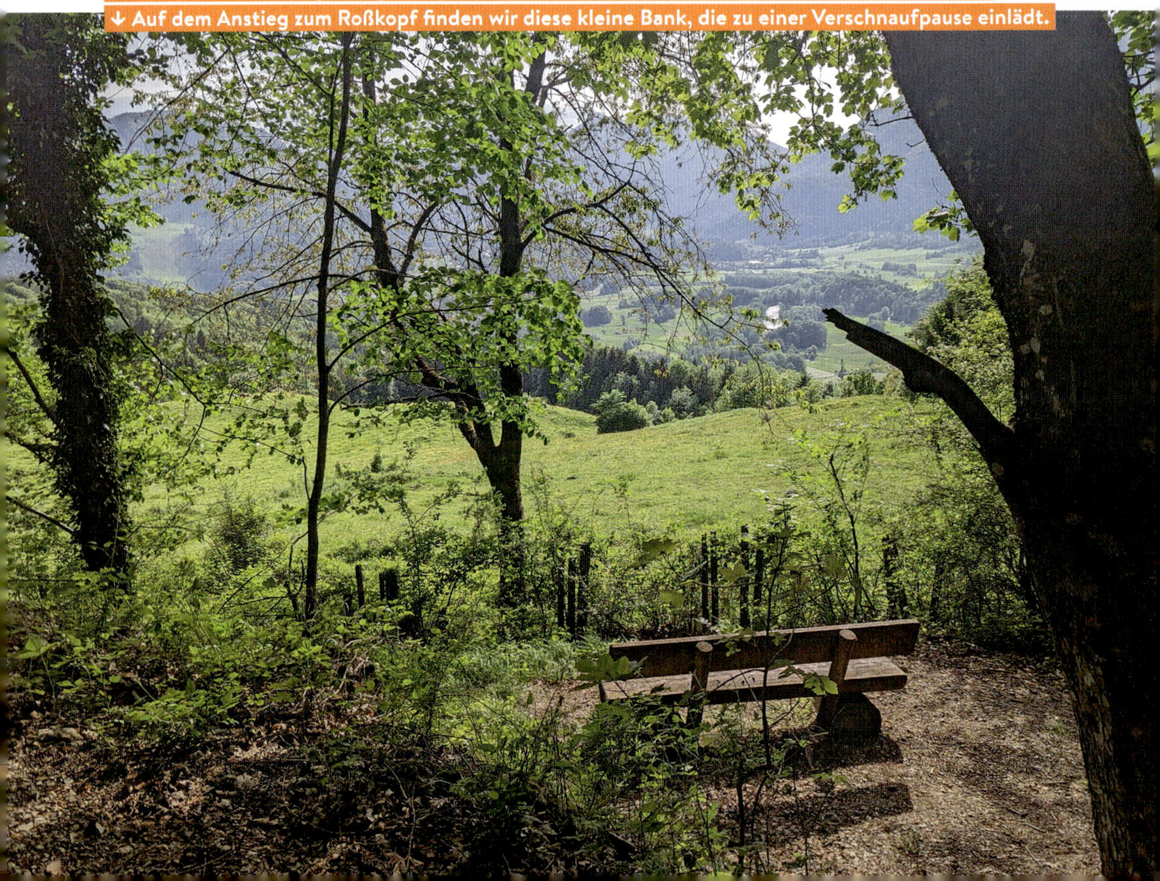

Almen: die Lagerbauer-Alm und die Dandl-Alm. Wir haben uns dazu entschieden, bei der Dandl-Alm einzukehren. Rund um die Alm stehen Rinder mit den im Alpenraum typischen Glocken. Bei unserem Besuch konnten wir in einem Auslauf die Kaninchen beobachten und uns an den herrlichen Sonnenbänken im Garten niederlassen. Auf der Speisekarte stehen typische Almklassiker: Von Wienerle im Brötchen bis Käsespätzle ist für jeden Geschmack etwas dabei.
Nach dem erfrischenden Zwischenstopp folgt man dem Weg auf der anderen Seite des Bergs wieder bergab bis zur Hauptstraße. Hier ist etwas Vorsicht geboten, da bei schönem Wetter auch eine Menge Wanderer auf den Wegen unterwegs sind. Am Fuße des Bergs blicken wir über den Weitsee. An der rechten Fahrbahnseite entlang verläuft eine kleine Fahrspur.
Diesem Weg folgen wir für 800 Meter und biegen dann direkt nach rechts in Richtung See ab. Ein kleiner gemauerter Steg führt auf die andere Seite. Hier gibt es eine Badestelle, die im Sommer zu einer Abkühlung einlädt. Wir folgen dem Weg erneut bergauf zu einer kleinen Erhebung und können den Ausblick auf den traumhaft blauen See genießen.

**WEITER IN RICHTUNG SEEGATTERL** Von hier zieht sich eine etwa fünf Kilometer lange Schotterabfahrt entlang der Schwarzlofer. Kurz vor der nächsten Ortschaft überqueren wir den Fluss und biegen in Entfelden direkt nach rechts ab.
Hier erwartet uns eine etwa 2,5 Kilometer lange Steigung auf einer asphaltierten Straße, die uns aber mit einer mehr als fünf Kilometer langen Abfahrt belohnt. Hier ist auch der Punkt in unserer Tour erreicht, ab dem keine großen Steigungen mehr gefahren werden müssen. Die B 305 ist glücklicherweise nicht stark frequentiert, es fahren jedoch Autos. Eine Umfahrung ist leider nicht

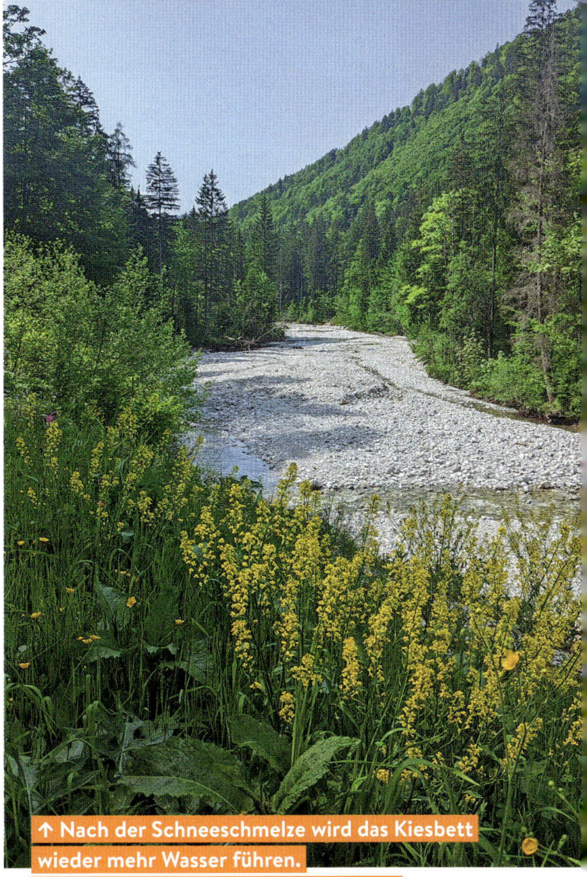

↑ Nach der Schneeschmelze wird das Kiesbett wieder mehr Wasser führen.

↓ Unterwegs sind zahlreiche nützliche Wegweiser zu finden.

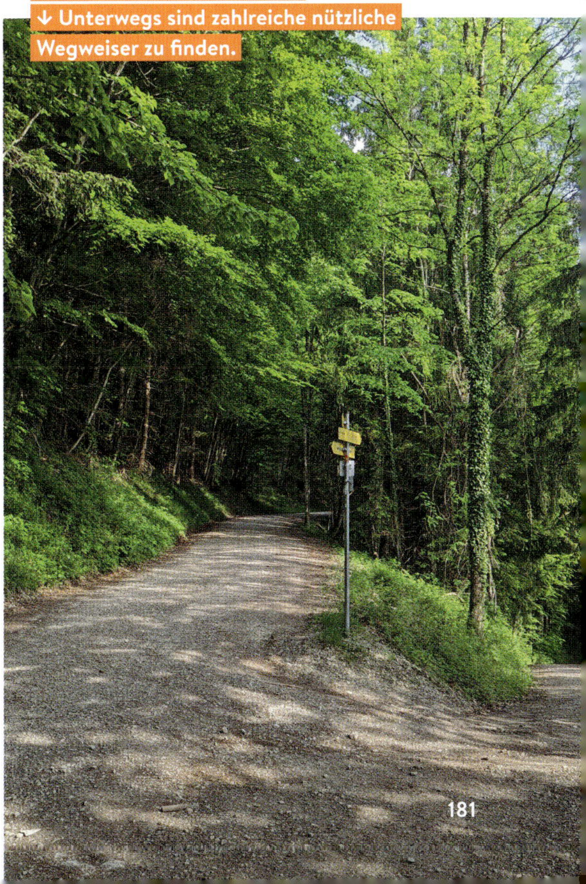

möglich. Kurz vor Unterwössen verlassen wir die Hauptstraße und biegen links ab. Über zwei kleine Wellen gelangen wir nach Marquartstein.

**AUFSTIEG ZUM ROSSKOPF** Wer hier noch nicht genug Höhenmeter in den Beinen hat, kann den Anstieg zur Agersgschwendt-Alm in Angriff nehmen. Auf fast fünf Kilometern

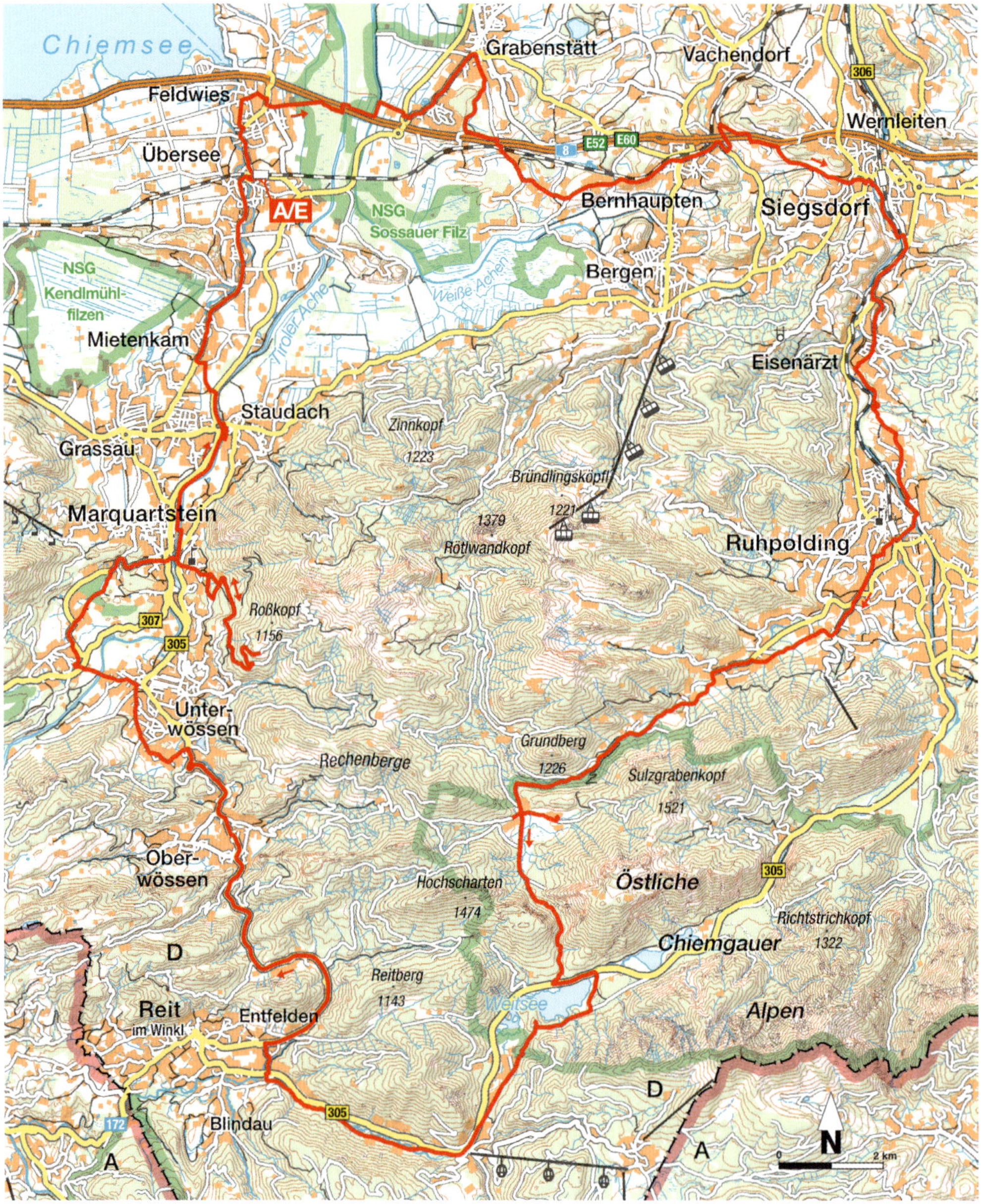

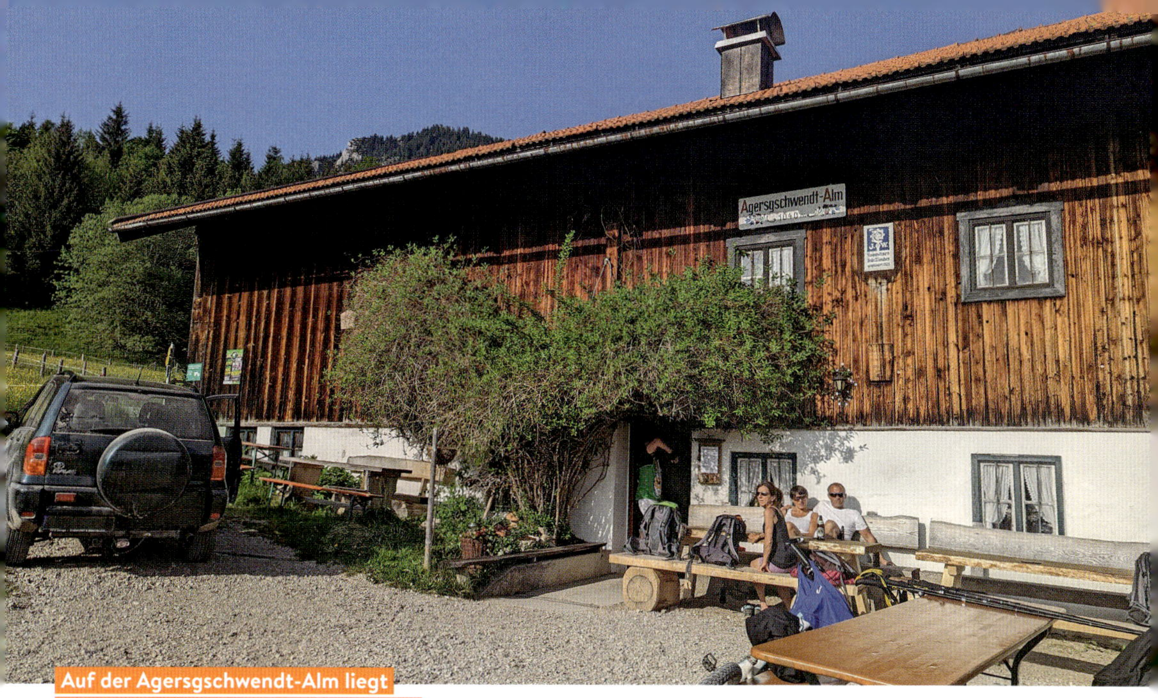


Auf der Agersgschwendt-Alm liegt der letzte Anstieg der Tour hinter uns.

mit bis zu 15 Prozent Steigung führt der Schotterweg bergauf. Oben angekommen, hat man sich das kühle Spezi redlich verdient. Bei der steilen Abfahrt ist größte Vorsicht geboten. Wer zu schmale Reifen hat oder sich unsicher fühlt, sollte das Rad besser bergab schieben.

Von Marquartstein sind es nur noch zehn Kilometer zurück zu unserem Startpunkt. Der Rückweg ist leicht abfallend, sodass es sich leicht zurück zum Bahnhof rollt. Wer noch immer Energie übrig hat, kann noch einen kleinen Umweg über die Kendlmühlfilzen fahren.

## INFO

Schwer | 92 km | 1400 Hm | 7.00 Std.

### HIGHLIGHT
Naturerlebnis, Sehenswürdigkeiten

### TOURENCHARAKTER
Hoher Anspruch an die Kondition, da viele Höhenmeter überwunden werden müssen. Trotzdem eine Genusstour, bei der man für die Anstiege mit einem herrlichen Alpenpanorama entschädigt wird. Die Tour verläuft größtenteils auf asphaltierten Straßen und Schotterwegen entlang von Flüssen und durch kleine Ortschaften.

### AUSGANGS-/ENDPUNKT
Bahnhof Übersee

### GPS-DATEN
47.822203, 12.487522

### ANFAHRT
Auto: Über die A 8 bis Ausfahrt Übersee
ÖPNV: Mit der Regionalbahn nach Übersee

### INFORMATION
www.chiemsee-alpenland.de; www.chiemsee-chiemgau.info

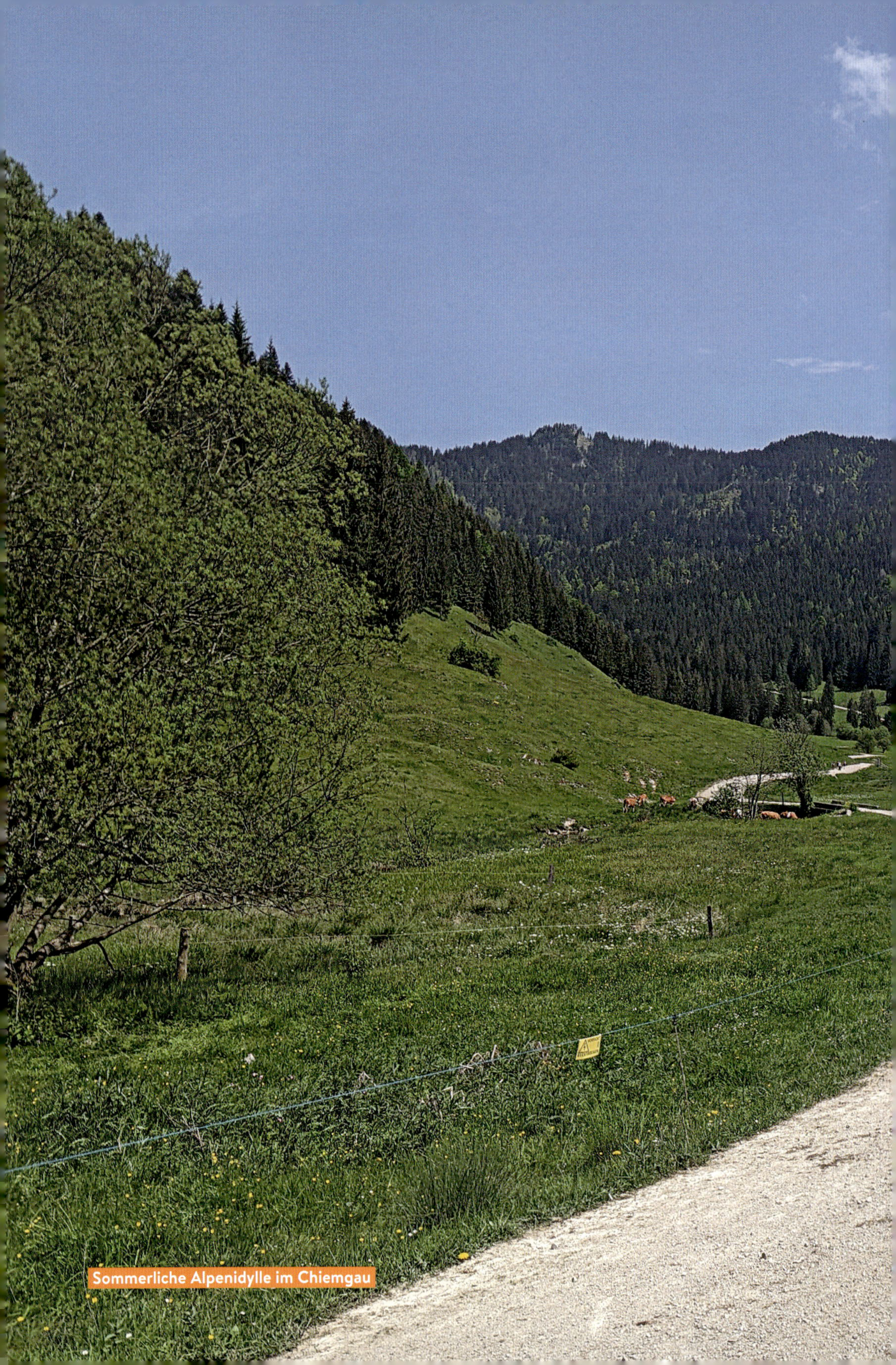

Sommerliche Alpenidylle im Chiemgau

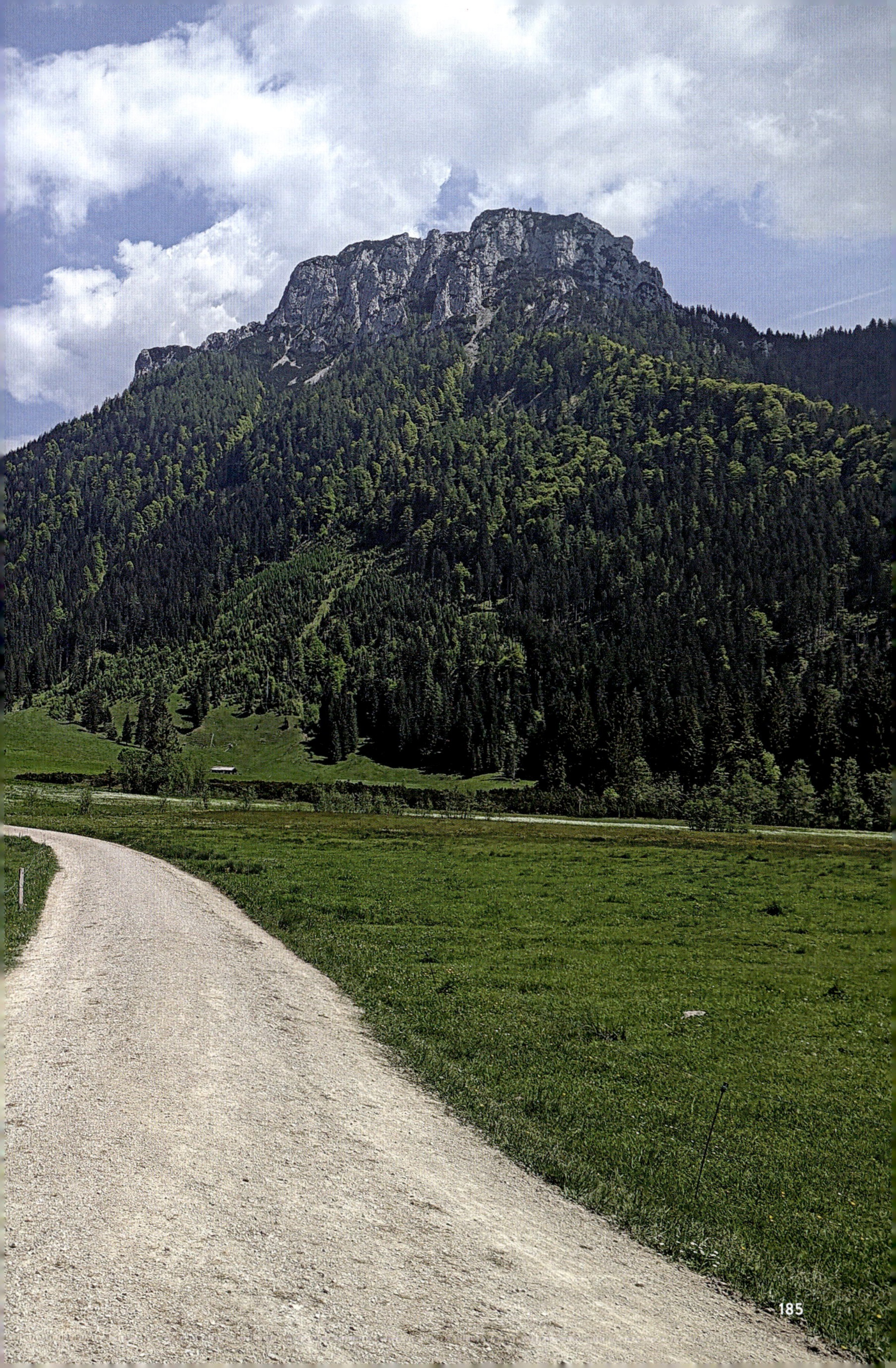

# PS:

**ZUNÄCHST MÖCHTEN WIR UNS HERZLICH BEI DIR BEDANKEN,** dass du dich für diesen Radführer entschieden hast. Wir hoffen, dass du eine genauso gute Zeit beim Erkunden der Routen durch das zauberhafte Münchner Umland hattest wie wir bei der Zusammenstellung und Erarbeitung des Buchs.

## AUCH MAL NEUE WEGE AUSPROBIEREN

Gravelbiken hat viele verschiedene Gesichter und wir hoffen, dass wir dieser Vielfalt gerecht werden konnten und passende Touren für dich dabei sind, die deinen Vorstellungen entsprechen.
Vielleicht können wir dich ja auch dazu anregen, mal neue Dinge auszuprobieren und herausfordernde Strecken zu fahren, bei denen du über dich selbst hinauswächst. Uns Autorinnen begleitet das Gravelbiken nun schon mehrere Jahre und auch wir haben uns über die Zeit weiterentwickelt. Wir hoffen, dass dich das Buch auch dazu inspiriert, vielleicht in (noch) unbekannte Gefilde aufzubrechen oder vielleicht sogar mal einen Bikepacking-Trip zu unternehmen. Mit sorgfältiger Planung und Vorbereitung ist oft mehr möglich, als man denkt.
Bis dahin gibt es aber auch noch jede Menge traumhafte Gravelpfade in und um München zu erleben.

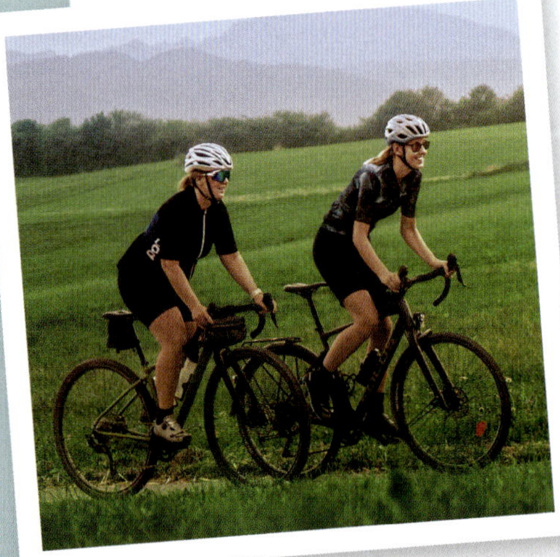

## DANKE FÜR DIE UNTERSTÜTZUNG

Zu guter Letzt möchten wir gerne die Gelegenheit nutzen, um uns bei allen zu bedanken, die uns bei der Verwirklichung dieses Buchs unterstützt haben. Besonderer Dank geht an unsere Freunde, Familie und die Münchner Gravel Community, egal ob für Tourenbegleitung, Fotos, Feedback oder motivierende Worte. Denn ohne sie wäre die Umsetzung des Projekts nicht möglich gewesen.

*Viel Spaß weiterhin beim Graveln in und um München*

*Jessica und Yvonne*

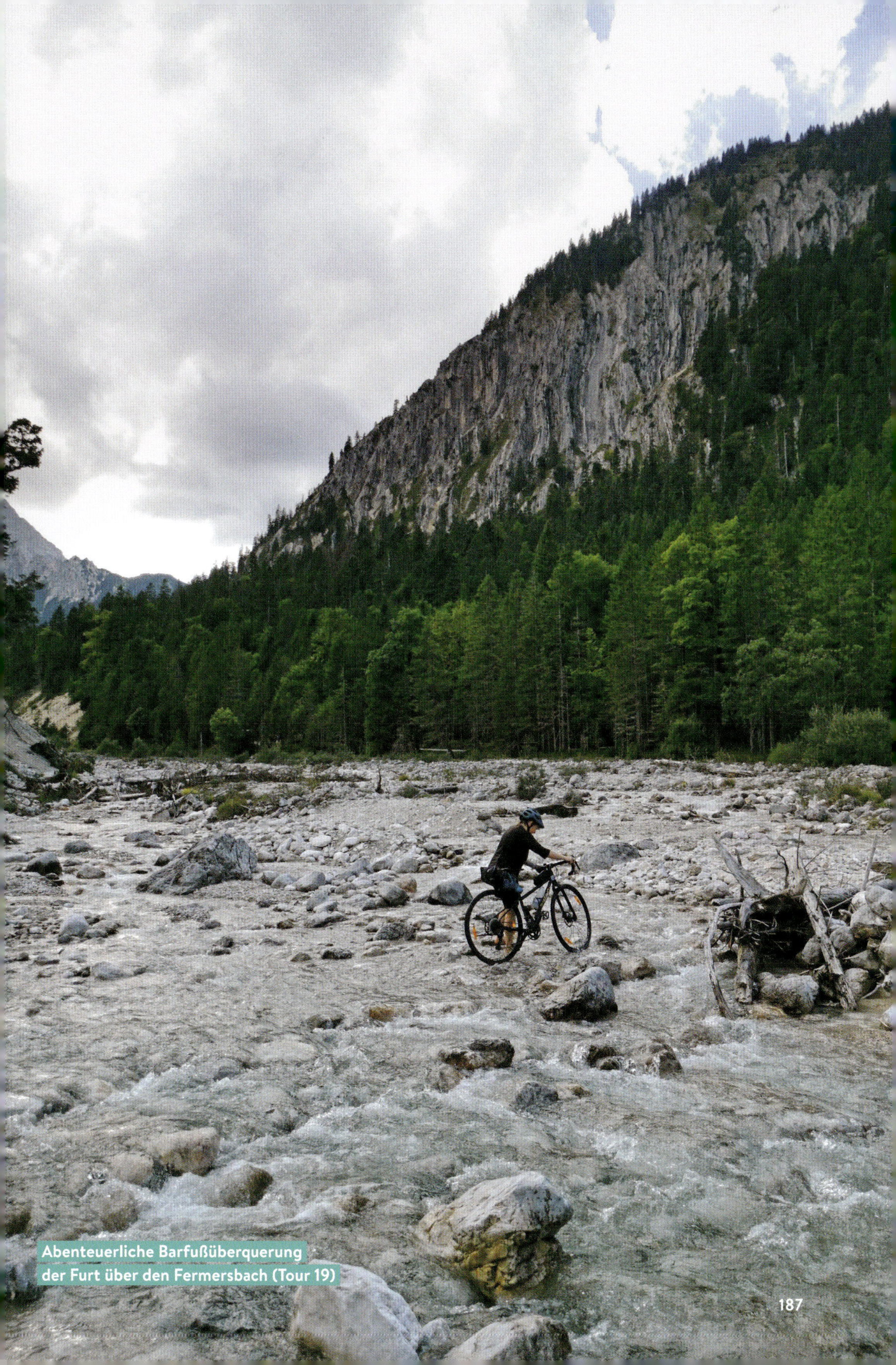

Abenteuerliche Barfußüberquerung der Furt über den Fermersbach (Tour 19)

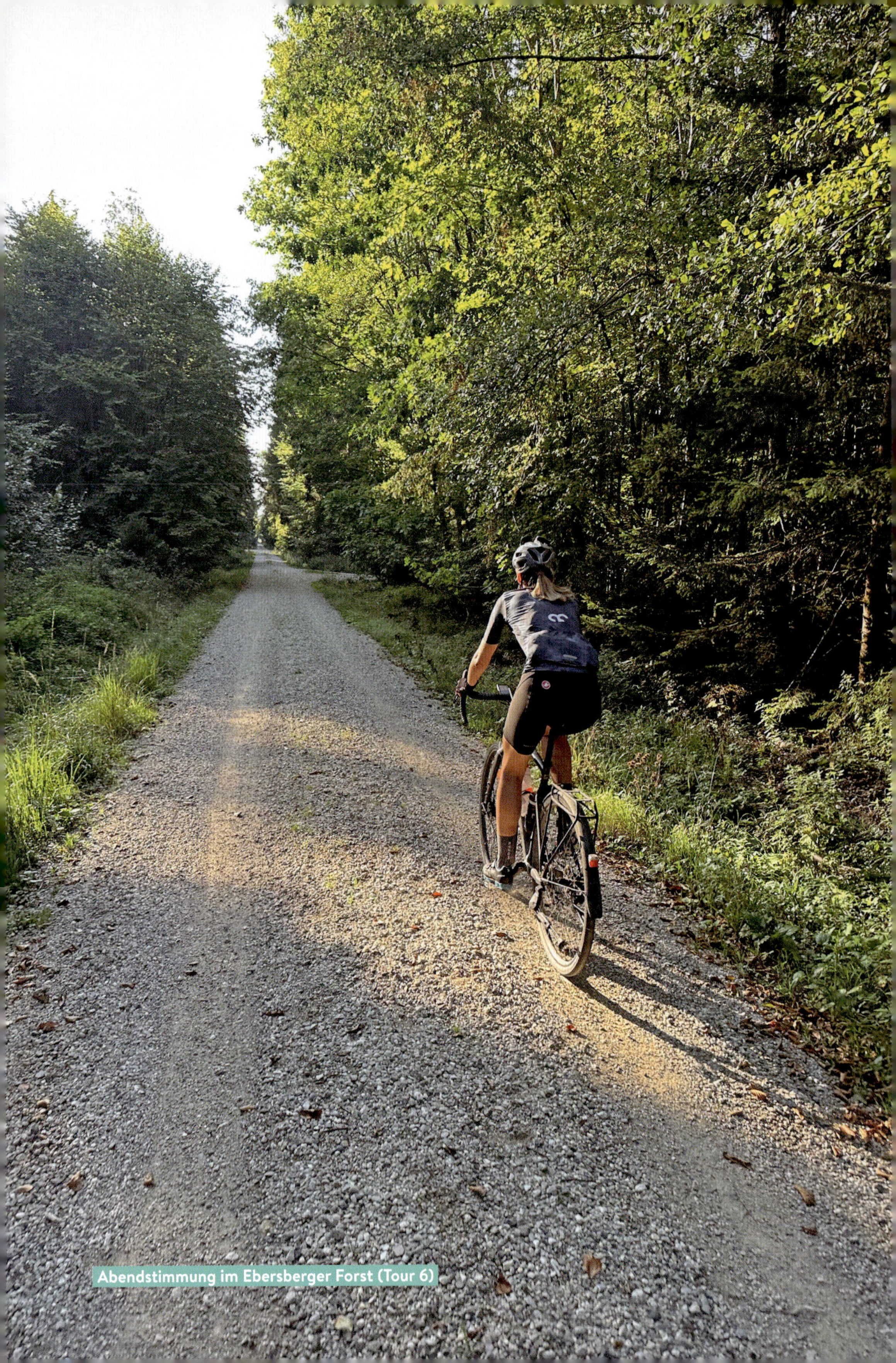

Abendstimmung im Ebersberger Forst (Tour 6)

# REGISTER

# IMPRESSUM

Verantwortlich: Kerstin Thiele, Tabea Rheinert
Redaktion und Lektorat: Susanne Maute, mcp concept GmbH
Layout- und Reihengestaltung: Mathias Frisch
Satz: mcp concept GmbH
Repro: LUDWIG:media
Kartografie: Heidi Schmalfuß
Herstellung: Alexander Knoll
Printed in Poland by CGS Printing



**Bist du mit diesem Titel zufrieden? Dann würden wir uns über deine Weiterempfehlung freuen.**
Erzähle es im Freundeskreis, berichte es deinem Buchhändler, oder bewerte bei Onlinekauf. Und wenn du Kritik, Korrekturen, Aktualisierungen hast, freuen wir uns über deine Nachricht an Bruckmann Verlag, Postfach 40 02 09, D-80702 München oder per E-Mail an lektorat@verlagshaus.de.

**Unser komplettes Programm findest du unter** www.bruckmann.de


In diesem Buch wird aus Gründen der besseren Lesbarkeit das generische Maskulinum verwendet. Weibliche und anderweitige Geschlechteridentitäten werden dabei ausdrücklich mitgemeint, soweit es für die Aussage erforderlich ist.

Bildnachweis: Alle Bilder im Innenteil und auf dem Umschlag stammen von den Autorinnen mit Ausnahme von S. 4, 6, 17, 91 u., 128, 188 © Niklas Weber; S. 7, 78/79, 112, 113, 114, 115, 117, 119 © Nick Rotter; S. 18/19 © Janneke Holzner; S. 84/85 © Max Fischer; S. 171 u. © Karwendelhaus; S. 174 © Naturparkhaus Hinterriß; S. 186 © Joshua Hoffmann. Abdruck der Fotos auf S. 4 o. und u.r. sowie S. 25, 27 und 29 mit freundlicher Genehmigung der Bayerischen Schlösserverwaltung.
Umschlagvorderseite: Am Schlosspark Nymphenburg © Patrick Jahns
Umschlagrückseite: Gravelabfahrt vom Karwendelhaus

Die Deutsche Nationalbibliothek verzeichnet diese Publikation in der Deutschen Nationalbibliografie; detaillierte bibliografische Daten sind im Internet über http://dnb.d-nb.de abrufbar.


Infanteriestraße 11a
80797 München

ISBN: 978-3-7343-2991-3